细说五千年

写给普通人的中国史 贰

枫落白衣 著

北京大学出版社
PEKING UNIVERSITY PRESS

目录
CONTENTS

057　天下乱糟糟......001

058　大耳和吉利......011

059　官渡定北方......021

060　弱者谋三分......030

061　赤壁破曹军......040

062　得益而失荆......051

063　受命于危难......060

064　星落五丈原......068

065　成败转头空......075

066　广陵散绝矣......090

067　中原五胡起......100

068　王马共天下......108

069　前秦苻天王......117

070　小儿已破贼......127

071　门阀终结者......136

072　东晋的退场......146

073　南北各成朝......154

074　北魏冯太后......165

075　帝王多奇葩......175

076　南朝齐梁陈......182

077　关陇武川镇......190

078　一统归大隋......198

079　不朽的文帝......207

080　天才的演员......216

081　朕欲诗远方......223

082　隋炀帝之死......232

083	隋末起群雄 242		094	唐诗儒释道 341
084	玄武门之变 251		095	世界的大唐 350
085	贞观天可汗 261		096	玉环和禄山 356
086	大唐西域记 271		097	渔阳鼙鼓来 368
087	高宗和武媚 280		098	三大助攻手 378
088	尼姑到皇后 289		099	魂断马嵬坡 386
089	天皇和天后 298		100	内外两绝症 396
090	女皇武则天 307		101	求福更得祸 406
091	千古无字碑 316		102	牛李起党争 415
092	女人也疯狂 325		103	满城黄金甲 425
093	开元四宰相 332		104	全忠全不忠 435

057. 天下乱糟糟

汉灵帝为了对付死灰复燃的黄巾军,将那些暴动频发的州的刺史改为州牧,然后把兵权、行政权和财权都下放给州牧,让他们去对付盗贼和黄巾余党。

刺史这个官职,是汉武帝搞出来的。汉朝采用秦代的郡县制,行政上分为中央、郡和县三级结构。汉武帝为了加强中央集权,让郡守们既好好干活,又听话别造反,就把若干个郡划在一起,称为州。全国一共13个州,名字多数取自传说中大禹"九州",比如我们熟悉的扬州、荆州、益州、青州等,每一个州就是一个监察区。每年八月份,中央政府派一个小官去监察区巡视,看看州里的郡守们是不是在好好干活,有没有想造反,这个小官就叫刺史。

最初的时候,刺史手里没有任何地方权力,甚至在地方上连一张办公桌都没有,只负责向皇帝打小报告。到了东汉的时候,刺史在地方上有了办公室,老婆孩子也可以接过来一起住了;到年末的时候,本来应该他去京城向皇帝汇报工作,但如果没啥大事,派个下属去中央例行公事也就可以了。渐渐地,刺史就成了郡守事实上的顶头上司,必须巴结,不过全国的行政机构依旧是中央、郡和县三级,州依然只是监察区。

现在汉灵帝把刺史的名字改成州牧,同时赋予民政和军政权力,这就不得了了。州牧这个官名自古就有,但现在让州牧集民政、军政、监察大权于一身,那就等于是把这些人变成了不折不扣的土皇帝。汉灵帝以为这些人手里有了权力，可以忠心耿耿地替他对付黄巾军余党，他自己就可以专心致志地享受生活了。可是实际上，只要看看接下来有哪些人担任了这一职务，他们随后都干了什么，就知道汉灵帝是给老刘家找了一群掘墓人。曹操、刘备、孙权、袁绍、袁术、刘表、陶谦等都担任过州牧，他们的想法八个字就可以概括："王侯将相，宁有种乎？"

是的，历史即将进入三国时代。关于这段历史，大多数中国人都能说上几句，对于乱世奸雄曹孟德、忠义无双关二爷、足智多谋诸葛亮等人物，更是耳熟能详，但普及这段历史的并非西晋陈寿所著《三国志》，而是创作于元末明初的小说《三国演义》。《三国演义》的作者现在还有争议，有人说是罗贯中；也有人说是罗贯中和他的老师施耐庵合写，施耐庵也就是《水浒传》的作者；还有人说是无数人创作的成果。神奇的是，大多数中国人都知道这是一本小说，却相信东汉末年三国这段历史就是它书写的那个样子，甚至于它虚构的"桃园结义"，都成了人们心中最向往的江湖情义的代名词。

这种效应用清朝的学者章学诚的话说就是，"七分实事，三分虚构""以致观者往往为所惑乱"。那么，这段历史到底是什么样子的？是不是真的像《三国演义》里面写的那样精彩绝伦，波澜壮阔？

简短回答就是一个字：是。这段历史相当精彩，但如果想真的了解它，要从一位皇帝的归天慢慢开始讲起。

一、董卓废汉少帝

189 年，人很聪明，但是荒唐了一辈子的汉灵帝刘宏驾崩。他 13 岁的儿子刘辩即位，史称汉少帝，实权掌握在临朝称制的何太后和太后哥哥大将军何进的手里，东汉最后一次外戚和宦官的争斗随即爆发。

何进在下属虎贲中郎将袁绍的建议之下，准备杀掉所有当权宦官，可是他妹妹何太后不同意，袁绍和何进就想出了一个馊主意：宣召驻守在河东郡的前将军董卓带兵来洛阳，同时派部下王匡、骑都尉鲍信回家乡募兵，准备来一手兵谏，也就是用各地起兵来逼迫亲妹妹同意杀掉宦官。

河东郡的董卓接到信之后，快马加鞭，一路狂奔往京城进发，仅仅是杀几个太监，就可以捞一场大功劳，甚至控制整个京城，去哪里找这样的好事？

没想到，在董卓到达京城之前，老宦官张让指挥中常侍段珪等几十名宦官，趁何进入宫的时候，将他斩杀在嘉德殿。

不得不说，何进真的是有史以来最蠢的大将军之一，他天天手里磨刀子，嘴上喊着杀宦官，居然还敢不带足够的护卫就出入皇宫，把对手当作是聋子、瞎子和傻子，那只能去死了。其实，20多年前，窦武和他闺女窦太后也曾经演出过这一幕，剧本几乎一模一样——在杀宦官这个问题上两人意见不一致，最后导致窦武被宦官反杀。

其实，在杀宦官问题上，帝后和外戚发生分歧一点都不奇怪。作为一个整体来说，汉朝宦官集团和皇族一直都是一伙儿的，他们本质上是代表皇帝或者皇族与外戚和士大夫豪强世家进行博弈。

当时的典军校尉曹操对此看得很明白，宦官依附皇帝，权力来自皇帝，怎么可能全都铲除？如果真要治理他们，用一个士兵除掉首恶就可以了，《资治通鉴》记载了曹操的一句话："当诛元恶，一狱吏足矣，何至纷纷召外兵乎？"对付几个宦官，你何进和袁绍还用得上千里迢迢找外援吗？

很可惜，何进没听到曹操的话，即使听到，估计也不会采纳这个意见，最后只能落个身首异处。

这一次，宦官们没能高兴很久，袁绍的同父异母弟弟，另一位虎贲中郎将袁术，听到大将军何进被杀的消息，直接带着手下的禁卫军打进南宫九龙门，对宦官进行了灭绝性的屠杀。

老宦官张让，哪里见过这种场面？他不敢反抗，最后挟持着汉少帝刘辩和皇族成员从偏门逃出洛阳。洛阳城里，袁氏兄弟大开杀戒，史书上说，死"凡二千余人，或有无须而误死"，也就是杀了2000多人，很多不长胡子的洛阳市民也倒了大霉，被当作宦官杀掉。

张让挟持汉少帝也没逃出多远，就在黄河边上的小平津渡口，被卢植率领的追兵赶上。张让投河自尽，卢植救驾成功，不过就在他们返回洛阳的半路上，在北邙山附近，他们和董卓相遇了。

当汉少帝刘辩被董卓的凉州军团簇拥着重新进入洛阳城时，不知他是否知道，从这一天开始，老刘家的大汉王朝其实已经名存实亡。189年9月28日，仅仅当了4个月皇帝的刘辩被董卓废掉，改立汉灵帝的另一个儿子刘协为帝，这也是汉王朝最后一任皇帝，汉献帝。

董卓为什么要改立刘协为帝？有人说是为了立威，有人说是他在北邙山和刘协对话时，认为刘协比较贤能。我觉得这些也许对，不过不全面。至少有一点，我认为董卓应该是考虑过的，那就是刘辩的妈何太后这时候还活着，而刘协的亲娘早就去世了。大汉王朝祖制，皇帝幼小，由太后临朝称制，也就是从法理上讲，太后是最大的。那如果找一个没有妈的孩子当皇帝，最大的领导就可以是他董卓了。

有一句话叫"想得美"，在天下太平无事，中央政府大权在握的时候，董卓的这一招可能是妙棋；但当时的东汉不一样，汉灵帝下放了兵权、财权给地方的州牧、刺史还有太守，全国的很多官员事实上变成了有权有势的军阀，那么董卓这个废立之举就像历史学家吕思勉说的，变成了一步臭棋，给那些野心勃勃的人制造了一个极佳的起兵借口。

二、关于曹操的两个谜团

189年12月，各地纷纷起兵，打出的旗号就是汉少帝无辜被废，大家要齐心合力，除掉祸国殃民的大奸臣董卓。

董卓是铁血军人二愣子的作风，他对此的反应是用一杯毒酒结束了少帝刘辩的性命，随后下令把首都从洛阳迁回长安。一声令下，洛阳到长安400公里的古道上，上至天子，下至平民，人马相互挤压踩踏，加上饥饿和瘟疫，沿途堆满了尸体。董卓对此无动于衷，离开洛阳之前，他一把大火，把这座周公姬旦当年辛辛苦苦建造的，已经繁华了1200多年的城市付之一炬。

实际上，董卓完全没有必要这么担心，反董联军看似来势汹汹，其实个个心怀鬼胎。董卓撤出洛阳向西撤退，反董联军中几乎无人理会，每天只是聚在一起喝酒吹牛，真正第一个向董卓发起冲锋的，反而是当时没什么名气的、刚刚被袁绍提拔起来的奋武将军曹操。

曹操，字孟德，安徽亳州人，按照裴松之注解的《三国志》，他爹曹嵩本来姓夏侯，是夏侯惇的叔叔，只是从小被一个叫曹腾的宦官收养，这才姓了曹。曹操小时候博览群书，文武兼修，同时也放荡不羁，结交游侠，和袁绍的关系很不错，《世说新语》上记录了他和袁绍一起去偷新娘的勾当，不过这事儿其他史书上没有。

那时候汝南郡有一个叫许劭的，和他堂兄许靖喜欢品评当时的人物，因为在每月的初一发表，所以叫"月旦评"，影响很大。甚至可以说无论褒贬，只要上榜，都是一种荣耀。曹操听说了，就专门带了很多礼品找到许劭，说您看看给我也说两句行不行。

许劭开始不想说，后来被逼无奈，就说你是"清平之奸贼，乱世之英雄"，这是《后汉书》上的记载。《三国志》和《资治通鉴》则说，许劭当时说的是"治世之能臣，乱世之奸雄"。史书上说，"操大悦而去"，相当满意。

长大后的曹操在平定黄巾起义中立了功,后来又几经波折,当上了典军校尉。好日子没过上几天,董卓就进了洛阳,本来董卓是想拉拢曹操的,封他为骁骑校尉,可是曹操觉得董卓兔子尾巴长不了,就一溜烟地逃出洛阳,跑回了老家陈留郡。

《三国演义》还给曹操加了一段故事,说他带着一把叫作七星宝刀的武器,走进了董卓的卧室,准备从背后一刀下去,杀了董卓;可是他刚拔出刀来,就被董卓从镜子里看见了,当即转过身来就问,老曹你要干啥?曹操急中生智,说我给您找来一把好刀,今天特意拿给大人。小说里说董卓当时信了他的话,没有深究,而曹操一身冷汗地回到家里,二话不说,收拾好金银细软,逃出了洛阳。

这个故事很精彩,但并不真实。无论是《三国志》,还是《魏书》,都没有曹操刺杀董卓的记载,而是说曹操因为看不上董卓才离开洛阳。《魏书》上的原话是"太祖以卓终必覆败,遂不就拜,逃归乡里",也就是两个人可能连面都没见过。

不过《三国演义》七分实事,三分虚构,刺杀董卓的故事也不是彻底的瞎编。确实有刺客刺杀过董卓,他的名字叫伍孚,和曹操一样,也是一个校尉,而且也很受董卓赏识。有一次,和董卓聊天之后,董卓亲自送他出门,他突然拔出藏在怀里的一把利刃,朝着董卓的大肚子就刺了过去。哪知道董卓虽胖,但身手灵活,躲开之后,反而擒下了伍孚,最后伍孚被砍了脑袋,罗贯中就是把这个故事改编了一下,放在了曹操的身上。

书归正传,在曹操离开洛阳回家的路上,还有一个故事,说他曾经躲在朋友吕伯奢的家里,可是吕伯奢不在,他的儿子们招待曹操。曹操听见有食器和磨刀的声音,以为吕伯奢儿子要抓捕自己献给官府,干脆将吕伯奢五个儿子和吕家两名宾客全部杀死。事后曹操才发现,人家可能是杀鸡宰羊地招待自己，自己误杀好人了。于是仰天长叹，悲伤地说了一句："宁我负人，毋人负我！"后来这句话演变为"宁教我负天下人，休教天下人负我"，被写在了《三国演义》里。

这一段故事在《三国志》里是没有的，但《三国志注》里有。《三国志注》是南朝刘宋历史学家裴松之给《三国志》写的注，也称《裴注》，起因是《三国志》实在是太简略了，南朝宋文帝刘义隆看得不过瘾，就让裴大才子找找资料，弥补一下。《三国志》之所以那么简略，是因为陈寿在写书时，遇到资料上互相矛盾的地方，采用的对策比较简单粗暴，大多数时候就四个字"略去不写"。

比如说这一段曹操杀人，《魏书》上说是吕伯奢的儿子们要抢劫曹操，可是《魏晋世语》和《异同杂语》上都说是曹操误会了，而且那句"宁我负人，毋人负我"只记录在《异同杂语》里，估计陈寿当时就有点儿蒙圈，没办法确定到底是怎么回事，索性就不写了。

既然《魏书》和《魏晋世语》这两本写作态度很端正的史书都记载了，那说明这段历史有极大的可能性是真的，只是细节不同而已。罗贯中写的是小说，这么精彩的一幕岂能放过；况且，他的立场就是尊刘贬曹，那自然会写进《三国演义》里。

我之所以详细讲述这段故事，是想要说明：

第一，一些历史桥段，你不能因为《三国志》里没有写，就指责《三国演义》里是瞎编的，那还真不一定。陈寿的严谨往往造成这种尴尬的局面——正史里没有，小说里看起来是瞎编的，但也有可能是真实发生过的。

第二，讲中国历史真的很不容易，因为中国自古以来，有学问的人实在是太多了，他们留下的历史资料如汗牛充栋。唐朝历史学家刘知几说："头白可期，而汗青无日。"意思就是写历史的人每次想记录一件事，都要查找无数资料，思索再思索，往往一本书写成，人已经老迈不堪。

三、诸侯讨董卓

跑回老家里的曹操散尽家财，征募乡勇，然后举起了讨伐董卓的大旗。到了第二年的正月，全国形成了一个讨伐董卓的联盟，比较出名的联军人物有勃海太守袁绍、后将军袁术、长沙太守孙坚、兖州刺史刘岱、济北国相鲍信等12路诸侯。不过由于孙坚主动依附袁术，有些史书上就说是11路诸侯，但无论如何《三国演义》里"十八路诸侯讨董卓"的说法都是夸大了。

曹操当时因为没有地盘，并不算一路诸侯，他被封为奋武将军，属于陈留太守张邈部下。

大家一致推举袁绍为联军统帅，这主要是因为他的家世相当了得，叫作"四世三公"。也就是从他高祖那一代算起，一直到袁绍袁术的爹，四代人里，每一代都有人担任过三公。

当时联军里的高级将领很多都是袁绍他爹或者他爷爷提拔起来的，所以说，袁绍、袁术哥俩的初始条件相当不错，不过成也萧何败也萧何，就因为初始条件太好了，导致这哥俩自高自大，后来很早就退出了争霸舞台。

讨董联军当时声势浩大，但大家都抱着死和尚不死老道的心态，按兵不动，只有曹操当时是白衣飘飘的热血青年，率先发动了攻击。他一路追赶董卓，遇上了董卓部将徐荣，打了一整天，兵力严重不足的曹操大腿被射了一箭，在手下曹洪的死命保护之下才撤离了战场。

你如果问，"三英战吕布"呢？"温酒斩华雄"呢？这个就不好意思了，这两个故事都是《三国演义》里面演绎出来的。刘备、关羽和张飞这所谓的"三英"此刻正在中郎将公孙瓒的队伍里，而公孙瓒的河北幽州兵团这时候正和少数族乌桓打仗，并没有参加讨伐董卓的战争，关二爷自然也不可能潇洒地温酒斩华雄。

不过七分实三分虚的《三国演义》也不会随意地瞎编乱造，在这次讨董战役里确实有一个人打败了吕布，砍死了华雄，此人就是东吴政权创立者孙策和孙权的老爹——孙坚。

孙坚和曹操同岁，吴郡富春县人，也就是今天杭州市富阳区人。此人自幼好武，在平定黄巾起义时，就因为勇猛而出名，被封为乌程侯、长沙太守，这次是跟着袁术一起来打董卓。他打的第一仗和曹操一样，都是大败而归，后来是和手下换戴了帽子，才逃脱了董卓军队的追赶，可以说是狼狈至极。但到了191年2月，也就是联军成立的一年之后，他带兵卷土重来，利用董卓部将吕布和胡轸的不合，大败两人，并且斩杀了都督华雄。随后，又多次打败为董卓殿后的吕布，攻进了洛阳，据《后汉书》记载，孙坚在洛阳找到了传国玉玺，后来在袁术的威胁之下，他被迫交出了玉玺。

虽然孙坚打进了洛阳，但联军其他人员依旧按兵不动，作壁上观，没有任何人支援孙坚。不仅不去支援，还要背后动刀子——盟主袁绍趁着孙坚远离自己的地盘，夺去了袁术所任命的孙坚豫州刺史的官位，派了周昂为豫州刺史，准备把孙坚的地盘收编。孙坚听说之后流着眼泪说："同举义兵，将救社稷。逆贼垂破而各若此，吾当谁与戮力乎！"意思是，谁能和我一起拯救这个国家啊。

孙坚随后从洛阳收兵去打周昂。在公孙瓒的弟弟公孙越的帮助之下，孙坚打败了周昂，可是公孙越却被袁绍的部下打死了，这导致袁绍和公孙瓒爆发冲突，在河北开始死磕。

同时，又因为孙坚是袁术的人，袁绍和袁术彻底撕破脸皮，开始对立。孙坚在随后帮助袁术进攻荆州刘表的战斗中，被滚木击中脑袋而死，他的部下拥立他的长子孙策撤出战场，向东进攻江东各地，自此割据一方。

讨董联盟的老大和老二翻脸不认人，彼此打得你死我活，到了这个地步，所谓的联盟已没有意义，联盟成员只能一哄而散。

曹操暂时属于袁绍一方，但从此之后，那个时刻准备为国捐躯的热血青年曹孟德也就消失了，他开始向军阀转变。这也不怪他，大汉朝廷名义上和实际上都已经变成了董卓朝廷，各地诸侯间这种公开的厮杀已经没人能够约束，甚至连任何名义都不要了，国已经不国了。

就这样，弱肉强食的诸侯割据战彻底拉开了大幕。

058. 大耳和吉利

董卓自从把汉献帝弄到长安之后，更加骄横。《后汉书》上说他"虐刑滥罚，睚眦必死，群僚内外莫能自固"，意思是他暴虐残忍，同事只要多看他一眼，脑袋可能就搬家了，工作环境危险无比。

一、董卓被杀，汉献帝出逃

董卓的手下有一名大将，姓吕名布字奉先，看过《三国演义》的人都知道，他号称三国时期武力值最高的武将。此人本来是并州刺史丁原的人，后来董卓对他许以高官厚禄，他就杀了丁原投靠董卓。除了品行不好，他还是个好色之徒，从董卓处得到中郎将都亭侯的职位之后，他还勾搭董卓的婢女兼小妾。多看董卓一眼都可能没命，和他的小妾勾搭会是什么下场？这事只要往深里想一想，就算是吕布，应该也会感到害怕。

就在这时候，朝中大臣司徒王允、杨瓒等人密谋除掉董卓，商议的结果是，最好找到董卓的一名下属动手行刺董卓，否则，以董卓防范之严，外人几乎没有成功的可能，最后大家一致想到了吕布。

王允等人几次试探之后，得到了吕布的同意，两边开始合谋。吕布承诺会尽快刺死董卓，王允等人拍着胸脯担保，成功之后，你的官只会比现在更大，而且，董卓的小妾都归你了。

就这样，吕布利用担任贴身侍卫的机会，成功地刺死了董卓，王允等人掌握了朝政，之后没有食言，加封吕布为奋武将军、温侯，和王允共同执掌朝政。

真有貂蝉这个人吗？

貂蝉是《三国演义》里虚构出来的，历史上并无此人。《三国演义》中说貂蝉是王允的歌姬，先后被王允送给吕布和董卓，两人争风吃醋，最后吕布刺死了董卓。罗贯中编这个故事的所有依据，是《三国志》上的一句话"布与卓侍婢私通"。当然，罗贯中无疑是古今中外最伟大的虚拟人物创造者之一，因为貂蝉现在已经是中国古代四大美女之一了，号称"闭月"，意思是月亮见了她，都会觉得自己太丑，藏在云彩里不敢出来见人。

董卓死后，王允干了两件蠢事。一是把蔡邕的脑袋砍了。蔡邕就是前面说的书写《熹平石经》的学者，真正的大才子。本来他在董卓乱政之后不想当官，已经回家种田了，可是董卓说，你不出来做官我杀你全家，原话是"我力能族人"。蔡邕只好坐着牛车到董卓手下当了官，随后发现董卓对他特别尊重，和对待其他人不一样，知识分子的虚荣心顿时爆棚，就把董卓引为知己，反而和王允经常吵架。

董卓被杀的时候，蔡邕和王允正好又在一起探讨问题，听到董卓的死讯，脸色大变，随后叹息了一声。王允马上厉声指责他，你这是为奸臣鸣不平吗？然后就把政治不正确的蔡邕扔进了监狱，任何人求情都不行，直接杀死了他，这件事毁了王允的形象。在天下读书人的心里，此人变得和董卓一个德行了。

王允干的第二件蠢事就是迟迟不处理董卓的部下。正常来讲，无论什么方案，都要讲究一个字，快。如果想杜绝后患，就要赶紧动手逮捕和杀掉主要将领；不杀，那就赶紧安抚。可是这位司徒大人前后犹豫了两个月也没拿出一个方案来。

长安城外的董卓的主要部下，李傕和郭汜迟迟得不到朝廷赦免自己的消息，开始商量，要不干脆解散部队，咱们回甘肃种田算了。就在此时，一个人站了出来说，我们就这么跑了，一个小小的保安就能把我们抓住，还不如回去攻打长安，成功了大家都吃香的喝辣的，不成功再跑也不晚，这叫"奉国家以征天下，若不济，走未后也"。

此人的名字叫贾诩，是我个人认为三国里面有大智慧的寥寥数人之一。他先后伺候过很多主子，包括袁绍和曹操这样猜忌心很重的，可每个领导都对他特别尊重。最后他本人位列三公，荣华富贵了一生，还落了个寿终正寝，活到77岁才去世，去世之后还得到了谥号，名为肃侯。这在三国那个乱世，是相当厉害了，我们后面还会说到他。

李傕和郭汜听了贾诩的话，一琢磨，对啊，打败了再跑，回家种小米也不差这一两天的时间。结果是相当令人惊喜，长安城十天就被他俩攻破了，王允被杀，吕布被打败后逃向关东。李傕和郭汜占领长安之后，基本上和董卓在的时候没啥区别。他们都是没有政治头脑的人，偏偏坐在了需要政治头脑的位置上，除了蛮横和吃喝享乐，就想不出别的了。

西凉军团打仗很猛，不打仗时祸害老百姓更猛，长安及其周边地区老百姓的生活苦不堪言。更糟糕的是，李傕和郭汜在平分权力和独享权力之间纠结，开始互相猜疑，都担心对方有可能独占权力。这就是我前面反复提到过的猜疑链，它一旦在两个人或者两个族群之间产生，往往就是不死不休的结局。

195年，李傕挟持了皇帝汉献帝刘协，郭汜把其他文武大臣都绑架到自己军队，两人带兵在长安城里大打出手。仗打了五个月，死伤几万人，终于在另一个大将张济的调停之下暂时罢手，但长安城也只剩断壁残垣了。

汉献帝在杨奉等人的护卫下，逃出了长安。开始时，李傕、郭汜两人是默许的，可是马上这两人就意识到自己错了，立刻就反悔了——手里有一个吃不了几碗米饭的皇帝，那就等于是有了命令别人的资本，为什么要主动扔掉？于是赶紧派人去追皇帝。

二、挟天子以令诸侯

这一次，老天爷终于眷顾了刘邦的后人，汉献帝和大臣们一路向东，虽然经常是吃了上顿没下顿，王公大臣都要挖野菜才能活下去，但最终还是在杨奉、董承等人的帮助下躲过追兵。一年后的196年8月，汉献帝等人逃回了洛阳。此时洛阳和长安差不多，满目疮痍，开始的时候，汉献帝等人甚至连住的地方都没有。

就在此时，曹操对他释放了善意，跪下自称臣子，还准备把他接到条件很好的许昌居住。

曹操在讨董联军解散之后，一直想方设法发展自己的势力。192年夏天，黄巾军的余党几十万人进攻兖州，刺史刘岱战死。在济北国相鲍信和兖州吏万潜的推举之下，曹操自封为兖州牧，并且彻底打败了黄巾军，收降了大概30万的士兵，加上这些人的眷属，大概有一百万人，曹操选择其中最精锐的，组成了后世大名鼎鼎的青州兵。

在此期间，有两个重要的谋士来到了曹操身边，那就是荀彧和程昱。荀彧是从袁绍那里跑过来的，后来他给曹操推荐了荀攸、戏志才和郭嘉三个极其重要的谋士。程昱是世外高人，一直都是隐居状态，听到曹操来到兖州才出山投靠，别人问他为什么，他微笑不语，荀彧在一旁说，因为"曹公能成事尔"，换句话说，跟对了老板有前途，这就是这两位顶级谋士的看法。

在兖州稍稍站稳脚跟之后，曹操与自己的另一个谋士毛玠有过一番长谈，可以说是曹操版的隆中对，毛玠的建议是九个字："奉天子，修耕植，畜军资。"曹操完全照办，开始了轰轰烈烈的劳动生产运动，把自己控制的地方变成生产建设兵团，称之为"军屯"，打仗的时候上马，不打仗的时候拿锄头，和后来的南泥湾差不多。

同时，他开始和朝廷的各位大佬联络，最终在195年，汉献帝在逃出长安之前，正式发文承认了曹操兖州牧的位置，曹操终于熬成了一方诸侯，在江湖上有了大哥的位置。

当收到兖州牧的委任状时，曹操曾经派人快马给汉献帝送去了两箱梨和枣，表示感谢。当他听说汉献帝还没吃到这些梨和枣，就被李傕和郭汜逼得跑了出来，赶紧问手下的人，想再寄两筐去，可是也不知道地址，怎么办呢？荀彧马上说，把皇帝接过来许昌，可以让他天天都吃梨。曹操一听，对，好主意！

就这样，196年秋，"车驾出辕辕而东，以太祖为大将军，封武平侯"。太祖就是指曹操，这句话的意思是曹操跑到洛阳，被汉献帝封为大将军、武平侯，然后汉献帝就被接到了许昌。

你要是问，毛玠和荀彧把皇帝接到自己身边的策略，别的诸侯想不到，他们手下的谋士也想不到吗？那还真不是。《后汉书》里记载，袁绍手下的沮授早在汉献帝刚刚离开长安之时，就劝袁绍把皇帝弄到自己身边来。沮授的原话是："挟天子而令诸侯，畜士马以讨不庭，谁能御之？"这和毛玠以及荀彧给曹操的建议是一模一样的。

这里你要注意了，虽然都是接皇帝，但袁绍集团说的是"挟天子"，曹操集团说的却是"奉天子"，荀彧更是说"奉天子以讨不臣"。一边是挟持天子，一边是尊奉天子，境界高下立判，不过我们这些吃瓜群众当然知道，无论是挟持还是尊奉，汉献帝都是一个傀儡。

虽然沮授出了主意，但袁绍的很多谋士也和曹操手下的多数谋士一样，他们认为汉朝根本就不可能恢复了，把汉献帝接到自己身边，还要对他毕恭毕敬，只不过是给自己找了一个爹。结果是，袁绍按照民主原则，少数服从多数，就没听沮授的。

曹操是大独裁者，他觉得荀彧说得对，就按照荀彧说的去做了。事实证明，像沮授、荀彧、毛玠，还有前面说过的贾诩这样的人，都属于具有战略眼光的人才，这种人的看法，多数时候和我们这些老百姓不一样。遇到了曹操，他们就可以建功立业，遇到了袁绍，那就自认倒霉好了。当然，沮授更倒霉，最后是被自己忠心耿耿伺候的主子袁绍亲手杀掉的，这是后话。

汉献帝到了许昌之后，曹操马上嘚瑟起来，紧接着，袁绍就收到了皇帝的信，呵斥他"不闻勤王之师而但擅相讨伐"，意思就是你袁本初既不忠心，又跋扈自私。这封信虽然盖的是汉献帝的大印，但到底是谁的主意，大家都心知肚明。

袁绍气得直跳脚，说："曹操当死数矣，我辄救存之，今乃背恩，挟天子以令我乎？"意思是，你曹操以前在我眼里就是一只小蚂蚁，我几次三番地救你，现在居然拿皇帝来要挟和命令我？

生气归生气，从法理上讲，袁绍的确是汉献帝的臣子、下属，人家骂你，你也只能听着，所以袁绍也没办法，最后还得上表写奏章解释一番。当然，曹操也就坡下驴，把自己的大将军让给了袁绍，但接着就给自己另外封了一个官——司空，也就是三公之一的御史大夫，兼任车骑将军，领尚书事。至于说袁绍的大将军头衔上有多少水分，大家自然心里都有数。

三、刘备在徐州

曹操把汉献帝接到身边这一年，南边有个人被打败了，狼狈不堪地跑到了许昌。小名叫曹吉利的曹操像吉利汽车集团一样，财大气粗，给了他很多兵马和粮草，还封他为豫州牧，让他在沛城暂时居住。

此人姓刘，名备，字玄德。

刘备比曹操小六岁，生于 161 年，河北涿州人。他应该是刘邦的后代，属于汉景帝的子孙。只不过到了他这一代，拜汉武帝的推恩令所赐，和平民没太大区别了。他爹去世早，为了生活，刘备小时候和他娘以卖草鞋、织草席为生。至于说长相，最有特点的就是一对如同天蓬元帅一样的大耳朵，据说，他不用照镜子都能看见自己的耳朵，所以后来谁想骂他，开口就是三个字：大耳贼。

刘大耳少年时，受到同宗叔叔的接济，和公孙瓒等人一起在卢植的门下学习过。后来黄巾起义时，他和他的两个好朋友关羽、张飞响应号召，也报名参军去打黄巾军。至于说他和关、张二人是如何认识的，《三国演义》里的"桃园三结义"就是完全虚构的了。

实际情况是，关羽在家乡杀了人，逃亡到刘备和张飞所在的涿州，然后就认识了，过程平淡无奇。不过他们一见如故是真的，史书上说他们"寝则同床，恩若兄弟"。不过，他们一生中并没有结拜过。此外，关羽的年龄有可能比刘备要大。

黄巾军被平定之后，刘备因为军功当上了一个小官，安喜尉，也就是安喜县城的"公安局局长"。没多久，朝廷就有令，凡是因平定黄巾军军功当上小吏的，都要下岗，估计是想精简机构。史书上记载，刘备一怒之下，把前来强制他退休回家的督邮捆起来，狠狠地抽了一顿鞭子，然后就跑了。这事到了《三国演义》里，就变成张飞干的了——这也没办法，按照《三国演义》的人设，我们总不能让忠厚长者刘玄德挽起袖子，骂骂咧咧地用皮鞭子抽人，这事儿只有张飞干才最合适。

下岗之后的刘备兜兜转转，最后想去投奔公孙瓒，这位昔日的同学那时已经是中郎将，河北幽州军团的最高首脑。不过史书上并没有写两人见面，《三国志》原话是，"瓒表为别部司马，使与青州刺史田楷以拒冀州牧袁绍"，意思是公孙瓒给了刘大耳一个别部司马的官职，把他打发到青州田楷那里去防御袁绍，后来刘备又被晋升为平原县令。总之，你可以认为公孙瓒和刘备的关系也就一般，但刘备也正是这时候认识了赵云赵子龙，赵云后来成了蜀汉的一员大将。

到现在为止，刘大耳三十多年的人生可以说是毫无亮点，平淡无奇。别急，他的第一次人生转折就要来了，这事儿要慢慢说。

193年年末，曹操的爹曹嵩从山东琅琊去兖州投奔自己的儿子，经过徐州时，很不幸地被徐州牧陶谦的手下给杀了。关于这事，现在已经说不清楚了，《三国志》和《后汉书》都说陶谦是幕后凶手，可是《资治通鉴》和《吴书》都说陶谦并不知情。我觉得，别说现在，就是在当年，这肯定也是一笔糊涂账。

不过人死在了你的地盘上，那我就要找你算账，这个逻辑在很多时候都是天经地义的，尤其是我的拳头比你大的时候。曹操马上以老爹被杀为理由，两次出兵攻打徐州。

刘备因此两次出兵，救援徐州。为什么手下不到一千人的刘备敢和曹操对着干？《三国演义》说他救人于水火，仁义无双。真实情况是，当时刘备的顶头上司是青州刺史田楷，田楷的老大是公孙瓒，而陶谦和公孙瓒是同盟军，换句话说，刘备只不过是奉命出兵而已。

不过，刘备、田楷和陶谦捆在一起，也打不过曹操。就在几个人绝望地想四散逃命时，有一个三国期间著名的"白眼狼"和"搅屎棍"拯救了大家，此人就是吕布。

四、反复无常的吕布

吕布当年和王允合伙杀了董卓之后，虽然一时当上了大官，但最后还是被李傕和郭汜从长安打了出来，这一路上，他换了三个主人，先是袁术，然后是张杨，最后是袁绍，结果都反目为仇。

就在他到处流浪的时候，曹操大本营里的陈宫不知道怎么就看上了吕布，居然趁着曹操攻打徐州的时候，背叛了曹操，还说服了陈留太守张邈,一起迎接吕布来兖州,奉他为新的主人。

陈宫叛变的原因,我们现在不太清楚,有人猜测是因为曹操杀过河北的著名知识分子边让,而此人是陈宫的朋友,这个不能确定。无论如何,吕布在陈宫和张邈等人的热烈欢迎之下,迅速占领了一大半的兖州,逼得曹操只能放弃刘备和陶谦,回去和吕布死磕。

曹操退兵之后,陶谦看刘备也是越来越顺眼。195年,他在去世之前,对手下的糜竺说,"非刘备不能安此州也",糜竺非常听话,陶谦一死,他就敲锣打鼓请刘备来徐州当州牧。

假意推脱了一番之后,在陈登、孔融等人的再三劝说下,刘备坐上了徐州牧的交椅,成了一方诸侯。关于陶谦把徐州传给刘备这事儿,疑点重重。最大的疑点是,陶谦并不是当面把徐州托付给刘备的,而是他手下的糜竺在陶谦死后宣布的,也就是说,陶谦是不是真的说过那句话,没有人知道,只能听糜竺的,而糜竺后来一直是刘备集团的二号人物,地位远在关羽、诸葛亮之上。这就不能不让人怀疑,刘备和糜竺是不是早就勾结在一起了,当然这事只能存疑,永远也破不了案了。

就在刘备当上徐州牧的第二年,吕布被曹操从兖州赶了出来。吕布打仗很勇猛不假,可是曹操手下也有猛人,比如典韦、夏侯惇,而且曹操有荀彧和郭嘉这样的奇谋之士,吕布没有,所以,虽然他一开始气势汹汹,最后还是在争夺兖州的战斗中失败,只好来徐州投奔刘备。

《三国演义》里说吕布和刘备见面握手言欢,还让家属和刘备见面,言下之意好像是吕布炫耀自己有个漂亮老婆貂蝉一样。但这两人是不是真见面了,我是不知道的,《三国志》里无论是《先主传》还是《吕布传》,都没说,仅仅只有一句话"布东奔刘备",也就是吕布向东来到徐州投奔刘备。

无论如何,刘备开始倒霉了,在随后袁术和刘备之间的战争中,吕布左右逢源,先是站在袁术一边,抓了刘备的老婆孩子,逼得刘备把徐州牧让给了他；然后又和刘备和解，当袁术派人攻打刘备的时候，他演了"辕门射戟"这一出好戏，解救了刘备，并且把小沛让给刘备居住。

这一时期的吕布可谓是英雄了得，策略非凡，硬生生地把徐州从刘备的手里抢了过来，还让对方一点脾气都没有。顺便说一句，"辕门射戟"这种从一百步之外，一箭射中戟上小枝的神奇故事，我年轻时看《三国演义》，以为是瞎编的，后来发现在很多史书上都有记载，说不定居然是真的，吕布的勇猛确实名不虚传。

谁知他接下来却犯了老毛病，狂妄自大，觉得自己已经有了地盘，可以嘚瑟一下了。本来答应了袁术的和亲请求也变卦了，还杀了人家来接新娘子的使者。回过头来，吕布看刘备也不顺眼，觉得这个窝囊废早点死比较好，就率军攻打驻扎在小沛的刘备。

可怜的刘备把徐州牧的位置都让出去了，还是被吕布追着打，而且还打不过，最后没招了，只能去投靠以前的敌人曹操。谁知，就像前面说的，他不仅没被歧视，还得到了超高规格的待遇。

曹吉利为什么对刘大耳这么好？且听下回分解。

059. 官渡定北方

为什么曹操对刘备这么好？其实，曹操集团一开始对刘备也是两种意见。程昱劝曹操说："观刘备有雄才而甚得众心，终不为人下，不如早图之。"郭嘉不同意："除一人之患以沮四海之望，安危之机也，不可不察。"意思是刘备名声很好，杀了他，大家都会觉得你曹孟德是残暴之人，我们现在正是缺人的时候，要慎重。不过郭嘉也强调了，刘备志向不小，绝对是一个祸患。曹操最后的决定是给刘备官职、钱财，还帮他聚拢了打散的士兵。

我个人觉得，这也不难理解，既然我曹操和所有谋士都认为你刘备是个人才，那我就要试试，像收服其他英杰一样，把你也笼络到自己阵营里。另一个原因是吕布占据了徐州，现在成了刘备和曹操的共同敌人，曹操要驱使刘备去消灭吕布。

一、青梅煮酒

结果刘备即便得到了曹操的支持，还是打不过吕布。198 年秋天，吕布手下大将高顺和张辽又一次击垮刘备，刘备再一次丢下老婆带着关张二人投奔曹操。

这一次，曹操决定亲征吕布，把徐州收入囊中。

这一战也没悬念，吕布虽然英勇，但野战还是打不过曹军，只能退入城中自保。曹操依照郭嘉和荀攸的计策，引泗水和沂水灌入下邳城，吕布只能投降。被绑起来的他倒是不在乎，还对曹操说，绑这么紧干什么？曹操说，绑一头老虎能不紧一点吗？吕布就给曹操上课，说你曹孟德不就是担心我吕奉先吗，我现在彻底服了，咱俩联手，天下还愁得不到吗？

曹操一听有点心动，坐在他旁边的刘备慢悠悠地说了一句："明公不见布之事丁建阳及董太师乎？"曹大哥啊，您难道没看见这家伙是如何给丁原和董卓干活的吗？曹操一听惊出了一身冷汗，是啊，那两人就是因为用了吕布，最后才送了命啊。

曹操于是下令勒死吕布，和他一起死的还有陈宫和高顺。张辽带着手下投降了曹操，后来成了曹操手下独当一面的大将。

有人说，刘备留着吕布去害曹操不好吗？我认为这里面有个人恩怨，你想想，光妻小就被吕布抓住过两次，换了你，你能不生气吗？此外，无论刘备是单干，还是依附曹操，吕布留下来都是一个祸患，或者说障碍。

再说曹操当时也只是有点犹豫，即便刘备不提醒，手下荀彧、郭嘉这类谋臣也会站出来提醒的。因为吕布先后投奔过六个人，就有两个人死在他手里，那就是丁原、董卓，另外四个人——袁术、张杨、袁绍、刘备都和他反目成仇，这种职场信誉，哪个老板敢要？

吕布死后，徐州等于是归了曹操，他任命车胄为徐州刺史。刘备则被要求跟随曹操回许昌，汉献帝封他为左将军，很显然，这是曹操的意思，这个官比刺史和州牧大，但没用，虚名一个。

《三国演义》在这时候虚构了一段情节，说刘备和汉献帝见面了，彼此哭得稀里哗啦，一查族谱，发现刘备居然是汉献帝的叔叔，从此世间有了一位刘皇叔。这个纯属罗贯中虚构。首先，没有一本史书说刘备和汉献帝见过面；其次，汉献帝是刘邦的第15代孙，而正经史书对刘备的介绍含糊其词，如果按照《三国演义》所说，他是汉武帝的哥哥中山靖王刘胜之后，刘邦的第 20 代孙子，那这意味着汉献帝比他高五个辈分，怎么可能叫他叔叔？

罗贯中为什么要这么写？因为《三国演义》的基调是尊刘，历史上最出名的辅佐天子的故事就是周公辅佐周成王，周公和成王是叔侄关系，如此而已。

顺便说一句，中山靖王活着的时候，只干四件事，吃喝玩乐，儿子特别多，《汉书》上记载，他有一百二十多个儿子。这样看来，刘备他们家那一个村子姓刘的，可能都是他的后代，所以，出门吹牛说我是中山靖王之后，其实没什么可自豪的。

言归正传，虽说刘备和汉献帝没有见面，但不代表他没和车骑将军董承见面。这个董承就是千里迢迢从长安把汉献帝护送到洛阳的那位，后来把女儿也嫁给了汉献帝，所以他算是外戚。不过他这个老丈人没什么权力，只能天天看曹操的脸色。

董承在一次和刘备见面的时候，说自己得到了献帝缝在衣带里面的诏书，要诛杀曹操。刘备对这事的态度就是没态度，既没答应，也没跑到曹操那里去告发此事，史书上说"先主未发"。可是第二天和曹操一起喝酒的时候，曹操看似不经意地说了一句："今天下英雄，唯使君与操耳。本初之徒，不足数也！"意思是，天下英雄就你我两个，袁绍那些家伙不算个啥。

刘备听了差点吓死，史书上说，"先主方食，失匕箸"，刚要吃饭，羹匙和筷子吓得掉了一地。回去之后，刘备就决定参与到董承的计划里，准备和曹操撕破脸皮。

这就是"青梅煮酒论英雄"在《三国志》上的记载，并没有详细讨论袁术、袁绍等人的优劣，至于写刘备借着天上打雷掩饰自己的失态，则是东晋时的《华阳国志》的记载。

那么，"天下英雄，唯使君与操耳"到底是曹操随口说说，还是有意试探？我个人认为都不是，而是曹操给刘备和自己壮胆，或者说是一种鼓励。

我们看一下当时的形势：这一年是199年，北面的袁绍彻底打败了公孙瓒，占据了幽、并、青、冀四州，拥有十几万精兵，对曹操虎视眈眈；南边的袁术自从得到传国玉玺，自以为天命所归，两年前擅自称帝之后，接连受到曹操、孙策，甚至刘备的打击，加上地盘上天灾不断，境况是老太太过年，一年不如一年，这时候已经向哥哥袁绍求援，准备北上和袁绍合伙。

中原大地只剩下了袁绍和曹操两股主要力量，明眼人都知道，双方迟早必有一战。在这种情况下，曹操和刘备聊天时说咱俩是英雄，袁绍那个人不用怕他，我认为他就是想表现自己对刘备的推心置腹，鼓舞刘备的斗志，毕竟当时刘备是在他的军营里混饭吃的。

你也许会问，如果是这样，刘备为什么会害怕，连筷子都掉在了地上？我的看法是说者无意听者有心，刘备会害怕就是因为他这时候心里琢磨的就是如何能扳倒曹操，也许他心里有无数种预案，但是和袁绍联手绝对是其中的一种，并且是他最想做的一种。后来他那么迫不及待地派人和袁绍联络，最后又投靠了袁绍，这些行为完全可以证明这一点。曹操一句"本初之徒，不足数也"，恰恰击中了他心里的那点小算计，他以为曹操看出了什么，所以当时很震惊。

这事过后没几天，刘备的机会就来了。曹操得到可靠消息，淮南的袁术已经动身北上，要去和袁绍会合，曹操就派了刘备和朱灵去拦截袁术。从这一点上，也可以看出，曹操对刘备还是挺放心的，并不存在用"煮酒论英雄"来试探的动机。

朱灵和刘备刚走到下邳就听说袁术流年不利，病死在路上了，那也就没什么可打了，朱灵就回去了。可是刘备露出了狰狞的面目，趁着曹操任命的徐州刺史车胄没有防备，将他杀死，留下关羽守下邳，自己占领了小沛，公开和曹操决裂。史书上说，徐州各郡县纷纷响应，归降了刘备，他马上就有了几万兵马。

二、刘备投袁绍

这件事发生的时候，曹操这边的形势很不乐观，即便是知道刘备背叛了，他暂时也不敢动，因为北面的袁绍不仅磨刀霍霍杀气腾腾逼近兖州，同时还派人去南边的荆州，联系张绣与刘表两位军阀，准备一起围攻曹操。

张绣的叔父，就是当年李傕和郭汜在长安打架时，跑去劝架的大将张济。他死之后，张绣带着谋士贾诩和所有士兵投靠了荆州牧刘表，后者把宛城给了张绣做根据地。

袁绍本来信心满满，认为张绣和刘表一定会和自己联合，尤其是张绣，前两年和曹操也是死敌，曹操霸占了他的婶娘，他杀死了曹操的长子曹昂和贴身警卫典韦，双方可以说仇深似海。

让天下人大跌眼镜的是，张绣的选择却是听从谋士贾诩的劝告，向曹操投降。张绣一向对贾诩言听计从，因为每次只要不听贾诩的意见，吃亏的肯定是自己。打仗的时候，贾诩说追，张绣去追肯定得胜，贾诩说不能追，他要是去追，肯定灰头土脸回来。更何况，这次贾诩还很认真地给张绣分析了一番局势，结论就是袁绍必败，而曹操有争霸天下的雄心，必然善待张绣。

我们事后来看，贾诩当时的分析真是神预言，袁曹两家的命运被他说是分毫不差，而张绣投降之后果然也得到了曹操的重用，死了之后，儿子还被封侯，可以说是运气相当好的投降派了。

张绣投降了曹操，刘表选择了坐山观虎斗。

袁绍超级郁闷，马上就犹豫起来。曹操看穿了袁绍的心思，当机立断，决定先对刘备下手。手下的将领都劝他，袁绍大军压境，虽然还没动手，但您若去打刘备，袁绍要是进攻许昌怎么办？

曹操的回答是，"刘备，人杰也，今不击，必有后患。袁绍虽有大志，而见事迟，必不动也。"他认为袁绍这个人优柔寡断，一定不会抓住这个机会，他可以赌一把。现在不打掉刘备，和袁绍开战之后，刘备必然夹击他曹操，因为和张绣、刘表不一样，刘备重新占据徐州之后的第一件事，就是派出孙乾作为使者去和袁绍结盟，准备合击曹操。

历史证明，曹操又一次赌对了。

袁绍的谋士田丰听说曹操去打刘备，马上就劝袁绍，赶紧出兵，攻击许昌，可是四世三公家族培养出来的袁绍，这时候却借口自己的小儿子生病，而冷冷地拒绝了田丰的建议，气得田丰用拐杖使劲地敲击地面，说："嗟乎，事去矣！夫遭难遇之几，而以婴儿病失其会，惜哉！"古人惜墨如金，《三国志》里一句话用了这么多语气词，可以想见，田丰当时一定痛心疾首指天画地了。

袁绍如此，刘备也不怎么样，虽然手握重兵，还是没什么战斗力。大将关羽战败被擒，投降了曹操，刘备再一次抛弃了家属，和张飞渡过黄河，投奔袁绍。袁绍这时候倒是挺积极，出城200里迎接刘备，估计两个人见面的第一个节目就是一起大骂曹操。

也不知道刘备和袁绍说了什么，这家伙的英雄气概马上又回来了，开始准备攻打曹操。这时候，谋士田丰又跳了出来，说曹操刚刚战胜刘备回到许昌，士气正盛，我们必须等一段时间再打。袁绍说你懂个锤子，直接把田老爷子关进了监狱。

当时袁绍的队伍有两员大将，颜良和文丑，勇冠三军。据说当年讨伐董卓的时候，袁绍就替他们吹过牛——若我手下的颜良、文丑有一人在此，一定会砍了吕布脑袋。

现在要和曹操打仗，他把这两个人都派了出来。颜良一路急行军，包围了驻扎在白马的曹军。曹操让张辽和刚刚投降的关羽去攻击颜良。按照《三国志》里的记载，关羽"策马刺良于万众之中，斩其首还"，面对敌人的千军万马，关二爷策马狂奔到颜良面前将其刺死。砍了对方的脑袋，然后马头一转，轻松回到了曹营，可以说是尽显武圣人的风采。趁着袁军乱作一团，曹操挥军直行，解了白马之围。

你若是问，关羽不是"斩颜良诛文丑"吗？其实，关羽斩颜良是真，文丑却不是他杀的。当时袁绍派文丑和刘备去抢曹操的粮食，被曹操设计包围，刘备腿脚利索，跑回去了，文丑却死于乱军之中，具体死于谁手，并没有人知道。

关羽因为斩杀了颜良，被汉献帝封为汉寿亭侯。今天很多人说起关羽，经常把"汉寿亭侯"挂在前面。其实，东汉的列侯分县侯、乡侯、亭侯，亭侯是最后一等；所谓汉寿亭侯，就是封地在汉寿的亭侯，等级实在不高。前面说过孙坚是乌程侯，那是第一等的县侯，关羽这个差很远。其实东汉末年的侯爵根本不值钱，一天就能封五个宦官为侯，这个侯爵的身份还值得炫耀吗？

不过在真实的历史里，和小说一样，曹操对关羽还是比较看重的，"壮羽为人"，对关羽的为人非常佩服。关羽刚刚投降时，他就让张辽以私人名义去问，看看什么条件能让关羽留下来，是要金钱还是美人，都好说。

关羽婉拒了，他对张辽说，我知道曹操对我很好，"然吾受刘将军厚恩，誓以共死，不可背之"，让他回去告诉曹操，他会报答他一次，然后就走。等到关羽斩了颜良，解了曹军的白马之围，曹操知道关羽可能要走了，就给了他很多很多财物，你理解为挽留或者送行都可以。关羽拜谢了之后，把这些财物原封不动地留在曹营，同时也留下一封辞别信，飘然而去，回到了已经在袁绍军中的刘备身边。

《三国演义》里说，曹操于是派人前堵后追，帮助关二爷实现了过五关斩六将、千里走单骑的美名。这个自然是假的，实际上，《三国志》的记载是，当曹军诸将准备追杀关羽时，曹操只轻轻地说了一句话，"彼各为其主，勿追也"，静悄悄地任由关羽离去。

三、官渡之战

上面这些事，和下面这件事比起来，都是小事。

200年农历八月，袁绍大部队进逼官渡，营地延绵数十里，曹操没有退路，也驻兵官渡，列队迎敌。东汉末年决定中国北方归属的最关键的一场战役，官渡之战，正式打响。

战争一开始，兵力也许只有对方十分之一的曹操，处于被动挨打的地步，他甚至一度不想在官渡坚持下去，要退守许昌，但又拿不定主意，就写信给镇守许昌的荀彧。荀彧回信道："公以至弱当至强，若不能制，必为所乘。"你现在只要一退，袁绍乘势追击，你就彻底完了。又说："情见势竭，必将有变。此用奇之时，断不可失。"意思是袁绍就要三鼓而竭了，这正是事情快有变化的时候，只要抓住战机，胜利一定是属于我们的。

看了这封信之后，我的感觉是，荀彧也没辙了，只能让老曹见机行事，或者说，他这位智囊这时候给出的计策就是两个字——坚持。

曹操只能坚持。两个月后，事情还真就出现了转机。袁绍阵营的谋士许攸，因为自己的策略不被重视，再加上家里人贪赃枉法被抓进了大牢而怨恨袁绍，决定叛变，连夜跑到了曹营。他小时候是和曹操、袁绍一起玩大的，曹操一听说他来了，乐得连鞋也不穿，光着脚就跑出来迎接，然后许攸告诉曹操，袁绍军队的军粮和物资都在乌巢，守备不严，劝他去偷袭。

曹操没有犹豫，当机立断，马上发动乌巢之战，让曹洪留守官渡大营，自己亲率五千人，从小路夜行，赶到乌巢，一把大火，把袁绍军队的物资粮食烧了个干干净净。这里就要问一句，为什么曹操相信许攸？难道就没有另一种可能——袁绍和许攸设了一个局，等着曹操的是一个大坑？我觉得这里面有两个原因：第一，曹操、袁绍、许攸少年时是一起玩的朋友，凭他对许攸的了解，直觉上告诉他这是真的；第二，这时候的曹操已没有别的选择，他必须赌一把，因为拖下去必输。

乌巢大火的消息传至官渡，袁绍的谋士郭图为了推卸责任，就想嫁祸给正在攻打官渡的大将张郃。结果张郃和高览这两位袁绍军中的大将，害怕被诬陷掉脑袋，阵前倒戈，投降了曹操，袁军马上军心大乱。趁此良机，曹操兵分八路，大举进攻，袁军大败，死伤无数，袁绍的十几万主力丧失殆尽，他和长子袁谭仅率兵八百逃回了北方。

这场战争是三国时期三大战役的第一场，它的意义极其重大，一句话就可以交代清楚：从此之后，曹操统一整个北方已经是大势所趋。

前面说过，像荀彧、贾诩，甚至袁绍阵营中的沮授和田丰，这些顶级谋士对这一结果早就有所预测，我们可以用两件战后发生的小事对照一下，或许也能看出一点什么。

曹操在战后清点袁绍的书信，发现有很多是自己部下写给袁绍的，他看也没看，就都烧了，有人问他为什么，他说："当绍之强，孤犹不能自保，而况众人乎！"意思就是我明白人性的弱点，我那时候尚且在心里盘算着退路，何况是你们这些打工的，所以，我完全理解你们脚踩两只船的做法。当然，话虽说得这么漂亮，我还是不相信他没看，至少，名字总要记一下。

再来看袁绍这边，田丰因为力劝袁绍不要去打曹操而被扔进了监狱，现在袁绍果然大败而归，监狱里的狱卒就说，田大人，您看得真准，这下该高升了。田丰长叹了一声，说赶紧给我做点儿好吃的吧，我马上就要升天了，原话是："若军有利，吾必全，今军败，吾其死矣！"袁绍如果打了胜仗，他肯定会笑话我田丰一顿，然后赦免我，但如果失败了，这家伙一定会恼羞成怒，我必死。果然，袁绍还没等到回家，就派人处死了田丰，看你还敢笑话我！

两相比较，可以得出结论，虽然官渡之战有历史的偶然性，但袁绍这样的性格和为人，输给曹操，那是一点儿都不冤枉。

060. 弱者谋三分

袁绍和曹操在官渡相持不下之时，刘备预感到袁绍必败，等关羽一到，他马上向袁绍申请去荆州，说自己和刘表是亲戚，可以去说服刘表一起打曹操。袁绍不知道刘备心里的谋算，大手一挥同意了，刘备一刻也没耽误，领着关羽、张飞，还有新归顺的赵云一路狂奔，离开了官渡这个死神即将降临的地方。

去荆州说服刘表参战，是刘备骗袁绍的说法，他随后在汝南拉起了一支几千人的队伍，并把曹操派来攻打他的蔡阳杀死在战场上，再一次雄心勃勃，准备东山再起。

悲催的是，第二年，201 年，官渡大战结束后的曹操也看上了汝南这块地方，亲自带兵来讨伐他。刘备丢盔卸甲，再次大败而逃，这一次只能真的去荆州找刘表了。

一、刘备驻新野

读到这里，你可能会感到疑惑——刘备每战必败，为什么《三国演义》里把他抬得那么高？其实，且不说他后来开创了蜀汉政权，就是当时他也并不弱，来看看下面四点：

第一，他败给的人是曹操、吕布，在其他人面前，他的胜率还是相当可以的。

第二，每次无论多么危险，他都有办法把命保住，在东汉末年，这就是本事，而且是很大的本事。

第三，他从来没有放弃。其实他可以选择依附曹操或其他人，舒舒服服地做一个太守，但是没有。在他心中，始终有一个坚定的信念，那就是即使被打倒100次，第101次他还能站起来。实话实说，没几个人能做到这一点。

第四，周围的人都不曾离他而去。不仅关羽、张飞、赵云不离不弃，即便是富家翁糜竺、孙乾也都是鞍前马后跟着，这就是成功人士最了不起的能力——领导力，周围始终有一群相信你的兄弟。

现在你该明白，为什么当时的大人物，包括曹操、袁绍、袁术对刘备都极为重视。

言归正传，荆州牧刘表，字景升，也是刘邦的后代，早年是热血青年时还参加过太学生抗议宦官的游行，后来受到党锢之祸的牵连，逃亡了一阵子，一直到184年，党锢解除了，他才渐渐地走上了仕途，最后混到了镇南将军、成武侯、荆州牧。

刘表并不像《三国演义》里描写的那样，是一个软柿子。十年前，他白衣飘飘，一个人，一匹马，到荆州上任，降服了境内所有反对势力之后，还打败了侵犯荆州的袁术和孙坚，甚至孙坚还把命留在了荆州，而袁术也被逼得只能向北发展，最后等于是被几方势力挤压而死。

不过刘表也不是一个积极进取的人，手下有数万精兵，却像一个老农一样，守着自己的一亩三分地。这种不思进取的作风让荆州在那个天下大乱的时代，成了某种意义上的世外桃源。《后汉书》说："万里肃清，大小咸悦而服之，关西、兖、豫学士归者盖有千数。"意思就是刘表保证了荆州的民生安全，很多学者从关西、兖州和豫州来到荆州躲避战乱。

现在刘备前来投奔，他虽不是学者，刘表仍热情接待。按照《三国志》的说法，刘表对刘备"以上宾礼待之，使屯新野"，也就是把新野给了刘备居住。其实，刘表是想让刘备如同张绣那样，作为他防备北方曹操的第一道防线，因为这时候刘备和曹操已经彻底撕破脸皮，不可能再次倒向曹操，即便他不担心再次降曹会被砍了脑袋，这种反复无常的行为也会被天下人耻笑，刘备绝不能忍受这一点。

转眼到了 202 年，曹操北上攻打袁绍的儿子，刘备也率军北上，本来是想观望一下，看看能不能趁机占点儿便宜，结果很不凑巧地在叶县附近遇到了曹操的大将夏侯惇和李典。刘备遇到曹操从来没赢过，但面对曹操的手下，他还真没输过。这一次也不例外，在一个叫博望坡的地方，刘备一把大火把轻敌冒进的夏侯惇烧得狼狈不堪，不过由于兵力太少，他也没敢继续北上，就此撤军。

火烧博望坡在《三国演义》里非常出名，只不过被罗贯中故意推迟了5 年，安排在 207 年才发生，因为他要把这场功劳给号称卧龙的孔明先生。

二、隆中对与江中对

诸葛亮，字孔明，中国六大政治家中的第三位，181 年出生在山东临沂，早年跟着叔叔流浪到荆州，一直在隆中隐居。他经常吟唱自己写的诗歌，而且常把自己和古代的管仲、乐毅相比，周围的人都不以为然，《三国志》里原话是"时人莫之许也"，只有徐庶和崔州平两个好朋友觉得他的确是大才。

207 年，刘备从徐庶嘴里听说诸葛亮有才能，就说你带他来，让我看看。徐庶说，他的架子很大，您最好亲自去请。

于是就发生了著名的故事"三顾茅庐"。不过这段《三国演义》里写了几千字的故事，在《三国志》里只有一句话："由是先主遂诣亮，凡三往，乃见。"也就是刘备到诸葛亮家去了好几次，最后一次终于见到了。

这句话里有两个字，你要注意一下。首先是这个"三"字，古书里一般用来指多次，不一定仅仅是三次，也许是四五次；第二个字是"遂诣亮"的"诣"字，古时候，这个字专门指的是去拜见尊长，所以，史书里的刘备虽然没像小说里那样，三顾茅庐，冻得直哆嗦，毕恭毕敬地站在门外等着，还不敢大声说话，但也不是随随便便去了三次，而是按照古代拜见社会名人的礼节去拜会了诸葛亮。

接下来两人之间的对话，大家也很熟悉，那就是著名的"隆中对"。隆中就是当时孔明所在地的地名，发生在这里的对话，就是隆中对。

刘备的问话是，"汉室倾颓，奸臣窃命"，我想匡扶正义于天下，但学识浅薄，"君谓计将安出？"诸葛亮的回答可谓是举重若轻，他说，北边的曹操已经拥有上百万的军队，现在是万万打不过的，不能去碰；东边的孙权有人有钱还有天险，只能作为好朋友去结交；脚下的荆州和西边的益州就是老天爷给你的，只要占据了这两个州，就可以和曹操、孙权掰掰手腕了，等到天下有变，从益州、荆州两处出兵，天下自然就是您的。

诸葛亮这番话你今天可能一点儿不当回儿事，因为历史就是那么走下来的。可是你要知道，当时天下还有西北的马腾、汉中的张鲁、蜀地的刘璋，以及其他一些虽然小但也比刘备强很多的割据势力，比如苍梧太守吴巨等。这些人居然被诸葛亮视若无物，这就是超级政治家和战略家的眼光，也叫天赋，他们往往能够在纷繁复杂的世界里，找到那根主线，从而掌握天下大势的走向，给某些有领袖才干的人指出正确的方向。

刘备对隆中对相当地满意，也很尊重诸葛亮这个战略家，不过诸葛亮刚开始的时候运气并不好，一出道就被迫跟着刘备流浪。

原来，刘备和刘表之所以能从201年到207年过上六七年的安稳日子，是因为北边的曹操和东边的孙权都在清理自己地盘上的反对势力。曹操的麻烦是外患，也就是袁绍的两个儿子袁尚和袁谭，以及少数族乌桓。到了208年夏天，袁氏兄弟被杀，乌桓被灭，曹操的北方基本上稳定，马上转过头来，磨刀霍霍，准备对荆州下手。

其实就在曹操动手之前，208年的春天，刘表已经被人迎头打了一闷棍，他手下大将黄祖在江夏之战中被孙权的人杀了。

孙权，字仲谋，今天的浙江杭州人，生于182年，比曹操小了27岁，是孙坚的第二个儿子。当初孙坚被刘表手下的黄祖杀死之后，大儿子孙策即位，可是在200年，小霸王孙策又被内部的反对派残余刺杀，临死之前指定和自己性格完全不同的孙权即位。

如果说曹操用了6年时间征服外敌，那孙权就是用了6年时间来平定内乱。他18岁即位时，哥哥孙策刚刚吞并东吴，地方势力根本不服他老孙家的领导，否则孙策也不会被刺身亡。更要命的是，老孙家自己内部也有人不服孙权继位，宗室内部庐陵太守孙辅通敌曹操、孙暠，企图夺权，庐江太守李术公开反叛，这些都让孙权相当头疼。最后他以张昭为师傅，以周瑜、程普等旧臣统御诸将，消灭了李术，阻止了宗室动乱，灭掉山越，广招贤才，终于稳定了江南的局势。

和曹操一样，后方一旦稳定，孙权的第一件事就是扩张，而且他的扩张目标也是荆州，不过和曹操不一样的是，七年之前就有人替孙权谋划如何夺取荆州了，这个人的名字叫鲁肃。

鲁肃，字子敬，也是豪门出身，当年周瑜打仗路过他家，缺少军粮，鲁肃豪爽地指着自己家的两个米仓，说选一个米仓吃吧。当然，换个角度，你也可以说他是因为害怕才捐粮，无论如何，他和周瑜就此交下了朋友。

200年官渡之战的时候，鲁肃经由周瑜推荐，进入了孙权阵营。和诸葛亮一样，上班第一天，孙权也给他来了一场面试，而且孙老板和刘老板的问题都是一样的：我要兴复汉室，你怎么帮我？

鲁肃先是否定了孙权的说法，回答说，"汉室不可复兴"；接着说，"曹操不可卒除"，曹操这个人暂时我们也惹不起，应该"鼎足江东，以观天下之衅"，意思先把内部问题解决好，在江东建立一块基业，等着天下有变化的时候，再对邻居荆州用兵；吞并荆州之后，再控制整个长江，建立像汉高祖那样的帝业。

这就是历史上和隆中对齐名的、鲁肃之"江东对",比隆中对早了7年,只不过后者有《三国演义》帮它宣传,前者只限于史学家的表述而已。孙权听鲁肃说完之后,谦虚了一下,说我就是想做个汉朝的忠臣,你说的这些,我可不敢想,实际上,他心里乐开了花。我是怎么知道他心里高兴呢?因为鲁肃随后就得到了大笔的赏赐,并且屡次被破格提拔,惹得辅政大臣张昭十分不高兴。

所以,当孙权清理完内部的各种反对势力之后,马上按照鲁肃当年的规划,对荆州举起了屠刀,除掉了黄祖,夺得了江夏郡的大部分地区。

三、逐鹿荆州

就在曹操、孙权一起瞄准了荆州的关键时刻,208年,刘表去世。此人和我们说过的无数帝王一样,有一个最大的毛病,就是宠爱年轻的老婆,进而喜欢小儿子,所以他死之后,位置没有传给长子刘琦,而是给了小儿子刘琮。

《三国演义》说刘表死之前想把荆州托付给刘备,被刘备推辞了,在我看来,那就是瞎扯,是为了突出刘备的光辉形象。不过,这事儿最早还真不是罗贯中提出来的,《英雄记》和《魏书》里都有这个说法,只是裴松之在注解《三国志》时明确驳斥了这种说法。历代史学家奉《三国志》为正统史书,本书在涉及与《三国志》讲法不同的史料时,一般以《三国志》为准。

刘表的死讯传到北方,曹操再也不迟疑,一个月后就挥师南下,兵锋直指新野,目标是要吞并荆州。刚刚接位的刘琮自己倒是想抵抗一下,就问大臣们有什么计策,可是他的手下傅巽反过来问他,您要如何抵抗曹公?刘琮说和刘备联合。傅巽又问,您觉得自己比得上刘备不?

刘琮说不能。

傅巽就说，如果刘备扛不住曹操，我们自然会完蛋；但如果刘备能打败曹操，实力必然大增，我们不如刘备，到时候也会被刘备灭掉，算来算去，我们就是人家的一盘菜，只是吃的人不一样，那还不如现在就投降，投降给实力强的，也不算丢脸。

于是，刘琮举州投降。

这时候刘备正屯兵在樊城，完全不知道刘琮一仗不打就决定投降，还傻傻地带兵想去宛城防守，走到一半才知道，主人决定不抵抗了，气得差点杀了来报信的使者。

这时候抱怨是不管用的，赶紧溜之大吉是上策。在刘备逃跑的过程中，就如同《三国演义》里描写的那样，很多不愿意归顺曹操的荆州人士都从四面八方赶来，和军队聚集在一起，一个个拖家带口，扶老携幼，因此一天只能走十几里。有人劝刘备赶紧甩开这些老百姓，抓紧时间赶路去江陵，但刘备说："今人归吾，吾何忍弃去！"坚持和人民群众在一起，只是另外派了关羽赶去江陵。

说到这里，《三国演义》又把刘备的仁义赞美了一番，但我想提醒你注意，刘备可是让关羽带走了一万多将士，那几乎相当于他的全部家底。我个人认为，刘备这就是以自己和老百姓为诱饵，引诱曹军追击，反正到时候他和部下的马快，还有老百姓作为阻隔，脱困不难，同时还完美地避免了自己那一万多人以卵击石和曹军决战。

你可以说我这就是小人之心，但历史事实是，这一支军民混合大队在当阳长坂被曹军的轻骑兵追上之后，刘备马上就开启了逃命模式，史书上说，"先主弃妻子，与诸葛亮、张飞、赵云等数十骑走，曹公大获其人众辎重"，这一段意思很浅显，1800多年下来，没有人能够替他翻案，一句话，遇到危险的时候，刘备还是带着几十个人先一步溜之大吉了。

至于说《三国演义》里张飞和赵云在长坂坡的英勇表现，这些事都是真的，只不过略有夸张。《三国志》里讲，刘备让张飞带着20个骑兵断后，张飞的表现是"据水断桥，瞋目横矛曰：'身是张益德也，可来共决死！'敌皆无敢近者，故遂得免"。根据这段史实，张飞张翼德确实是勇猛无比，一人一骑，敢和成千上万的追兵对峙，但史书上没写曹军里有人被他吓死了，那就不知道真假了。

赵云不仅仅救了刘备的儿子阿斗，还救了阿斗的娘甘夫人。你要知道，追击刘备家属的是曹操最精锐的虎豹骑，属于特种兵范畴，赵云孤身一人，能够保护一个妇人和一个孩子平安，虽然不知道是不是在敌营中七进七出，但说一句神勇，还是相当靠谱的。

最后刘备一行人辗转跑到了夏口，和刘琦以及赶来的关羽合兵一处，一共是两万人左右。曹操在当阳击败刘备之后，并没有继续追赶，而是去占领了江陵，抢夺了荆州历年积累的船只和军需，然后浩浩荡荡顺江而下，那架势简直就是神挡杀神，佛挡灭佛。

四、孙权伸出橄榄枝

就在刘备烧香拜佛乞求老天爷保佑时，孙权的特使鲁肃来到了夏口，他开口就问刘备，您下一步准备怎么办？刘备故作镇静，说我和苍梧郡的太守以前一起喝过酒吹过牛，准备去他那里避避风头。苍梧当时在广西和湖南的交界处，也属于荆州。

鲁肃笑了，说苍梧郡吴巨早晚投降，您为什么不和我们孙权将军联盟呢？听到这里，刘备心里是一阵狂喜，联孙抗曹恰恰是隆中对这个纲领的核心，鲁肃这么说，简直就是天上掉下一个大馅饼，他马上就让诸葛亮和鲁肃一起去见孙权。

我这里要问一个问题：为什么鲁肃对刘备伸出了橄榄枝？答案非常简单，因为他和诸葛亮一样，都是顶级战略家。无论是江东对，还是隆中对,想称霸天下,关键要素都是不能让曹操一家独大,如果荆州被曹操独吞,东吴根本就没办法对抗曹操,马上也会被吞并,所以鲁肃甚至孙权心里都清楚,必须联合荆州现有的武装力量,共退曹兵,看来看去,那就只能是刘备了。

对于这件事,曹操阵营里的程昱看得也是极其清楚。当刘备带人往东跑时,一些谋士认为孙权必然会趁机截杀刘备,程昱就笑了,说孙权这辈子是杀不了刘备的,现在他俩需要联合一起对付我们,然后"难解势分,备资以成,又不可得而杀也",等他们渡过了难关,刘备就强大起来了,到那时候,孙权更杀不了刘备。

读《三国志》到这里,我对程昱佩服得五体投地。实际上,这是对曹操最委婉的劝诫,意思就是,孙刘联合,我军必败,最后的结果就是白白地便宜了刘备这家伙。

不过,曹操假装听不懂,因为他这时候的实力实在是太强大了,也狂妄到了极点。据说他给孙权写了一封信,原文是:"近者奉辞伐罪,旄麾南指,刘琮束手。今治水军八十万众,方与将军会猎于吴。"中国古人说话都非常含蓄,这封信你要是按照字面上的意思,那就是说,我带着80万人,想和您在江东打猎。实际上的意思是,小屁孩孙权,赶紧投降,否则我的80万人将踏破东吴。

可以说,这时候的曹操,满脑子都是即将胜利的喜悦。他出发的时候,本来是打刘琮的,但攻打荆州的顺利,让他决定顺便灭了刘备。等他把刘备追得鸡飞狗跳之时,他又调整了战略,变成了直接与孙权进行战略决战。从曹操的角度来看,这样适时地调整战略方向,是一种因地制宜的灵活多变,可是他没考虑进去的是,无论刘备还是孙权,可都不是刘琮能比的。

孙权收到曹操来信时,鲁肃和诸葛亮恰恰来到了柴桑,也就是孙权的临时指挥所。当时大部分东吴谋士,包括张昭,都认为投降算了;孙权就趁着上厕所的时候，偷偷问鲁肃的意见。鲁肃说，我鲁肃投降曹操是挺好的，反正我就是打工的，过去之后好好干，当一个太守没啥问题，可是将军您过去之后能干什么呢？原话是："将军迎操，欲安所归乎？"一句话点中了孙权的死穴，您是愿意跪在曹操脚下称臣，还是愿意在江东自在逍遥地当土皇帝？孙权当下感慨道："今卿廓开大计，正与孤同。"唉，只有你鲁子敬，是真心为我孙权考虑啊。

061. 赤壁破曹军

话说诸葛亮跟着鲁肃来到了东吴，在见到孙权之前，先和东吴的儒生们来了一场大辩论。辩论中，诸葛亮嬉笑怒骂，指桑骂槐，上怼天，下怼地，中间还要怼空气，怼得东吴的知识分子们哑口无言，一个个都服了。

别激动，这么精彩的桥段，仅仅出现在《三国演义》里，正经史书上是没有的，无论《三国志》，还是《资治通鉴》，都没有孔明舌战群儒的描述，有的仅仅是他和孙权的对话，但精彩程度倒是不差。

一、孔明对话孙权

诸葛亮见到孙权之后，第一句话就是："海内大乱，将军起兵江东，刘豫州收众汉南，与曹操共争天下。"轻飘飘的一句话，死了的袁绍、袁术，还活着的刘璋、张鲁、马超等著名军阀直接都被无视了，好像天下从开始就是孙、刘、曹三家一样，而且孙权排第一。

这是一种非常高明的说话技巧，不露痕迹地捧了对方一句，孙权潜意识就会接受孙、刘、曹三家平等这个概念，觉得这是合理的；实际上，当时曹操雄踞北方，孙权拥有整个江东，刘备连个窝都没有，怎么和人家平起平坐？可是诸葛亮把这个概念暂时硬塞到孙权脑子里了。

接下来是激将法，诸葛亮说，现在这种形势，孙将军您自己看着办，要是感觉自己可以抵抗曹操，那就赶紧行动，要是感觉自己打不过，那就赶紧给人家跪下，千万别这样优柔寡断，容易招惹祸端。

孙权纳闷了，这家伙到底是来求我的，还是帮我的？他反问诸葛亮，那为啥刘备不投降呢？孔明同学这时候目光坚定，脖子一挺，眼光45度角凝视斜上方，铿锵有力地回答："刘豫州王室之胄，英才盖世，众士慕仰，若水之归海，若事之不济，此乃天也，安能复为之下乎！"我家主公是王族的血统，天下仰慕之人，要是打不过曹操，那就是天意罢了，怎么能投降，屈居人下呢？

这话说得是掷地有声，但第一，它不是事实，刘备这辈子投靠别人的时候实在是太多了，一只手都数不过来；第二，刘备当时非常清楚，这次就算是他投降，十有八九也会被曹操砍了脑袋，所以不是他不降，而是没办法降。

接着诸葛亮又给孙权分析了曹操的三个弱点：第一是远来疲惫，正是"强弩之末，势不能穿鲁缟"；第二，曹军大多数是北方人，不懂水战；第三，所有荆州兵都是刚刚投降的，而曹操因为要过长江，不得不用他们，这些家伙心里不服。有这三点，只要您派出几万军队，我们两家联合，那么打败他很轻松。

诸葛亮的最后一句话是："操军破，必北还……鼎足之形成矣。成败之机，在于今日。"这句话也很重要，它等于是整个长篇大论的题眼，因为它直接点中了孙权和鲁肃的心思：你们想三分天下，现在就是最好的时机。

史书上记载，孙权听了诸葛亮这番话，"大悦"，他为什么大悦，我这里简单说两句。

鲁肃"江东对"的规划里，在东吴有能力西进吞并荆州之前，荆州的这个第三股势力一定要既是一个强大的盟友，又是一个智慧的敌人。如果不强大，一下子被曹操给灭了，那东吴也就完了；如果不够智慧，不明白合纵连横的策略，那很有可能就先和东吴死磕，最后受益的变成了曹操。现在诸葛亮这番话，尤其是最后一句表明，刘备集团，至少智囊诸葛亮，是完全明白两家之间这种微妙关系的。

我觉得，这才是"权大悦"的正确解释。至于说三国鼎立局面形成之后，谁可以笑到最后，那就要看个人的治理手段了，那是另一个话题。

不过孙权在采取具体的军事行动之前，还要等一个人，他知道，只有这个人，才能率领军队和曹操一战，此人就是周瑜。

二、孙刘结盟

周瑜，字公瑾，和孙策同在 175 年出生，也是出身望族，他俩年轻时就互相仰慕对方的名气，等到见面之后，更是意气相投。可以说，东吴的天下就是这两个人一起打下来的。

198 年，周瑜被委任为建威中郎将，孙策对他的赏赐极其厚重，对他的评价是"雄姿英发，才能绝伦"，这一年，他和孙策都是 23 岁。

从这时候起，吴郡的人都称呼他俩为孙郎和周郎。比孙策更难得的是，除了文治武功，周瑜还长得帅，还特别精通音律，几乎所有惜墨如金的史书都特意强调了这两点。你可以按照梁朝伟最帅时候的标准在心里描绘周公瑾，同时可以认为他还具有周杰伦或者朗朗的音乐素养。

据说当时有很多漂亮的歌女，为了让周公瑾看自己一眼，故意在演奏时弹错一两个音节，正在与客人闲聊喝酒的周瑜听见音乐有误，就会回头看一眼，这叫"欲得周郎顾，时时误拂弦"。

此外，三国时著名的名士蒋干还评价周瑜"气度宽宏，雅量高致"，这大概应该是官渡之战之后的事情。蒋干受到曹操的委托，去招降周瑜，在蒋干吐露来意之前，周瑜就笑着对他说："闻弦赏音，足知雅曲也。"意思就是闻弦歌而知雅意，您蒋干来干啥，我周瑜知道得清清楚楚，然后说，男子汉大丈夫在人世间以忠义为主，即便是苏秦、张仪和郦食其一起来劝我，我对东吴的忠心也不可能动摇。

蒋干回去后对曹操猛夸了周瑜一番,说他是不可能被劝降的。这段历史后来在《三国演义》里,被改得面目全非,蒋干变成了一个在群英会上中计的傻瓜和猥琐男,盗了一封假书信回去,导致曹操误杀了自己的水军将领。

我这里给蒋干正一下名,他没中计,也不猥琐。此外,气度宽宏的周瑜也不是诸葛亮能气死的,那也是罗贯中编的。在他的笔下,政治家诸葛亮经常化身为我老家村头的泼妇,靠着骂大街就能克敌制胜,什么舌战群儒,气死周瑜,骂死王朗等,可是历史上,这些事儿孔明一件也没做过。

不过,《三国演义》里有两个美女,大乔和小乔,却确有其人,并且也是当时闻名天下的一对姐妹花。199年,孙策和周瑜在攻破安徽皖城的时候,得到了这两位美女,《三国志》说:"时得桥公两女,皆国色也。策自纳大桥,瑜纳小桥。"这里用的都是"纳"字,那就应该是"妾",不是妻,否则应该用"娶"。在中国史书上,对于这类用字,一向都很严谨,不会搞错。

从上面周瑜的简历里,大家现在应该知道,此人不仅仅是当时东吴军队的最高将领,还是孙权哥哥孙策的铁哥们,连襟,绝对的心腹。这样的一个人物,他的意见对于孙权自然是举足轻重的,所以,和曹操打不打,如何打,孙权是一定要听听他的想法的。

就这样,周瑜从鄱阳回来的第一天,孙权就召开了"参谋长联席会议",最后一次讨论和曹操是开战还是投降。与会者充分地发表了意见,张昭和很多谋士的意见还是投降曹操,然后谈判自保,理由就是两个:第一,曹操是以天子的名义征伐四方,以地方对抗中央,那就是造反;第二个理由当然是最关键的,也是最明显的,三个字——打不过。

周瑜这时候说话了,开口第一句是,"操虽托名汉相,其实汉贼也",这句话彻底粉碎了投降派的第一个理由——曹吉利就是一个打着汉朝丞相旗号的逆贼，你们居然想投降汉贼？然后他掷地有声地说，曹操必败！

除了诸葛亮分析过的，周瑜又增加了两点分析：第一是马超和韩遂在西北一直对曹操的地盘虎视眈眈，这是曹操的后患，他绝对不敢全力和我们死磕；第二是他刚刚得到情报，曹军的实际力量只不过是十几万人，而且水土不服，必然生病，估计整个曹军现在虚弱不堪。后面我们知道了，"不习水土，必生疾病"这八个字恰恰是曹操军队当时的死穴。

孙权听完周瑜的讲话之后，发表了总结陈词。开口就称呼曹操为"老贼"，说这个老贼试图废掉汉朝天子，自己当皇帝，他有这个念头很长时间了，只是忌惮袁术、袁绍、吕布、刘表和我，现在其他人都死了，就剩下了我，我决心和这个老贼势不两立，一决雌雄。

你要注意，这里孙权没提刘备。为什么？——虽然我需要培植你刘备成为第三方势力，但打败了曹操，那也是我孙权的荣耀，是我和曹老贼的决战，战后的蛋糕我也想要大头儿，而不能给你刘大耳，盟友归盟友，但从气势上，我还是要压倒你的。

《江表传》里还记载，孙权说完话，抽出刀来，一刀砍断了一张很无辜的桌子，说："诸将吏敢复有言当迎操者，与此案同！"谁再说投降，和这张破桌子一样，身首异处。到此为止，孙刘联盟就算是正式形成。

随后，孙权把早就准备好的三万精兵交付给周瑜，说公瑾你先去，万一战事不利，你也别怕，到时候我亲自去和曹老贼拼命，这叫"孤当与孟德决之"。

看史书看到这里，有一件事那是相当清楚，就是孙权其实早就准备联合刘备对抗曹操，否则三万精兵和所有军需，怎么可能在短短几天之内就齐全了，但他一直都不明说，而是暗中观察所有将领，甚至刘备一方的反应，心机可谓是极深。

其实，如果孙权不是这样的人，他也不可能在6年之内，稳定了他哥孙策都没办法稳定的江东局势，《三国演义》里对孙权和鲁肃采取了相当弱化的描写，那是小说价值观的需要，而不是真实的历史。

三、赤壁大战

下面发生的事情可谓家喻户晓，孙、刘、曹三方爆发了中国历史上极其著名的赤壁之战。

800多年后，苏东坡填了一首《念奴娇》夸奖周瑜，里面写道："羽扇纶巾，谈笑间，樯橹灰飞烟灭。"也许就因为这首词，周公瑾身穿便装、学者打扮的儒将形象在中国人心里就形成了根深蒂固的印象。可惜的是，我们不能肯定当时周瑜真的就是这身打扮，因为在史书中，描述这场战争只有短短的百余字，过程也不复杂。

208年秋，周瑜、程普和鲁肃率领的东吴精兵与刘备在樊口会合之后，逆流而上，与曹操军团相遇在赤壁，也就是今天的湖北省赤壁市。正如周瑜所料的那样，曹操军队中瘟疫流行，第一个照面就被东吴打了个落花流水。

之后，两军隔着长江开始对峙，这时候周瑜部将黄盖建议火攻，他说："今寇众我寡，难与持久。然观操军船舰首尾相接，可烧而走也。"史书上的这段话粉碎了《三国演义》里的两个传奇：第一，曹军的船用铁链连在一起，是曹操自己的主意，而不是被什么庞统的连环计给骗了；第二，用火攻击曹军是黄盖想出来的，是罗贯中硬安排到周瑜和诸葛亮身上，其实那时候27岁的孔明正在搞后勤工作，根本就没去第一线。

随后的事情，《三国演义》还是靠谱的。黄盖给曹操写信，说周瑜这个小屁孩只会听音乐，没啥本事，我马上就带人来投降。接下来，在一个风和日丽的日子，在傍晚的时候，几十艘里面装满柴草、外面用幔布围上、打着黄盖旗号的船只，在东南风的劲吹之下，直冲曹军所在的乌林北岸。

曹操军团信以为真，士兵们都跑到船上看热闹。事实证明，好奇害死猫，那些躲在岸上军营里，不看热闹的，最后生还的几率要远远大于上船的。等船只到了离曹军一千米左右，黄盖下令点火，顿时几十只船大火熊熊，冲进了曹操的船队，后来又慢慢波及岸上的军营，《三国志》上说"人马烧溺死者甚众"，孙刘联军乘势率精锐横渡长江，冲向曹军。

曹操一看，这火也实在太大了，当即下令焚烧剩下的船只，引军向北退走。所以，赤壁的这把火，实际上是黄盖和曹操一起放的。

黄盖之所以要挑选一个大晴天，是基于长江上的一个气候现象：冬天晴朗的夜晚，由于温差对流，很多时候会逆吹东南风，只有这样，火船才会烧向北岸，不至于把自己烧了。罗贯中也许不知道什么叫温差对流，但这不耽误他编故事，《三国演义》里就有一段诸葛亮披头散发借东风的故事，当然这是假的。

草船借箭是真的吗？

草船借箭这事不能完全说是假的，但诸葛亮没干过，干过此事的是孙权。此事发生在赤壁之战五年之后。213 年，曹操又一次进攻江南，地点在濡须，孙权一时兴起，趁着江上有雾去探查曹营，曹军发现之后，纷纷射箭试探虚实。孙权发现船身由于一面插满了箭而倾斜时，就下令转一个面，让另一面也插上箭，然后慢悠悠地回去了。

当时曹操看对方胆子很大，而且无懈可击，就感慨了一句，"生子当如孙仲谋"，孙坚的儿子生得好啊。孙权回去之后，给曹操写了一封信，信中用大字写道："春水方生，公宜速去。"又用小字写道："足下不死，孤不得安。"合起来就是说，要涨水了，您还不跑啊？您老人家一天不死，我孙权就一天寝食难安。

曹操烧了自己战船之后，沿着华容小道穿过云梦泽，逃回了江陵。

你要是问关二爷呢？不好意思，去华容道上堵截他的不是关羽，而是刘备，只不过刘备去得太晚了，曹操早就跑得没影子了。

对于曹操赤壁之战的失败，现在历史学家经常归结于他的骄傲和轻敌，在我来看，他是天时地利人和都不占。刚刚平定北方，根基不稳，这时候开战，时间不对；长江水战，是他的弱项，缺少地利；江南在刘表治下安居乐业，刘表刚死，你就像一头野牛一样闯了进来，怎么会有人支持你？缺少人和。可以说失败是必然，赢了是侥幸。

谋士贾诩就劝过他，让他在占据江陵之后稳扎稳打，不要冒进，原话是"抚安百姓，使安土乐业，则可不劳众而江东稽服矣"，这应该是正确的策略。只要安抚好百姓，慢慢动手，靠着强大的军事实力，除掉刘备和孙权应该是早晚的问题。

不过历史并不允许假设，赤壁之战之后，曹军实力大损，好好的荆州被分成了三块，其中刘备抢占的地盘最多，南部的四个郡，武陵、长沙、桂阳和零陵都归了他。出力最多的孙权占据了江夏郡和南郡的大部分地区，而曹操也不是一无所得，诸葛亮的老家南阳郡归了他，此外他还占着襄阳这个战略要地。

从地盘上来讲，大家都赚了，吃亏的是原来的荆州牧，已经去世的刘表，他那两个不争气的儿子刘琦和刘琮，再也没办法拿回半寸土地了。

四、刘备借荆州

让年近五旬的刘备更加高兴的是，第二年，刘表的儿子、名义上的荆州牧刘琦因为酒色过度死了，随即刘备就被手下共同推举为新的荆州牧。

这时候，孙权集团内部产生了不同的意见，周瑜认为应该限制刘备的发展，甚至要把刘备调到孙权身边，然后让张飞、关羽和赵云等人在不同地方任职，等于是分裂刘备集团；但鲁肃不同意，他认为曹操在北方的势力还是太大，东吴如果软禁刘备，一定会造成孙刘两家内讧，结果就是鹬蚌相争渔翁得利，便宜了曹操，所以，他的意见是继续和刘备联盟。

权衡再三之后，孙权采取了鲁肃的意见，而且做得很彻底，不仅没对刘备下手，还把妹妹许配给刘备，把南郡也借给了他，让刘备驻扎在南郡的江陵，去防备曹操，这就是著名的刘备借荆州。实际上，借的只是南郡，甚至说只是南郡的一个江陵和周边地区，目的也是让刘备分担一下曹操的压力。

在《三国演义》里，孙权妹妹嫁给刘备的过程异常曲折，诸葛亮的三个锦囊更是名扬天下，但这事儿在史书里就四个字，"进妹固好"，也就是孙权把妹妹给了刘备，巩固两家的友好关系。

关于曹操听见这件婚事的反应，史书上倒是记录得比较详细，说他当时正在写信，听到刘备进驻江陵，和孙权变成了妹夫和大舅子的关系，手一抖，把笔掉在了地上。这自然不是因为羡慕刘备，而是觉得孙、刘两家关系日渐亲密，以后征讨江南将更加费劲。

他的预见没有错，从这时候起，一直到晋朝统一天下，中国南北分治的局面基本上就固定下来了。当然，这并不等于孙刘两家没有矛盾，因为无论是鲁肃的江东对，还是诸葛亮的隆中对，他们都有一个共同的目标，那就是益州。

益州相当于今天四川、贵州、云南等省的大部分地区，也称巴蜀，或者蜀地，当时的州牧叫刘璋，也是刘邦的后代。

赤壁之战过后，孙权就不断地忽悠刘备，要和他一起攻打益州，可是刘备一直不同意。看地图就知道，益州在左边，刘备的荆州在中间，孙权的东吴在右边。如果刘备和孙权一起打益州，那么东吴军队必然要通过刘备的地盘才能到达益州，到时候孙权会不会直接把荆州变成他自己的家，刘备实在没有信心。

当然，另一个原因是，在诸葛亮的计划里，他要独享益州，而不是和别人分餐。但如何拒绝孙权,那也是一个技术活儿。刘备的理由是,他和益州牧刘璋是亲戚,君子讲究仁义孝悌,他不能攻打自己的兄弟,最后还说,"汝欲取蜀,吾当被发入山,不失信于天下也",意思就是如果您真的要打刘璋的益州,我就回家种地去。

孙权自然知道他这位妹夫不可能回家去种地,这实际上就是"我坚决反对"的一种表达方式。正在犹豫时,210年,大都督周瑜上书,详细陈述了东吴独自攻打益州的方案,孙权觉得可行,就同意了周瑜的建议,至于说妹夫要种地,就让他去种好了。

可惜的是,人算不如天算,周瑜在返回驻地的途中,于巴丘病逝,享年35岁。周瑜去世之前,给孙权的遗书里推荐鲁肃接替自己,这封遗书也间接地否定了网上流传的一个说法,说周瑜死于心脏病突发,心梗发作应该是来不及写遗书的。

鲁肃当上东吴大都督之后,对于刘备的政策是以联盟为主,所以,两家马上进入了蜜月期,攻打益州,也就暂时不提了。

就在这个时候,一个大馅饼砸到了刘备的脑袋上。211年,曹操南侵孙刘不成,就决定去攻打汉中的张鲁,但问题是,想从北边打汉中,那一定要经过关中,也就是函谷关以西、秦岭以北的地方,当时那里的军阀是臣服于曹操的马超和韩遂。

马超,字孟起,东汉初年伏波将军马援的后代。此时,马超的父亲马腾和其他的兄弟都在邺城,也就是曹操的身边。马超和韩遂一致认定,曹操向他俩借路去打张鲁就是一个阴谋,肯定会趁着他俩没防备的时候,把他们的关中也一并拿下。于是马超就对韩遂说:"今超弃父,以将军为父,将军亦当弃子,以超为子。"意思是我不要我爹了,您也别管您儿子了,我们联合起来和曹操拼命。韩遂同意了,于是两个人起兵,公开反抗曹操。

不出所料的是,马超的爹马腾、兄弟马休和马铁全族200多人,以及韩遂的作为人质的子孙，全都在邺城被曹操砍了脑袋。

曹操、马超、张鲁这三股势力一折腾，把远在益州的刘璋吓坏了。他担心关中马超、汉中张鲁打不过曹操，汉中被曹操拿下，益州就等于门户大开，曹操到时候只要派一员大将前来，他刘璋就只能束手投降。

062. 得益而失荆

益州牧刘璋担心曹操拿下汉中后对益州造成威胁，请谋士张松出主意，张松提出请荆州的刘备带兵入驻益州，共同防御曹操。他说刘备素有仁义之名，又是同一宗室，肯定会一心一意相帮。刘璋一听马上同意了这个建议，派谋士法正去迎接刘备入蜀。

中国有句俗语，叫作"前门拒虎，后门进狼"，说的是请外人来一起抵御外敌，在很多时候都不是一个好主意，即便是打退了外敌，你请的这个外人是不是会变成另一个外敌，那也很难说。曹操此前进攻荆州，刘琮没有和刘备一起抗敌，也是出于这样的考虑，可是刘璋面对的情况却是更加糟糕，因为他手下张松和法正早就商量好了，准备把益州献给刘备。

为什么这两人会这么做？史书上说，张松有一次出使曹操，曹操对他很轻视，他觉得人格受到了侮辱，就发誓要报复，但回头看看自己的老大刘璋，怎么看都不像是可以打败曹操的家伙，就和好朋友法正商量找一个明主依靠。法正恰恰刚刚出使刘备阵营回来，对刘备佩服得五体投地，于是两人一商量，决定让益州换一个主人。

一、得益州

法正见到刘备后，直接挑明了来意，最后一句是："资益州之殷富，冯天府之险阻，以此成业，犹反掌也。"您想成就大业，需要的就是我们益州这块风水宝地。

这简直就是天上掉下的馅饼，而且还是最大个儿的，刘备心里是一阵阵的狂喜。不过人家求你帮忙看家护院，你过去就霸占了人家的卧室，别说一向以仁义著称的刘备，就算是我们这样的普通人，也知道这事儿不光彩，甚至有些下作；更何况，以前刘备还以道德为理由拒绝了大舅子孙权。据《三国志》裴松之注的记载，刘备一开始没有答应，他对手下人说："今以小故而失信义于天下者，吾所不取也。"我不能为了这点好处就失信于天下。

这时候，他手下有一个人站了出来，此人名字叫庞统。

庞统也是江南的一位奇才，号称凤雏，素来和外号卧龙的诸葛亮齐名。他对刘备说，兼并弱小，自古以来就是天经地义，您要是心里过意不去，将来成功了，封刘璋一个大大的诸侯王不是也很好吗？况且，现在我们这些好人要是不去占领益州，别人也会去，到时候被坏人占领了，那这世界上的好人不就倒霉了吗？这一番说辞，尤其是最后一句，那相当于把一座巨大的、金光闪闪的牌坊，哐当一声，放在了刘备的身上。史书上说，"先主然之，溯江而西"，啥也不用说了，咱们这些好人赶紧出发吧，于是，刘备带着庞统，跟着益州"忠臣"法正，率领3万虎狼之兵浩浩荡荡地奔赴益州，史称刘备入蜀。

可叹的是，刘璋在发现自己被手下出卖之前，还不断地给已经入蜀的刘备各种军需，并且充实对方的人马，让刘备在很长时间内，可以优哉游哉地熟悉巴蜀地形，收买人心。

最后是叛徒张松的亲哥哥告发了弟弟的阴谋，刘璋才如梦初醒，杀了张松，随后和刘备在自己的地盘上爆发了三年大战。

可惜已经晚了，益州的各种险要关口现在由刘备和刘璋完全共享。三年之中，刘璋最显赫的战绩就是在雒城一箭射死了庞统，让刘备伤心了一辈子，史书上说"先主痛惜，言则流涕"，一提起庞统的死就哭。这完全可以理解，论起阴谋诡计，凤雏庞统比有理想的卧龙诸葛亮要不择手段得多，深得刘备的喜爱。

214年的夏天，刘备的大军围住了益州的最后一座城市成都。就在刘璋举棋不定，是不是要投降的时候，关中的马超被曹操彻底打败，投奔了刘备。成都守军听说马超也来和刘备一起攻打成都了，每个人都很恐慌害怕。到了这个地步，刘璋只能开门投降。刘备并没有难为他，让他保全了自己的所有私人财产，然后打发他去荆州的公安居住，最后这位糊涂州牧也死在了那里。

二、汉中王

听说整个益州就此归了刘备，远在东吴的孙权相当气愤，他恨恨地说："猾虏乃敢挟诈！"这个狡猾虚伪的家伙居然敢骗我，说什么仁义孝悌，不打兄弟，结果一转身，就把兄弟的家给抄了。最让人气愤的是，我这个大舅子，啥好处也没捞到，岂能善罢甘休？

你要是问，孙权既然这么生气，为什么刘备打益州的时候，他没有趁势发兵占了荆州？这个自然是有原因的，一是刘备在前期只带了庞统入蜀，后期才把张飞、赵云、诸葛亮调入益州，大将关羽一直都在荆州留守，孙权很难找到机会。二是孙权在这期间也挺忙，和曹操打了两场架，还占了一点便宜。

不过现在尘埃已经落定，孙权就决定找刘备说道说道，理由是你的荆州是向我借的，现在你得到了益州，亲戚之间也要明算账啊，你应该把荆州还给我们。至于说当年刘备只是借了一个江陵，怎么到他孙权嘴里就变成了整个荆州，那自然是不提的，反正我就是想要荆州。刘备自然是不给，不过他的说法是，等我去打下来凉州，就把荆州还给你。孙权心想，你少来那套，你是啥德行我又不是不知道。你不给是吧？那我就抢。

215年，孙权倾全国之力派鲁肃屯兵益阳，准备进攻荆州，双方剑拔弩张，孙刘联盟面临破裂。鲁肃为了维护两家联盟，不给曹操可乘之机，决定当面和关羽谈谈。《三国志》记载，"肃邀羽相见……但请将军单刀俱会"，也就是两边的将军都只能带一把佩刀见面谈判，这就是《三国演义》里关云长单刀赴会的原始版本，不过这是鲁肃主动提出来的。这次会面最后也没什么用，双方各说各的，最后只能回去准备开战。

就在两边要开打的最后关头，刘备突然认怂，决定和孙权平分荆州，双方以湘水为界，江夏郡、长沙郡、桂阳郡属于孙权，南郡、零陵郡、武陵郡属于刘备，这就是三国史上著名的"湘水划界"。

这一次划界可以说孙权占了一些便宜，从只拥有一个郡，到拥有了荆州三郡。那么，为什么刘备突然服软，要与孙权议和？原因只有一个，曹操拿下了汉中，张鲁彻底战败，最后归降了曹操。汉中是巴蜀的门户，占领了汉中，就相当于一脚踹开了刘备新家益州的大门，那他只能回去和曹操死磕。

还好，第一战，张飞就打败了张郃，确保了成都的安全，但是仅仅死守是完全不够的，刘备集团必须反攻，拿下汉中，锁上自己的大门，否则那就真是等于天天晚上开门睡觉，曹操随时可以进来，掀开刘备的被子瞧瞧。

218年，刘备率兵进攻汉中，攻击曹操在汉中的留守部队夏侯渊和张郃。第二年，老将黄忠在定军山一刀砍死了夏侯渊。曹操没有办法，只好拖着有病的身体亲提大军来争汉中，刘备这回终于是硬了一次，嘴里喊着，曹贼来了也没用，汉中这地方老子要定了。

在关键的汉水一战里，翊军将军赵云带着几十个骑兵，救出了去截断曹操粮道的黄忠。边战边走退回自己大营之后，他的部将认为曹操人多势众，应该闭门紧守，赵云却下令，营门大开，"偃旗息鼓"。曹操追过来一看，这是怎么回事？一定是有埋伏啊，赶紧撤退。这时候赵云命令擂鼓放箭，顿时喊杀声震天。这样一来，曹操更加坚信自己是正确的，形势是大大不妙，便喊出来一连串江湖黑话"风紧扯呼"，让大家赶紧撤退，千军万马突然之间转身逃跑，大败之余，互相踩踏死亡者不计其数。

第二天刘备视察战场，送给赵云流传千古的一句话，"子龙一身都是胆也"。这一战，赵云除了给中国文学留下了"偃旗息鼓"这个成语之外，还给罗贯中留下了一个空城计的创意。在《三国演义》里，这个创意被安到了诸葛亮身上。

此战过后，双方又对峙了两个月，最后曹操因为军粮的原因，只能撤军，刘备取得了汉中大捷，成了名副其实的汉中王。

这是刘备活了57年之后，第一次独立打败曹操，估计傻乐了一晚上，失眠是肯定的。

占领汉中之后，刘备一口气封了四个将军，张飞为右将军，马超为左将军，黄忠为后将军，远在荆州的关羽被封为前将军。前后左右四将军在汉代是平级的，按说应该没啥问题，可是恰恰是没参加这场战争的关羽对这个最不满。《资治通鉴》里记载，关羽听说黄忠现在和自己是一样的地位，说我怎能和一个老迈不堪的大头兵平起平坐？就想要拒绝官印，后来在周围人苦苦相劝之下，才勉强接受了。

这里有两点要讨论：第一，为什么赵云没有受封？《三国演义》里不是说赵云是五虎上将之一吗？其实，在中国历史上，有前后左右将军，这叫四方将军，也有征南、征北、征西和征东将军，这叫四征将军，就是没有"五虎上将"这种说法，"五虎上将"是罗贯中搞出来的概念。不过事实敌不过喜欢，后世老百姓喜欢"五虎上将"这个说法，逐渐地，很多人就信以为真了。至于说赵云这次为什么没被封，史书上没有说。有人说赵云不属于刘备集团的任何一个山头，和刘备的关系也不如关羽、张飞那样亲近，不封他是为了保持平衡，这个信不信由你了。

第二，关羽为什么不满意？这个答案简单，性格使然。关羽勇猛是真的勇猛，关云长刮骨疗毒也确有其事。比起史书来，《三国演义》也没有夸张，说是关羽中箭之后，箭上的毒药渗入骨头，经常疼痛，医生说需要切开皮肉，把骨头上的毒刮下来才能好，关二爷说那就来吧，军医用刀在他胳膊的骨头上刮毒时，他还在饮酒吃肉，神色自若。这份能耐，确实是常人难及。

顺便说一句，给关羽刮毒的，不是著名的神医华佗，"刮骨疗毒"发生在华佗死了10年之后，那时候，写出了《伤寒杂病论》的另一个汉末三国时代的神医——张仲景也已经去世了。所以，这位医生应该就是一名普通的随军军医，不过他的医术看起来丝毫不弱于前两位千古留名的神医。还是那句话，草莽之间，尽是英豪，只不过很多人运气不好，没留下名字而已。

尽管关羽勇猛绝伦，但他性格里却有一个巨大缺陷，那就是有一种孩子气的骄傲。我们可以用一个例子说明。马超刚归降刘备的时候，因为他名气太大，关羽就写信给诸葛亮，问"超人才可谁比类？"言下之意就是，马超比不上我关羽吧？诸葛亮这种全能型选手自然对人心的把握有两下子，回信说："孟起兼资文武，雄烈过人……当与益德并驱争先，犹未及髯之绝伦逸群也！"意思是马超和张飞差不多，比您关羽还差一截。关羽接到信，马上就给所有人传看一遍，极其洋洋自得，这和一个小孩子得到老师给的小红花，回家之后给所有亲戚看一遍没什么两样。

这样一来，我们就能理解，为什么这次封四方将军，他得到前将军的称号会不满意，因为这个小红花不是他一个人得的，张飞、马超、黄忠这些班上的同学都得到了小红花，而且还和自己的那朵一样红，那对于骄傲的关羽，挫败感是超级强的，我这么出类拔萃，怎能和别人一样？

很快，关羽就得到了宣泄这口闷气的机会。

三、失荆州

219年夏天，孙权摆出了一副要攻击合肥的架势，曹操的军队为了保卫合肥，开始往东方调动，关羽马上抓住机会，留糜芳和傅士仁守荆州，自己率领大军北上，讨伐曹操，第一个目标就是襄阳和樊城。

曹操方面自然不会放弃樊城，派出了于禁领兵去救。很不凑巧，老天爷连着下了十几天的暴雨，这让毫无防备、出门不带雨伞的于禁部队狼狈不堪，七军全都泡在了汉江大水里。

关羽趁势划着小船，摇着木桨唱着歌，逼降了在大坝上避雨的于禁，俘虏并且杀害了庞德，这就是著名的水淹七军。你要是说，对下雨有准备的关羽，打败了没准备的于禁，那是对的，但你要是说那是关羽放的水，那就是瞎扯了，他自己都不会承认。

这一战之后，救援樊城的曹军全军覆没，一时之间，关羽威震华夏，周围很多山贼和地方武装力量望风而降，甚至曹操一度都很慌乱，想要拉着汉献帝迁都，可是他手下的司马懿站了出来，说孙权在南边，一定不会愿意看到关羽如此嚣张，只要派人去以天子的名义封赏孙权，劝说他偷袭关羽，关二爷自然就会退兵。

于是曹操一边派出徐晃、赵俨等大将继续去救援樊城，一边按照司马懿所说的，和孙权联系。其实，曹操想多了，按照史书上的说法，就算他不派人求援，孙权也正打算去踢关羽的屁股。什么叫三国？就是彼此之间翻脸一定要比翻书快，看准了就咬一口。本来孙权是要去打曹操的合肥，可是回头一看，关羽在樊城闹腾得正欢，那就不妨踢上一脚，把荆州顺手拿回来。

顷刻之间，敌友之间关系逆转。

这时候，鲁肃早已去世，接替他的是吕蒙。吕蒙据说年轻时只是一个武夫，天天耍枪弄棒，但后来却痛改前非，爱上了读书。《江表传》

里记载，鲁肃曾经感慨地说他"学识英博，非复吴下阿蒙"，怎么突然就变得这么有学问，再也不是从前那个阿蒙了呢？吕蒙回答道："士别三日，即更刮目相待。"这学问也确实不小，随口一答，就给我们贡献了一个成语。

吕蒙和周瑜一样，都反对鲁肃的联刘策略，主张抑制刘备的发展，但他和周瑜不一样的是，他喜欢玩阴谋诡计。

现在决定要偷袭关羽，他做的第一件事就是装病，对外宣称东吴大将吕蒙得了恶性肿瘤，快死了，回去养病了。第二件事就是找了一个和自己一样聪明，但一样喜欢装傻充愣的人，接替了自己，这个人就是陆逊。

陆逊代替吕蒙来到前线之后，马上就给关羽写信，中心内容只有一个——您关二爷是我陆逊这辈子看到过的最勇猛、最帅气、最无敌的存在，什么晋文公重耳的城濮之战、淮阴侯韩信的井陉之战，和您比起来，给您提鞋都不配。

爱慕虚荣的关羽彻底被捧懵了，感觉自己正在天上飘。最滑稽的是，陆逊在信的末尾是这样写的："战捷之后，常苦轻敌……愿将军广为方计，以全独克。"意思是，打了胜仗，最怕的就是骄傲自满，轻视敌人，希望关大人您计划周全，确保全胜不败的战绩。

我们站在上帝视角，结合后来关羽的失败来看陆逊的这封信，就会觉得这简直是对关二爷赤裸裸的羞辱和嘲讽，除了没告诉你我就要去揍你了，剩下的，我都提醒你了，让你别轻敌，别骄傲，谁叫您不听啊。当然，这些关羽是不知道的，他还真的以为陆逊这个年轻人被自己的威名吓傻了。于是乎，关羽不停地把荆州后方的军队调往前线，就在这一年的冬天，装病的吕蒙被孙权任命为前线总指挥，率领一部分精兵化装成商人，溯江而上，趁着关羽留守江陵的部队松懈人少的机会，一举占领了江陵和公安，糜芳和傅士仁投降，这就是历史上有名的故事"白衣渡江"。这里的"白衣"不是指白色的衣服，而是老百姓的服装，也就是我们说的便装。

江陵和公安被东吴拿下之后，陆逊也趁机出兵，占领了夷陵和秭归，切断了关羽西去巴蜀的道路。消息传到前线，正在和徐晃死磕的关羽军心大乱，而曹军则是军心大振，两边此消彼长，关羽马上就只能撤退了。

问题是，关二爷已经没地方可去了，他能去的地方，都被吕蒙和陆逊算得死死的。最后在麦城突围时，关羽被孙权手下的马忠在临沮设伏擒获，之后遇害，同时遇害的还有他的大儿子关平。顺便说一句，《三国演义》里说关平是他的义子，但《三国志》说是亲生的。

现在有人经常问，刘备那时候为什么不去救关羽？答案很简单，来不及。孙权翻脸，吕蒙白衣渡江奇袭江陵时，刘备已经回到了成都，而关羽还在前线进展顺利。下个月，他就被砍了脑袋，被杀的地方临沮离成都九百多公里，按照现代"驴友"的速度，步行也要半个月。况且陆逊早已占领了秭归，封锁了江道。

不过，当时距离关羽二百公里的上庸，是刘备的干儿子刘封驻守的，他是可以出兵相救的，只不过因为各种私心杂念而没去救援。后来就因为这件事，刘封被刘备逼得自杀了。实事求是地讲，他即便去了也白去，在吕蒙和陆逊两位军事天才的面前，刘封只能是去送死。

关羽死后，孙权不仅迅速占领了荆州的所有地盘，还获得了汉献帝封的骠骑将军和荆州牧两项官职，一时之间，风光无限，当然，这是曹操的意思。孙权心里也明白，这些可都不是啥好事，曹吉利只不过在不断地提醒刘大耳，杀关羽，夺了你荆州的，就是这个新的荆州牧孙仲谋。

孙权的回击手段就是马上遣使入贡，说这次全靠您坐镇中央，指挥有方，大拍曹操马屁之后，公开劝进，说您老人家应该取代汉朝，自己当皇帝啊。用今天的话说，这叫再造一个新闻热点，转移刘备的视线。

063. 受命于危难

关羽死后，孙权和曹操看似勾勾搭搭的背后，却是勾心斗角，互相算计。孙权甚至还给曹操写了一封卑躬屈膝的信，劝说曹操当皇帝。对于孙权的用意，曹操心里自然是清清楚楚，挥着这封书信，对手下人说了这么一句话："是儿欲踞吾著炉火上邪！"这小子是要把我架在火上烤啊。

就在这时候，他手下的一个人站了出来，说汉朝的国运已经完了，您现在占有天下大部分的土地，孙权这时候劝您当皇帝，只是顺应天意，识时务罢了，您应该立刻马上登基。这个比孙权还不要脸，马屁拍得叮当响的人，名叫司马懿。

一、至死不称帝

司马懿，字仲达，今天的河南焦作人，生于公元179年，比诸葛亮和孙权两位"80后"略微大了两三岁，算是"70后"。他的祖先司马卬曾经被项羽封为殷王，所以他家属于名门望族，再加上有几分才气，就不把政府放在眼里，年轻的时候，曹操屡次征召他出仕，他都不去。

到了29岁这一年，曹操说你再不出来当官，就直接进监狱吧，原话是"若复盘桓，便收之"，结果他马上走马上任，当了文学掾，这是《晋书》上的说法。

《魏略》上的记载比较详细，说司马懿为了不当官，装腿瘸了，天天驻个拐杖,曹操听说之后,就想派人来抓他,这时候他拐杖一扔,健步如飞,跑到曹操面前说,当官,什么官职都可以,只要您不把我真打瘸了就行。

这个本来厌恶当官的司马懿混了几年官场之后,就变成了现在这副德行,大拍马屁,让曹操篡位。

这里就要问一句,曹操这时候离皇帝的位置有多远?

这事要从212年说起,当时董昭上书给汉献帝,要给曹操加九锡。之前讲过,九锡是传说中天子赐给大臣的九种最高赏赐,在曹操之前,只有王莽一个人获得过,但王莽最后篡汉自立了。现在董昭忽悠汉献帝也给曹操来一套九锡,而曹操默不作声,这意味着什么,其实大家心照不宣。

当时满朝文武里,有一个人的态度比较重要,那就是司马懿的老师,尚书令荀彧。荀彧是曹操集团的首席谋士,颍川士人集团的代表,既代表了知识分子阶层,又是各级各类官员的精神领袖。

曹操想称帝,首先就需要得到这些人的支持。很可惜,荀彧本人是有理想的,他只希望兴复汉室,不希望换一个皇帝。于是他对董昭说,曹公"本兴义兵以匡朝宁国,秉忠贞之诚,守退让之实;君子爱人以德,不宜如此",意思是,你们要是这样做,曹公就不是忠贞之臣了,变成了大白脸的奸臣。这当然是说给曹操听的,曹操也听懂了,结果就是,荀彧的死期到了。

就在"加九锡"这件事发生不久,曹操派荀彧去劳军,然后让他留在了寿春,不长时间,荀彧就去世了。他的死到现在也是一个谜团,有人说是自杀,有人说是曹操逼他自杀。我们这里采用《三国志》的说法,就三个字,"以忧薨",抑郁而死。

荀彧死后,曹操一步一个脚印,朝皇位的方向挺进。213年,封魏公,立宗庙;216年,封魏王;217年,行天子舆服仪仗,到了最后,除了称呼,他和皇帝毫无区别,该有的仪仗和礼遇都有。

此时此刻,当孙权和下属或真心或假意劝他当皇帝的时候,曹操就像那个复仇者联盟里集齐了所有宝石的灭霸，打一个响指就可以了，极其容易，不会有任何人反对。可是在司马懿发言之后，曹操考虑了很长时间，最终还是没走出这一步，只是意味深长地说了一句："若天命在吾，吾为周文王矣。"周文王的故事我们都知道，蹲监狱，写《周易》，老实了一辈子，儿子周武王造反成功之后，才追认他为周文王。

曹操这等于是给自己儿子喊话，我死之后你怎么做你知道不？他儿子曹丕的回答是，爹，你放心，我知道。

一个月后，220年正月，曹操病逝在洛阳，终年65岁。

曹丕继承魏王职位九个月后，也就是220年的十月份，就遵循老爹死之前的喊话，逼迫汉献帝把皇位禅让给自己，自立为皇帝，国号魏，后世称之为曹魏。不过曹丕并没有追认他爹为文王，而是追尊为武皇帝，庙号太祖，所以曹操也叫魏武帝。

有人可能就疑惑，为什么曹操在走向皇位的最后一步停下了？在我看来，不复杂，原因有三：第一，自我设限。曹操这辈子，无数次信誓旦旦地表示自己要做一个忠臣，这一点曾经就是他招贤纳士的旗帜，也是他内心捆绑自己的道德约束，一直到死；第二，当时关羽刚死，孙权很明显是祸水北引，他不想上这个当；第三，老天爷很及时地把他给回收了，如果再多活3年，那他必然称帝，就算是他不想，他手下那些人也不会答应。

无论如何，一代枭雄曹操，最后还是以大汉朝丞相的身份被埋在了高陵。这位曹丞相肯定想不到的是，历史上出了那么多篡位者，无人攻击，而他克制了一辈子，最后也没篡位，却在后世的戏曲舞台上，被当作奸臣的代表，他的脸谱成了奸臣的标准像，说起白脸曹操，中国老百姓几乎无人不知，无人不晓。他要是知道是这样一个结局，会不会后悔当初没有真的篡了皇帝的位置？

这个我们永远不知道答案了，我们知道的是，除了枭雄，曹操还是中国历史上著名的文学家，他和他的儿子曹丕、曹植在文学史里并称为

"三曹",和大名鼎鼎的"建安七子"一起,被称为"三曹七子",其中"三曹"是领袖,"七子"是代表,共同形成了后世传颂的建安文学,也称"建安风骨"。

"三曹七子"中成就最高的是谁?曹植七步成诗是真的吗?

建安是汉献帝当时的年号,建安风骨,指的是慷慨悲凉的诗文风格,比如曹操的《短歌行》,开篇就是"对酒当歌,人生几何?譬如朝露,去日苦多",这种慷慨激昂,风骨遒劲当中还带着悲伤的风格,是混杂了楚辞和汉乐府之后的一种文风,对后世的文学创作有很大的影响。

"三曹七子"里文学成就最高的是曹植,代表作是流传千古的《洛神赋》,南朝谢灵运对他有一个"天下才有一石,曹子建独占八斗"的评价。曹子建就是曹植,这也是成语"才高八斗"的来历。

据说,曹植被曹丕所逼,走了七步就写出了"本是同根生,相煎何太急"的诗句,这个故事只是被记载在《世说新语》里,正经史书上没有任何七步成诗的记载,倒是有很多曹丕对曹植爱护有加的记录。

二、夷陵大败

曹丕称帝的第二年,221年四月,刘备在成都宣布,继承汉献帝刘协的位置,成为东汉第15位皇帝,国号仍是汉,我们后来叫它蜀汉,甚至直接称呼为蜀。

不过你要注意,万一有一天你穿越回去,别把他们叫作蜀国,更不能像电视剧一样,扛着一面写着一个"蜀"字的大旗,否则刘备肯定一剑劈死你——朕乃中山靖王之后,堂堂大汉皇帝,你居然敢称朕的天下为蜀国?

当时的情况是,只要汉献帝还在位置上,刘备一定不能称帝,因为那样就是篡位；但只要老曹家把汉献帝弄下去了，刘备一定要称帝，否则就等于是屈服于曹家这个篡位的，一句话，他称不称帝完全取决于老曹家。

那么，刘备这个自认的汉朝继承者，被不被历史学家承认呢？这个问题也可以延伸一下：曹魏和蜀汉，谁才是中华帝国传承里的正统王朝？

很遗憾，后人还是认为老曹家的曹魏才是正朝，理由有三点：第一，曹家占据了中原，同时也是汉文化的传承者；第二，曹丕的皇位是从最正统的东汉天子刘协手里接过来的，这在法理上无懈可击；第三，后来公认的中华帝国晋王朝，只承认曹魏的合法性，而不是吴蜀两国。所以，在史书里，曹魏才是正朝，刘备只能是陪衬，虽然他姓刘，也是刘邦的子孙，但汉王朝还是被认为灭亡在曹丕称帝的那一刻，220年十月。

刘备称帝之后的3个月，也就是公元221年的七月，为了夺回荆州，也为了给关羽报仇，亲率大军准备征讨东吴。不幸的是，大将张飞刚要从阆中出发，与刘备两路并进，就被手下杀掉了。

张飞的形象因为《三国演义》的关系，一直都是头脑简单四肢发达的大力士，近年来有人给他翻案，说他是书法和绘画的天才，才学也高。可是这两种说法在史书上都没有依据，纯属是后人根据自己的好恶演绎出来的。

我个人觉得，《三国志》里有一句话，可以形容关羽和张飞的为人处事之道，叫"羽善待卒伍而骄于士大夫，飞爱敬君子而不恤小人"，关羽对士兵不错，可是对当官的和知识分子就瞧不上眼，而张飞是看见上流社会的人就尊敬，对普通士兵和老百姓不屑一顾，甚至又打又骂，所以，张飞最后死在了小兵手里。

《三国演义》里写的没错，他因为打骂士卒，被手下的张达和范强砍了脑袋，然后这两人带着他的首级投降了东吴。

张飞死后，刘备其实已经没人可用，《三国演义》里说的五虎上将，关羽、黄忠都死了，马超镇守西北，而且有病在身，剩下的赵云是强烈反对讨伐孙权的。他对刘备说，曹丕才是篡权的奸贼，应该以国事为重，"且先灭魏，则吴自服"，打败了曹魏，东吴自然臣服，但是刘备不听，而且看赵云很讨厌，打发他去都督江州，然后自己亲自带兵，向东吴进发。

得知这位新上任的刘皇帝气势汹汹地亲自打上门来，东吴的孙权也没办法，只好一边承认曹丕的皇帝位置，和曹魏搞好关系，一边赶紧派出大都督陆逊去抵挡刘备。

陆逊一如既往地狡猾，吴军在他的指挥下，开始大踏步后退，一直退到夷陵和猇亭一带才停下脚步，也不出来打仗，就是坚守，像一副乌龟壳子，任凭刘军阵前各种叫骂。

这样的状态一直僵持到第二年，也就是222年的闰六月，蜀军彻底丧失了锐气。刘备这时候屡出昏招，最差的一招就是，因为天热让士兵全部上岸，在树林里面安营扎寨，整个营地连绵几百里。

史书上说，远在洛阳的曹丕看到这封情报，断言刘备军必败。事实也是如此，陆逊抓住了这个机会，命令全军立刻出击，每人带了一把柴草，一边冲锋，一边往对方营地里扔点燃的火把，结果蜀军在树林里的营地顿时火光熊熊，刘备军大乱，最后全军溃败，战死者及投降者大概有八万多人，参战蜀汉军团几乎全军覆没。刘备狼狈地逃入了益州永安县白帝城。

这场东汉末年三大战役的最后一场，夷陵猇亭之战，以刘备的惨败而告终。很有意思的是，三大战役都是战争发起者失败，而且全都败在了一场大火之下。官渡之战，发起人是袁绍，乌巢大火之后失败了；赤壁之战，发起人是曹操，黄盖一场大火烧得他狼狈逃窜；夷陵之战，发起人是刘备，陆逊火烧连营八百里，他全军覆没。

历史学家普遍认为，这场大战之后，三个国家的地盘基本固定，关系也相对稳定下来。

顺便说一句，孙权一直到229年才称帝，国号吴，后世称为孙吴。所以，所谓三国，应该是曹魏、蜀汉和孙吴，或者说魏、汉和吴，我们今天说得极其顺嘴的魏蜀吴是一种不伦不类的叫法。狭义上讲，从这时起，一直到280年晋朝统一天下，我们称之为中国历史上的三国时代，前面讲的，其实都应该叫东汉末年。

造成这种情况的人是《三国志》的作者陈寿，他在给刘备政权做传的时候起的名字就是《蜀书》。那他为什么要这么改呢？原因是，后来晋朝继承的是曹魏的政权，曹魏继承的是东汉政权，如果你说刘备是东汉的延续，那曹魏肯定不是正统，那就相当于说晋朝也不是正统，而是乱臣贼子了。陈寿是在晋朝混饭吃的，自然不敢这么写，只能称呼刘备的汉为蜀，后世也就跟着这么叫了。

三、白帝托孤

夷陵大败之后的第二年，223年，又气又病的刘备驾崩在白帝城，儿子刘禅继位，丞相诸葛亮和尚书令李严为托孤大臣。

现在我们就要来讨论，诸葛亮到底是个什么样的人。《三国演义》里把他形容得上知天文，下晓地理，呼风唤雨，未卜先知，用鲁迅的话说，"多智而近妖"，和一个大个儿的妖精差不多。这么了不起的一个人物，为什么我在介绍了他的隆中对之后，就一直不提他了？

这事儿你还真不能怪我，在《三国志》等正经史书里，赤壁之战后他就隐身了，几乎没再出现过。刘备拿下益州和汉中，是庞统和法正的功劳，夷陵大败是刘备自己造成的，这些诸葛亮都没掺和，据说他一直在后方搞后勤，相当于萧何的角色。

等到刘备去世的时候，环顾左右，法正、关羽、张飞、庞统这些曾经的左膀右臂都不在了，唯一可以托孤的，就只剩下诸葛亮了。随后，就有了那句著名的托孤之言，刘备对诸葛亮说："如其不才，君可自取。"

一直以来，围绕这句话都有两种解释，有人说刘备的意思是如果我儿子阿斗不成器，你诸葛亮可以自己当皇帝。还有人说，这只是让诸葛亮从刘备的其他儿子里再挑一个出来，也就是赋予诸葛亮废立皇帝的大权。

我个人认为，后一种更靠谱。先来看诸葛亮当时的回答，他说："臣敢竭股肱之力，效忠贞之节，继之以死！"我诸葛亮一定竭尽全力，忠心耿耿，至死也不辜负您的期望。如果当时刘备说的是阿斗不行，你就自己当皇帝，那么诸葛亮这么谨慎的人一定会说"臣万死不敢"这类话，甚至像《三国演义》里说的那样，吓得汗流直下，叩头出血，但历史事实是，这种事没发生，史书里记载的就是他冷静而且坚定的回答，我一定尽力。

至于说刘备临死之前之所以敢给予诸葛亮废立皇帝的大权，就是因为他坚信对方不会行使这种权力，更不会篡位。"如其不才，君可自取"这句话是说给其他人听的，孔明先生连我儿子的皇位可以废掉，你们要用什么态度对待他，自己看着办。诸葛亮的回答明显是对这种信任感恩并且准备以死相报，君臣之间算是完成了对彼此的承诺，于是刘备放心地去了。

继位的刘禅，也就是那位扶不起的阿斗，对老爹的临终遗言执行得也非常彻底。

刘备去世没几天，他就封诸葛亮为武乡侯，领益州牧，并且可以开府，仪同三司。什么叫开府？就是孔明先生可以在家办公，招收自己的幕僚，因此，开府又称建立幕府。

在那时候，天下所有人都是皇帝的臣子，一旦某位大臣可以开府，就意味着他可以公开拥有只效忠他自己的人才，这对于皇权是一个很大的威胁，所以，历代以来，幕府的存在一直很敏感，但因为种种原因，这个制度一直流行到明代才废止。我们的好学生日本人后来也学会了，导致了日本有过很多年的幕府时代，这是题外话了。

无论如何，蜀汉政权开启了诸葛亮时代。

064. 星落五丈原

诸葛亮面对的第一个问题是，要不要给刘备报仇。一般来说，为了自己权力的稳定，他就算是装腔作势，也要做做出兵的样子给别人看。可是诸葛亮没这么做，相反，他用刘备和刘禅给他的绝对权力，压制了所有复仇的声音，同时派人去和孙权重新结盟。

他这么做固然是因为他要实践当年隆中对的设想，先北定中原再一统天下，但是还有一个具体的问题是，刘备一死，益州南部的南中地区大部分或者独立，或者直接叛乱，攘外必先安内，他要先解决那些人。

一、南征北伐

225年五月，诸葛亮率领大军渡过泸水，开始平定南部动乱，这期间最著名的故事就是七擒孟获。按照现有的资料来看，史书上并没有记载把孟获抓住了七次，但这也不完全是罗贯中杜撰的，在《汉晋春秋》和《华阳国志》这种半史书半笔记的书籍里对此都有记载。我们不必纠结孟获被抓了几次，只要知道诸葛亮采取的是"攻城为下，攻心为上"的策略就足够了。

除了军事行动，诸葛亮还给南中带去了先进的耕种和水利技术，一直到今天，云南和贵州这些地区还流传着很多诸葛亮的传说，都是赞美之词，这就是"攻心为上"的效果，也是攻伐的最高境界了，让敌人失败之后，心服口服，还得说声谢谢，给你唱赞歌。

南方平定之后，诸葛亮就开始准备北伐。226年，曹魏的皇帝曹丕驾崩在洛阳，儿子曹叡继位，诸葛亮觉得这是一个好机会，于是给皇帝刘禅写了一封信，名字叫《出师表》。

这篇流传千古的文章除了表明诸葛亮北伐曹魏的决心，还规劝刘禅"亲贤臣，远小人"，要做个好皇帝。苏东坡评价这封信"直而不肆"，意思就是言语直率，但是不放肆，该有的君臣之礼都有。

这封奏章也给我们后世留下了很多成语，比如"妄自菲薄""不知所云"等，在历史上，我们称它为《前出师表》。

据说，诸葛亮在两年之后还写了《后出师表》，里面有千古名句"鞠躬尽瘁，死而后已"。可惜的是，《后出师表》在《三国志》里并没有提及，一些学者包括台湾的李敖都认为是伪造的，关于这件事，现在史学界依旧争议不休。

从228年春到234年冬，诸葛亮先后数次对曹魏发动了战争，《三国演义》里说"六出祁山"。这个说法无论是数量还是地点，都是被罗贯中演义过的，按照史书上的记载，北伐中原一共只有五次，而且只有第一次和第四次是兵出祁山。

诸葛亮第一次北伐是最精彩的，也是成效最大的一次，天水、南安等郡相继投降，又收服了名将姜维，一时之间关中大震。可是，平日里谈起兵法头头是道的大将马谡，在关键时刻掉了链子，被曹魏的老将张郃打败，丢掉了军事重地街亭。

马谡丢掉街亭之后，蜀军只能撤退。《三国演义》里安排孔明演了一出空城计，把司马懿吓跑了，这纯属罗贯中虚构。当时曹魏西路总指挥是曹真，司马懿还在500多公里外的洛阳，就算诸葛亮在陇右地区摆上100座空城，司马懿也瞧不见，自然也不会害怕。

事后按罪当罚，马谡因为这次失败，被诸葛亮斩了，后世称为"挥泪斩马谡"。

第一次北伐失利退回汉中之后,曹军统帅曹真料到诸葛亮下一步必然进攻陈仓,事先做了安排。结果诸葛亮第二次北伐果然走陈仓,打了二十多天,诸葛亮军队粮食消耗殆尽,又一次无功而返。

229年,他第三次北伐,这一次占了武都和阴平两郡,但又是因为粮食问题,只能留下军队驻守,自己无奈率大军撤回汉中。

俗话说,再一再二不能再三再四,诸葛亮这种把曹魏地盘当作自己的家,想来就来想走就走的作风,让曹魏集团十分没面子。作为统帅,曹真的兵力是诸葛亮的五六倍,更是觉得丢脸,于是决定,我们也去蜀国抢一把。

就这样,230年,曹真率30万大军伐蜀,诸葛亮听说之后,吓得赶紧修建工事,严阵以待。可是等啊等,等了一个多月,也没看见曹真,一打听才知道,子午道上下大雨,栈道断绝,曹真走到一半就被大水给冲回去了,史书上说"大雨道绝,真等皆还"。好不容易爷们儿了一次,老天爷还不帮忙,那这事儿是相当郁闷,没过多久,曹真就郁闷死了。

二、星落五丈原

司马懿成功升职,变成了曹魏西路军总指挥,直接面对诸葛亮。司马懿这人,装病、拍马、玩弄权术都挺在行,后来被证明打仗和教育儿子也很有水平,可是在诸葛亮面前,似乎啥都不好使了。

231年,诸葛亮第四次北伐,兵出祁山。

这一次他使用了木牛流马。《三国志》上记载的是"以木牛运""以流马运",裴松之老先生在注解的时候,详细介绍了木牛和流马这两种半自动的运输装置,虽然不像《三国演义》里写得那么神奇,但只要操作者有一定的技巧和经验,每一匹都可以运送400斤粮食,节省了大量人力和畜力，最关键的是，这些木牛和流马本身是不需要消耗粮食的，可以说是相当了不起的发明。

面对气势汹汹的孔明先生，司马懿觉得没有胜算，所以一开始他对付诸葛亮的技巧就是四个字：缩头乌龟。后来他的手下实在是看不下去了，就送给他十个字："公畏蜀如虎，奈天下笑何？！"你这么怕蜀军，难道不怕天下人笑话你吗？一来二去，司马懿脸皮再厚也受不了了，于是下令出击。可是他把老将张郃的建议当作耳旁风，两军在喻糜一场大战，魏军损失了上万人，马上又全军撤入大营，从此闭门不出。

到了六月份，诸葛亮的军粮接应不上了，又收到了撤退的诏书，就大摇大摆地回去了。司马懿可能是为了挽回一点面子，下令让张郃追击。张郃说，诸葛亮主动撤退，肯定留有后手，我能不能不去追？司马懿说不去就军法处置。没办法，老将张郃只好上马追击，结果在木门道中了诸葛亮的埋伏，身受重伤而死，可惜一代名将，在司马懿的瞎指挥下丢了性命。

234年，诸葛亮再次北伐，兵出斜谷口。司马懿坚决不出战，诸葛亮只好让军队在驻扎地，也就是渭水南岸的五丈原附近开始种地，还故意让人送一套女人的衣服和头巾给司马懿，讽刺他不像个男人。

魏军将领都火冒三丈，纷纷要求出战。司马懿也装成怒发冲冠的样子，说一定要和"诸葛村夫"决一死战，但是各位，我们必须请示皇帝啊。结果，当时的魏明帝曹叡也不傻，一看司马懿的来信，就知道他是啥意思了——你要是真想打，真能打的话，你作为统帅，自己就有这个权力，何必来信问我？马上就派人下旨禁止司马懿与蜀军交战。

司马懿收到回信，立刻装出因为不能出战而极其失望的样子，但周围人都看出来了，他这就是在表演单口相声呢。于是，军中又一次流传起了那句话，"畏蜀如虎"。

不过司马懿的运气极好，这一年的八月，积劳成疾的诸葛亮实在是挺不住了，病逝在五丈原前线。实话实说，他是累死的，这一点确定无疑。他派人给司马懿送衣服的时候，司马懿问来人，我在这里喝酒吃肉，闭门不出，你们家丞相每天都忙点啥，是不是也无聊得很？使者说，我们丞相晚睡早起，惩罚超过二十军棍的案子，都要亲自过问，吃的还很少。当时司马懿就大笑说道："亮将死矣。"食少烦多，事事亲为，那自然是会累死的。

三、北伐为什么失败

四百多年前，韩信帮着刘邦从汉中打进关中，只一次就成功了，为什么诸葛亮屡次北伐都失败，最后还累死了？

个人认为，这还是要从天时、地利、人和三方面来分析。

从天时上说，韩信出汉中时，天下各路诸侯对项羽的分封不满，齐国造反，天下大乱，可是诸葛亮这时候天下基本太平，除了他，没人想折腾，所以，他不占天时。

从地利上看，韩信时西汉水和汉水是连在一起的，他可以用水路来运粮食，可是前186年的一场大地震，让西汉水和汉水彻底断开，西汉水改道流入了嘉陵江，诸葛亮没法利用水路运输，木牛流马运的那点粮食根本就不够吃，上面讲的几次北伐，基本都败在了没饭吃。

最后说人和，刘邦最先入关，军队秋毫无犯，关中父老曾经受过刘邦约法三章的恩惠，而且他们也特别痛恨项羽封的被称为三秦王的三个家伙，一看刘邦要从汉中打回关中，感觉很亲切，可是诸葛亮对于关中老百姓而言，那就疏远得多了，哪里有什么老百姓来支持？

那么，诸葛亮自己知道这些情况吗？我认为他是知道的，《出师表》里那句"今天下三分，益州疲弊，此诚危急存亡之秋也！"很形象地说明了当下的天下大势，而且也委婉地表达了，蜀汉是三国里面最弱的一个。

知道打不过还要去打，明知不可为而为之，目的有两个，第一，他要像蚂蚁啃大象那样蚕食曹魏的边疆地区，争取先把对方的偏远地区占领了，慢慢地壮大蜀汉，否则以蜀汉的贫瘠和弱小，只能坐以待毙。这也解释了为什么他出兵，经常屯田和俘虏人口壮丁来汉中，当大将魏延几次上书说可以走子午谷小道去奇袭潼关，他都给否决了。传统说法是诸葛亮谨慎，我认为不是，天时地利人和一项也不占的蜀汉，哪里能搞那么大的动作？即便是偷袭成功，最后也守不住，只能是白白地损兵折将。

北伐中原的第二个目的就是稳定蜀汉内部。这时候的蜀汉，内部有三种势力，新主人刘备集团、原来的主人刘璋集团，还有本地的益州土豪们。诸葛亮即便是神仙，短时间内，也搞不定这三者之间的矛盾，这时候维持对外战争就是一个办法，只要打仗，大家的内斗就先得放一放，以国家整体利益为主。

不过这也有前提，那就是你需要搞好内政。

四、识治之良才

客观来说，内政才是诸葛亮最擅长的。

《三国志》里有大段的文字描绘诸葛亮治理蜀汉的结果，比如说"吏不容奸，人怀自厉，道不拾遗，强不侵弱，风化肃然也"，这是说在他的治理之下，人民安居乐业，日子很美好，如同盛世一样。再比如"可谓识治之良才，管、萧之亚匹矣"，这是评价诸葛亮就如同以前我们讲过的管仲和萧何一样。

我数了一下，惜墨如金的陈寿在《三国志》里，对孔明的好评用了500多字，史书上大多数人的全部传记也只有这么些字，前面他对刘备和孙权妹妹结婚那么大的场面，只用了四个字。你要知道，陈寿的父亲原来是马谡的手下，在街亭失守之后被诸葛亮处以削发的刑罚，他们家本来应该怨恨诸葛亮的，但他在《三国志》里，一句怨言也没有，这就叫作"刑政虽峻而无怨者,以其用心平而劝戒明也",公平公正,还严于律己,诸葛亮做到了。

234年,蜀汉丞相诸葛亮薨于五丈原,死在了自己的岗位上。死的时候,吩咐手下,在定军山上挖一个洞,只要棺材能放进去就行,到时候自己就穿着平常的衣服往里面一躺,这辈子就算过去了。

说实话,这种规格,连富裕一点的老百姓都觉得太简陋了,更别说蜀汉大丞相了。不过这就是诸葛亮的风格,四个字,"严于律己"。

诸葛丞相几乎代表了传统治国施政的最高水准,那就是讲道德还灵活变通,有理想还脚踏实地,手握大权还廉洁自律,严刑峻法还体恤百姓。

千古以来,后人提起他,往往都是惋惜之情,杜甫那句专门形容他的"出师未捷身先死,长使英雄泪满襟",可以说是盖棺论定。这也是为什么梁启超称他为古代六大政治家之一,并且他也是唯一一个没有实行政治改革而被选进六大政治家的。

说到这里,你可能问了,三国期间,有实行政治或者人才体制改革的吗?答案是有,但既不是蜀汉,也不是东吴,严格来讲,这两家对中国历史的政治和文化都没有太大的贡献,有贡献的是曹魏。除了前面说的"三曹七子"的文化贡献,曹魏还有一项对后世有深远影响的政治改革。

在说这个改革之前,我们还要问一个问题,为什么诸葛亮对他自己要求那么严?贪污受贿,以权谋私,他从来没干过,就算是稍有过错,老百姓的日子过得不好,也都要检讨一番,何以至此?

道德高尚只是一方面,还有一个重要原因:诸葛亮和刘备是外来户,为了压制益州本地的名门大户和士族地主,他采用了以法治蜀的手段。严刑峻法之下,要想人家心服口服不造反,那就只能对自己,或者说对统治阶层更加严格。

065. 成败转头空

和诸葛亮一样，江东的孙吴和北方的曹魏都面临同样问题，即如何和那些传承百年以上的士族地主集团相处。诸葛亮的方法是法治，孙吴的办法是融合，而曹魏集团的策略是妥协，这种妥协的具体表现就是一种新的选拔人才的办法，也是一种新的制度，叫"九品中正制"。

一、九品中正制

前面介绍过，汉朝实行的是察举制，这种制度的根本就是由地方官员推荐那种忠臣孝子。可是曹操、刘备、孙权等争夺天下的时候，需要的是有真才实学的人才、敢打敢冲的猛将，很多时候顾不上考察品德，只要你有本事，我就让你当官。再加上汉末天下大乱，人们纷纷背井离乡，开始逃亡，低级官员根本就不可能再给中央推举人才，所以，到了三国时代，察举制基本破产，玩不下去了。

等曹丕当上皇帝之后，尚书令陈群就趁机向他建议进行政治改革，实行九品官人之法，也就是九品中正制。

这个制度也不复杂——在朝廷上选择一些官员，兼任他本州或者本郡的中正官，负责搜集各地同乡的资料，根据家庭出身和个人德行能力分出九个品级，以此来作为当官和提拔的标准。

比如说我来自吉林，朝廷如果让我当吉林省的中正官，我和我下面的小中正官们就把全国各地的吉林老乡都登记在案，每个人给一个品级，以后有地方缺官儿了，就按照品级去找人顶上。

表面上看，这和察举制的区别不大，都是推荐，可是，九品中正制的中正官是朝廷任命的。换句话说，陈群的这个建议，收回了地方上的人事推荐权，转手给了中央政府。那么，哪些人可以担任中正官呢？自然是士族地主们，而这也正是陈群、司马懿、崔琰这些拥护曹丕称帝的士族们想得到的一份巨大回报。

随着曹丕的点头认可，这项制度从那时候起传承了四百多年，当官也逐渐成了名门望族的祖传手艺。一直到唐朝中期，伟大的科举制成型之后，它才逐渐退出历史舞台。不过你要是说完全消失，那怎么可能？即便是今天，它其实也在世界上各个角落里游荡，这是另一个话题了。

曹魏政权能得到士大夫阶层的拥护，就是因为曹家得到了顶层权力，而名门望族的士大夫们得到了独立官僚系统的权力，双方的妥协最后让大家都受益，换句话说，和谐了。

曹丕就在这种和谐的社会氛围里，当了六年皇帝。在此期间，他三次率领臧霸、曹真等人兴师伐吴，但孙权三次都把曹军打了回去，双方谁也奈何不了谁。

226年五月，魏文帝曹丕驾崩于洛阳嘉福殿，儿子曹叡继位，这就是前面说的魏明帝。他爹曹丕给他指定了四个辅政大臣，分别是陈群、司马懿、曹真和曹休，我们前面说的诸葛亮北伐就发生在曹叡在位期间。

二、高平陵事变

诸葛亮去世的时候，曹魏的西路军统帅司马懿本来是率领大军追击的，可是蜀国将领杨仪、姜维按照诸葛亮生前部署，突然调转身来，准备攻击司马懿的军团，吓得他马上命令大军退兵。

这事儿记载在《资治通鉴》里，当时老百姓都说"死诸葛走生仲达"，不过司马懿脾气好，就算是被诸葛亮骂成是女人都不生气，自然也不在乎老百姓说三道四。不仅不在乎，还哈哈一笑，自吹自擂说："吾能料生，不便料死也。"意思是，我能预料诸葛亮活着的时候干的事情，但我预料不到他死了之后的事情。

其实，司马懿并不是窝囊废，作为防守的一方，他成功地防住了蜀汉的进攻，某种意义上，他是成功者。况且，面对诸葛亮，他不敢出战，并不代表他在别人面前也是猫咪，大多数时候，司马懿是一只老虎，而且还是一只很凶猛的老虎。

238年，诸葛亮去世四年之后，辽东太守公孙渊背叛曹魏，自立为燕王。曹叡命令59岁的司马懿带兵4万，讨伐公孙渊。

和司马懿多次交手的孙权写信给公孙渊，说司马懿"所向无前，深为弟忧也"。老弟啊，你可能打不过司马懿。孙权是对的，这年八月，公孙渊的老巢，今天的辽宁省辽阳市，当时叫作襄平的，被司马懿率领大军攻破，包括公孙渊一家子在内，当时襄平城里15岁以上的男子全都被杀了，什么原因不知道，我猜可能是他们抵抗得比较激烈，激怒了司马懿。

总的来说，司马懿在曹叡当政期间，西边抵御蜀汉，南边骚扰孙权，北边平定叛乱，也算是立下了无数战功，屡次升官。到了魏明帝后期，他已经官居太尉，三公之一，手里握着实打实的军权，在庙堂上有极大的话语权。

239年，魏明帝曹叡病重，临死之前，紧急召回司马懿，握着他的手，眼泪汪汪地把养子曹芳托付给了他和大将军曹爽，随后就去世了，死后葬在高平陵。

大将军曹爽就是我们前面说过，曾和诸葛亮较量的曹真的儿子，曹操的侄孙。他虽然是名门之后，但一天仗也没打过，也没有任何功劳，之所以能当上官，唯一的原因就是他是曹叡的发小，从小玩到大。

曹叡在要死的时候，发现周围没什么可以信赖的人，就突击提拔他，一天之内，封曹爽为大将军，录尚书事，假节钺。大将军和录尚书事我以前介绍过了，假节钺比这两个权力更大，意思是可以代替皇帝行使权力。比如说在外面打仗的军队中，就算你是大元帅，一般来说也不能杀副统帅，没有那个权力。可是如果你有假节钺这个头衔，那就有权力杀副手，还不用负任何责任，相当于后来所说的尚方宝剑。

司马懿听到这个任命，明白自己虽是辅政大臣，但只能是副手，是那个随时可以被砍了脑袋的副统帅，所以一直行事谨小慎微，尽量不让曹爽抓到把柄。即便是这样，曹爽对他也不放心，还耍了一个心眼，加封司马懿为太傅，名义上是升了一级，但不在其位不谋其政，顺理成章地把司马懿的兵权给剥夺了。

这时候司马懿的处境是极其危险的，他是不是老虎不重要，只要曹爽一直认为他是老虎，那他早晚就是个死，怎么办呢？

司马懿就一招，把自己在对方眼里变成病猫。从247年起，他开始装病，假装自己瘫痪了，他的演技非常在线。

当时有一个叫李胜的官员要去荆州当刺史，此人是曹爽的心腹之一，临行之前以拜别的名义去看司马懿。后者拥着一床棉被躺在床上哼哼唧唧，旁边的婢女喂他喝粥时，老爷子的口水和粥从嘴角不停流出，把衣服被子弄得一塌糊涂，看起来比孩子还可怜，并且有气无力地托付李胜照看自己的两个儿子。

李胜回来和曹爽如此这般地一汇报，曹爽兄弟听了比中了六合彩还高兴，放下心来。

249年正月，司马懿病了3年之后，曹爽终于犯了一个巨大的错误，他和自己的三个弟弟同时出京，陪着皇帝曹芳去高平陵拜祭魏明帝曹叡，同时带走了京城大多数忠于自己的军队。

司马懿觉得时机已到，利用他儿子司马师偷偷训练了近十年的三千士兵，在洛阳城发动政变，控制了郭太后，发布诏书，例数曹爽的罪责，什么"背弃顾命，败乱国典"，"天下汹汹，人怀危惧"，只要他能想到的坏词，一股脑地都扣到了曹爽的头上，甚至还有乱伦这种完全没有证据的罪名。

当时的九卿之一，大司农桓范是曹爽的人，也是一个相当有智谋的人，他第一个发现了司马家的动向，马上溜之大吉，提前逃出了洛阳，直奔高平陵。司马懿手下的蒋济就说，大哥，坏了，曹爽的智囊跑了！

蒋济担心的是，大司农桓范一定会建议曹爽以曹芳的名义下诏，指责司马懿叛乱，然后命令天下人共诛之，司马懿乱臣贼子的罪名就算是坐实了，他手上的那点兵力也不够打。就算司马懿神勇无比，最后能干掉曹爽，可是曹魏自己打成一团，南边的蜀汉和孙吴一定会趁机起兵北伐，到时候曹魏几乎是毫无胜算。

司马懿说没事，"范则智矣，驽马恋栈豆，爽必不能用也"，桓范虽然肯定会给曹爽出谋划策，但曹爽这种目光短浅的家伙，就像一匹劣马，贪恋马槽里的那几颗豆子，肯定不会使用桓范的计策。我们可以认为，这时候的司马懿就是在赌博。不过，事实证明，他看人精准，赌对了。曹爽还真的就贪恋马槽里的那几颗豆子，当司马懿托人给他带话，以祖宗十八代和洛水河神的名义发誓，自己只是想夺权，曹氏一族的生命财产都可以得到保证之后，曹爽说，权力给你就是，我当一个富家翁也不错。

桓范苦劝了一晚上，磕头磕得脑浆子都差点出来都没用，最后只能起身大哭骂道："曹子丹佳人，生汝兄弟，犊耳！何图今日坐汝等族灭矣！"曹子丹就是曹真，曹爽的爹，这句话的意思是，曹真那么英雄的一个人物，生了曹爽你们兄弟几个猪一样的儿子，我桓范怎么能料到今天被你们连累而灭族呢？

这位智囊所料不错，司马懿的所谓发誓就是放屁，曹爽和他的党羽何晏、丁谧、邓飏、李胜等不久全都以谋反罪名被杀，夷灭三族，长长的死人名单上自然也包括智囊桓范和他的家人。

从这场历史学家称为"高平陵事变"的历史事件开始，司马家一举掌握了曹魏的大权，从此，曹魏进入了司马时代。

三、曹髦之死

两年之后，251 年，72 岁的司马懿在洛阳去世，他的大儿子司马师继承了他的职位和权力，曹魏依旧是司马家说了算。

已经 19 岁的年轻皇帝曹芳有点不服气，你爹司马懿我斗不过，但你和你弟弟司马昭看起来也没啥本事，他就想试试，废掉司马师这位大少爷。可是，刚刚秘密开会讨论了两天，会议记录就被抄送到了司马师的手上，很自然地，与会者的脑袋瓜子掉了一地。又过了几年，司马师索性废曹芳，立 13 岁的曹髦为新的曹魏皇帝，这一年是公元 254 年。

司马师也没得意太久，因为第二年他就因为眼病去世了。据《晋书》上记载，此人在做了眼科手术之后，不听医生的话，不好好休息，偏偏要出去和孙吴打仗，结果伤口崩裂，眼珠子掉了出来，疼了一个晚上疼死了。随后权力传到了他弟弟司马昭手里。

几年之后，新皇帝曹髦又要过 20 岁生日了，和当年的曹芳一样，血气方刚的曹髦觉得自己也有资格挑战司马家了。

260 年 6 月 2 日，曹髦召集了宫廷里所有他能召唤的下人，对他们说："司马昭之心，路人皆知也！"我不想坐等着被他废掉，今晚和你们一起去讨伐这个奸贼。然后他们悲壮地，像飞蛾扑火一样杀向司马昭的府邸。

当时京城"卫戍司令"兼"公安局长"叫贾充，我们都能猜到，如果不是司马昭的心腹爱将，他也当不上这个当时叫作中护军的官儿。所以，贾充面对气势汹汹的皇帝曹髦时，一点儿也不像其他人那么犹豫，而是对着士兵大呼:"公等养汝,正拟今日,复何疑!"司马大人养我们这些爪牙就是为了今天,你们还迟疑什么?他手下一名叫成济的打手得到了鼓励,傻乎乎地持剑上前,刺死了皇帝曹髦。

司马昭听到这个消息,第一个反应就是一屁股坐在地上,说了这样一句话:"天下其谓我何!"完了,这一下弑君的罪名是背定了。

对于忠心耿耿的贾充,他是不能杀,也舍不得杀的,杀了贾充,他的所有心腹都会寒心,可是那个直接杀死皇帝的成济,倒是可以利用一下。于是,他把所有弑君的罪名都扣在了成济身上,成济本人被射死不说,还连累整个家族几百口子被砍了脑袋。

古今中外,大臣们杀死君主之后,一般都会找几个替罪羊,用他们的血洗清自己的罪恶,更何况本案之中,成济也不是无辜的。

国不可一日无主,曹操的另一个孙子,14岁的曹奂被司马昭立为新的皇帝,这就是曹魏的最后一个君主魏元帝。

司马昭心里也清楚,虽然替罪羊已经杀了,但这时候还是需要战功来震慑那些借口自己弑君而蠢蠢欲动的各方势力,他决定攻打蜀汉。

四、曹魏灭蜀汉

263年,司马昭征发四方之兵18万,以钟会为主将,从骆谷进攻汉中,和他搭档的人叫邓艾,当时是镇西将军。

主将钟会出身于颍川钟氏,老爸是太傅,哥哥是刺史,从小就含着金钥匙长大,正宗官二代。九品中正制对于他这类人,一路上全是绿灯。他的老爹钟繇也不是一般的高官,还是一个中国历史上有名的文化人,我们现在汉字书法里面最常用的小楷,就是他老人家创造的。钟繇是公认的"楷书鼻祖",和后来的王羲之一起被称为"钟王",影响了中国书法几千年。

不仅是家庭不一般，钟会从小的表现也与常人不同。比如《世说新语》里记载了一个故事，说魏文帝曹丕听说钟家的孩子很不错，就让钟繇把两个儿子钟毓和钟会带来给自己看看。见到曹丕之后，钟毓脸上流汗，曹丕就问为什么这样，钟毓的回答是："战战惶惶，汗出如浆。"老大，我看见您就害怕。曹丕挺满意，一转头看见钟会神色自若，一颗汗珠子都没有，就问，你怎么不出汗呢？言下之意，难道我气场不够强？钟会说："战战栗栗，汗不敢出"，您气场实在是太强大了，我吓得汗都不敢出了。

这份镇静和机敏在一个十多岁的孩子身上展现出来，还是挺令人吃惊的。不过这事儿的真假就不知道了，前面我们说过，《世说新语》类似于纪实性小说，真实性是要打折扣的。

钟会伐蜀的搭档邓艾是九品中正制的一个异类。他出身贫寒，没法拼爹，四十多岁时，还是汝南屯田的管账小吏，可是他自带主角光环，在地方任职多年后，因上京汇报工作而得到司马懿常识，后来又因进献两淮屯田、以利东南的计划，得到司马懿的高度评价。他的命运立刻被改变了，很快就一步步被提升上来。

曹魏要伐蜀，这时候蜀汉的情况很不好。诸葛亮的逝世，对人才缺乏的蜀汉帝国是一个致命的损失，最直接的后果就是他死之后，权力被分散了。大将姜维的才能和魄力还是不够，压制不住，宦官黄皓就此掌握了朝堂的大权，皇帝刘禅被玩弄于股掌之中，地方上则被各方错综复杂的势力分而治之。

根据裴松之的记载，就在司马昭大举进攻蜀汉的前两年，孙吴出使蜀国的使者薛珝回国以后，对君主孙休说，我看蜀国差不多要完了："入其朝不闻正言，经其野民皆菜色。"对比其他史料来看，这完全是蜀汉当时的真实情况，朝堂之上吃喝玩乐，村野老百姓食不果腹，诸葛亮当政时期的治世已不复存在。

随后战争的局势也证明了这一点，蜀军是节节败退，曹魏各路人马捷报频传，司马昭的威望水涨船高，傀儡皇帝曹奂先是封他为晋公，随后又赐给他九锡，司马昭也没客气，马上用车把这九样东西全拉回了家。

不过，十多万曹魏大军也没能一路顺风顺水打进成都，而是在一道关口被拦了下来，这就是今天四川广元的剑门关。

剑门关号称中国四大古关口之一，建造它的正是蜀汉的丞相诸葛亮。不得不说，诸葛大丞相的眼光相当好。

从汉中进入巴蜀，一共只有三条可以称为道的线路，分别是金牛道、米仓道和荔枝道。最好走、最近、最便捷的路就是金牛道，而剑门关就坐落在这条金牛道最险峻的地势上，两边都是猿猴也难攀爬的高山。"一夫当关，万夫莫开"就是形容这座剑门关的，出自大诗人李白的《蜀道难》，原句是"剑阁峥嵘而崔嵬，一夫当关，万夫莫开"。当然这是指在打仗的情况下，今天和平的日子里，驴友们自然可以悠闲自在地去游玩，别说现在，就是宋朝，也有陆游的"细雨骑驴入剑门"这样的诗句。

面对这样一座雄关，钟会等人攻打了一阵子，最后得出的结论是，这鬼地方实在打不下来。不能说他们无能，自从这个剑门关建成之后，在冷兵器时代，中国历史上就没有一支军队可以从正面攻进去的。

既然打不下来，钟会就想着撤军算了，反正老板司马昭的九锡已经拿到手了，这一次的便宜也占了不少，够本就行了，可是钟会的搭档邓艾不这么想，这时候他正从阴平赶过来，按照计划准备在剑门关与钟会会合，当他得知前线情况后，改了主意，没有按照预定的方向进军，而是沿景谷道向南转进，直接进入了荒无人烟的大山。

沿途都是悬崖峭壁，羊肠小路，甚至还存在没有路的时候，遇到这种情况，邓艾往往是自己裹着毯子，身先士卒从陡峭的山坡上滚下去，为部队开路。你要知道，这一年，邓老爷子已经快70岁了，其他20岁左右的士兵们看见这一幕，浑身热血翻涌，喊着口号就跟着往下滚。就这样走了700多里，邓艾的部队如同天兵天将一样，突然出现在江油城下。蜀汉的守将吓傻了，以为天兵天将下凡了，立马投降。

听到这里，你可能觉得还是邓艾厉害，知道迂回前进，不像钟会那样，只知道正面死攻，可是我必须说一句，实际上，邓艾这样的举动是一种赌博，而且还是最死心眼的那种赌博，也就是赌命。

古时候打仗为什么一定要走大道，并且由此形成了雁门关、函谷关以及剑门关这样的关口？归根结底就是两个字：后勤，或者说粮食。大军行动，一定要有粮食，这些粮食是不能靠着背满了长刀硬弩的士兵们自己带的，也不能靠骡马这类牲口运输，因为它们吃的比人还多，只能靠大车。如果大军团不走大道，后面运粮食的车就跟不上。所以，就这次邓艾的行动来说，如果江油守军能多支撑一阵，那邓艾的军队只能满山打兔子吃，最后的结果就会颠倒过来，变成邓艾全军覆没，成为历史的笑话。所以，后来即便打剑门关的人无数，他这个行为也没人效仿，邓艾和光武帝刘秀在昆阳大战中一样，都是赌命，幸运的是，他们都赌赢了。

听说江油失守，刘禅一方面派人招姜维从剑门关带军回援，一边命令诸葛亮的儿子诸葛瞻带兵防守绵竹和涪城，但诸葛瞻的能力明显弱于老爹，他的部下黄崇多次劝他快速前行，占据险要地势，阻止敌军进入平地，他却反反复复犹豫不决，最后贻误了战机，导致自己和儿子诸葛尚，还有黄崇一起兵败被杀，以身殉国。

绵竹和涪城失守之后，邓艾率军直逼成都，蜀汉政权内部当时有两种声音，一种说去投奔孙吴政权，一种说马上投降曹魏，反正都明白蜀汉从此是没了，研究的只是如何既能活命，又可以保住富贵。最后降魏的这一派占了上风，后主刘禅开门降曹，蜀汉灭亡。

刘备的后代基本上都选择了投降，只有刘禅的第五个儿子刘谌，跑到爷爷刘备的庙里大哭了一场，然后回家杀死了妻子儿女，自己也自刎殉国。

听说皇帝刘禅已经跪下投降了，正带着人马赶回来的姜维只好回去向钟会投降。经过几次虚情假意的喝酒试探，姜维发现，钟会的志向实在不小，根本就没把司马昭放在眼里，于是他就鼓动钟会造反，说最不济可以在巴蜀地区割据，自立为王。

钟会觉得，姜维简直就是老天爷送来帮助他成大事的，《三国志》上说他俩"出则同舆，坐则同席"，两人渐渐地达成了共识，第一步就是除掉邓艾。于是钟会诬陷邓艾谋反，作为主帅，虽然没有尚方宝剑，杀不了副统帅，但是可以把他抓起来送往洛阳，至于说到时候司马昭怎么处理他，那就不管了，反正也要反了。

他们千算万算，没算到一件事，那就是大多数曹魏将领都有家人在中原洛阳，他们可都在洛阳司马昭手里捏着，于是，当一部分将领意识到钟会要造反的时候，钟会的死期也就先到了，牙门都尉胡烈于正月十八起兵反抗钟会，随即成都城内展开了屠杀。姜维首先被杀，不久魏兵又杀死钟会，上千人在这场内斗中掉了脑袋。

钟会被杀后，邓艾的部下有人想把邓艾接回来，可钟会的手下卫瓘也曾经参与诬陷邓艾的行动，觉得如果邓艾回来，自己可能也没啥好果子吃，就派人追击邓艾，在绵竹附近把还在囚车里的邓艾父子一起杀死了。

蜀汉完了，灭了蜀汉的钟会、邓艾几乎是同一时间也跟着去了地下，就连远在洛阳的司马昭也没高兴几天。伐蜀成功，他在被封为晋王八个月之后，也被老天爷收走了。265年八月，司马昭薨，儿子司马炎继晋王位。

四个月后，司马炎逼魏元帝曹奂把皇帝的位置禅让给了自己，曹魏灭亡。

45年前，老曹家对老刘家做的事情，现在司马家重新对老曹家又做了一遍，只不过曹家用了两代人，而司马家用了三代四个人，可谓是天道循环，报应不爽，所有的是非成败，转头皆空。

五、东吴被灭

司马炎当上皇帝之后，定国号为晋，追认司马昭为晋文帝。他就是我们现在所说的晋武帝。

对晋武帝司马炎来说，最重要的一件事就是一统天下，也就是消灭南边的孙吴政权，但这事儿有一定的难度，主要有三个原因：

第一个是长江天险。在冷兵器世代，跨越长江是需要极大的力量的，想当年魏文帝曹丕那么了不起的人物，都说过下面这样没出息的话：老天爷造出长江，就是为了分隔南北。现在晋武帝为了跨越这道天险，只能派大将王濬日夜演练水军，同时大量造船。

第二个就是晋朝大臣们贪图享乐，不愿意打仗，每次司马炎和他们讨论伐吴，得到的就是一片反对之声。

第三个原因是当时孙吴名将陆抗镇守北边，在晋朝里，还真就找不到一个完全有把握打败陆抗的人。

就在司马炎厉兵秣马，积蓄力量的时候，孙吴王室却一片混乱，这种混乱也可以说根源在孙权。孙权一生精明，晚年却老糊涂了，在太子的问题上犹豫不决，反复无常。

结果鲁王孙霸和太子孙和在各自帮派的支持下，斗了一个两败俱伤，最后孙霸被赐死，孙和被贬为庶人，便宜了他俩的弟弟孙亮。如此一来，孙吴元气大伤。

孙权死后，孙亮上台没多久，就被权臣孙綝废掉，然后景帝孙休又干掉了孙綝，随后自己又暴病身亡，怎么死的谁也说不清楚，所以孙权如果地下有知，肯定很伤心，他的后世子孙最擅长的就是窝里斗。

上面的这些事儿比起最后一任君主孙皓所做的，可以说都不是事儿。此人登基的时候已经21岁了，刚开始的时候，干得相当不错，开仓赈粮，抚恤百姓，减少宫廷花费，完全是一副圣明天子的模样，可是过了一阵子，不知道是本性暴露，还是性情大变，完全变了一个人。

先是大肆盖房子，史书上说的是："大开园囿，起土山楼观，穷极伎巧，功役之费以亿万计。"有了房子，还要有女人，他不仅仅是喜欢美女，还尤其喜欢出身高贵的女孩子，特别制定了法律，规定所有高官家里的女儿孙女都要登记注册，他挑剩下的才允许出嫁。之后孙皓又迷上了杀人，他的很多熟人和亲戚，叔叔孙奋及其五子，弟弟孙谦、孙俊等，都被他杀了，而且他杀人的花样层出不穷。

远在洛阳的司马炎听说之后，觉得这是上天灭亡孙吴的最好时机，279年，他调动了20万大军，分成六路伐吴。有意思的是，司马炎给这六路大军找了一个坚定的反战派当总指挥，此人就是贾充，前面说过的那位下令杀害皇帝的京城卫戍司令，自从那件事之后，贾充在司马家一直得到莫大的宠信，司马炎上台之后，让他官居太尉。

贾充所有事情都唯司马炎马首是瞻，只是涉及讨伐吴国，他一直坚持伐吴必败，反对司马炎出兵。原因只有一个，他是太尉，掌管全国兵马，一旦伐吴，成功了还好，失败了那责任就是他贾充的，况且他也真不知道如何打仗。

司马炎最后说："君不行，吾便自出。"你去不去？你不去我自己去。一般情况，领导说出这样的话，就等于说你不干就滚蛋。贾充只好带兵出发，不过他怕死怕得厉害，走到襄阳就停下了脚步，说指挥所就放在这里吧，万一战事不利，好及时逃回去。——当然，最后一句是我加的。

实际上，当时晋国的人口是孙吴的四倍，粮食物资更是数倍于对方，水军经过多年训练，也完全可以和孙吴共享长江天险。一句话，拿下孙吴应该没什么问题，事实也是如此。

279年冬十一月，晋国大军出动，第二年的春三月，吴主孙皓打开建业，也就是今天南京的大门，反绑双手，车上拉着棺材，向晋军投降。不到半年时间，赫赫有名的孙吴政权土崩瓦解。

据史书记载,吴军在整个过程中几乎没有像样的抵抗,往往是成建制地投降,《晋书》的记载是"兵不血刃,攻无坚城"。整个江南,竟无一个是男儿。这也不怪他们,谁摊上孙皓这样的嗜血狂魔当皇帝,也不会愿意为他卖命。

伐吴总指挥贾充在建业城破的时候,还躲在襄阳城里给中央写信,向司马炎重复说战争必败,想要撤军。当大将王濬把孙皓投降的奏章送到司马炎案桌上时,贾充的伐吴必败的奏章也于同日送到,成了晋国上下几个月茶余饭后的谈资,不过司马炎只是一笑了之,并没有责罚贾充。

同样是投降了的亡国之君,蜀汉的刘禅和东吴的孙皓完全是两种表现,孙皓是倒驴不倒架,谱儿摆得极大,司马炎在第一次看见他的时候,指着自己旁边的椅子说,"朕设此座以待卿久矣",结果他说,我在南方也给陛下您摆了这么一张椅子。

贾充在旁边问他,听说你在南方挖人眼睛,剥人家的脸皮,到底犯了什么罪要受这么痛苦的刑罚?孙皓回答说,做臣子的不忠心,试图谋杀君主的,就用这个刑。这回答简直就是当面抽贾充的嘴巴,因为他曾经下令杀了自己的皇帝曹髦,所以贾充当时面红耳赤,可是孙皓毫不在意,脸色如常。这种失败了还牛皮哄哄的劲儿,导致三年之后,他神秘地死去了,终年41岁。

反观另一位曾经的君主刘禅,投降后被封为安乐公,那时候司马昭还活着,有一天他请刘禅吃饭,故意让俘虏来的蜀国歌姬表演蜀国的歌舞,蜀汉大臣见了都暗暗落泪,只有刘禅一个人照样吃饭喝酒,嬉笑如常。司马昭很奇怪,就问他,你想不想蜀国啊?刘禅说,此间乐,不思蜀。这就是成语"乐不思蜀"的来历。

他的大臣郤正觉得这也太不像话了,就私下里对他说,下次人家再问你,你就先闭一会眼睛,再睁开,然后说先人坟墓都在蜀地,我每日都思念那里,然后再闭上眼睛。刘禅说没问题,我记住了。过了一段时间,司马昭又问了他同样的问题，刘禅把郤正教的话重复一遍。司马昭故意说，唉，这话好像是郤正说的啊。刘禅把眼睛一睁，惊奇地说，正是，你怎么知道的？弄得左右一起哄堂大笑。

千古以来，有个问题一直困扰着很多人，那就是蜀主刘禅在投降曹魏之后"乐不思蜀"，到底是真傻，还是为了活命而装傻充愣？我个人的看法是，他既不是真傻，也不是假傻，就是一种不通世务的真性情而已。

那时候，无论是皇帝禅让，还是举白旗投降，一般来说，都不会死。禅让的汉献帝刘协、魏元帝曹奂，都是善终，就连想要杀司马师的曹芳，也仅仅是下台了事，司马家也没杀他。"下台的皇帝必须去死"这个坏风气，要等到南北朝刘宋时代才开启，此前大家还是你仁我义，比较讲礼貌。从危险系数说，曹奂和曹芳被杀的风险肯定比离开根据地的刘禅要大得多，他俩都没死，刘禅更没必要去死。留着他，好吃好喝地伺候着，至少能让孙吴的政权抵抗不那么激烈，也早点儿投降。

既然不担心被杀，那就没必要装傻，况且，如果他装到了我们都看出来是在装傻，那就用力过猛，戏演过了头，以司马昭的精明，又怎么会看不出来？

刘禅的表现，其实就是他最自然、最本色的演出，只能说在他心里，从来就没把自己当作是蜀汉的最高统治者，和曹爽一样，对他来说，做一个富家翁就足矣。这与他的成长经历也有关系，他从小没受过系统的训练，当上皇帝后很长时间都有诸葛亮，自己只负责吃喝玩乐，有孔明在，他是既不能使用权力，也不想触碰权力。

066. 广陵散绝矣

无论如何，公元280年，随着孙吴被灭，动乱不堪的三国时代结束，中国历史上又出现了一个统一的王朝——晋朝。谁也想不到，这一次的统一就如同昙花一现，转瞬即逝，中原地区即将迎来一场持续几百年之久的大动乱和大融合，而原来被视为蛮夷地区的长江以南却得以迅猛地发展起来。

在继续沿着时间线讲述之前，我们先回头看一眼发生在263年的一件事，那时候司马昭还活着。

一、"广陵散于今绝矣！"

一天，洛阳城的刑场上，三千名太学生齐刷刷地跪下请愿，请求政府赦免一名即将被砍头的犯人。这名40岁的犯人自己倒是毫不在意，面色如常，他看了看太阳的影子，知道距离自己脑袋搬家还有一点时间，就向人群里的大哥要来平日常用的一把古琴，丝毫不乱地弹奏了一首舒缓中带着激昂的曲子，琴声消散之后，此人轻声叹息说："广陵散于今绝矣！"说罢从容赴死。

这首曲子的名字就叫《广陵散》，中国古典十大名曲里位列第八位，描写的是战国时期五大刺客之一聂政的故事，后来被金庸老先生写在了他的名著《笑傲江湖》里，也就是所谓的笑傲江湖曲。这位死之前都要风雅一番，视生死为无物的犯人，名字叫嵇康，魏晋时期竹林七贤之一，也是魏晋风度的代表人物之一。

嵇康是一个什么样的人，司马昭为什么要杀他？竹林七贤都有谁，魏晋风度指的是什么？

所有这一切，都要从孔子说起。

《论语》里面有个故事，孔子的学生子路曾经问他，老师啊，如果您去管理国家，会先做哪一件事？孔子说，"必也正名乎"，我要按照礼仪去纠正各种错误的名分。孔子随后解释说，因为"名不正则言不顺，言不顺则事不成"，所以，当汉武帝罢黜百家，孔老先生被抬上神坛之后，这种按照礼仪确定名分从而治国的理念，就被称为名教，或者礼教。从汉武帝开始，近三百年，礼教都是社会伦理与人们精神信仰上绝对的主导者，一直到东汉末年天下大乱。

纵观历史，无论是世界还是中国，只要社会一动荡，大家日子不好过了，肯定会有一大批知识分子跳出来进行反思，反思之后就是否定和批判。

三国和魏晋时期也是如此，很多知识分子就提出，天下之所以变成这个鬼样子，就是孔子礼教这套玩意不好。《后汉书》和《三国志》都记录了这样一件事，那个四岁就知道让梨的乖宝宝孔融，长大后居然对朋友说，父母对孩子有什么恩德？父亲当时只是情欲发作，母亲就是一个瓦罐，我当时暂时寄存在里面罢了。这种话就是今天听来，都有点惊世骇俗，大逆不道，更别说1800年前。更何况孔融还是孔子的二十世孙，而孔子的名教或者礼教就是以孝为前提的，这简直相当于挖自家的祖坟。曹操最后砍了孔融的脑袋，其中一条罪名就是大不敬。

这种反儒家带来的后果就是道家思想开始流行，比如说前面说的太平道、五斗米道等。当然，知识分子玩得比那些装神弄鬼所谓的道术要更高级一些，他们以否定儒家名教，提倡道家自然为基础，从更高的角度来审视生与死、人与社会、名教和自然之间的关系，这种新的思考和由此产生的哲学观点叫作玄学，也称之为魏晋玄学。

到了魏少帝曹芳执政，也就是司马懿躺在床上装病的时候，魏晋玄学的代表人物何晏和王弼又跳了出来，主张改良儒学，以道家的自然思想为本，用道家观点去解释儒家名教的经典，换句话说，儒道合一。很可惜的是，随着司马懿推翻曹爽，依附于曹爽的这两位玄学大师，何晏和王弼在同一年都去见孔子了，一个被杀，一个郁闷而死。

五石散和"散步"

何晏可能是天生有病，按照医圣张仲景的一剂药方吃药，结果是吃了之后变得神采奕奕，这个神药的名字叫作寒食散，也叫五石散，是由五种矿物配制而成，可谓中国古代的毒品，效用可能和今天的冰毒或者摇头丸差不多。在何晏之后，魏晋时期很多知识分子都吃五石散，吃了之后浑身发热，必须出去走路，这叫作"行散"，后来变成了"散步"。隋唐之后，服用五石散的人少了，散步作为一种习惯却保留了下来。

等到司马家掌握了权力之后，从司马师到司马昭，都大力宣扬孔子的名教，原因只有一个，司马家族要以周公自居，从而掌握更大的权力。当然，司马昭之心，路人皆知，他们最终目的就是篡夺曹魏的政权。

这就造成了一种滑稽的局面，一个处心积虑，全天下都知道他要篡权的人，手里却举着君君臣臣的名教大旗。很自然地，那些本来就对名教不满的知识分子们，这时候一起对司马家族和名教伸出了中指，表示鄙视，这里面最出名的就是以嵇康为代表的竹林七贤。

二、竹林七贤和嵇康之死

嵇康,字叔夜,安徽人,出生于刘备在白帝城去世的那一年,223年,自幼丧父,是哥哥和母亲把他养大的,从来没进过学堂,完全是靠天赋自学成才。这并不是因为他上不起学,魏晋时期的名士,一般都是土豪。家里要是没钱的话,根本就买不起书,自然也就没学问,没学问的人长大之后是一定不会成为名士的。嵇康不上学,是因为他自由散漫,而家里又娇惯的结果。

长大之后的嵇康有三大特点。第一是多才多艺,儒学、道学、文学和音乐上的造诣都非常深厚,名气极大。第二是长得帅,史书上说他"荣姿俊美"。

魏晋时期的审美观

魏晋时期,人们对男人的评价往往包括容貌,皮肤白、长得像女性才被认为是美男子。柔弱的美男子卫玠竟然因围观的人太多,劳累而死,后世称为"看杀卫玠"。中国第一美男潘安"妙有姿容,好神情",出去逛街时,从老婆婆到小姑娘都围着他的车子做花痴状,往他的车上送水果。当时和他一起住在洛阳,因写出了《三都赋》而导致"洛阳纸贵"的大才子左思,期待也有人送水果给他,就打扮得和潘安一模一样,驾着车在闹市里走了一圈,不幸收获了无数鄙夷的口水。《世说新语》的描写是"乱唾之,委顿而返"。左思垂头丧气地回了家。可以说,魏晋时人对容貌风姿的偏爱,堪比欧洲文艺复兴时期人们对裸体的喜爱,你可以说这是人性回归的一部分。

嵇康的第三个特点就是特立独行,不想当官,这也是那个时代玄学知识分子的一大特色。翻开《晋书》,里面介绍一位名士,往往后面跟着一句话,"辟命屡至,皆不就",相当于今天的组织部门一遍遍地给你打电话发微信,让你出来当个厅长或者部长什么的,可是你觉得烦死了,一次次地推脱不去,最后还把人家微信给拉黑,一转身和一群哥们喝酒去了。

这里面的原因也不复杂,那时候有学问的人基本上家里都有钱,不当官也饿不死,而魏晋玄学的基础是道家的自然,本身是以清高为美,以超脱尘世为个人的追求目标,那自然是不屑于当官的。这种思想在百年之后,被东晋的陶渊明推向了高潮,他本人穷得叮当响,还是挂印而去,留下一句流传很广的俗语,叫"不为五斗米折腰"。

嵇康不想当官,还有另一层原因,就是前面说的,他对于司马家族一边提倡名教,一边准备篡权的行为非常反感。从这一点上,你也可以说他是支持曹魏,反对司马氏的。

就这样,嵇康成年后在今天的河南焦作云台山下隐居。开始的时候,有六个和他志同道合的朋友,分别是阮籍、山涛、刘伶、向秀、阮咸和王戎,这七个人有统一的哲学观点,称为"越名教而近自然",超越孔夫子的礼教,亲近大自然,回归人的本性。他们每天在一起就是喝酒、聊天、弹琴、吹牛、写文章,日子过得是逍遥快活,人们称他们为"竹林七贤"。

尴尬的是,我们到今天也没搞明白,这个竹林到底真是一片竹林,还是一个地方叫竹林。民国的时候,很多史学大师说"竹林"是地名,今天很多大师又说"竹林"真的是指青竹林。总之,开始的时候,他们是不和司马集团合作的名士。

如果是一般人,让你去当官你不去就算了,可是这七个人当时的名气很大。钟会曾经写了一篇文章叫《四本论》,讨论一个人的才能和道德秉性之间的关系,写完了之后,他就想找嵇康给评点一下,站在嵇康家门外,徘徊了半天,就是没有勇气进去,最后一咬牙,把书顺着墙头扔进了嵇康的院子里,转身就跑。你可以说钟会对自己的著作不自信,但另一个方面，也可以看出当时整个天下对嵇康这个人的崇拜程度。

司马家族怎么可能允许这样一批名人不做官，在竹林里面喝酒议论政府？所以，七人多次被征召。在威逼利诱之下，王戎、山涛和阮籍相继走出竹林，或者认认真真，或者玩忽职守，都去政府上班了，只有嵇康依旧我行我素，坚决不和司马氏合作。

《晋书》上记载，钟会后来曾经受司马昭的嘱托，带着一群文人墨客、政府官员来拜访嵇康，估计是问这位先生为什么还不出来做官。谁知嵇康当时正烧红了炉子和向秀在打铁，对他们看都不看一眼。钟会站在打铁炉子之前看了好长时间，最后长叹一声，准备转身回家。这时嵇康发话了："何所闻而来？何所见而去？"钟会当时也算是国家的顶级人物了，嵇康把人家晾在一边大半天，最后的问话里连一丝一毫的尊重也没有，确实是很酷，钟会也没生气，留下一句"闻所闻而来，见所见而去"，转身走了。

这番对话，也算是魏晋玄学，或者说魏晋清谈的一个典型片段，两个人在只言片语之间，已经交换了意见。嵇康这句话本质上就是挑衅，通过这种攻击性言语，传达了一个明确的信息，老子就是不合作，而钟会的回答意思也很清晰，我早就知道了，你好自为之。

261年，曾经的竹林七贤之一，山涛山巨源，因为官做得好，马上要升迁，他原来的位置尚书吏部郎需要有人接替，思索良久之后，他决定推荐嵇康。

从山涛的为人和后来的作为来看，他这样做的目的很单纯，就是为了缓和嵇康和司马昭之间的矛盾，以自己的名义邀请嵇康，既让嵇康感觉不是为司马氏服务，又对司马昭有一个交代，换句话说，给两边一个台阶下。可他还是低估了嵇康。嵇康收到聘书之后，直接写了一封公开信，信里说你山涛真不了解我啊，我这个人性格直爽，心胸狭窄，对很多事情无法忍受，一身的毛病，肯定当不了官，而且我这个人思想还有问题，"非汤武而薄周孔"，我认为商汤王、周武王，还有周公、孔子，都不怎样。

最后，嵇康把这封信叫作《与山巨源绝交书》，这是中国历史上最出名的绝交书，没有之一。

这封信之所以著名，首先是文笔好，所谓风格清峻，立意超俗，文章写得相当精彩；不过这不是重点，重点是，这封绝交书根本就不是写给山涛的，而是写给司马昭的，里面的"非汤武而薄周孔"，等于是指着自比为周公的司马昭的鼻子在骂人，《三国志》记载了司马昭对于这封信的反应，"大将军闻而怒焉"，很生气。

司马昭一生气，后果很严重，刚好嵇康的朋友吕安被哥哥吕巽诬告为不孝，嵇康因为和吕安的关系不错，前去为他辩护，司马昭毫不犹豫，马上用不孝的罪名把吕安和嵇康都扔进了监狱。

本来，嵇康这个罪名不至于掉脑袋，甚至可以说没罪，司马昭开始也没想杀他；可是这世界上，往往就有一些好心人，本着一颗善良的好心，最后办了一件很糟糕的坏事。对于嵇康来说，这些好心人就是当时的太学生，一听说偶像嵇老师被捕了，赶紧去组织了一大群人去给他鸣冤。这样一来，更多的人来给嵇康求情，司马昭想除掉嵇康的原因就是他名气大却不为自己所用，现在可好，窗外震天动地呼喊释放嵇康的口号，这让司马昭最终坚定了杀心。

这个道理嵇康也是明白的，所以，他在监狱里听说太学生集体为自己求情之后，长叹了一声，开始准备后事。

他首先给儿子嵇绍写了一份相当于遗嘱的《家诫》，教育儿子不要像自己这样性格张扬狂放，应该大道至简，中庸为善，甚至连如何和上司相处这样的小事都一一列出，言语之中，都是劝儿子修身养性的。另一件事就是他把儿子托付给了山涛来照顾，这从另一个角度证明了嵇康完全理解山涛推荐自己的苦心，而山涛也不负使命，把嵇康的一儿一女当作自己亲生儿女一样养大成人。嵇绍后来做了晋朝的官员，一会儿我们还会提到。

就这样，一曲《广陵散》之后，嵇康平静地走向了死亡，竹林七贤各自散去，或者归隐，或者继续做官，或者半隐半官。

我之所以花这么多笔墨详说他们的历史，是因为嵇康和竹林七贤承上启下，开启了中国思想史上一个灿烂的年代，在鲁迅的笔下，称之为"魏晋风度"。中国文化，无论诗词、绘画还是音乐，之所以后来那么讲究难以言说的意境之美，并且在南北朝时期迅速接受了佛教，都源于这些人的魏晋玄学，而佛教思想的流入和道家思想的重新认识，也对中国人的心灵产生了巨大而深刻的影响。从这一点上来讲，以嵇康为代表的竹林七贤，以及紧随其后的王羲之、陶渊明等人，实际上对中国人起到了思想启蒙的作用。

三、"太康之治"和穷奢极欲

无论如何，历史终究如滔滔黄河一样，滚滚向前。280年，三国时代结束，中华大地上迎来了一个统一的大王朝。坐在皇帝宝座上的就是司马昭的儿子，晋武帝司马炎。

平心而论，司马炎不是一个差劲的皇帝。他知道，统一之后要以经济建设为中心，采取了一系列措施以发展生产，劝课农桑，废除了屯田制，使屯田民成为州郡编户，相当于打破了大锅饭，农民生产积极性自然提高，两年之后，天下大治。《晋书·食货志》说："天下无事，赋税平均，人咸安其业而乐其事。"在历史上，这段时间被称为"太康之治"。

晋武帝的另一个特点就是脾气好，史书上说他"宇量弘厚"。他宽容到什么程度呢？司隶校尉刘毅有一次在祭典上批评他卖官敛财。平心而论，他这方面的问题并不大，所以他就问刘毅，说我比起汉桓帝和汉灵帝怎么样？那两位都是卖官鬻爵的高手，司马炎的意思是和他们相比，我做得不太过分吧？可是刘毅一点面子都不给，说："桓、灵卖官，钱入官库；陛下卖官，钱入私门。以此言之，殆不如也。"您虽然销售量比不上桓、灵两位皇帝,可是你利润高啊,把钱都揣自己腰包啊,所以,还是您更糟糕。

司马炎对此一笑了之,后来还升了刘毅的官,任尚书左仆射,虽然这个官不像唐朝时候那么显赫,但也不低了。

司马炎的钱之所以不够花,有时候还需要卖两个官位来补贴一下,其中一个重要原因就是他穷奢极欲的奢华生活。他的后宫女人多达一万多名,这个纪录前无古人,后无来者。《晋书》记载,"掖庭殆将万人,而并宠者甚众,帝莫知所适,常乘羊车,恣其所之,至便宴寝",意思是女人实在太多了,他也不知道晚上应该去谁那里,就只能驾着羊车,让这头羊自己走,走到哪算哪。这样一来,女人们为了争宠,就用盐水洒地,把竹枝插在门前,希望羊车留下。可以想象,一万名女人,每一个女人都要有一个房子,再加上丫鬟佣人什么的,这样算下来,那开销简直就是天文数字,不捞点外快,连皇帝都支付不了。

所谓上有所好,下必甚焉,连皇帝都这么及时行乐,那下面的人自然也是醉生梦死。

据史书记载,太傅何曾曾经对儿子们说,我每次和皇帝大臣们聚会,从来没听他们说国家大事,只是谈玄论道吹牛皮,这样下去,江山堪忧啊!他又指着孙子们说,你们一定会经历一个乱世,原话是"此属必及于难"。你要是给他点个赞,说他一定是贤臣,那你就上当了,何曾一天的伙食费是一万钱,每顿饭上百个菜肴还说没地方下筷子,叫作"无下箸处"。

司徒石苞的儿子石崇以非法手段暴富之后,和司马昭的小舅子王恺两个人互相看不顺眼,就开始比富。王恺家中用糖水洗锅,石崇就命令自家的厨子,用蜡烛当柴火烧。王恺又在他家门前的大路两旁,夹道四十里用紫色丝绸编成屏障。石崇一看,就用更贵重的彩缎铺设了五十里屏障。

这些还都是小意思,《晋书》记载,石崇住的地方叫金谷园,方圆几十里,里面山林小溪,亭台楼阁,一应俱全,厕所修得美轮美奂,里面准备了各种香水和香膏,还有十几个婢女站在一边伺候,上完厕所,洗完了手,婢女们就上前帮你换一身香喷喷的衣服出去。官员刘寔有一次去他家,上厕所的时候,看见里面香帐、褥垫一应俱全,还有女人,马上退出来,说不好意思啊,走进你夫人的房间了。石崇赶紧说,大人,那就是厕所啊。刘寔大吃一惊,说不行不行,这种地方我撒不出尿来,然后早早地离开石家回去了。

像这样奢华的生活,自然需要大把的钱财,因此晋朝官员的贪污纳贿情况很严重,当时就有人指出,"奢侈之费,甚于天灾"。

067. 中原五胡起

晋帝国的高层，上至皇帝，下至百官，花天酒地，穷奢极欲，有识之士都认为，这样下去，早晚要玩完。他们没想到的是，这一天来得比预想的还要早。290年，晋帝国的开创者司马炎驾崩于洛阳含章殿，终年54岁。儿子司马衷继位，这位后世被称为晋惠帝的皇帝，在历史上以白痴闻名。之所以他被大家公认为白痴，是因为下面这个记录在《资治通鉴》的故事。

有一天大臣向晋惠帝报告，说一些地方的老百姓没有粮食吃，都饿死了，他想了一下，很不解地问："何不食肉糜？"为什么这些老百姓宁可饿死，也不吃肉粥呢？

不过晋帝国的灭亡，除了他这个呆头鹅，还需要他媳妇儿来充当加速器。

一、八王之乱

晋惠帝的皇后叫作贾南风，是太尉贾充的女儿，长得应该不怎样，《晋书》和《资治通鉴》都说她"短行青黑"，身材不高，还比较黑。可是她还心高气傲。虽然自己老公已经是皇帝了，她还是觉得嫁给这样一个呆头鹅很委屈，一方面严防死守，不让晋惠帝接触其他女人，另一方面自己私生活混乱。

如果贾南风只是经常对着晋惠帝撒泼,偶尔找几个男人回来,这还不算是什么大事。问题是,她搞不好婆媳关系。她的婆婆叫杨芷,武帝司马炎死了之后,杨芷晋升为太后,朝政大权就掌握在她爹杨骏手里,所以,婆媳矛盾搞到最后,就变成了皇后贾南风和实权太傅杨骏之间的权力斗争。当时的杨骏是不折不扣的实权外戚,况且他还有两个兄弟杨珧和杨济帮助他,贾南风一个女人,靠什么去和他斗?

三个字:诸侯王。

晋武帝司马炎篡夺皇位之后,就开始瞎总结,他认为自己之所以能夺了老曹家的江山,是因为曹家在地方上没有军队保护中央。按照这个思路,他觉得以前那种封诸侯王、让地方保护中央的策略很对,于是他来了一个封建大复辟,把自己的叔叔、伯伯、兄弟、堂兄弟等所有的宗室子弟都封为王,可以拥有从一千五百人到五千人不等的兵力。

他也不想想,为什么封建制度会被秦、汉两代王朝彻底抛弃,那都是血淋淋的教训换来的,用后来明朝朱允炆的话说就是,叔叔们都有兵权了,保护我固然很好,可是如果叔叔们自己就想造反呢?

是的,贾南风也成功地找到了想造反的叔叔们,她勾结了汝南王司马亮和楚王司马玮,于291年以谋反罪名突然诛杀了杨骏和他的两个兄弟,清除了婆婆家的势力。可是胜利后的贾南风很快就发现,权力又到了汝南王司马亮的手里,于是,她再次联合楚王司马玮,干掉了司马亮,然后顺势以谋杀司马亮的罪名又除掉了司马玮,一轮清洗下来,贾南风不费一兵一卒,干掉了三个大对头,开始了长达九年的大权独揽、女人专制的局面。

实事求是地说,贾南风确实是有天赋的,她在治理国家上,也做得很不错,晋王朝在她手里的这九年不仅没有衰败,还有了一点点儿中兴的迹象。

可惜的是,她没有生下孩子,所以太子的位置和她没关系。当时的太子叫司马遹，是呆头鹅皇帝晋惠帝早年和别的女人生的孩子，这时候已经成年，并且性格刚烈暴躁，贾南风每次看见他，也有点害怕。

299年，贾南风觉得太子一天天大起来，越想将来可能的后果，就越是害怕，于是果断出手，直接诬陷太子谋反，把他废为庶人。这让很多人看不下去了：此前你专制弄权，大家看你干得也不错，已经不说啥了，可是你怎么还把司马家的太子给废了？难道要立你们贾家的孩子？贾南风这时候已经有点儿过分地自高自大了，她无所顾忌，不久又把司马遹给杀了。这一下彻底激怒了司马家的各位王爷们。

赵王司马伦和齐王司马冏马上打出替太子报仇的名义，联合起兵，入宫先是软禁了贾南风，然后又用金屑酒毒死了她。贾南风死后，赵王司马伦大权在握，野心迅速膨胀，在谋士孙秀的撺掇下，他觉得自己无论如何，都比呆子晋惠帝更适合当皇帝，于是，几个月后，司马伦逼迫晋惠帝下台，自己当起了皇帝。

为了收买人心，司马伦大肆封官，上朝的时候，宫殿里大臣多到连站的地方都没有，人满为患。当时的老百姓就编了一首歌讽刺这种现象，其中有一句叫"貂不足，狗尾续"，因为那时候官员的帽子旁边，一般有一条貂尾做装饰，可是官员实在太多了，找不到那么多貂尾巴，只好用狗尾巴来代替，这也是成语"狗尾续貂"的来历。

司马伦的这次篡位，和贾南风杀太子一样，都属于自毁长城，把自己的统治根基挖掉了。那些虎视眈眈的诸侯王马上有了借口，300年，齐王司马冏起兵讨伐司马伦，盘踞在河北的成都王司马颖与盘踞在关中的河间王司马颙起兵响应。一番厮杀之后，刚当上皇帝的司马伦又被干掉了。

一脸懵懂的晋惠帝下台没几天，就又被造反派司马冏扶上了皇帝宝座，然后司马冏美滋滋地当起了大司马，加九锡，独掌大权。河间王司马颙和成都王司马颖两位就不干了，一起造反，凭什么你独得好处？于是这两位又从地方起兵进攻司马冏。没等打到京城，司马冏就被同样在京城里的长沙王司马乂干掉,脑袋送到了地方军手里。成都王和河间王枪口一转,又开始进攻司马乂。

这时候,东海王司马越一看中央军要失败,马上就抓了司马乂,交给了地方军。可怜的司马乂,掌握大权没两天,就被绑成了粽子,放在火上慢烤,死得极其凄惨。

说到这里,我就想问你一句,乱还是不乱?对不起,这事儿还没完。

成都王司马颖掌握了权力之后,封自己为皇太弟,也就是皇位的合法继承人,这件事的潜台词就是,晋惠帝万一哪一天吃饭不小心噎死了,俺就名正言顺地继承皇位。东海王司马越随即挟持了皇帝晋惠帝,起兵十万讨伐司马颖,很可惜失败了,晋惠帝也被司马颖抢了过去。

在这场战争中,有一个人为了保护晋惠帝而被乱军杀死,他的名字叫嵇绍,嵇康的儿子。你说是宿命也好,或者说嵇绍没骨气也好,反正事实就是,嵇绍为了杀父仇人的孙子而献出了自己的生命。《晋书·忠义传》里说,当时嵇绍的血溅到了晋惠帝的衣服上,脱困之后,仆人们要把惠帝的衣服拿去洗,惠帝说,"此嵇侍中血,勿去",这是嵇绍为了救我而洒的鲜血,不要洗掉了。从这句话来看,晋惠帝应该算不上白痴,他只是无能加上呆头呆脑罢了。

司马越失败之后,他的同伙幽州刺史王浚在北方勾结少数族,大举南下,打败了司马颖。晋惠帝立刻又跑到了司马颙的地盘,又经过一系列的厮杀,307年,东海王司马越先后干掉了司马颖和司马颙,紧接着晋惠帝不明不白地死了,晋怀帝司马炽在司马越的扶持下,登上了皇帝宝座。

到这里为止,我总算是把这段混乱的历史说完了。从291年贾南风杀害杨骏开始,到307年司马越最后掌控了皇帝和政权的这十六年,就是中国历史上著名的"八王之乱",意思是八个王爷造反。实际上,参与者不仅只有这八个王,之所以这么叫,是因为唐朝房玄龄等人在编写《晋书》的时候,把八个最重要的诸侯王放在了一卷里,称为"八王列传",因此而得名。

中国有一句成语，叫"乱七八糟"，"乱七"指的是汉景帝时七国之乱，"八糟"就是晋朝的这个八王之乱。这个成语可以说相当形象。晋王朝经过这场折腾，丧失了所有元气，彻底失去对全国的控制，各地乱成一团，人民流离失所，饿殍遍地。

更可怕的是，隐藏了数百年的民族矛盾终于爆发出来，在随后的一百多年里，中原大地上都是这种生灵涂炭，动荡不安的局面，中国北方进入了五胡十六国时代。

二、永嘉之乱

什么是五胡？胡就是胡人，是中国古代对少数族群的一个统称，就像罗马帝国把所有欧洲北边的少数族群都称为日耳曼人一样。胡人本身并不指一个特定的族群，五胡是指五个少数族群，他们正式的名字分别是匈奴、羯、氐、羌和鲜卑，在八王之乱后的135年间，他们在北方建立了许多大大小小的政权，后来因为北魏史学家崔鸿选择了其中最出名的十六个，写了一本书，叫《十六国春秋》，从那之后，史学家就用"五胡十六国"来称呼这段历史。

由于政权太多，我只能从五胡里各选取一个代表性的政权，用一根线穿起来，其余的一笔带过。

事情要从304年，八王之乱接近尾声，司马颖战败的时候说起。这一年末，在今天的山西吕梁，有一个叫刘渊的人自立为汉王，公开与晋王朝决裂，把汉高祖刘邦、汉光武帝刘秀、汉昭烈帝刘备等人的牌位供在庙里，然后上香磕头，说这些都是我的列祖列宗，我就是大汉王朝的继承者。你要是一拍大腿，说这肯定是刘邦和刘备的后代，那就错了，刘渊是不折不扣的匈奴人，冒顿单于的嫡亲后代，属于南匈奴的休屠族。

一个匈奴人，名字为什么叫刘渊？答案很简单，自从南匈奴200多年前归顺汉朝，搬到山西居住之后，就世世代代和汉人通婚。改汉姓，起汉名字，穿汉人衣服这类事情从曹操那时候就变成了一种风尚，是相当时髦的，南匈奴贵族如果没有一个汉人的姓氏，出门都不好意思和人打招呼，因为那代表你还是没进化的野蛮人。

我这里顺便澄清一个流行的谬误，许多人一提到五胡乱华，脑袋里往往有这样一幅画面：光着膀子，披着兽皮，手里拎着烤串酒瓶子的少数族骑着马从北边或者西边冲进中原。这是不对的，实际上，当时造反的绝大部分胡人早就迁移到了中原，而且还是汉人强迫他们迁进内地的，目的是让他们干活，当苦力，只不过以前无论是汉王朝，还是曹魏，都很强大，这些少数族人单力薄，不敢反抗，只能乖乖地改个汉人名字，老老实实地干活。

现在晋朝八王之乱自相残杀，内部打得稀巴烂，这些被奴役的少数族自然就揭竿而起了。刘渊称王的时候，借口就是"晋为无道，奴隶御我"，晋朝人把我们当奴隶一样对待，不得不反。

这话说得好像冤屈比海深，实际上，作为匈奴的顶级贵族，别说被奴役，刘渊可能连家务活都没干过。他从小在洛阳长大，学习《春秋》《史记》《孙子兵法》，闲来无事练练武艺，长大之后，因为文武兼修，名动洛阳，有人还向晋武帝司马炎推荐他，说他可以当大将军。当然，有大臣就站出来反对，说"非我族类，其心必异"，司马炎想想也是，汉将也不少，何必用匈奴，这事儿就不了了之。

想去中央没去成，刘渊就跟着司马颖混日子，"八王之乱"发生了，司马颖和其他王爷打成一团，刘渊就说，我回去给您招兵买马，带匈奴五部人马来帮你。司马颖大喜过望，连连点头，你快去快回，我等着你。

他哪里能想到，刘渊回到了匈奴人的聚集地山西吕梁，马上就被部下拥立为王。在就职演讲里，他是这么说的："吾，汉氏之甥，约为兄弟，兄亡弟绍，不亦可乎？"意思是，当年刘邦以宗室女嫁给冒顿单于，那生出来的后代就是汉朝的外甥，我们匈奴和汉朝就如同兄弟一样，现在兄长死了，我这个当弟弟的继承他的地盘儿，不是天经地义吗？

刘渊建汉称王这件事，现在普遍被历史学家认为是五胡十六国的开始，他的这个汉，后来被称为汉赵，或者前赵，是五胡里的第一胡，代表了匈奴。

四年之后，刘渊正式称帝，又过了两年，也就是310年，刘渊病逝，他的第四个儿子刘聪杀死了合法继承人刘和，继承了他的帝位。和刘渊一样，刘聪也是五胡十六国必须提及的人物，因为西晋王朝就是在他的手里终结的。

事情是这样的：就在刘聪登基这一年冬天，"八王之乱"的胜利者司马越觉得洛阳城很不安全，离刘聪的汉赵实在是太近了，早晚有一天，刘聪会打过来，而他司马越虽然也姓司马，但让他为晋怀帝司马炽尽忠好像不划算。于是他扔下了晋怀帝司马炽，率领忠于他的大臣们和所有精锐，向南突击，希望打通一条通往长江的道路，也就是他想要逃跑，甚至有在南方另立中央的打算。

可惜的是，他和他的队伍马上就陷入了各地此起彼伏的暴乱中，311年春天，司马越在南下的路上，暴毙在项城，史书上说他"忧惧而死"。

司马越死后，他手下的晋朝大军群龙无首，被刘聪手下大将石勒聚歼在今天的河南鹿邑，十几万军队顷刻之间土崩瓦解，所有随军的王公大臣，都被石勒俘虏。被俘之后，三公之一的司徒王衍和石勒有一番对话。王衍这人极擅清谈，所谓清谈，就是坐而论道。王衍经常拿着一根鹿尾巴做的拂尘，和别人辩论老子和庄子，著名的成语"信口雌黄"就来自于当时人们对他的评价，说他为了辩论胜利，经常修改自己的观点，为了辩论而辩论。

前面说过，魏晋时期推崇这样的清谈，只要你能吹牛侃大山，大家就认为你是个人才。王衍最后靠着一张嘴连续升官，当上了晋王朝的三公之一，司徒。可是，会辩论并不意味着会治理国家，晋朝之所以迅速衰败，和这些官员们不干正事，天天瞎扯有很大关系，后来这个因果关系被明末的大思想家顾炎武总结为四个字，"清谈误国"。

这一次，王衍被大字不识一个的石勒抓住之后，觉得忽悠一个文盲那还不是手到擒来，就对石勒说，晋朝到了今天这个地步，根本不怪我这个首席宰相，我自幼就对世俗名利不感兴趣，不想当官，是他们硬逼着我当的。然后他又恭维石勒有天子的容貌，劝石勒脱离刘聪，自立为皇帝。

可惜石勒虽然不认识字，却并不是没有见识，他当即很不客气对王衍说，阁下从小就名扬天下，一直都在做大官，现在居然有脸说不想参与朝廷政事，天下就是因为你这样的家伙才乱成这个鬼样子，原话是"破坏天下，正是君罪"，然后把包括王衍在内的一大群晋朝大臣用土墙压死了，给他们留了一个全尸，也算是对文化人的一种尊重。

接下来的事情毫无悬念，洛阳城里已经没有一兵一卒可以抵抗外敌了。311年六月，汉赵大将刘曜和王弥攻破洛阳，包括王公大臣在内，三万多人被杀，财宝被洗劫一空，晋怀帝司马炽成了汉赵的俘虏，被带到了平阳，史称"永嘉之乱"，是中国历史上一个重要的节点。

司马炽做了俘虏之后，刘聪问他，你们司马氏为什么内斗那么厉害？司马炽说，因为天命在你们汉赵，我们内斗互杀是为了给你们让出位置，这叫"为陛下自相驱除"。

堂堂晋帝国的天子，已经奴颜婢膝到这种程度，最终还是没能保住性命，两年之后，刘聪一杯毒酒，把他送去了另一个世界。

068. 王马共天下

八王之乱后,晋帝国首都被人攻破,晋怀帝被抓走并毒死,不过帝国并没有就此灭亡,洛阳没了,还有长安,晋武帝的另一个孙子司马邺马上在长安登基为帝,史称晋愍帝。

一、汉赵的建立

晋愍帝这个皇帝,和光杆司令没区别,只拥有一座光秃秃的长安城。可怜兮兮地熬了三年之后,316 年,汉赵的刘曜再次攻破长安,晋愍帝司马邺以非常标准的姿势出城投降。史书上说,"帝乘羊车,肉袒衔璧,舆榇出降",意思是,坐着羊车,车上拉一副棺材,自己光着膀子,嘴里还要叼一块玉璧,出城去面见胜利者,如果胜利的一方接受了这个投降,就要当场烧掉棺材,留下玉璧,这就是中国古代周礼所设定的君主投降标准流程。

司马邺被俘虏后,干过很多工作,先是做仪仗队队员,给汉赵的皇帝刘聪扛着旗在前面开路,然后是服务生,刘聪喝酒时他负责倒酒,洗酒杯,上菜等工作,最后一项工作今天已经没有了,那就是刘聪上厕所时,"他替人家拿着便桶盖",干这个工作的时候,司马邺和晋朝大臣们终于哭成了一团,刘聪觉得一群人在一旁哭哭啼啼,影响他上厕所的愉快心情,于是又一杯毒酒,把这位 18 岁的晋愍帝也送到了另一个世界。

六个月以后，一连干掉了两位晋朝皇帝的刘聪，病死在平阳，也去了另一个世界。刘聪的败家儿子刘粲继承汉赵皇位之后的第一件事，是让五位年龄不满二十岁的皇太后陪他疯玩，不问国家大事。不到两个月，刘粲的岳父，也是他爹的岳父，宰相靳准闯进后宫，杀掉了他这位一天正事也没干的皇帝，将刘姓皇族不管男女老幼，全部屠杀，不止如此，他还把刘渊、刘聪父子俩的尸体从地下刨出来，挫骨扬灰。

靳准的行为给了其他人除掉他的借口，汉赵大将刘曜和石勒几乎同时起兵，他们在打败了靳准，把靳氏一族都杀了之后，马上又分道扬镳。刘曜宣布他继承刘聪的皇帝位置，并且改国号为赵，和刘邦彻底脱离关系，所以，后世史学家就把这个刘渊创立的汉，后来被刘曜改名为赵的政权称为汉赵，也称为前赵。

刘曜把国名改为赵的原因有两个：第一是他不想乱认祖宗，以刘邦、刘备的后代自居了。第二是他们发家的地方就是战国时赵国所在地。可是大将石勒这时候已经和刘曜翻脸了——你一个人想霸占我们的龙兴之地？门儿也没有啊。于是，石勒随即在襄国建立政权，也自称赵王，这就是后世赫赫有名的后赵政权。

晋王朝一连死了两位皇帝，但并没有完结，这有点像用锤子砸地鼠的游戏，哐当一锤下去，洛阳的晋怀帝没了，长安晋愍帝冒出来了；你再砸一锤，长安的晋愍帝也没了，建康的晋元帝又冒了出来。

二、"衣冠南渡"

318年，晋愍帝被刘聪害死的消息传到建康，琅琊王司马睿在建康继皇帝位，史称晋元帝。建康就是今天的南京，本来的名字是建邺，不过五年前晋愍帝司马邺在长安登基的时候，为了避讳，它的名字就改成了建康。由此可见，即便是那时候流行老庄的魏晋玄学，孔子的礼教还是早已深入人心,晋王朝都被人揍成这副模样,还有功夫考虑避讳的事儿。

这个以建康为都城的晋朝在长江以南存在了一百多年,后世史学家称之为东晋,用来和以前大一统的晋朝区分。很自然地,在它之前那个以洛阳和长安为都城的晋朝,就叫作西晋。这一点与东汉和西汉不一样,东西两汉的疆域是差不多大的,可是东晋只占有江南,中原地区是胡人的天下。

即便只有江南,琅琊王司马睿能当上皇帝,也不是靠他自己,而是王导,或者说王导所代表的琅琊王氏家族。前面讲战国的时候提过,琅琊王氏是战国四大名将秦国王翦的后代。被石勒杀死的王衍也出自琅琊王氏。王导这个人比较务实,早在307年,他就劝司马睿赶紧向朝廷申请,去长江以南的建邺城当官,而司马睿对他也是言听计从,两个人很快就将家搬到了建邺。

事实证明,王导确实是高人一筹,311年永嘉之乱爆发之后,大批北方中原人士这才如梦初醒,原来这世界已经变了,并且看起来还要往更坏的方向变化,那赶紧跑吧,于是有钱的坐车,没钱的走路,大批皇亲国戚和北方士族渡过长江,跑到了江南,史称"衣冠南渡"。意思就是北边少数族是野兽,我们这些穿衣服戴帽子的文明人为了躲避野兽,要往南跑。把为了活命而狼狈逃窜用"衣冠南渡"这么诗情画意的四个字描述出来,估计也只有这些文化人能想得出来。

这一次"衣冠南渡"持续了大概170年,一百多万中原人士从此定居在了江南,大部分停留在湖北、安徽、江苏一带,这也是中国历史上第一次人口大迁徙。

现在有一种流行的说法,认为分布在福建、广东、江西的客家人是从北方迁移到南方的中原人,而客家话是最接近北方洛阳一带的雅音,换句话说,今天的客家话是最正统的古汉语发音。我的观点,客家人和中国几次大规模人口迁移肯定是有关系的,客家话肯定是来自于中原古汉语,但到底有多大的关系，现在很难说，要证实它是洛阳古汉语的雅音，就更困难了。古时候也没有录音机，我们今天对洛阳古汉语的具体发音也不是十分清楚，切韵这种后来的注释从准确性上来说，也不是十分靠谱，所以只能存疑。

三、王敦之乱

衣冠南渡开始的时候，王导在江南已经经营了四五年，这时候更是趁机收揽贤人君子，扩大力量。王导对司马睿的建议是："广择贤能……愿尽优礼，则天下安矣。"对于北方来的士族，要妥善安置，甚至设立了很多聚居点，划定一些区域，专门供北方南渡的士族居住，称作侨郡、侨县或者侨乡，而对待南方的士族，要保证他们的既得利益，尽量安抚。

逐渐地，司马睿和王导得到了南北士族的共同拥戴，据《晋书》里记载，北方名士桓彝，也就是后来大名鼎鼎的桓温的老爹，他到了南方之后，开始的时候担心司马睿势单力薄，后来被王导开导了一番之后，很高兴地对另一位名士周𫖮说："向见管夷吾，无复忧矣。"管夷吾就是管仲，桓彝的意思是王导就是管仲再生，有这样的人辅佐司马睿，我还担心什么。司马睿本人也多次赞美王导，称他为"吾之萧何也"。

既然都可以与管仲和萧何媲美了，那当大官是很自然的。王导很快成了骠骑大将军、开府仪同三司、武冈侯、侍中、司空、假节钺和录尚书事，他的堂兄王敦的头衔是大将军、江州牧和荆州刺史，手里握着实打实的兵权。

一时之间，琅琊王氏在东晋朝廷权势熏天，琅琊王氏当官的人无数，当时江南流行一句话，叫"王与马，共天下"，老王家和司马家，一起拥有东晋的这座天下。

不过，能共患难，不代表可以共富贵，司马睿上台之后，渐渐觉得王导兄弟权力太大，十分不爽。于是，当他觉得皇帝位置稳当之后，就开始重用刘隗、刁协等人，试图抑制王氏兄弟的权力。王导对于这种情况采取一种无所谓的态度，有活儿我就干，没活儿我就回家，可是王敦觉得司马睿不够意思，我们帮你上台，你现在居然要拆我们琅琊王氏的台？

王敦的个性，可以用《世说新语》里记载的两个小故事来说明，都是他早年在洛阳城里去石崇家做客的经历。前面说过，人家首富石崇家里的厕所，是很讲究的，如厕出来会有美女帮换新衣服，几乎所有人都会不好意思，只有王敦，每次神色自若，毫不在乎。

还有一件事就是石崇让女孩子劝客人喝酒，如果客人不喝，就把劝酒女孩的脑袋砍下来，放到盘子里给客人看。王敦有一次心情不好，一连三个如花似玉的女孩子都劝不动他，结果三个美女的脑袋都被放到了盘子上，王敦还是不喝，事后很多人说王敦残忍，王敦只说了一句话，他"自杀伊家人，何预卿事"，石崇有钱，杀自己家的婢女，和我有啥关系？

这两个故事的真伪我们不知道，毕竟是记载在《世说新语》，而不是《晋书》里，可是由此反映出的王敦的个性却是真的——他对别人的生死和感受毫不在意，这里面也包括了他的堂弟王导。

322年，王敦以讨伐奸臣刘隗的名义起兵造反，他完全不考虑，正在建康城里当官的琅琊王氏子弟们是不是会因为这事儿而遭殃。

幸运的是，司马睿并没有因为这件事而降罪王导，在王导连续几天带着王家子弟在皇宫门口请罪之后，司马睿接见了他，并任命他为前锋大都督，去和王敦作战。

实话实说，晋元帝这样做属于迫不得已，他虽然想削弱王家的权势，但如果把王家彻底拿掉，他也就是光杆司令了，新人刘隗之流根本没有支撑起东晋朝廷的能力。这也是东晋最大的一个特点，叫门阀制度，也就是皇权必须依靠世家大族。琅琊王氏自不必说，后来还有陈郡谢氏、谯国龙亢桓氏等，所以，即便司马睿在肚子里骂娘，他也不敢真的砍了王导的脑袋。

王导没让他失望。当王敦攻入建康，凡是和王氏兄弟作对的大臣或者被杀，或者被驱逐，王敦还想更进一步称帝的时候，王导带领琅琊王氏整个家族，用极其坚决的态度制止了他。在中国古代，家族的力量是无比强大的，整个家族都反对，王敦也没辙，最后只能撤出了建康城，回到了武昌。

一年之后，晋元帝司马睿驾崩在建康，儿子晋明帝司马绍继位。又过了一年，也就是324年，再一次想造反的王敦被温峤在战场上打败，之后病死在军营里。这一场被史学家称为"王敦之乱"的事件，以东晋朝廷的胜利告终。

三年之后，也就是327年，又爆发了苏峻之乱。历阳内史苏峻和镇西将军祖约起兵造反，后来在陶侃、庾亮和温峤等人的联手讨伐之下，以苏峻的失败而结束。

四、前秦建立

经过两次动乱，东晋王朝勉强度过了瓶颈期，但都城建康也被打了个稀烂，大家就琢磨着是不是要迁都，改善一下办公条件。王导坚持不让，他说："北寇游魂，伺我之隙，一旦示弱，窜于蛮越，求之望实，惧非良计。"这个时候如果东晋都城南迁，北方的少数民族就会认为你害怕了，然后就可能跨过长江天险，入侵江南，而且东晋迁都之后，再想在南方获得威望，也很难了。最后，他说服了大家，东晋王朝依旧以建康为都城，抗击北方。

339年，东晋王朝的实际奠基者王导病逝在建康，终年63岁。晋成帝司马衍按照汉代霍光的丧礼规模，给他举办了遗体告别仪式，可以说是极尽哀荣。对于这个人，你完全可以说他不如平定了数次动乱的陶侃、温峤这些人，对东晋起到了力挽狂澜的作用，你也可以说他的所作所为都是为了家族本身的利益，但有一点不能否认，没有他，晋王朝很有可能早就彻底完了，北方南渡的士族和南方本地的士族更不可能那么快地联合起来。如果没有这份稳定的基础，那么北方胡人建立的政权很有可能早已跨过了长江，如果是那样，历史就彻底改写了。

不过你要是问，如果五胡跨过长江，是不是中华文化就没有了？这还真不一定，或者说，很大几率不会。前面说过，这些胡人都是在中原居住了很长时间，已经汉化了的少数族，别说是刘渊、刘聪这种从小读着"之乎者也"长大的胡人，就算是大字不识一个的胡人，也往往是对汉文化推崇备至，甚至把自己当作汉人看待，比如说上面提到的后赵石勒。

建立后赵政权的石勒是羯族人，五胡里面的第二胡。羯族又叫羯胡，他们长得和今天中亚人比较相似，都是高鼻梁，深眼窝，卷曲的胡须，有很大的可能，这群人是早先匈奴人从中亚地区掠夺过来的奴隶。当时汉人对他们十分鄙视，这一点从这个"羯"字就能看出来。这个字本义是阉割了的公羊，用这个字来称呼人，这肯定是一种歧视。

从早期做奴隶，到后来当了打家劫舍的土匪，再到投靠刘渊、刘聪父子，成了大将军，石勒一路走来非常不容易。319年，他和刘曜公开决裂，建立了后赵政权，然后在汉人谋士张宾的辅助之下，先后消灭了王浚、邵续等割据势力，后来又灭掉了刘曜和前赵政权。一时之间，石勒威风八面，声名显赫。

石勒是个文盲，不过这丝毫不妨碍他对汉文化的喜爱。既然读不了书，他就听书，只要一有时间，就找人读古书给他听，即使在马背上行军的时候，也是如此。

听了很多古书之后，有一次，他兴致来了，就问身边的徐光：你看我和古时候哪个君主差不多？领导问下属这种问题的时候，就是给下属拍马屁的好机会，徐光自然不会错过，马上说："陛下神武筹略迈于高皇，雄艺卓荦超绝魏祖。"您比刘邦和曹操这两位开国皇帝都牛，只比三皇五帝里的黄帝差一点。

石勒笑了，说我要是遇到刘邦马上就跪下称臣，如果遇到韩信、彭越或者刘秀，我可以和他们一争天下，未知鹿死谁手，但无论如何，大丈夫都应该光明磊落如同日月一样，怎么能像曹操、司马懿这些人靠欺负孤儿寡母当皇帝呢？

这番话说得是漂亮至极，除了给我们贡献了成语"鹿死谁手"之外，也说明在石勒的潜意识里，无论是追赶的目标，还是鄙夷的对象，都是汉人，事实上他已经把自己当汉人看了。如果我们不带民族偏见，就不得不承认，石勒算是一位好皇帝，这不仅仅表现在他开疆扩土上，还因为他注重教育，采取了鼓励农桑，恢复生产等各种举措。

可惜，石勒的后代基本上都是凶残暴虐之辈，石勒死后，他残暴的侄子石虎杀死了合法继承人石弘，篡夺了后赵的江山。

后赵时期佛教为什么快速发展？

石勒、石虎当权时，佛教在中原得到了最快速的发展，著名的西域佛教大师佛图澄被奉为神明，修佛塔，建寺庙，招募和尚，都得到大力支持。这件事对中国佛教非常重要，因为佛图澄收了一个弟子叫道安，道安后来有一个弟子叫慧远，慧远后来算是事实上开创了佛教净土宗，而现在念着阿弥陀佛希望死了上西天的修行法门就是净土宗的。如果当年石勒杀了佛图澄老和尚，或者把他赶走，现在"南无阿弥陀佛"就不会这么家喻户晓了。

等石虎死了，他的儿子们又开始一轮新的互相残杀，打得惨烈异常，后赵的国力快速衰退，石虎的一个养子的儿子石闵胜出。350年，石闵登基称帝，改国号为魏，并且恢复自己原来的汉人姓氏，称为冉闵，后世史学家就把他的政权称为冉魏。

冉闵是一位货真价实的汉人，只不过那时候北方是胡人的天下，他爹冉瞻投靠在石虎手下，还拜了石虎当干爹，改了姓氏。现在冉瞻已经去世，冉闵自己当上了老大，他认为天下胡人没有一个好东西，因此下令杀胡人，还曾经下过一道很脑残的命令："斩一胡首送凤阳门者，文官进位三等，武职悉拜牙门。"杀胡人变成升官晋爵的保证书，社会上立马掀起一股杀胡人的浪潮，以至于凡是眼窝深一点、鼻子高一点、胡子密一点的人都不敢出门，总共至少有几十万胡人被杀。当然，石勒的子孙们和中原的羯人在这场屠杀里首当其冲，几乎是一个也不剩。

与此同时，冉闵还给在建康的东晋朝廷送去了鸡毛信，上面写着："胡逆乱中原，今已诛之。能共讨者，可遣军来也。"你们赶紧打回来，和我冉闵一起杀蛮夷。东晋朝廷没搭理他，这里有两个原因：一是冉闵以前和少数族一起攻打过东晋，下手还挺狠，两边有仇；二是冉闵已经称帝，天无二日，东晋怎能和你一个乱臣贼子称兄道弟？

得不到东晋的支持，再加上政治水平实在太差，冉闵很快就陷入北方胡人的大包围里，虽然勇猛无比，还是在352年，被前燕的慕容儁抓住，抽了300鞭子之后砍了脑袋。

就在冉闵死的这一年，石虎手下的另一员大将，氐族人苻健在长安称帝，国号为秦，历史上称为前秦。三年之后，苻健去世，他的儿子苻生即位。

这个自幼瞎了一只眼睛的21岁青年暴虐成性，和大臣说话时，手边不离铁锤、钢锯、刀斧这类凶器，一言不合，当场亲自动手。两年之后的357年，忍无可忍的前秦大臣们一致拥戴苻生的一个堂弟造反，此人也不负众望，率军闯入皇宫，杀掉了独眼龙皇帝苻生。

这位堂弟是后世公认的，五胡十六国里面最伟大的君主。

069. 前秦苻天王

五胡中的第三胡是氐人。氐族人苻生因为十分变态残暴,被堂弟杀了,这个堂弟的名字叫苻坚,他在长安闪亮登场的这一年是357年,此时他还不到20岁。

这里要交代一下,苻坚并没有登基当皇帝,而是自称为大秦天王。这是一种很取巧的叫法,因为根据孔子编写的《春秋》,天王就是天子,比如说"天王正月""天王入于成周",指的都是周天子,同时我们也知道,秦始皇创造出来的皇帝称号,就是为了取代天子这个称呼的。

总结为一句话就是,天子、天王、皇帝这三者在中华文化圈子里,实际上是可以互换的。这样一来,称呼自己为天王,那就既显得谦虚,不高调,同时还可以享受皇帝的待遇。这也是在五胡十六国的这段时间,包括石虎、苻坚在内的很多枭雄,都喜欢称自己为天王的原因之一。

不过只要你去翻翻历史书,就会发现,他们都自称为朕,这可是秦始皇他老人家第一道诏书里严格规定,只有皇帝才能使用的自称。后来太平天国的洪秀全,也自称为天王,这自然不是瞎起的,归根结底,他们都是孔夫子的好学生。

一、前秦和前燕

言归正传,苻坚所在的氐族是中国境内西部的一个古老族群,起源应该是今天四川的松潘高原上,孩子越生越多之后,就分散定居在四川西北部、甘肃、青海等地区。各个部落基本上都是大老粗,识字的都没有几个,但就是在这样的家庭环境里,八岁的时候,苻坚忽然对爷爷苻洪说想请一个家教,学习中原的儒家文化。苻洪喜出望外,说我们这些粗人平时只知道吃肉喝酒打架,这个孙子居然想学习,做一个文化人,这就是我们家的宝贝啊,《晋书》上说他"欣然许之"。

长大之后的苻坚成了汉学专家,非常热爱汉文化,没事就去太学里溜达。太学就是今天的大学,苻坚不是为了作秀,他是去和老师学生们开讨论会,研究儒家经典,他问出来的问题,经常让对方目瞪口呆,答不上来。

于是,苻坚就很得意,有一次甚至感慨说:"朕一月三临太学……庶几周孔微言不由朕而坠,汉之二武其可追乎?"我这么频繁地到太学去,总算是没有把周公和孔子的学问在我的手里丢掉,应该可以比得上汉武帝和汉光武帝了吧?前面说过,皇帝问这种话,就是为了让你拍马屁,周围的博士们自然是三呼万岁,说没有您,儒家学问就断绝了,汉朝的两位武皇帝怎能和您相比。我们不得不承认,苻坚对儒家文化和汉文明是有贡献的,史书上说他"开庠序之美,弘儒教之风",这是对他重视教育,开设学校的一种客观肯定。

当上天王之后的苻坚,毫不犹豫地给自己选择了一位汉人丞相,名字叫王猛。在中国历史上,这位王猛是一位绝对的猛人,有人甚至说他是"功盖诸葛第一人",只是因为没有小说戏曲的演绎,他的名气就没法和诸葛亮这样的超级网红相比。在一些学者眼里就不一样了,比如台湾学者柏杨在他的名著《中国人史纲》里,把王猛和商鞅、诸葛亮以及王安石等人并列,称其为中国古代屈指可数的六大政治家之一。

王猛做了哪些事情,为什么地位这么高?简单地说,他辅佐苻坚统一了中国北方,而且是五胡十六国结束之前唯一的一次大统一。

王猛，字景略，出身贫农，很幸运地遇到了一位在山里隐居的老师。拜师之后，他一边种地读书，一边观察天下大势，随时准备大干一场。29岁那年，南方东晋的桓温第一次北伐，打到了长安的边上。王猛觉得机会来了，就穿着当时农民的标准制服，麻布短衣，去见桓温。在东晋的军营里，王猛一边抓着身上的虱子，一边旁若无人，侃侃而谈天下形势，希望把自己卖一个好价钱。桓温和当时东晋的将领们先是看傻了，然后是听傻了，觉得他讲得实在是太精彩了。这给后世留下了一个成语，叫"扪虱而谈"，形容一个人不拘小节而有才华。周恩来总理上学的时候写过一首诗，里面有一句叫"扪虱倾谈惊四座，持螯下酒话当年"，说的就是这个典故，这也是我最喜欢的诗句之一。

这么有才华的王猛自然是桓温争取的对象，可是当桓温撤军，邀请王猛和他一起回江南的时候，王猛却拒绝了，据说是他的老师不同意，这个肯定是借口。王猛去见桓温就是为了推荐自己，怎么会因为老师的意见就不跟着桓温走？在我看来，原因只有一个，那就是他没看上桓温。中国有句古话，叫良禽择木而栖，王猛见桓温，既是推销自己，也是面试桓温，看看对方是不是一个以匡扶天下为己任的雄主，可惜他认为桓温不是这类人。幸运的是，王猛后来还真遇到了这样的人，这就是苻坚。

王猛在苻坚阵营里的第一个职位是始平县县令。上任第一天，他用鞭子抽死了一位氐人的贵族，弄得苻坚很郁闷，嫌官帽子太小你就直说，为什么把我的亲戚给打死了？面对苻坚的责问，王猛的回答很坦然："宰宁国以礼，治乱邦以法。"国家安定平和的时候，用道德教化来治理国家，但国家混乱的时候，就要用严刑峻法。

这等于是明明白白地告诉苻坚，你的这个前秦已经混乱到我必须下猛药的时候了。实际上，这里面还隐藏着另一层意思，那就是对于大部分大字不识一个的氐人，讲道理是没用的，只能用皮鞭。苻坚想了一会儿，对着群臣说了一句："王景略固是夷吾、子产之俦也。"王猛就是我的管仲和子产啊,这相当于暗示他认可了王猛的治国理念,那就是以法家为主,兼以儒家的王霸杂用思想。从此之后,他不断地提拔王猛,从县令到尚书左仆射,再到司隶校尉,直至丞相,最后是放心地把整个国家交给王猛去折腾。

既然领导这么信任,那就挽起袖子拼命干吧。几年下来,前秦大治,史书上说:"兵强国富,垂及升平,猛之力也。"国家强大,全是王猛的功劳。

苻坚这时候也很感慨,经常说我苻坚得到你王猛,就如同周文王得到了姜子牙,啥也不用干,我只要享清福到老就行了。王猛自然会谦虚一番,说您是周文王,我可不是姜子牙。苻坚说,在我来看,姜太公也比不上您啊,原话是"太公岂能过也"。

你可以说,这对君臣之间在互相拍马屁,但事实就是,到了369年前后,前秦这个十几年前还是氐族建立的边陲小国,已经成了天下最大的三股势力之一,另外两个就是南方的东晋和东方的前燕。

前燕政权就是杀死冉闵的那个政权,建立者是鲜卑人,这是我要说的五胡里面的第四胡。前燕的建立者叫慕容皝。

中国北方最早的少数族中有一个叫东胡,鲜卑就是东胡的一支。秦始皇时期,东胡被匈奴的冒顿单于打败,一些人就跑到了东北的鲜卑山,从此这些东胡人就变成了东北人,自称为鲜卑人。鲜卑山的位置,今天已经没法确切考证,应该是大兴安岭北边的一些山脉。

后来匈奴人被东汉的大将军窦宪击败,撤出了蒙古草原,鲜卑人里,就有一些人偷偷溜出了寒冷的东北,慢慢地重新占据了蒙古草原,同时内部分化成多个部落。最出名的有慕容部、宇文部和吐谷浑,当然,还有后来建立了北魏王朝,大名鼎鼎的拓跋部。

我现在说的这个前燕,就属于鲜卑慕容部的,它的创始人慕容皝在342年击败了后赵石虎的20万大军,在今天辽宁省朝阳市这里站稳脚跟,相当于继承了战国七雄燕国的衣钵和地盘。后来慕容皝的儿子慕容儁继位，在 352 年，他和他那个神勇的弟弟慕容恪带兵杀入中原，消灭了汉人政权冉魏，杀了冉闵，自己正式登基称帝。

八年之后，慕容儁去世，草包儿子慕容暐继位，权力把持在太傅慕容评手里，由于他俩对车骑大将军慕容垂比较忌惮，就把本来应该属于他的大司马的位置，给了慕容暐的小弟弟慕容冲。总之，这时候前燕的朝政比较乱。

二、东晋桓温

前秦和前燕在北方地盘上忙活的时候，南方东晋朝堂之上，有一个权臣也正在慢慢地成长。

事情是这样的，东晋王朝刚刚建立的时候，很多南渡的士大夫们一门心思地准备北伐，恢复中原。这些人一般都是世家子弟，比如说祖逖，家里世代都有二千石的大官，级别相当于郡守。就这样一个官二代，却积极锻炼身体，起得和鸡一样早，鸡一叫唤，他就起来舞剑，给我们留下了"闻鸡起舞"这样的成语。

闻鸡起舞是为了打回老家去，无论是国家的，还是自己家的，都有大片的土地被胡人占领了，如果不能夺回来，那是相当闹心。刚刚当上了皇帝的司马睿却不这么想，万一打回去之后我当不上皇帝怎么办？所以他对于祖逖这些人基本是爱理不理的，关于这事，你可以参照后来岳飞的遭遇，但祖逖还算好，没被司马睿害死，最后是自己郁闷而死。

总之，东晋朝廷开始的时候，士大夫们喊着打回老家去，这是民意，皇帝和高官们热情不高，这是上意。如何在民意和上意之间玩平衡，这就考验下属的智慧了，桓温，就是在这个夹缝里成长起来的厉害人物。

桓温出自龙亢桓氏，他爹就是前面提到的桓彝，这个家族在刚刚南渡的时候，只能说是一个小家族，后来是因为桓彝，尤其是桓温出名后，才在后世有了巨大的名气。

桓温从小野心就很大，据《晋书》记载，他曾经躺在床上，很忧郁地感慨，如果一辈子就这么默默无闻，死了以后肯定被先死的人嘲笑，想想这事就生气，于是大声地对屋里人说，如果不能流芳百世，那就要"遗臭万载也"，满屋子的人都吓了一跳，以为他憋不住了。

你如果认为这个发明了成语"遗臭万年"的人那时候混得不好才发这种感慨，那就错了。年轻时的桓温因为长得帅，有能力，有文采，口碑好，被晋明帝招为驸马，娶了南康长公主，然后逐步升为荆州刺史、安西将军。到了这样的位置，还很忧郁，只有一个原因，他志向远大。

346 年，桓温先斩后奏，不等朝廷回复便率领一万人进攻今天四川的成汉政权，朝廷得到消息之后，都觉得这小子是不是疯了，那些积极的人，都准备给南康公主再找一个老公了，毕竟这也算一个溜须拍马的机会。

没想到的是，桓温一路横扫，只是在最后决战时，才遇到成汉政权的殊死抵抗。当时，东晋军队在成都城下攻击受阻，对方甚至已经反击到了桓温的面前，桓温急忙下令撤退，但击鼓的士兵却把鼓声敲成了进攻的节奏，大家抬头看一眼桓温的位置，都以为他要和对方玩命，主帅都这样了，还说啥？拼吧！当下晋军士兵猛烈反扑，结果成汉兵团溃败，君主李势投降，桓温神奇收复了巴蜀地区。东晋朝廷上下狂欢了好几天，他本人更是升为征西大将军，开府仪同三司。

在此之后，桓温又进行了两次北伐，可是东晋朝廷对于北伐并不积极，如果这时候你太积极了，上面反而猜疑你。因此桓温每一次北伐都不用全力，只是走走过场，目的就一个，抬高自己的声望。

这一点前秦的丞相王猛看得最清楚，想当年他在桓温大营里扪虱而谈之后，桓温就问他，说我奉了天子的命令，来讨伐这些胡人，可是三秦大地的豪杰们怎么都不来见我？王猛回答："长安咫尺而不渡灞水，百姓未知公心，所以不至。"这话等于当面指出桓温其实并不是真的想恢复中原，只是想在南边的东晋王朝立威而已，所以才到了长安边上而不攻打。

据《晋书》里记载，桓温听了这句话之后，低头沉思了半天，才抬头慢慢地说，江东那边可没有一个人能比得上您的才干。可以说，王猛之所以不选择桓温，而是选择了苻坚，有一大半的原因就是因为看不上桓温这种养寇自重，玩弄权术的小手段。

369年，除去周边的那些小政权，前秦、前燕、东晋，三大集团在中华大地上鼎足而立，大眼瞪小眼，最后耐不住性子，最先动手的，还是桓温，他的目标是前燕。

三、前秦大扫荡

开始的时候，桓温的东晋军队节节胜利，前燕根本就挡不住，太傅慕容评甚至慌了手脚，打算放弃河北，退回老巢龙城，也就是今天的辽宁朝阳市，但车骑大将军慕容垂确实是一个人才，他一边整顿军队，准备亲自出战，一边建议前燕去向前秦求救。

慕容评慌乱之下，给苻坚开出的条件是，只要前秦帮自己打败东晋，前燕就把虎牢关以西包括洛阳在内的所有地区，割让给前秦。

苻坚一听，这简直就是天上掉下大馅饼，马上以"国际援助"的名义出兵，不过他的目标可不是虎牢关以西的地盘，而是整个前燕，说天上掉馅饼不是前燕给的条件，而是前燕允许自己的大军开拔到他们的地盘上。所以，苻坚的打算是，打败东晋之后，马上找借口对前燕动手。

让苻坚万万没想到的是，借口都不用找，慕容评用双手送上门来，因为两家联合打败桓温之后，慕容评做了两个自以为很聪明的决定。

第一个是准备干掉慕容垂，因为慕容垂威望太高，他担心威胁到他宰相的位置。慕容垂得到这个消息，只能连夜逃亡，投奔前秦，苻坚十分热情地组织了各界群众代表，到长安郊外欢迎这个前燕最能打的大将。

慕容评的第二个小聪明就是赖账，当苻坚去索取虎牢关以西土地时，慕容评振振有词地说，邻居之间相互守望，事属平常，我可没说过割地的话。

听到使者回来这么一说，苻坚表面上暴跳如雷，心里却是乐开了花，你小子给我送来了一个完美的借口。他马上就以国家受到了奇耻大辱为名，命令仍旧在前燕地盘上的前秦大军开始进攻。

369年年末，东晋桓温刚刚退兵，由王猛亲自率领的大军就在前燕境内开始攻城略地。缺少了慕容垂的前燕根本不是前秦的对手，经过一年的战争，拥有千万人口的前燕帝国灰飞烟灭。不过，被俘虏的皇帝大臣们倒是一个也没死，罪魁祸首慕容评在前秦也做到了高官，在范阳太守的位置上去世，皇帝慕容暐和他的后妃、王公、百官以及鲜卑四万余户被迁到长安，也得到了善终。

唯一受了些委屈的是大司马慕容冲，这个11岁的小男孩因为长得实在是妩媚漂亮，和他姐姐，13岁的清河公主一起被送给了苻坚，做了大概一年的娈童。据说苻坚非常宠爱他们姐弟俩，称呼慕容冲为凤凰儿。当时长安有歌谣形容这件事说"一雌复一雄，双飞入紫宫"。后来在王猛的苦心劝导之下，苻坚把慕容冲送出了宫，担任平阳太守，后来也是这个慕容冲，起兵反叛苻坚，苻坚伤心得鼻涕一把泪一把，这是后话了。

顺便说一句，从东北苦寒地区走出来的鲜卑慕容部落，一直以出产帅哥美女闻名，当时东晋有不少达官贵人都以得到一个慕容贵族的女人为荣。在金庸老先生的《天龙八部》里，慕容皝、慕容垂的后代慕容复，也是以超级大帅哥的形象出现。小说里描写慕容复发了疯一样地想复国，复的就是这个前燕帝国，也许还包括后来建立的西燕、南燕、后燕等大大小小的慕容氏政权。这些东北鲜卑的帅哥们，在五胡十六国的时代，相当能折腾。

五年之后，也就是375年，整个北方，除了已经臣服前秦的代国和前凉，其他所有势力，全都成了过去式，被王猛扫荡得干干净净。不过王猛这时候也病重卧床，即将告别人世，这位在历史学家眼里和诸葛亮齐名的政治家，临死之前警告苻坚，大秦的死敌不是东晋，而是国内的鲜卑人和羌人，千万不要攻打东晋，原话是"晋……乃正朔相承，愿不以晋为图，鲜卑、羌虏，我之仇也"。这里的正朔指的就是代表中华文化的正统朝代，王猛应该是历史上第一个这样使用这个词的人。

可惜的是，统一天下对于大英雄或者大枭雄来说，诱惑实在是太大了，坊间传闻当年骠骑大将军霍去病说过一句话，叫作"醉卧美人膝，醒掌杀人剑"，后来有人把这句话重写成"醉卧美人膝，醒掌天下权"，无论是杀人剑还是天下权，都是江山社稷的代名词而已，男子汉大丈夫，短短一生，江山和美人两件事成了无数人奋斗的动力。

苻坚也不例外，在他灭掉了前凉和代国，彻底统一了北方之后，环顾天下，就只剩下了江南的东晋，在这样的情况下，他彻底忘记了王猛死之前对他的告诫。

383年，苻坚不顾大臣们的反对，命令弟弟苻融率领步骑联合部队25万，担任先锋。自己亲率步兵60万、骑兵27万的主力部队，随后挺进，总共112万，这个数字就算在今天来看，也是一个吓死人的数字，可谓是举国皆兵。从长安出发，准备消灭东晋。

这个时候，东晋的桓温已经去世，掌管东晋朝廷的是陈郡谢氏的谢安，此人也是一个传奇人物，在中国历史上，以"风流宰相"的称号闻名于后世。这里的"风流"是"数风流人物"的那个"风流"。

谢安，字安石，陈郡谢氏出身，名门望族，年轻时曾经做过司徒府里的著作郎，也就是秘书，干了没两天就烦了，于是辞官回家了。

不当官的谢安很会享受人生。谢家的别墅建筑在上虞的东山，谢安在这里一住就是近20年，当时的人都说他隐居在东山，叫他"谢东山"。可是他的这种隐居我们只能说是一种吵吵闹闹的隐居，因为大多数的时候，他都是和人喝酒聊天吹牛皮，什么诗词歌赋、《老庄》《易经》，张嘴就来。

据史书记载，谢安曾经就一个题目发表即兴演讲，滔滔不绝地讲了一万多字，下面听众听得是如痴如醉。这样一个人，交往的自然就不可能是普通老百姓，都是当时的大知识分子，这里面就包括了大书法家王羲之。

070. 小儿已破贼

永嘉之乱导致西晋结束，真正受苦受难的是普通老百姓，高官富豪和名门望族大部分南渡长江，来到了江南，大兴土木，盖别墅，修庄园。这些工程占地极广，必须有山有水，有湖泊，有竹林，山水之间，还有无数的亭台楼阁，极尽奢华。

谢安的曾侄孙，中国古代著名的旅游家谢灵运曾经写过一本《山居赋》，描写他家的庄园，里面有一句是"入极浦而遭回，迷不知其所适"，沿着水边走一趟回来都可能迷路。欧洲中世纪的贵族们有一个黑森森的城堡就满足了，和魏晋时期的这些土豪比起来，那简直是弱爆了。

不仅是物质上，在文化和精神上，他们也追求一种极致的享受，隐居在东山的谢安和他的好友王羲之便是其中的一员。

一、王羲之和谢安

王羲之，字逸少，出身于琅琊王氏，虽然不喜欢当时很流行的清谈，可是他比其他名士更追求无拘无束的自由状态。

据《晋书》记载，名士郗鉴选女婿，丞相王导听说了，就问他，王家的孩子你看得上不？觉得还行的话就去王家挑。能和琅琊王氏联姻自然是一件大好事，郗鉴就让管家去王家挑女婿。管家回来后说，王家年轻人都不错，一个个规规矩矩，只是有一个年轻人，露着肚皮，独自躺在东厢房的一张床上看书。没想到，郗鉴听了之后却说，那正是我的好女婿，赶紧操办婚事吧。

这个没事喜欢显摆腹肌的年轻人就是王羲之，而这次完美的相亲活动也给中国历史留下了一个成语，"东床快婿"。

353年，也就是东晋永和九年，三月初三，王羲之和谢安等人在绍兴兰亭发起了一次曲水流觞的集会，42位官员和文人聚在一条弯弯曲曲的溪流边，把斟满酒的木质酒杯放在荷叶上，让它顺水飘下来，大家分坐在小溪流的两岸，酒杯停在谁的面前，谁就作一首诗，作不出来就喝酒。

曲水流觞不是他们的原创，早在春秋时期，每年的三月三就有一些豪门贵族开始举办这样的酒会了，只不过这次的兰亭集会更有名。喝醉了的王羲之当场挥毫，写就一篇《兰亭集序》，被后世书法家称为千古行书第一，无法超越。可惜的是，唐朝之后，《兰亭集序》的真迹就消失了，据说被唐太宗李世民带到昭陵里去了，这个只能存疑，等将来技术条件允许挖掘昭陵的时候，倒是可以一验真假。

谢安这种花天酒地，物质和精神生活双丰收的日子，从357年开始，慢慢变得艰难了。他的堂兄镇西将军谢尚和亲哥哥豫州刺史谢奕相继病逝，继任者都不是谢家人。三年之后，亲弟弟谢万因罪被废为平民，陈郡谢氏一族在东晋朝廷没有了说话的人。谢安真切地意识到，如果朝里没人，自己以前那种富二代的日子很难维持下去，他开始想当官了，史书上说，"安始有仕进志"。

你要是问，他想当官就能当官吗？答案是肯定的，无论是按照九品中正制，还是东晋特有的门阀政治，对于名门望族来说，当官都不是什么困难的事儿。

360年，40岁的谢安走出了他的庄园，回到了东晋的朝堂，因为他一直隐居的地方叫作东山，又因为他后来有很大的名气，他的这次重新当官就被后人总结为一句成语"东山再起"。

谢安走上官场的第一站,是给桓温当司马,类似于现在的参谋长。据说桓温对他很赏识,曾经看着谢安的身影对左右的人说:"吾门中久不见如此人!"这样的人物,我很长时间都没见过了。

桓温看人的确还是很准的,不过,谢安干了没多久就离开了他,原因史书没说,想来和王猛一样,也是觉得跟着桓温没什么前途。离开桓温之后,谢安从地方官员做起,慢慢靠着政绩走进了中央,当上了侍中,这个职位前面说过,相当于皇帝的贴身秘书和顾问。

369年,桓温北伐前燕失败,一怒之下,诛杀了陈郡殷氏和颍川庾氏两大家族,血洗整个朝廷,然后把皇帝司马奕废为东海王,把持了东晋朝政。自古以来,一个权臣废掉皇帝的理由一般都是昏庸二字,可是桓温的理由比较奇葩,他说司马奕没有性功能,两个儿子都是别人替他生的,这事儿当然是瞎说。

371年,桓温立司马昱为帝,是为简文帝,一年之后,简文帝就生病死了。就在桓温琢磨着如何篡位的时候,谢安联合了太原王氏王坦之家族和琅琊王氏的王彪之家族,通过巧妙地和桓温周旋,让桓温没能篡位称帝,还阻止了对方摄政和加九锡的欲望。高明的是,他的做法还没有引起和龙亢桓氏家族的正面碰撞,桓温死后,谢安居然还和桓氏家族把酒言欢,把荆州让给桓温的弟弟桓冲,他自己拿到了扬州,达到了"荆扬湘衡,则天下平"的局面。大佬们没有冲突,小弟们自然没有人头落地,老百姓们也得以继续太太平平地过日子,这是极其高明的政治智慧。

到了377年,谢安不顾他人议论,把侄子谢玄推到了兖州刺史的位置,镇守广陵,负责长江下游江北一线的军事防守。

事实证明,这是一个极其英明的决定,谢玄不仅对自己叔叔谢安言听计从,而且他自己非常有才干,在广陵挑选良将,训练出一支可以和特种部队相媲美的精兵,名字叫北府军。这支部队在第二年,就以对前秦四战四捷的成绩震惊了天下。当然，谢安和东晋朝廷想不到的是，这支北府军，后来落到了东晋的掘墓人刘裕手里，这是后话了。

二、淝水之战

转眼之间到了383年，也就是苻坚率领112万大军南下的这一年。

开始的时候，苻坚信心满满，对部下说："以吾之众旅，投鞭于江，足断其流！"我们这100多万人，每人扔一根马鞭子，都能让长江断流。这话从数学角度来说，好像是没错，但问题是，你必须让这100多万根马鞭子从同一个地点，同时扔下去，苻坚自然做不到。实际情况是，苻坚赶到寿阳城，和东晋的谢石、谢玄隔淝水对峙的时候，他身边的军队也就是15万人左右，其他队伍正在慢慢地赶过来，而对岸的东晋军队也有5万多人，并且都是北府军的精锐。

据说，在大战前夕，苻坚和弟弟苻融趁夜去前线视察，看到晋军阵容严整，士气高昂。《晋书》里说，苻坚"北望八公山上草木，皆类人形"，这让他第一次反省，是不是有点过于轻视东晋了，书上说他"怃然有惧色"，有点儿不自信了，这也给后世留下了"草木皆兵"的成语。

不自信归不自信，仗还是要打的，毕竟自己的兵力是对方的3倍左右，而且后面还有百万大军正在赶来，而东晋除了眼前这几万人，几乎就没有其他防御力量了，苻坚依旧坚信，即便这一仗可能比较艰难，但最终的胜利是属于自己的。

不仅是他，当时的东晋朝廷上上下下，也都认为前秦必胜，东晋必败，大臣们都在给自己准备退路，唯一相信东晋会胜利的就是谢安。

我到现在也不知道他的镇静自若到底是装的，还是真有底气。你要是说他最后打赢了，肯定不是装的，我的回答是，那可不一定，因为从头到尾，表现得云淡风轻的谢安一条计策也没拿出来，只是告诉弟弟谢石和侄儿谢玄,你俩去前方打仗就是了,肯定能赢。谢玄说,叔,怎样才能打赢啊,谢安说:"另有别旨。"意思是我自有安排。

谢玄回去等了半天也没见到他这个叔叔的安排和指示,就只好让别人再去问问,结果,谢安直接出城游山玩水去了,一直玩到半夜才回来,还是什么也没说。

叔叔虽然没有指示,可是这仗还是要打,谢玄决定趁着苻坚大军没有完成集结,主动进攻,就给苻坚写了一封信,信里说:"移阵少却,使晋兵得渡,以决胜负。"你能不能稍微退一点点,让我们过河,然后大家堂堂正正地决一胜负。

如果按照兵法上说的,谢玄这等于是自杀,强敌当前,弱小的一方应该凭借大河这样的天险据守,怎么能够主动渡河去攻击对方?苻坚看完信之后,觉得谢石、谢玄简直就是作死的节奏,他没有任何理由不答应,因为只要在东晋军队渡河渡到一半的时候,用骑兵冲锋就能解决战斗,这就叫半渡而击之。于是,他答应了谢石的请求,下令退却。

接下来,人类战争史上最诡异的一幕发生了,本来是主动退后一步的前秦军队,也不知怎么,就变成了转身逃跑,更有东晋的降将朱序在队伍里四处大喊:"不好了,苻坚打败了!"结果这种逃跑变成了排山倒海般的狂奔,前秦军队一下子失去了控制。

谢石、谢玄没有放过这个机会,乘着敌人狼狈后退之际,全军毫无困难地渡过淝水,闪电般展开攻击。这一下,前秦军队逃跑的势头更加无法遏制,苻坚弟弟苻融在乱军中掉下战马,被踩踏而死。苻坚随着乱军逃走,几乎被流矢射死。《资治通鉴》里记载:"秦兵大败,自相蹈藉而死者蔽野塞川。其走者闻风声鹤唳,皆以为晋兵且至。"这就又给后世留下了另一个成语"风声鹤唳"。

苻坚以百万之众进攻东晋,即便是最能掐会算的预言师,也料不到这个结果。

可以说，淝水根本没有发生真正的战争，只是一场单方面的猎杀而已。那么，为什么会这样？在我看来，主要原因只有一个，前秦队伍的思想教育不到位。整个前秦，除了苻坚，几乎所有人都反对攻打东晋，他临时征召的一百万军队，成分极其复杂，可以说是多民族、多派别、多地区组成的乌合之众，没有任何战前动员，几乎全是混日子的。正因为如此，当朱序大喊"苻坚打败了"，这些人马上就下意识转身逃命，本来就是来旅游的，顺便劫个财，玩命，坚决不干！

从东晋这边，我们基本找不到他们能胜利的理由。如果一定要找，谢安的云淡风轻可以算一个，因为他稳定了军心，也稳定了人心。谢安不仅仅在战前一副胸有成竹的样子，即便是战后，那也是轻描淡写，让人十分地佩服。

据《晋书》上记载，大军胜利的消息传到建康城的时候，谢安正在和人下棋，打开信看了一眼，就轻轻地放在一旁，一句话也不说。和他下棋的人试探着问，谢老师，您有事咱改天再下？谢安非常非常平淡地说了一句："小儿辈，遂已破贼。"只不过是打了个胜仗，多大个事，来，咱继续下棋。这简直是酷得一塌糊涂。

不过，你要是再往下看，那他就露馅了，"既罢，还内，过户限，心喜甚，不觉屐齿之折"。下完了棋，回屋里过门槛的时候，激动得把木屐鞋上的锯齿都踩断了，自己却完全不知道。后来房玄龄觉得这家伙装得实在是太过分了，淡淡地在《晋书》里加了一句，"其矫情镇物如此"，你这也装得太过分了！

我这里也要说一句，无论谢安高兴到何种程度，那都不过分，因为淝水之战的胜利对于东晋朝廷实在是太重要了。苻坚失败之后，北方大一统遮盖之下的各种民族矛盾马上爆发，中原大地重新恢复到混战状态，各种政权如雨后春笋一样冒了出来。就在第二年，谢安趁着北方混乱之际，起兵北伐，把南北双方分界线从战前的长江改成了以黄河为界，从此之后，东晋朝廷没有了外患。

尽管东晋的胜利有很大的偶然性，但也得承认，没有谢安上任之后的各种巧妙斡旋和经济政治改革，就没有东晋各大门阀联手抗敌的基础，也就没有东晋国力的增强，更没有强大的北府军，那即便苻坚的队伍在淝水乱成一团，也只能干瞪眼——就算是痛打落水狗，也是需要实力的。

三、真魏晋风度

淝水之战后，东晋陈郡谢氏家族迎来了他们的巅峰时刻，无论是名望还是实力，其他家族都难以望其项背，家族的领头羊谢安在政坛上堪称位极人臣，和以前的王敦、桓温差不多，甚至更高。前面讲过，那两个人到了这地步之后，都对司马家的皇权产生了觊觎之心，但谢安选择了交权，主动要求去广陵前线，领导北伐战争，等于是放弃了在中央的权力。这一点自被晋孝武帝司马曜大赞特赞，表扬信写了几十封。

不过这些对谢安来说，已经无足轻重了，因为385年夏天，他忽然一病不起，强撑着回到建康城。几天之后，8月22日，这位"风流宰相"在家中病逝，享年65岁。东晋王朝给了他无与伦比的哀荣，和当年汉朝的霍光一样规格。换句话说，他活着没当上皇帝，但死的时候是按照皇帝的标准举行了追悼会和葬礼。

千古以来，历史学家经常把谢安和王猛并称，所谓"关中良将唯王猛，天下苍生望谢安"，说的就是这两个人。不过，虽然两个人历史地位差不多，在民间的名声也差不多，但谢安在文人墨客的笔下，出镜的频率要远远高于王猛，从古至今，以他的事迹为典故的诗词是数不胜数。

《晋书·谢安传》记载："安虽放情丘壑，然每游赏，必以妓女从。"意思是谢安每次爬山游玩，都要带着妓女，就这么一件不可言说的事情，史书上连一行都不到的描述，被后代很多诗人当成了一种高雅的事情来歌颂，李白说："安石东山三十春，傲然携妓出风尘。"苏轼弟弟苏辙说："谢安未厌频携妓。"就连号称"诗圣"的一本正经的杜甫老先生也曾经写过"杳杳东山携妓去，泠泠修竹待王归"这样的诗句，以至于谢安爬山带妓女这事，也有了一个专有名词，叫"东山携妓"，简直和曲水流觞一样高雅了。

就在谢安去世的这一年，有一个小伙子20岁了，他36岁时，曾挥笔写了一首诗，怀念自己在少年时的志向，里面有"猛志逸四海，骞翮思远翥"这样的诗句，意思是俺这辈子雄心壮志超越四海，一定要展翅高飞，混出个人模狗样来。可是，他在官场里整整混了20年，做过各种各样的底层官吏，快到40岁的时候，才终于熬到了彭泽县令这个职位。

其实，相对于他的出身来说，这个职位已经不错了，毕竟东晋是门阀政治，好一点的官帽子都被世家大族攥在手里，所以他媳妇儿翟氏那段时间相当高兴，甚至满怀憧憬地准备多种点稻子，可是这稻子还没种上，就出事了。

这件事是这样的，他上任80天之后，上级派人视察工作，周围的人对他说，老爷，您必须穿上正式的官服，尽快去拜见来视察的督邮。他听了之后，默然良久，最后叹了口气说："吾不能为五斗米折腰，拳拳事乡里小人邪！"留下一封名字叫《归去来兮辞》的辞职信，转身回家，种菊花去了。

你肯定猜到了，这个人就是陶渊明，中国历史上第一位田园诗人，他写出了"采菊东篱下，悠然见南山"这样恬淡的诗句，和《桃花源记》这样出尘的文章。

陶渊明和谢安的人生似乎没有可比性，谢安40岁之前吃喝玩乐，40岁之后封侯拜相，妥妥的人生赢家，陶渊明40岁之前宦海沉浮，40岁之后隐居在一片菊花之中，彻底成了一名村夫。以世俗的观点看，两人命运天上地下。不过从历史的角度看，他俩还真有一点是相同的，那就是千百年下来，两个人都成了中华文明某种精神符号的一部分，这种精神符号就是我们前面提过的魏晋风度。

说到这里,你可能很疑惑,当年竹林七贤酗酒、裸奔、服散、拒绝当官,你说是魏晋风度;后来嵇康死前从容弹奏《广陵散》,你也说是魏晋风度;现在又把谢安和陶渊明这两个生活经历完全不同的人拽出来,说这还是魏晋风度,那魏晋风度到底是什么?

我其实很长时间都没弄明白,什么是魏晋风度,一直到有一天,我读到了下面这个小故事:有一晚,天降大雪,书法家王羲之的儿子王徽之睡不着觉,喝着小酒,读着古书,忽然想念起一个住在160里之外的朋友戴逵戴安道,于是装好行李,连夜坐小船去戴逵家。船行了一夜,第二天中午才来到老戴家门口,谁知他转头就走,原路坐船返回。后来别人问他原因,他一脸理所当然地回答:"乘兴而来,兴尽而返,何必见安道也!"

你可能会说,这不就是一个神经病吗?实际上,王徽之这种说走就走说回就回的旅行所反映的精神世界,恰恰是魏晋风度的内核,强调此时此刻内心的真实感受,按照自己真性情去生活,无视,或者说蔑视社会的礼法。

《射雕英雄传》里的黄药师有一句名言:"礼法岂为吾辈所设。"金庸老先生也完全是按照他理解的魏晋风度的模式去刻画黄药师的。从竹林七贤,到谢安,再到陶渊明,甚至虚构的黄药师,表现的形式各不相同,但本质上,都是选择了蔑视礼法,率性而动的生活方式,可以说是一脉相承。至于说魏晋风度到底好不好,那就仁者见仁智者见智了。唯一可以肯定的是,它对后来中国士大夫文化、各种山水诗词文化,有极其深刻的影响。

不过,按照真性情去生活不代表着可以触犯别人的利益,名士们酗酒、裸奔、辞官和携妓都是对礼法的蔑视,既没触犯当时的法律,也没伤害别人,而一个人要是抢了银行,还高喊自己随心而动,是魏晋风度,那只能送他三个字:二百五。

071. 门阀终结者

谢安逝世后，东晋朝廷上暂时没有了外姓权臣，政权回到司马家族手里，但他们的表现却都很糟糕。孝武帝司马曜天天喝酒，史书上说他"醒日既少"，清醒的时候很少有，大权旁落到他的弟弟，时任宰相的司马道子手上，不幸的是，司马道子喝的一点都不比哥哥少。东晋偌大的一个帝国，就这样落到了两个酒鬼手里。自然而然地，朝廷大权就向下承包给了司马道子的一群亲信，比如王国宝、赵牙和茹千秋等一群溜须拍马的小人，他们贪赃枉法，卖官鬻爵，东晋社会渐渐暗无天日起来。

一、司马曜之死

396年的一天，司马曜又一次喝多了，想跟老婆开一句玩笑，就对着张贵妃说："汝以年当废矣！"你年纪这么大了，又没生孩子，过两天你下岗吧，我换个老婆。没料到张贵妃是个实心眼，没什么幽默感，把他的话当真了，当天夜里，竟然用被子直接把司马曜给闷死了，对外宣称司马曜"因魇暴崩"，睡觉的时候被鬼抓走，死了。——看来，和没有幽默感的人开玩笑，即便是自家老婆，那也是一件危险的事情，说不定更危险，因为晚上是睡在一个被窝里的。

司马曜死后，长子司马德宗继位，是为晋安帝，但他却没法处理政务，虽然已经14岁了，却连冬天和夏天都分不清楚，几乎就不会说话，是一个弱智皇帝，连生活也不能自理。《资治通鉴》原话是："安帝幼而不慧，口不能言，至于寒暑饥饱亦不能辨，饮食寝兴皆非己出。"

一个傻子怎能当上皇帝？这里有两点原因：第一，他是长子，司马曜的皇后没生孩子，按照有嫡立嫡无嫡立长的儒家思想，必须立他为储君；第二，他小时候，人们以为他只是发育慢点，等到大家看出来他的智力有问题时，司马曜已经变成天天烂醉如泥的酒鬼了，既然皇帝都不管，权臣们自然也懒得理会，甚至内心里更欢迎一个傻子当皇帝，最起码，宰相司马道子就是这样。

司马德宗继位之后，司马道子更加骄横自大，加封亲信王国宝为尚书左仆射，并且把首都建康的兵权也交给了他，自己一转身，放心地继续喝酒去了。不仅如此，他在亲哥哥司马曜被杀之后，居然并没有追究张贵妃的罪行，而是默默地接受了哥哥是自然死亡的结论，这一点非常可疑。古代虽然刑侦学和医学都不发达，但是自然死亡和被谋杀，那还是能分辨出来的。

在我看来，张贵妃能平安无事，只有两种可能：第一种是她是与人合谋；第二种就是她根本就是冤枉的，是后世以讹传讹。换句话说，这是一个谣言，而且是在张贵妃等人都过世了之后才散布出来的谣言，因为要是凶手当时就想嫁祸给张贵妃，那完全没必要让她继续活着。无论哪一种可能，司马道子都难逃嫌疑。当然，这只是我一家之言，史书里盖棺论定，说是张贵妃杀的，我只能先采用这个结论。

二、王恭和孙恩之乱

被司马道子极度信任的王国宝出身太原王氏，不过，他却很讨厌同样出身太原王氏、当时担任青州和兖州两州刺史的王恭。两位老王互相看不顺眼，有一个人就跳了出来，开始推波助澜，他的名字叫桓玄。

桓玄，字敬道，龙亢桓氏出身，大司马桓温的小儿子，东晋王朝的第一位掘墓人。此时他刚刚辞了上一份没有前途的工作，闲居在荆州江陵城里，不过，由于他爹和叔叔两代人在荆州的经营，桓家的声望极高，当时的荆州刺史殷仲堪为了能安安稳稳地做官，也不得不刻意和他结交。

桓玄也想着借助荆州的军事实力，让家族有一天能恢复老爹桓温在世时候的风采，对于殷仲堪也是热烈欢迎。《晋书》上说，"玄欲假其兵势，诱而悦之"，一个礼贤下士，一个引诱取悦对方，那自然好得如同穿了同一条裤子一样。

自古以来，有野心而没有权势的家伙最盼望的就是一个字——乱！天下大乱才有机会。桓玄一看王恭和王国宝两位老王有掀桌子的苗头，就鼓动殷仲堪推举王恭为盟主，讨伐王国宝。

就这样，397年，在殷仲堪和桓玄的怂恿之下，青、兖刺史王恭联合了刘牢之统领的北府军，进逼首都建康，打出"清君侧"的旗号，讨伐王国宝。

丞相司马道子虽然经常泡在酒坛子里，但酒醒的时候却也不糊涂，他没有片刻犹豫就杀死了王国宝和王绪，派人和王恭讲和。王恭一看王国宝死了，对方也认怂，就撤兵回家了，司马道子也就转身继续喝酒去了。桓玄一看仗没打起来，就再一次鼓动王恭出兵。398年，王恭第二次起兵造反。

这一次司马道子选择了迎战，派出了16岁的儿子司马元显，司马元显没辜负他老爹的厚望，不仅仗打得好，反间计也玩得溜。北府军大将刘牢之在他的诱拐之下，背叛了王恭，临阵倒戈，直接导致了王恭被俘虏，然后被杀了。

在这场史学家称为"王恭之乱"的事件背后，有两个人获益最大，一个是桓玄，他不仅仅没有受到任何惩罚，还升了官，成了广州刺史，并且实际上对江州拥有了控制权。这应该是他事先就谋划好的，也就是任何一边胜利,他都有对应的策划。

另一个就是司马元显,这个手握兵权的 16 岁小孩趁着他爹喝多之际,假传圣旨,剥夺了他爹的权力,等司马道子从酒醉当中清醒过来时,除了破口大骂之外,毫无办法,因为能管这事儿的皇帝陛下是一个傻子,你找谁说理去?

王恭死后不到一年,399 年,一个叫孙恩的人打着五斗米道的旗号造反,攻城掠地之后伴随而来的是血淋淋的杀戮。《资治通鉴》里记载孙恩等人"掠财物,烧邑屋,焚仓廪","民有不与之同者,戮及婴孩,死者十七八"。不和他们一起造反就杀人家全家,婴儿也不放过。

这群造反派把东晋帝国打了个稀里哗啦,一个主要原因就是这时候的东晋官场上,掌握实权的官员一般都出自名门望族,这些官二代的纨绔子弟平日里高谈阔论,满腹经纶,当政府真的需要他们的时候,他们却这也不会,那也不会了。比如会稽郡的长官王凝之是书法家王羲之的儿子,当他听说孙恩打过来之后,马上躲到密室里,几天之后才出来,对大家说:"吾已请大道,许鬼兵相助,贼自破矣。"我和老天爷关系好,他答应我派鬼兵来帮我们。手下的将领们说,老天爷愿意帮忙自然好,但我们也愿意出城去和老天爷并肩作战,消灭孙恩。王凝之把脑袋摇得如同拨浪鼓,说,不,尔等静观就好。结果一天之内,城就破了,王凝之被孙恩一刀杀了。

倒是他的妻子值得一提,这位夫人手持大刀,让丫鬟驾车,居然在城里杀了几个叛军。被俘虏之后,孙恩面对这位威风凛凛的巾帼,十分佩服,好好招待一番后,亲自礼送出城。这位了不起的娘子军军长在历史上大大有名,她的名字叫谢道韫,是已故宰相谢安的侄女,也是东晋时期著名的女诗人。

据说她小时候,有一天下大雪,谢安对晚辈们说,你们写句诗来形容一下这场大雪。侄子谢朗说:"撒盐空中差可拟。"意思是下大雪看起来就像是撒一把食盐到空中,这是吃货加上厨师的心态,谢安很不满意。这时候谢道韫在一旁轻声说道:"未若柳絮因风起。"就这一句,震惊了谢安,后来又征服了很多文人墨客,有一句成语叫"咏絮之才",说的就是谢道韫。

长大之后的谢道韫本来相中的并不是王凝之,结婚以后,她也从来都不隐瞒瞧不起自己老公的事实。有一次回娘家的时候,她愤愤地说:"不意天壤之中乃有王郎!"世界上怎么会有我丈夫王凝之那样的人!

有资料表明,她本来看上的是王羲之的另一个儿子,就是前面说过的那位乘兴而来,兴尽而去的王徽之。相比王凝之,风流倜傥、洒脱不群的王徽之自然更吸引女孩子,也更有名。

《世说新语》里有这样一个故事,王徽之坐船进京,正碰上名士桓伊从岸上经过,他就派人传话给桓伊:听说您擅长吹笛子,请为我奏一曲。桓伊是谁?出身于名门望族谯国桓氏,当时已经是建威将军,笛子吹得极好,有江左第一的雅号,谢安曾经评价他的笛声"一往而有深情",由此还诞生了一句成语叫"一往情深"。这样的身份,这样的才情,平日里绝对是眼睛朝上,骄傲得很的,但当他听说船上是王徽之,立马下车上船,坐在船头为王徽之吹了一首三调的曲子,演奏完毕,双方不发一言,桓伊恭恭敬敬地上车走人。

从这件事不难看出王徽之当时的影响力之大,在江湖中地位之尊。顺便说一句,桓伊给王徽之吹奏的曲子是他首创,流传到后世,有一个响亮的名字,叫《梅花三弄》。

东晋南北朝时期,为什么很多人名字中有"之"字?

为什么王羲之的儿子,比如王徽之、王凝之、王献之,名字中都有"之"字,莫非东晋时期不讲究避讳?其实不是,为尊者讳一直持续到清末,东晋也不例外。史学大师陈寅恪解释过,王羲之父子名字中的"之"字,代表的是宗教信仰,表明他们是天师道,也就是五斗米道,或者说早期道教的信徒,这个"之"字并不能算作是他们名字的一部分。这就是为什么东晋南北朝时期,社会上有那么多名字带"之"的人,包括北府军将领刘牢之、号称"才、画、痴"三绝的大画家顾恺之、后面要出场的数学家和天文学家祖冲之、为《三国志》写注解的史学家裴松之,还有军事家"白袍战神"陈庆之等,原因大概率是因为他们都是早期的道教徒。

三、桓楚垮台

言归正传,造反派孙恩杀了会稽太守王凝之后,东晋朝廷一片惊慌,这时,一个北府军的低级军官站了出来,并且最终把对方彻底打败,逼死了孙恩。这位军官的名字叫刘裕。

刘裕,字德舆,小名寄奴,东晋帝国的第二位掘墓人,南朝的开创者,363年出生在京口,也就是今天的江苏镇江。《宋书》说此人往上数21代是刘邦同父异母的弟弟刘交,也是当年接替韩信的第二任楚王。很可惜,到了刘裕这一代,刘邦这个金字招牌褪得一点儿颜色没有了,更别说他弟弟了。

刘裕的童年既穷苦又悲惨,一出生,亲妈就死了,亲爹本来想把他淹死算了,后来因为同乡一位妇人恰好奶水充足,靠着这位妇人的无私哺乳才活了下来。穷人家的孩子早当家,稍微长大一点之后,什么砍柴打鱼种地啥活都干,只是一度沉迷赌博,把本来就穷得叮当乱响的破家弄得几乎揭不开锅。当时很多人瞧不起他,只有琅琊王氏的王谧对他说过一句:"卿当为一代英雄。"也不知道王谧当时是顺嘴一说,还是真的看好他,未卜先知,看出了刘裕头上的王霸之气。无论如何,这句话给了刘裕一个希望。

人挪活,树挪死,刘裕把家里东西都折腾光了之后,投奔了北府军。到了孙恩叛乱的这一年,刘裕已经36岁了,在北府军的一个将领孙无终手下任司马,也就是军事参谋。孙恩的造反给了刘裕机会,在对孙恩作战的几年里,刘裕发挥了他的军事天才,几乎是所向披靡,打得孙恩节节败退。402年,孙恩大败之后被迫跳海自杀。

如同王恭之乱成全了桓玄,孙恩之乱也成全了刘裕,他既积累了战斗经验,又赢得了相当高的威望。战后,刘裕成了北府军里相当重要的一员大将。

到此为止,东晋帝国的两位掘墓人,世家子弟桓玄和寒门出身的刘裕终于在各自的战斗中成长起来,历史早已为他们规划好了,让他们一前一后推倒晋帝国。

402年,东晋帝国实际掌权者司马元显过完21岁生日,正是初生牛犊不怕虎,目空一切的年纪,因为驻守江陵的大将桓玄不听话,司马元显就亲自担任大元帅,统率海陆大军,讨伐桓玄。

客观地说,两人都是官二代花花公子,但和桓玄相比,司马元显无疑更差劲。他完全看不出北府军对于这场战争的重要性,在关键时刻,没有做好战前思想动员,结果让刘牢之怀疑打败桓玄之后,下一个就轮到他自己脑袋搬家,因而再一次临阵倒戈,带着北府军背叛了朝廷,投降了桓玄。

收服了北府军的桓玄毫无悬念地赢得了这场战争的胜利,司马元显和他老爹一起被杀。胜利了的桓玄接着杀入建康,大权独揽。刘牢之有一点没猜错,司马元显和桓玄战争结束之时,就是他刘牢之倒霉的开始。因为北府军的实力太强大了,无论谁当权,这支队伍不抓到自己手里,心里都会不踏实。

等刘牢之认识到这一点的时候,一切都晚了,桓玄早已把北府军的兵权抓在自己手里,最终刘牢之被逼走投无路之下上吊自杀。刘裕则由于级别和威望都还不够高,幸免于难,得以在北府军继续干下去。

403年冬天,已经急不可耐的桓玄把司马德宗废掉,自己当了皇帝。

当然，冠冕堂皇的说法是禅让，也就是司马德宗这个连话都不会说的傻子，按照上古记载的仪式，带领百官恭恭敬敬地请桓玄当皇帝，一共请了三次，最后桓玄才勉强答应，哭了一番之后，登上了皇帝的宝座。当然，无论是桓玄，还是你我，都清楚这套把戏就是糊弄鬼的。

新的政权国号是"楚"，后世称之为桓楚，也就是桓玄的楚。

第二年春天，准备好了的刘裕以打猎为名，聚集北府兵残余兵将1700人，在京口举兵，讨伐桓玄。关键时刻，桓玄彷徨不安，拿不出对策，有人对他说，刘裕才一千多人，您还想啥对策，直接派兵就是了。结果桓玄忧心忡忡地说，刘裕是英雄，他手下的刘毅、何无忌也都是英雄，这些人联手，我肯定要失败了，不多想想怎么行。

很明显，这时候的桓玄，和苻坚在淝水之战前草木皆兵的心态是一样的，都是仗还没打，自己先害怕了。主帅是这种心态，结局自然毫无意外。桓玄一败再败，最后只能放弃建康，撤退到他的老根据地江陵，但仍旧没有逃过一劫，404年五月，在他试图逃入西蜀的时候，被益州都护冯迁所杀，年仅35岁，皇帝这份工他只干了六个月。

四、门阀政治的终结

这里就要问一句，为什么桓楚会如此短命？表面来看，是桓玄自己无能，但如果深究，应该跟东晋的门阀政治有关。

古时候有功劳、有权势的家族门口可以立两根柱子，左边的叫阀，右边的叫阅，所以门阀也称为阀阅，是专门用来代指那些地位显贵、传承有序的名门望族。当政权把持在一个或者多个门阀手里，皇帝说话不管用时，这种政治模式就叫门阀政治。

东晋朝廷从王导、王敦开始，到桓玄，政权一直都掌握在几个世家大族手里，其中最重要的家族就是琅琊王氏、龙亢桓氏、颍川庾氏和陈郡谢氏，除了以庾亮为首的颍川庾氏，其他三家前面都介绍过。在这四大家族之外，还有无数的大小不等的名门望族，彼此之间有着各种各样的联系，共同组成了一张网，把东晋罩在了里面。

这样的政治关系，有一个天然的弱点，那就是需要平衡，需要依靠高智商、高情商的政治人才来运用手腕摆平各方关系。以前说的王导、谢安等人就是这方面的天才人物，就是因为这些人，东晋才得以维持百年以上。很可惜桓玄不是这样的人，他既没有这个政治觉悟，也没有这个政治手腕；除了这条路，他还可以学习桓温，以军事胜利的威望来压制各大家族，可是他也不是军事天才。两条路都不行，却还作死篡了位，随后又碰上了刘裕这样几百年才出一个的军事天才，那只能去死了。

桓玄死后，刘裕把司马德宗重新扶上了皇帝的宝座，他本人则大权独揽，成了事实上的东晋宰相。一个寒门出身的人登堂入室，掌握了帝国的相权，这标志着东晋门阀政治的衰落，也正是因为这一点，刘裕也被后世称为门阀政治的终结者。

昙花一现的桓楚政权虽然只有六个月，但桓玄发出的一份诏书改变了中国。这份诏书上的内容是：改简为纸。

从春秋战国到秦汉，中国的各级政府颁布命令的时候，一般用的都是竹简，也称为简牍。虽然东汉的蔡伦已经改进了造纸术，能造出便宜的纸张了，但习惯使然，其后的晋帝国政府仍然继续用竹简。桓玄登基之后，发布诏书说："今诸用简者，皆以黄纸代之。"从这以后，纸张才完全代替了竹简，成为朝廷公文的书写载体。

这件事在当时的中国，可能只是顺应社会的需要，是一件水到渠成的事情，但当时的中国人不会意识到，他们比欧洲人使用纸张早了几百年，并且间接地让延续了几百年的门阀政治彻底退出了历史舞台。

为什么在桓玄发布"改简为纸"这道命令，以及刘裕这个门阀政治的异类执政之后，门阀政治没有卷土重来，死灰复燃呢？

先来思考一个问题：世家大族子弟把持官场的门阀政治为什么会产生？这里面原因有不少，最关键的是，在当时，由官二代和富二代来当官，无论在皇族还是普通老百姓看来，都是既合情又合理。因为当官首先要有文化，至少要识字，最好读过几本书。在那个纸张没有普及，社会上普遍使用竹简的年代，"读过几本书"这五个字，对于普通人来说，就是一道不可逾越的大山，农民老百姓，几个村子里可能都找不出一个认字的人。换句话说，除了官二代和富二代，当时社会上基本都是文盲，文盲自然是不能做官的，那就只能由名门望族子弟来担任官员，这是门阀政治产生的一个重要原因。

这就可以解释，为什么到了后来，尤其是唐朝之后，门阀政治消失了——随着便宜纸张的普及，大家都可以互相抄书了，很多小地主、小富农家里的孩子都可以读书了，随之而来的，就是社会上的文化人增多。这对于皇帝来说是好事，意味着可用之人增加了，因此考试上岗的科举制在隋唐时期自然而然地出现了。老子再厉害，儿子想当官也要考试，而且你完全阻止不了别人家的孩子参加考试，最后的结果就是门阀政治转向了皇权政治。欧洲之所以贵族时代和天主教一统天下的时代那么晚才结束，一个重要原因也是因为他们普遍使用纸张的时间实在是太晚了。

由此可见，西方把蔡伦排在影响世界历史进程的前十名，是很有道理的。

无论如何，东晋的世家大族们在刘裕之后，从历史的舞台上渐渐开始谢幕，唐代诗人刘禹锡的《乌衣巷》可以算作是为这些贵族们写的一首送别诗，全文是："朱雀桥边野草花，乌衣巷口夕阳斜。旧时王谢堂前燕，飞入寻常百姓家。"野草漫桥，夕阳斜照，不知道现在在寻常百姓家飞来飞去筑窝的燕子，还记不记得当年乌衣巷里琅琊王氏和陈郡谢氏家族的辉煌与显赫。

072. 东晋的退场

刘裕在执掌了东晋朝堂的权力之后,野心也随之增大,他决定仿效桓温当年的做法,以军事上的胜利和强大,压制各方势力,于是在准备了几年之后,找了一个借口,对着北方少数族政权举起了屠刀。

一、刘裕北伐

410 年,刘裕率军进攻南燕帝国,南燕随之灭亡。三年之后,他又派大将朱龄石进攻谯蜀帝国,还没等大军进入四川,当时的谯蜀君主谯纵吓得惊慌地逃进一片小树林,上吊自杀了,谯蜀灭亡。又过了两年,416 年,刘裕动员了东晋帝国全国的兵力,进攻盘踞在长安的后秦帝国,这个后秦帝国的创立者是杀死苻坚的姚苌,当刘裕进攻后秦时,姚苌的子孙们正在为皇位打得头破血流,精锐部队几乎全部消耗在内战之中。毫无悬念地,刘裕在第二年的八月,攻陷长安,姚苌的皇子皇孙,全都被送到建康,排着队被杀了。

十余年时间,刘裕带着东晋军队,一口气灭掉了三个少数族政权,还顺便教训了一下比较远的北魏和胡夏国。这样的军事指挥能力,不是一般地强,后来南宋词人辛弃疾在《京口北固亭怀古》里这样称赞他北伐的功绩:"斜阳草树,寻常巷陌,人道寄奴曾住。想当年,金戈铁马,气吞万里如虎。""寄奴"是刘裕的小名,气吞万里如虎,可谓豪气干云。

打开公元417年的地图，可以看到，当时东晋占的地盘极大，史书上说"七分天下，而有其四"，按照毛泽东"宜将剩勇追穷寇，不可沽名学霸王"的教导，这时候的刘裕应该一鼓作气打过黄河去，解放全中国。

事实上，当时北方的少数族政权里，也有一些人有这种担心，比如远在西北的北凉国王匈奴人沮渠蒙逊，就十分害怕。

史书记载，当后秦亡国的消息传来的时候，沮渠蒙逊的一名下属正好来见他，当他看到下属一脸轻松愉快，立刻歇斯底里地喊道：你听见刘裕反攻到关中，心里很高兴，是不是？喊完之后，也不给对方解释的机会，一刀将下属杀掉了。

不过，刘裕并没有继续北上解放全中国，否则历史上也就没有南北朝了。恰恰相反，417年十二月，攻入长安4个月后，刘裕只留下了一万人马驻守长安，自己率领大军东撤，返回了彭城。

不久之后，在胡夏国国王赫连勃勃的进逼之下，刘裕留守长安的将领发生内讧，最后的结果是，长安被胡夏国抢了过去，东晋只保住了潼关以东的领土，多少算是留下了一些胜利果实。

为什么刘裕占领长安之后突然撤军了？关于这个问题争论很多，相关的史料也很多。中国历史进入五胡十六国时期后，因为政权太多，导致史书急剧增加，仅仅是二十四史里，就有五本描写到刘裕，分别是《晋书》《南史》《北史》《宋书》和《魏书》，再加上《资治通鉴》，这六本比较正经的史书，都给出了刘裕撤兵的原因，但说法都不一样。

《南史》和《宋书》说刘裕留守大本营建康的亲信——前将军刘穆之突然病逝，刘裕觉得后防不稳，只好先撤兵，这叫"穆之既卒，京邑任虚，乃驰还彭城"。

《晋书》和《资治通鉴》说是因为手下将领思乡心切，可能是吃不惯陕西的肉夹馍，一心惦记建康城里的咸水鸭和老婆孩子热炕头，原话是"诸将佐皆久役思归，多不欲留"。

《魏书》和《北史》是站在北朝立场上写的，自然不会说刘裕的好话，说刘裕撤兵是为了赶紧回去篡位，他岁数有点儿大了，再不篡就来不及了。《魏书》的原话是"裕志倾僭晋，若不外立功名，恐人望不许，乃西伐姚泓"。

我个人倾向于《南史》的观点，刘裕当时撤兵的原因应该是因为刘穆之在建康突然病逝。

作为一名庶族寒门出身的武将，他当时除了刘穆之，在朝里几乎没有另外的心腹，自然担心有人趁机挟天子以令他这个寒门。撤到彭城，在他的计划中，长安建康两边都可以兼顾，可惜的是，刘裕没想到，守卫长安的大将王镇恶和沈田子等人居然会自相残杀。

二、晋朝灭亡

那么，刘裕有没有篡位的打算呢？当然有，只不过篡位发生在他撤兵的三年之后，事情的经过是这样的：

刘裕撤兵回到建康的当年，也就是418年，晋安帝司马德宗封他为宋公，并赐予九锡，但刘裕并不满意，在第二年的一月，刘裕派王韶之把晋安帝勒死了，立了他弟弟司马德文为帝，这就是晋恭帝。

当年我看到这段叙述，心里产生一个疑问，如果刘裕不想篡位，那么一个傻子当皇帝不是一种皆大欢喜的局面吗？为什么他要杀了司马德宗？如果说他想篡位，从一个傻子手里夺权那不是更容易吗？不管从哪方面看，他都没有理由杀司马德宗，另立司马德文。

后来，我在《资治通鉴》里找到了答案，里面记载了当时社会上流行一个预言，也叫谶语，说"昌明之后有二帝"，"昌明"是晋孝武帝司马曜的字，意思是他之后，包括司马德宗在内，晋朝还要有两个皇帝。这种预言和谣言一样，传来传去，你也找不到谁说的，最后只能归结为老天爷说的，那既然老天爷都说了东晋不能终结在司马德宗手里，刘裕就只能杀了他，再立一个皇帝，然后再篡位。他肯定不能等司马德宗正常死亡，后者虽然智力上有缺陷，但吃嘛嘛香，睡眠质量还特别好，肯定比他刘裕活得长。

我个人觉得，这个预言很可能是刘裕自己搞出来的，尚"有二帝"听起来对他刘裕是一种限制，但逆向思考一下，这何尝不是说东晋还有两个皇帝就完了，从侧面证明他刘裕上台是合理合法，还合乎天道的。

司马德文被扶上皇帝宝座之后，刘裕又被封为宋王，获得了一种特殊待遇，叫作十二旒冕。旒冕是一种帽子，中国有一句成语，叫"冠冕堂皇"，冠就是古代官员戴的帽子，冕就是皇帝或者天子戴的帽子。大家现在看电视，里面皇帝戴的帽子，前面都有垂下来的珠串，那就是旒，如果你按下暂停键，趴到屏幕上细细数一下那个珠串的数量，会发现有12串，如果不是12串，那就是导演不敬业了，因为按照《周礼》的规定，天子旒冕，那一定是12串。所以，刘裕获得了十二旒冕，等于和皇帝平起平坐，到了这个地步，只要他不死，那下一步一定是禅让，这件事在当时那是司马昭之心路人皆知。

420年7月5日，刘裕的心腹傅亮草拟好禅位诏书，入宫逼迫司马德文誊抄。司马德文倒是一点也不扭捏，欣然接受，执笔抄写诏书，并对左右说："桓玄之时，天命已改，重为刘公所延，将二十载。今日之事，本所甘心。"这段话的意思就是，晋朝在桓玄篡位时，就已经失去天下了，因为刘裕这个大功臣，才多活了20年，今天让我禅位，我心甘情愿。两天后，司马德文退居到琅琊王府，百官依次向他行礼告别，晋朝至此彻底灭亡。

以前讲过，曹丕逼迫汉献帝刘协禅让，刘协最后得到了善终，晋武帝司马炎逼迫魏元帝曹奂禅让，曹奂也一直活到死，这些事例也是司马德文这么痛快地交出皇位的原因。然而历史到了刘裕这里，有了变化，刘裕上台第二年就派人用棉被闷死了司马德文，原因是怕有人打着他的旗号来一次复辟。从此之后，中国历史就打开了潘多拉的盒子，前一个朝代的皇帝在禅让之后，往往都在短时间内被杀或离奇死去，这里面就包括了刘裕的子孙。

三、五胡混战

　　刘裕把自己新建立的王朝称为宋，后世的史学家为了把这个宋和后来赵匡胤的那个宋区别，称之为刘宋。刘宋和在它之后的三个江南短命政权齐、梁、陈，合起来是中国历史上的南朝。一句话，420年，南朝开始了。

　　长江以南的叫南朝，很自然地，长江以北的就应该叫北朝。不过，这时候北朝还没开始，北方还是五胡混战的状态。那么，北朝是什么时候开始的？它指的又是哪几个政权呢？

　　这还要从淝水之战说起。

　　当年前秦苻坚在淝水不战而败，一路上风声鹤唳，狼狈地逃回北方。本来胜败乃兵家常事，就像赤壁之战曹操也曾被一把大火烧得差点破产，最后照样在北方称孤道寡，很可惜苻坚不是曹孟德，他的前秦只不过是一大堆少数族的松散联合，政权就如同建造在海边的一个沙雕，平时看着挺漂亮，大水一来，马上就分崩离析。

　　最先离他而去的是原来从前燕投降过来的军事天才慕容垂。虽然是背叛，慕容垂的所作所为称得上有情有义。在苻坚从淝水逃回洛阳的路上，他亲自给苻坚送来了3万兵马，并且恭恭敬敬地把他送到了洛阳，然后一脸诚恳地说，苻天王，您刚刚打了败仗，黄河北边人心不稳，我帮您去慰问一下，顺便再招些兵马来。

　　慕容垂到了北边后，在384年正月，对着召集到的前燕鲜卑遗民，宣布他复国成功，大燕帝国起死回生。为了区别，史学家把慕容垂建立的这个燕国，称为后燕。

慕容垂建后燕就好像是多米诺骨牌的第一块倒了，随后各少数族纷纷自立为国。从这一年开始，一直到拓跋焘在439年统一北方，后秦、西秦、后凉、南凉、北凉、西凉、南燕、北燕、胡夏、谯蜀、仇池、北魏等"国家"建立起来，这还是有名的，其他小门小户，躲起来偷偷摸摸当几天皇帝过瘾的更是不可胜数。

我们这里重点讲两个政权：北魏和后秦。原因是，北魏是北朝的开创者，后秦是杀掉苻坚天王的凶手，并且是五胡里的最后一胡——羌。

羌人分两种，先古羌和后古羌，先古羌在夏商周时期相当活跃，尤其是周朝的时候，因为他们的姑娘比较漂亮，就经常和周天子的家族通婚，是标准的周朝老丈人家族。后来随着平王东迁，离开了西边的陕西，周王室没落了，他们也就跟着没落下来，绝大部分都融入了汉民族，彻底消失。

这里说的后秦，是后古羌建立的，这些人是秦朝之后，从西北进入中原的，主要定居在四川阿坝地区。和其他少数族一样，在汉晋时期，一直备受汉人的欺负，五胡十六国开始之后，因为弱小，他们被称为小羌。族群里面有才能有本事的人，也只能四处依附其他少数族政权，这里面就包括了在苻坚手下打工的姚苌。姚苌干得很不错，淝水之战的时候，已经被封为龙骧将军。

慕容垂建立后燕，关中地区的慕容泓和慕容冲也跟着造反，建立了西燕王国。

在这种情况下，苻坚派了儿子苻叡和姚苌出兵讨伐西燕。可是苻叡不听姚苌的建议，被慕容冲杀了一个回马枪，战死在沙场，前秦大败而归。

姚苌只好派了两个人向苻坚请罪。苻坚命人把使者的脑袋砍了下来。吓得魂飞魄散的姚苌逃到了渭水以北的羌族牧马场，在当地豪强的支持下，收编了五万多户羌族人，在 384 年自称为大将军，建立了后秦政权。

姚苌的这个后秦，一开始的时候，并没有去攻打前秦，说实话，除了他和苻坚还有一丝香火之情外，他还是有点儿怕苻坚，可是这时候的苻坚，已经是英雄末路，西燕的慕容冲更是憋足了劲儿要一雪前耻，既要报复当年的亡国之恨，也要洗刷他作为娈童被苻坚玩弄的屈辱。他给苻坚的一封信里是这样写的："终不使既往之施，独美于前。"意思很直白，你苻坚以前怎么对我的，我也要对你来一遍。

385 年，眼看长安是守不住了，苻坚没办法，带着家人跑出了城。在五将山这个地方，被姚苌手下的大将吴忠抓获，然后押解到新平。

姚苌先是好吃好喝地招待苻坚，只要求一件事，那就是索要秦始皇的那个传国玉玺，但苻坚一边吃肉喝酒，一边轻蔑地说："小羌乃敢干逼天子！"又说："五胡次序，无汝羌名。"这些话的意思很简单，你姚苌和你那个羌族在我眼里什么也不是，想从我苻坚这里拿到传国玉玺，门儿也没有！倒驴不倒架，所谓英雄，不仅是看顺境，还要看虎落平阳的时候，是不是还有那种睥睨天下的气概，苻坚无疑是一个英雄。

有一件事至今不确定，就是传国玉玺这时候究竟是被苻坚藏了起来，还是他也从来没得到过，我们只知道，两百年后，传国玉玺才又重见天日，落到了隋朝老杨家手里。

姚苌知道自己拿不到玉玺了，只好退而求其次，要求苻坚行古代的禅让之事，意思就是举行个仪式，显得他接位是正常的组织程序，可是苻坚这人极其强悍，他先是自己动手砍死了两闺女，然后说你姚苌就是一个叛贼，居然还敢想效仿古人，做梦吧。最后姚苌没办法，只好在佛寺里面用一根绳子勒死了苻坚，一代天王，就此谢幕。

想当年扪虱而谈的王猛，曾经在死之前千叮咛万嘱咐地告诉苻坚，您老人家千万要小心境内的鲜卑和羌，这两族亡我大秦的野心不死。现在苻天王因为鲜卑而国破，又因为羌人而身亡，我们实在要对王猛恭恭敬敬地说一声佩服，这并不是他会算卦，而是他对社会结构有精准的把握，这是极高的政治智慧。

从357年上位，到385年被人勒死，近三十年时间，前秦苻天王声名赫赫，姚苌在杀了他之后，心理压力不是一般大。虽然他对外宣称苻坚是自然死亡，还追谥苻坚为"壮烈天王"，把自己打扮成一个天使的模样，但前秦的将领们自然是不信的，不少人开始以这个为借口举兵攻打姚苌。

姚苌在连吃败仗之后，气急败坏，走到了另外一个极端，史书上说他"掘苻坚尸，鞭挞无数"。可是他做了这些事后，不仅没有缓解心理焦虑，反而更加严重，后来屡做噩梦，梦见苻坚率领天兵天将和无数鬼兵杀入自己的寝宫。终于有一次，他半夜又做噩梦，惊慌地在皇宫内乱跑，大喊着让士兵帮他刺鬼，一群士兵围着他舞刀弄枪，一不留神把他给刺死了。

他死去24年之后，后秦帝国被南朝的刘裕所灭。

073. 南北各成朝

就在前秦、西燕、后秦、后燕互相打得你死我活的时候，在遥远的山西北部，今天内蒙古草原深处，一个弱小的少数族部落悄悄地建立了国家，他们称呼自己的国家为魏，史称北魏，建立者是鲜卑族的拓跋部。拓跋部和建立了前燕、后燕的慕容部一样，都是东北人，只不过拓跋部的起源更远，今天大兴安岭北部的嘎仙洞，被官方认定为他们的祖居。

一、北魏的崛起和后燕的覆灭

早先，拓跋部在其他鲜卑人眼里，就如同五胡在中原人眼里的地位一样，是属于被鄙视的一个部落，既没实力，也没文化，男的都剃光头发，在头上正中的位置留下一撮毛，然后编成鞭子，和老鼠尾巴差不多，比后来东北的女真人看起来还怪异，就因为这个造型，他们又被称为索头部。

在鲜卑人从东北逐渐回到蒙古草原的过程中，拓跋部不敢像慕容部那样，去中原和各位大佬争雄，只能委委屈屈地在今天内蒙古呼和浩特这地方放羊。不过那时候，这块地方也是有人居住的，主要是比拓跋部更弱的柔然和敕勒两个族群。

柔然的先祖也是东胡，和鲜卑人一个祖宗，可是敕勒人就完全不同了，他们白皮肤，蓝眼睛，本来是居住在贝加尔湖附近的。客观地说，柔然、敕勒、鲜卑拓跋部，全都是因为汉王朝打跑了匈奴，才能来到这一片水草丰美的草原上。

其中鲜卑拓跋部的势力最大，柔然就表示臣服，变成了拓跋部的附属，而敕勒人更是直接并入了拓跋部。当时的鄙视链是这样的：中原人看不起鲜卑，鲜卑人看不起拓跋部，拓跋部欺负奴役柔然人，柔然人嘴上不说，心里面是相当鄙视高鼻子蓝眼睛的敕勒人，但敕勒人却从心里认为自己就是鲜卑人。

"敕勒川，阴山下，天似穹庐，笼盖四野。天苍苍，野茫茫，风吹草低见牛羊。"这首几乎每个中国人都会背诵的古诗，原是敕勒民歌，是敕勒人斛律金用鲜卑语演唱，然后又翻译成汉语的。千年之后再读，依旧有一股苍茫雄浑的大漠之风扑面而来，确实是好诗，也是早期鲜卑拓跋人和敕勒人的真实生活写照。

顺便说一句，虽然绝大部分的敕勒人都鲜卑化，然后又汉化了，但还是有一部分敕勒人离开了蒙古草原，很久以后，其回纥部强盛起来，建立了回纥汗国。

在鲜卑拓跋部缓慢迈向农耕文明的进程中，最早建立的国家叫代国，国都在盛乐，也就是今天的内蒙古和林格尔县。就这样一个偏远地区，当年也没逃过前秦苻坚天王的魔爪，376年苻坚灭了代国。当时5岁的拓跋王孙拓跋珪并没有随着大队俘虏迁移到长安，而是在族人的保护之下，留在了盛乐。

到了386年，苻坚去世的第二年，拓跋部终于感觉安全了，15岁的拓跋珪在族人的拥护之下，在牛川，也就是今天内蒙古的乌兰察布市即代王位，重建代国。这一年的四月，改国号为魏。398年拓跋珪迁都平城，随即称帝，后世史学家为了把这个魏和曹操的那个曹魏区分开来，才称其为北魏。

建了国，也当上了皇帝，但不代表着你从此就厉害了，反而麻烦可能更大。自从建国之后，周围的匈奴、鲜卑等少数民族各部落很多政权都开始关注，时刻盯着，能不能把北魏给灭了，甚至连他们的奴隶柔然也蠢蠢欲动。

面对这种情况，拓跋珪的策略是联合同是鲜卑族的后燕慕容垂。经过五年的征战，到了391年，北魏几乎收降了周围所有部落，国力大大增强，但是由于利益关系，他们和后燕也逐渐疏远，终于反目成仇。

395年，由于北魏屡次侵犯后燕的地盘，雄才大略的后燕君主慕容垂忍无可忍，派儿子慕容宝率大军讨伐北魏。可惜的是，纨绔子弟慕容宝在参合陂一战大败，失去了几万名后燕的精锐。慕容宝回去之后，对着老爹哭诉了一番，随后就鼓动老爹慕容垂替他出气，去攻打北魏。

396年，重病在身的慕容垂架不住儿子的一再央求，带病出征，大军走到参合陂，后燕的部队看到去年死难的数万战士，现在只剩下了堆积如山的白骨，这些白骨架子里面，很多都是这批将士的父亲或者兄长，大家禁不住悲从中来，大哭不止。

慕容垂既惭愧又悲痛，一口鲜血吐了出来，病情更加沉重，仗是打不了了，就命令退军。在撤军的途中，慕容垂病死，帝位由慕容宝继承。拓跋珪趁机率领北魏帝国大举进攻，不到一个月，就把后燕帝国所属的华北大平原全部占领。

慕容宝惊恐中跑回了根据地龙城，被慕容垂的舅舅兰汗杀死在龙城之外，结束了他自以为有本事但实际上坑爹的一生。后燕的另一员大将慕容德退到河南滑县，宣布独立，建立了南燕，也就是我们前面讲过的，后来被刘裕北伐灭掉的那个南燕。

慕容宝的弟弟慕容熙是后燕的最后一位君主，那时候后燕已经被北魏打得龟缩在今天辽宁以西的一小块地区，即便如此，慕容熙大少爷照样穷奢极欲。除了残酷剥削人民，草菅人命，慕容熙还是一个变态狂。407年，大将高云造反，杀了慕容熙，后燕灭国，可怜一代英主慕容垂，辛辛苦苦建立起来的后燕，毁在慕容宝和慕容熙这一对宝贝儿子手里。

至此为止，鲜卑慕容部的折腾基本就结束了，至于说《天龙八部》里又出来一个慕容复，说他住在参合庄天天想着复国，历史书上没写。很显然，金庸先生笔下的参合庄是为了纪念慕容氏参合陂惨败而创造出来的。

二、拓跋珪之死

取代慕容氏的鲜卑拓跋氏现在正式成了中原的老大，扛把子，而且他们会比慕容氏走得更远。不过，带领他们走向辉煌的一代雄主拓跋珪却没有落下一个善终，死得相当地窝囊，和当年的楚成王一样，他也是死在自己儿子手上的。

《魏书》上说，拓跋珪晚年的时候，喜欢服食五石散，结果导致性情大变，猜疑心也重了，和大臣一言不合，就动手杀人，到了后来，更是经常对着一间空屋子伸手在空中写字，并且喃喃自语，总结北魏建国以来的各种得失，精神出了问题。

409年11月6日，拓跋珪因为一件小事，把后宫的贺夫人囚禁起来，准备找个日子杀掉，这事儿不幸被贺夫人的儿子，也就是拓跋珪的儿子拓跋绍知道了，这位16岁的少年当天夜里偷偷入宫，一刀捅死了老爹，一代枭雄拓跋珪就此玩完，终年38岁。

拓跋绍的这次杀人，纯属激情杀人，事先也没找人商量如何善后，更没有获得任何大臣的支持，结局就是，他没办法阻止法定太子拓跋嗣继位。

当拓跋嗣走上皇位的那一刻，拓跋绍的命运也就注定了，除了他和母亲贺夫人都被赐死之外，还连累了他的几十名亲信人头落地，年轻人的一腔热血最后化为几声叹息，在历史上连个小浪花都不算。

作为北魏的第二位皇帝，拓跋嗣平平安安地做了15年皇帝，一直到 423 年去世。前面讲的刘裕北伐并且灭掉了前秦，就是在拓跋嗣的任上发生的，北魏当时的策略就是不掺和，甚至乐见其成，他们认为，刘裕打下长安继续北伐攻击北魏的可能性非常小。当时的司徒崔浩，也是北魏第一权臣，对拓跋嗣说，刘裕虽然灭亡了前秦，占领了长安，但他肯定治理不了，最后只能撤兵，我们北魏只要"治戎束甲，息民备境，以待其归，秦地亦当终为国有"。也就是说，陕西那块地方，早晚是我们的。崔浩预测极准，拓跋嗣听了之后大悦，赏赐给他一两盐，十斛酒。

423 年 12 月，拓跋嗣驾崩，他儿子拓跋焘继位成为北魏的第三位皇帝，这就是历史上大名鼎鼎的北魏太武帝。

三、北方的统一

北魏太武帝继位的时候 15 岁，和他爷爷拓跋珪建立北魏的年龄一样，这事儿放在今天好像挺稀奇，但是在古代，少数族的孩子 15 岁已经是足够大了。实际上，从拓跋焘还是个婴儿时，周围人就对他另眼相看，《魏书》里记载，拓跋珪曾经深情款款地看着这个孙子说："成吾业者，必此子也！"14 岁时，拓跋焘就已经被任命为大将军，和慕容宝不一样的是，拓跋焘这个大将军是率领大军在塞北和柔然部落死磕换来的。

你要是问，柔然不是拓跋部的附属吗，怎么就打起来了？这事很正常，自从北魏建国，拓跋人和敕勒人就手拉手地往南方移动，无论是经济还是军事，国家的重心都偏向了南方，北边的柔然族趁势在大草原上开始崛起，强盛起来。逐渐摆脱了拓跋部的柔然对美好生活的向往和当年的匈奴一模一样，而且他们和当年的匈奴一样，除了放羊，别的都不会，精美的衣服、好用的工具，都只能靠抢，自然而然地，北魏和他们就爆发了大规模的冲突。

拓跋焘即位之后，从 424 年到 449 年的 25 年间，13 次亲率大军进攻柔然，扩地千余里，后来又设置了六镇抵御柔然的入侵。结果柔然"怖威北窜，不敢复南""边疆息警矣"，从此之后一蹶不振。

在柔然和北魏打来打去的过程中，有两件事这里要说明一下。

第一件就是诞生了一个传说中的北魏女英雄，花木兰。据说她在抵御柔然的战争中脱颖而出，令很多男人都很惭愧。这事史书上没写，但是木兰代父从军的故事在民间家喻户晓。故事真假先不讨论，有两点是可以肯定的：第一，木兰不是汉人，而是鲜卑人，因为北魏时当兵是鲜卑人的特权，汉人是不能当兵的；第二，她应该不姓花，历史上，她被称为魏木兰、韩木兰、朱木兰等，只是到了明朝的时候，大才子徐文长说她姓花，普通老百姓才众口一词说她姓花，流传至今。

按照我的理解，"木兰"应该是她的姓，因为鲜卑人本来都是复姓，比如慕容、拓跋，姓"木兰"才是最正常的，反而"魏、韩、朱、花"这些姓才显得很奇怪。

另一件事就是拓跋焘为了防卫北方的柔然而建立的六镇，分别是沃野、怀朔、武川、抚冥、柔玄和怀荒。这六镇的作用，和当初汉武帝设立河西四郡是一样的，从西向东，形成一条防护链，保卫着当时的首都平城，也就是今天的山西大同。

只是拓跋焘万万想不到的是，这六镇建立之后，经历了繁荣，衰败，反叛的历程，最后居然形成了影响中国几百年的关陇集团，他们定居在关中，胡汉杂居，互相通婚，此后的西魏、北周、隋、唐将近四百年的中国皇帝都出自这个集团，这是后话了。

《北史·魏本纪》里说拓跋焘心怀"廓定四表，混一戎华"的志向。425年，胡夏国的赫连勃勃一病不起，很快就呜呼哀哉了，拓跋焘毫不犹豫起兵征讨胡夏，最终在430年第二次西征时，灭掉了胡夏。接着，又分别在436年和439年，灭掉了北燕和后凉。

到此为止，北魏太武帝拓跋焘灭掉了除吐谷浑之外的所有北方国家,这个吐谷浑前面说过,本来也是鲜卑慕容氏的一支,不过自从他们定居在青海以西之后,基本上就不参与中原的各种争斗,也不称王称帝,关起门来,自己过自己的小日子,看见中原谁强大了,就跟谁交好,属于典型的骑墙派,老好人。

北魏强大之后,他们马上倒向了北魏,当年胡夏国赫连勃勃的儿子赫连定被北魏打败,走投无路的时候,就是被吐谷浑的头领慕容慕瑰抓住,捆成粽子,送给北魏的。对于这样一个又听话老实,又地处偏远与世无争的人,拓跋焘也没有兴趣去讨伐了,他的地盘已经足够大了。

顺便说一句,吐谷浑这个左右逢源的法门,确实保证它长命百岁,后来它又归顺了唐朝,一直到了公元663年,才被迅猛崛起的、人狠话不多的西藏吐蕃一顿乱拳,打得吐血而亡,这是后话了。

就这样,439年,北方中原地区重新归于统一,新的王者名字叫北魏,五胡十六国时代彻底结束,中国北方进入了北朝时代,和长江以南,刘裕建立的刘宋南朝遥相呼应。从这一年开始,南北对峙的局面持续了170多年,这段时间在中国历史上就称为南北朝。

四、北魏的汉化

现在回过头来看,从匈奴人刘渊在304年建立前赵算起,五胡十六国时代大概持续了136年。在这期间,中国北方被祸害得极其悲惨,经常是一个少数族的狠角色拉起一支军队就建立一个国家,封侯拜相,横征暴敛,穷苦百姓刚刚把财物交出去,还没搞明白这皇帝姓什么叫什么,政权已经垮台,下一个,或者几个更凶残的帝国又建立起来。

那么,为什么这些政权都不能长久?这有很多具体原因,比如说后赵的石勒不会教育后代,儿子们不是为了皇位打得头破血流,就是穷奢极欲,自毁长城;再比如前秦的苻坚在根基不稳的情况下,盲目扩张,最终一场失败就导致政权土崩瓦解等。抛开这些具体原因，我们也许会发现，五胡政权的稳定和能达到的高度，其实和他们汉化的程度是有关系的。

汉化就是汉族化、汉人化，也就是向中原的汉人学习，融入对方。为什么不汉化的政权就不能长久？究其根本，民以食为天，还是吃饭问题。五胡原来是一群以放牧为生的少数民族，他们的那种生活方式，能养活的人很有限，往往一大片水草丰美的草原，仅仅分布着三四家人。现在来到中原，抬头一看，好家伙，一个村子里密密麻麻地住着几百上千口人，怎么可能还按照草原上放牧那样的方式管理百姓，养活所有人？别说中原老百姓根本就不会放牧，就算全都是放羊的高手，你又到哪里能找到可以养活上千万人口的草原？

很自然地，要想统治中原这些老百姓，让他们吃饱饭不造反，只能按照汉族传统，走农耕文明之路。经济基础和生产方式决定了上层建筑，老百姓用农耕文明才能养活自己，那就逼着统治阶级要按照农耕文明的模式来治理国家，所以，五胡的统治者们必须适应这种新的社会环境，向农耕文明演变，也就是必须汉化。

实际上，很多五胡的君主们早就看到了这一点，前面讲过，石勒、苻坚等人对于汉民族的学问和知识非常崇拜，"一月而三临太学"，修家谱，修祠堂等，不可谓不虔诚。不过，若是论汉化最彻底的，无疑是这个又一次统一了北方的北魏政权。

北魏的汉化努力和其他政权一样，都是一进入中原就开始了。创始人拓跋珪在汉人崔宏的鼓吹之下，一上台就解散了按血缘关系划分的鲜卑拓跋各部落，强迫大家按照居住地重新编排归属，这叫编户齐民，想当年商鞅就是搞这一套起家的，是农耕文明的基础。

拓跋珪的儿子拓跋嗣即位之后，北魏就开始"祀孔子于国学，以颜渊配"，也就是在首都平城附近建造大学，给孔子建庙立像，并且把他的大弟子颜回也拉进来陪着享受香火。我们不能小看了这件事，从汉武帝独尊儒术开始，这是第一座在山东曲阜之外的孔子庙，还是由当时连文字都没有的鲜卑拓跋部建立的。

等到了拓跋焘上台，除了继续尊师重教，他还开始在政治上依赖汉人，对于那些和他一起打天下的、大字不识一个的少数族兄弟们，他的策略是好吃好喝地养起来，豪宅、美女、爵位要什么有什么，就是不给你实权，反而李顺、崔浩、李孝伯这些汉人先后掌握朝廷大权。

431 年，拓跋焘更是凭借着同年打败了刘宋的威势，一次性地把关东地区的范阳卢氏、博陵崔氏、赵郡李氏等名门望族的几百名汉族知识分子，强行迁移到平城，让他们当官。

你要是说，这是好事啊，那我要告诉你，还真不一定，因为北魏当时的官员是没有工资的。当官应该享受俸禄，由政府发工资，这是汉人早就有的概念，在秦朝时就已经形成了完善的制度保障，可北魏这帮大老粗当时并不明白这个道理，政府不发，官员也不要。你要是问，那一家老小怎么生活？这帮鲜卑人会像看着外星人一样看着你，然后反问一句，难道你出门不抢劫？

是的，一直到后来的孝文帝改革之前，北魏的所有官员都是依赖抢劫、贪污和皇帝随意性的赏赐来获取财富。换句话说，他们都是浮动工资，就看拳头硬不硬。

不过虽然当官没有薪水，但至少是有了出去抢薪水的权力，而且是法定抢劫的权力。这样一来，拓跋焘如此重用汉人，给他们权力，就引起了鲜卑贵族的不满，发展到最后，就导致了北魏最大的"国史案"。

事情是这样的，拓跋焘统一北方的进程里，有一个汉人很重要，他就是崔浩。崔浩出身于关东的名门望族清河崔氏，上知天文下知地理，诸子百家，无一不精，非常有才，拓跋焘多次公开说道："前后克捷，皆此人导吾令至此也。"我拓跋焘打的这些胜仗，都是崔先生引导的。他还对群臣说，凡军国大计，你们不知道怎么办的，就去问崔浩。

439 年，北方统一这一年，志得意满的拓跋焘让崔浩修撰北魏的历史，简称"国史"，叮嘱他"务从实录"。接到命令之后，崔浩带着人兢兢业业地奋斗了近十年，终于编写出一套翔实而且没有虚假的北魏历史。他非常自豪和骄傲，人这种动物，心里一飘飘然就容易出事，在别人的忽悠之下，崔浩脑袋发热，就把刚刚写成的这套国史和自己写的"五经"注解刻在石碑上，立在广场正中，让老百姓随意观看。

谁知这部"国史"涉及鲜卑拓跋部早期丑陋的历史，一些伦理上的恶行，比如娶了自己姨妈这样的事儿，原本可能算是拓跋部的习俗，可现在他们学习了汉族文化，也知道是见不得人的，现在崔浩公之于众，等于是扯掉了北魏老祖宗们的内裤。北魏贵族们终于等到了机会，马上群起而攻之。拓跋焘也很愤怒，让你"务从实录"，那是说你千万别把功劳落下，谁让你写这些乱七八糟的玩意？而且居然把朕还没审阅的，本来只是给皇亲国戚当参考的国史拿去给所有老百姓看，"公告天下"，是可忍孰不可忍！

就这样，450 年，69 岁的崔浩以"欺君罔上，宣扬国恶"的罪名被判族灭，全族的人都被杀了。

在君权时代，崔浩因为这件事被杀，是很正常的，不过其中也有疑点：

其一，株连的范围实在是太广了，当时被判族灭的不仅仅是清河崔氏，受到牵连的还有范阳卢氏、河东柳氏和太原郭氏，他们都因和崔氏有亲戚关系而被连累，最后死者达 300 多人。

其二，为什么崔浩有那么大的胆子，有那么长的时间从容地刻完石碑，然后才被治罪杀头，这期间拓跋焘和北魏朝廷干什么去了？所以，这更像是一种有意的纵容，或者说阴谋，似乎是以此为借口，打击了当时的汉人豪强和官宦家族，他的目的应该是在重用汉人士大夫之后，再安抚一下鲜卑拓跋氏的贵族们，毕竟他们才是北魏的国之根本。

顺便说一句，国史案的主审官居然是这部国史的主要编写者汉人高允，在他的偏袒之下，很多汉人都逃过了一劫，这也从另一个侧面说明，拓跋焘搞出这个案子，其实是在汉人和鲜卑贵族之间玩的一次平衡，并不是真的追究"宣扬国恶"。

杀了崔浩后，拓跋焘的生命也走到了尽头，452 年，这位雄才大略的北魏皇帝被自己宠信的太监杀死在皇宫里，终年 44 岁。

关于他被杀，《魏书》和《资治通鉴》的记载比较一致，太监宗爱因为和太子拓跋晃不合，就挑拨拓跋焘逼死了拓跋晃，可是慢慢地拓跋焘认识到自己错了，儿子其实没什么大逆不道的行为，就很后悔，史书里说，"知太子无罪，甚悔之"，每日里长吁短叹。太监宗爱因此很害怕，担心哪天皇帝会杀了自己给太子报仇，所以，他决定先下手为强，抢先一步，杀死了拓跋焘。

074. 北魏冯太后

北魏朝廷在拓跋焘死后，经过了一系列的权力斗争，最后文成帝拓跋濬成功上位，在他掌权的十几年，除了努力搞生产建设之外，最出名的一件事，就是在今天山西大同这个地方开始挖洞窟，建造佛像，这就是后来大名鼎鼎的云冈石窟，中国佛家四大石窟之一。

一、崇佛与灭佛

北魏皇帝为什么要给佛祖造石像呢？

我们今天说起中国的传统文化，不外乎儒释道三家，"释"就是佛教。前面说过，发源于古印度的佛教是在东汉时期从西域进入中国的，但是真正得到统治阶级和普通老百姓的重视，那就是五胡十六国和南北朝时期了。

统治者重视的原因是，佛教和他们一样，都是外来户，面对犹如庞然大物一样的中原文化，这些少数族往往很自卑，而信奉同样外来的佛教多少能让他们得到一丝心灵安慰，有一些人甚至把佛教当作自己的文化在中国到处宣扬。

当然，还有一个原因就是那时候从西域过来传法的佛教徒往往都是魔术师，能够表演各种各样的神通，什么水盆子里变出莲花，光着膀子弄出几条蛇来等，相当神奇，石勒、苻坚等人几乎都信奉佛教。

老百姓信教的原因只有一个：天天活在战争阴影里，担惊受怕的日子一过就是一百多年，实在是太苦了，而中国本土没有那种可以把希望寄托在来世的宗教，佛教的六道轮回和这期间出现的往生西天的学说，一下子就填补了这个空白。

佛教让大家总算明白了，这辈子的苦是因为前面几辈子的因，或者说"业"，而这辈子忍耐一下，来世就会好多了；就算去不了西天，也修不成佛，但也许可以得到福报，转世成一个富家翁，"岂不美哉"。

到了北魏的时候，佛教在中国终于达到了偶像崇拜的高潮，很多人都会弄个佛祖或者菩萨的雕像，没事的时候磕个头，拜一拜。帝王们有的是钱，如果和老百姓一样，弄一个巴掌大的雕像来拜，他们觉得太寒酸了，俗话说心诚则灵，花的钱多才算是有诚意，于是，北魏的帝王们只要手里不缺银子，就挖洞造佛像。中国著名的四大佛教石窟中，云冈石窟和龙门石窟都是北魏皇帝亲自下令建造的，剩下麦积山石窟和敦煌莫高窟是十六国时候开始建造，后来在北魏时期得到大规模的扩建，这些人可谓是下了血本。

其实同一时间，由于文化的交流，南方对佛教的重视比起北方也毫不逊色，所谓"南朝四百八十寺，多少楼台烟雨中"的盛况，那都是真金白银换来的。而且还因为佛教有唱经，也就是梵呗这种音乐形式，催生了韵律诗，南朝的诗歌创作乃至后世大名鼎鼎的唐诗，与佛教的梵呗不无关系。

在这一期间，佛教也出了很多著名的人物，有公认的"东方圣人"释道安大师、中国佛教八宗之祖鸠摩罗什、宣扬死后去西天的净土宗创立者慧远大师，还有先于唐僧去西天取经的法显老和尚等。毫不夸张地说，佛教虽然盛于唐朝，但成长最快，普及最迅速的时代就是在十六国和南北朝时代。

不过，福祸相依，佛教寺庙建得太多，僧人们的待遇太好，很多老百姓就都跑去出家了，严重地影响了社会生产，还催生了大量假和尚。

446年，拓跋焘因为在长安的寺庙里看见有些和尚居然喝酒吃肉私藏妓女，甚至藏有兵器，一气之下，下令砍掉所有僧人的光头，烧掉所有寺庙。

在他之后，大概每隔百来年，总有一位皇帝出来和僧人们作对，分别是北周武帝、大唐武宗和后周柴世宗，行动也不外乎是杀僧人、烧经书、毁寺庙，这三个人和北魏的太武帝拓跋焘合起来，在中国历史上被称为"三武一宗"灭佛行动。

当然，僧人们的称呼是"三武一宗法难"，立场不同，名字也不同，但它作为中国佛教历史上的大事，是确定无疑的。

灭佛也好，法难也罢，为什么它的周期是百年左右？答案也不复杂，这些君主们并不是吃饱了撑的，一定要和佛教为难，一些僧人花天酒地的行为他们也不一定在乎。最深层的原因是那时候的中国佛教徒还秉承印度释迦牟尼老师的教导，坚决不劳动，不种田不生产，不服兵役不交税。皇帝们打仗征不到兵，国家发展找不到劳力，那自然是很生气的，而一百年恰恰是一个周期，距离上一次打击一百年左右，寺院的财富以及僧人的数量往往会达到一个君主无法容忍的地步，那就屠刀一举，疯狂灭佛，然后再放下屠刀，让你修佛。

这种事情"三武一宗"重复了四次之后，佛门伟大的禅师百丈怀海横空出世，制定了中国佛教的清规，从此之后，大多数僧人都要种地生产养活自己了，在那之后，政府主导的大规模灭佛活动才算是绝迹。

以上就是佛教在南北朝时期的一个概况，如果你有兴趣，可以在一些音频平台上去听听我的《佛门史话》专辑，讲得比较详细。

二、冯太后的政变与改革

北魏文成帝拓跋濬虽然一心向佛，修建了云冈石窟这样的佛像群，但一个人的生死并不是一世的因果就能决定的，465年，年仅25岁的他撒手人寰，驾崩在平城，把他那个在后世相当有名的老婆孤零零地留在了世上，这就是冯太后。

历朝历代，姓冯的后宫女人非常多，但只要提起冯太后，我们都知道，说的就是拓跋濬的老婆。她和她一手带大的孙子前赴后继，对胡汉大融合，对北魏最终成为历代儒家知识分子认可的北朝，做出了巨大的贡献。

拓跋濬去世后，冯太后整整哭了两天，到了第三天，大家按照习俗要把拓跋濬生前用过的东西烧掉，就在大火点燃的时候，冯太后忽然冲入火堆，想要殉葬，周围的拓跋贵族赶紧上前，把她救了出来。

按照我们的猜想，如此情比金坚，冯太后肯定是守寡一生，金光闪闪的牌坊都要立上无数座。可是，冯太后不按套路出牌，殉葬失败之后，她从此就像变了一个人似的，一直到49岁去世前，始终风流韵事不断，甚至看上过南朝那边来出差的年轻官员，《魏书》上说"奉使至魏，太后遂私幸之"。不过，谁也不能因此否认她在政治上眼光之独到和手腕之高明。

守寡第一年，年仅24岁的冯太后就突然发动政变，杀死了大权在握、准备谋反的丞相乙弗浑，帮着11岁的小皇帝献文帝拓跋弘守住了江山。

467年，拓跋弘当上了爹，有了第一个儿子拓跋宏。父子俩名字写法不同，发音一样，我个人猜想，在南北朝的时候，这两个汉字的读音有可能并不一样，为了区分，下面称呼这个拓跋弘为献文帝。

26岁的冯太后当了奶奶，虽然是名义上的，但也是非常高兴，她把政权都交给了献文帝，自己一心一意抚养大孙子，史书上说，太后遂"罢令，不听政事"。

献文帝在掌权之后的第三年，找了一个理由，把冯太后的情人李弈杀了。李弈据说仪表堂堂，文采斐然，原本深受冯太后宠爱，现在被杀了，《北史》说"太后不得意"，非常不高兴。

献文帝杀李弈的原因，有人说是政治理念冲突，也有人说是妒忌，正经史书上讲得很含糊，也不必细究，只需要知道，李弈的死，再加上和献文帝的权力之争，让冯太后决定再次出山。而这，导致中国历史完全改写。

471年，冯太后通过巧妙的政治手段，让献文帝选择了退位，把皇位让给了他的儿子拓跋宏，《魏书》上说，"上迫于太后，传位太子"。这一年，北魏政坛就出现了很奇异的景象，不到5岁的皇帝，年仅17岁的太上皇帝，和手握大权的30岁的太皇太后。

又过了五年，冯太后再一次率先发难，软禁了献文帝，不久之后，献文帝一命呜呼。后世史学家一般认为，是冯太后毒死了他。就这样，476年，经过一系列变故，冯太后独掌大权，带着9岁的孙子开始了对北魏长达15年的统治，她的这个孙子就是北魏孝文帝拓跋宏。祖孙两个一共掌权24年，对北魏进行了最彻底的改革和汉化，史称"孝文帝改革"，或者"太和改制"。

任何成功的改革，都是从解决实际问题入手的。冯太后是一个实干家，她解决的第一个问题就是发工资。

前面说过，北魏官员没有工资，打仗的时候抢敌人，平时就抢老百姓，所以北魏的农民起义是历朝历代最频繁的，建国初期的20年里，大概有80多次。面对这样的情况，冯太后宣布了"班俸禄"诏书，规定以后实行汉人的官员等级制度，朝廷按照品位给大家发工资，谁私下里再去贪污抢劫，一律法办，这让北魏这个半军事化的政府彻底转向了官僚制度，而官僚制度是帝国稳定的基石之一。

第二个问题是社会上闲散人员和大量荒地并存，冯太后的策略是实行"计口授田""均田令"和"租调制"。具体措施很详细，我们这里略过,简单说就是:国家给你土地所有证,用武力保证你祖祖辈辈拥有这块土地,同时,你给国家交税,而且,你种的地越多,每亩地你需要交的税就越少。

一时之间,东北亚地区开始了有史以来最热烈的圈地运动和农业大生产运动,无数胡人从北方涌入中原,羊也不放了,牛直接拉过来种地,胡汉杂居通婚的现象变得极其普遍。

对于北魏政府,这项改革的最重大意义就是让政府有了稳定的、庞大的税收来源,等于是建造了一个聚宝盆。你要知道,比起抢劫这种费工费时还有风险的原始敛财手段,收税的效率高得多了。

第三项改革叫"三长制",五家为一邻,五邻为一里,五里为一党,邻、里、党各设一长,合称"三长"。一句话,北魏的"居委会"诞生了。大家千万别小看"居委会",它的用处是巨大的,既能保证基层的稳定和高效率,还可以抑制乡和村这一级的土豪恶霸,甚至对于疫情、天灾等各种事件,它也能发挥出巨大的效力,让中央政府省时省力。

490年,49岁的冯老太太去世了,谥号是文明太后。她这一辈子,算得上是精彩绝伦,以一个汉族妇女、鲜卑寡妇的身份,稳定了北魏王朝的局势,并且使北魏在政治上全面汉化,采用中华帝国的治理方式。

可以这样说,北魏后来之所以被称为北魏,冯太后是起了很大作用的,而且她个人生活十分简朴,饮食和服饰都以清淡、淡雅为主,杜绝浪费,对下人更是出了名的宽容。

据说她有一次喝粥,在粥里面居然发现了一只二寸长的虫子,下面伺候的侍女和厨子吓得体如筛糠,以为死定了,结果冯老太太只是笑笑,让他们下次注意就完事了,这种大度在古代帝王中相当少有。

三、孝文帝的全面汉化

孝文帝拓跋宏在冯太后死后就开始亲政，他从小是被奶奶冯老太太带大的。你要是问，为什么不是他娘把他带大，答案也简单，他一出生，娘就死了，不仅仅是他，北魏从第二代皇帝拓跋嗣到他为止，六个皇帝都是一出生娘就死了。

原因是，当时北魏的制度是子贵母死，儿子一旦被立为接班人，亲生母亲必须被处死。

这一条规矩是开国皇帝拓跋珪制定的，因为拓跋珪当年上台依赖的是母亲家族贺兰部和老婆家族独孤部，后来尾大不掉，花费了很大力气，才把权力从这些家族手里收回。痛定思痛，为了防止皇帝母系一族干政，拓跋珪亲自逼死了母亲贺兰太后，又赐死了自己孩子的娘、太子拓跋嗣的亲妈刘皇后，给北魏皇族制定了这么一条残忍的规定。

这个制度一直到 512 年才废止，实行了 100 多年。纵观历史，其他王朝虽然偶尔也有人这么干，比如据说汉武帝立刘弗陵为接班人，赐死了钩弋夫人，但那都是暗地里做的，也不会直说，需要另外找一个借口。只有北魏这群野蛮人，才会这么赤裸裸地规定子贵母死。

拓跋宏从小是被冯太后当成一个汉人来教育的，诸子百家，词文典籍，全都学了一遍。这种影响大到什么程度呢？冯太后去世时，拓跋宏大哭了五天，还要按照汉人礼仪守孝三年。守孝三年是儒家最重要的仪式，在守孝期间，要停止一切娱乐活动，不能饮酒、请客、看戏，鲜卑人从来没有这些要求说法，大臣们自然是反对的，虽然最后拓跋宏也没有守孝三年，但等于是对外宣告，我的基本国策，就是在文化和思想上全面汉化。

在随后的一年里，他建造明堂，建立太庙，祭祀尧、舜、禹、周公、孔子等汉人先贤，按照魏晋的九品中正制考核官吏，以前汉人皇帝做过的事情，他大多做了。

拓跋宏继位三年后，493年，他宣布南征，要去攻打南朝的萧齐政权。

皇帝要去打仗，那兵力肯定不能少了，下面的人一顿忙活，一切准备好了之后，拓跋宏带着文武百官和百万大军就渡过黄河。到达洛阳的时候，正好赶上秋雨连绵的季节，大家在泥泞的道路上行军，苦不堪言，就说，陛下，这个季节，这种天气，咱能不能不去打什么萧齐，北方这么大的地盘，足够住了。

这时候拓跋宏把马鞭一挥，说不想南征也行，我们把首都从平城迁来洛阳。要是不迁都，就跟着朕去打仗，反正出来一次，不能光游山玩水什么也不干。

迁都就是搬家，干点力气活总比在沼泽泥坑里和敌人打仗，随时送命强得多，这笔账大家还是算得过来的。

就这样，494年，北魏首都正式从平城迁到洛阳。

这件事意义很大。自古以来，中国人就认为洛阳是天下的正中央，所谓"居洛阳者，天下之中也，是为中国"。迁都洛阳后，至少从地理上来说，北魏算是正式入主中原，而且，当时的洛阳也是中华文明集大成的一个城市，拓跋宏甚至觉得每天的呼吸都有了文化味。

让大臣们没想到的是，迁都洛阳仅仅是拓跋宏宏伟计划里面的第一步，接下来，真正的折腾开始了。同一年年底，孝文帝下令，以后无论是朝廷还是民间，无论是鲜卑还是其他民族，都不允许穿少数族服装了，一律改穿汉服。

495年，拓跋宏又一连下了两道诏书，第一道是说官员们开会的时候要说汉语，30岁以上的可以有一段时间的缓冲期，30岁以下的今晚回家就去学，明天上朝就要开始说汉语，诏书上说："不得以北俗之语，言于朝廷，若有违者，免所居官。"学不会汉语，就请回家种地。

另一道诏书是要求搬到洛阳的鲜卑人一律改籍贯，报户口的时候，不能写东北的那个嘎仙洞了，要写河南洛阳，死了之后一律葬在洛阳。

这两道诏书引来一片不满，但是28岁的年轻皇帝正值年富力强，加上从奶奶冯老太太那里继承的政治资源和手腕，反对派根本就不是对手，转瞬之间，两道命令都被贯彻执行下去。至于说新首都的建设，宫殿的式样，如何修建太学太庙等，自然全都是按照汉朝的规矩办。

服装、语言、籍贯都改了，按说可以了吧？不，拓跋宏晚上回家对着镜子一照，觉得自己的这副长相还不行啊，一看就是胡人，和汉人相貌差得忒远了。怎么办呢？那时候整容业还不发达，拓跋宏就想到了和汉人混血的办法。

史书上说他大力提倡和汉人通婚，自己带头娶范阳卢氏、清河崔氏、太原王氏等汉人士大夫的女儿，希望给自己生个长着汉人脸的后代。

样貌变了，可是"拓跋"这个姓氏还是让人一听就是少数族，怎么办？改姓！496年正月，拓跋宏下令，改鲜卑的复姓为单个字的汉人姓氏。就这样，"拓跋"这个延续几百年的姓氏不复存在，被他改成了"元"，所以，后世史学家从这时候开始，就称呼他为"元宏"。另外，"步六孤"改为"陆"，"独孤"改为"刘"，"贺楼"改为"楼"姓等。

在孝文帝的不断折腾之下，鲜卑人的汉化迅速而彻底，洛阳的汉文化居然保存得比继承了东晋衣钵的南朝还要好，看起来更像是汉文化，以至于后来南梁的著名将领陈庆之看到洛阳的繁华景象之后，发出了一句著名的感慨："比至洛阳，乃知衣冠人物尽在中原，非江东所及也。"洛阳比我们江南更像汉人正统。

上面的这些内容，基本上就是北魏"孝文帝改革"的主要内容，留下一个"分定姓族"我们以后再讲。

如何评价他的改革呢？积极的一面是促进了民族大融合，从此之后胡汉的界限逐渐消除，一直到彻底消失。不仅仅是鲜卑族，还包括了匈奴、羯、氐、羌，这些折腾了100多年，建立了无数政权的五胡，在随后的几十年里，就像雪花落在湖面上，消失得无影无踪，成了汉民族的一部分。

在中国历史上,一个政权能被称为"朝",是一件很了不起的事情,这相当于后世中国人承认你政权的合法性,可以代表某个时期的中华文明。当年刘备折腾了一辈子,还有一个叫刘邦的祖宗,他的政权也只是被称为蜀汉,不能称为朝。现在绝大多数历史学家,都把来自东北深山老林,说着不同语言,穿着不同衣服,有着不同习俗的鲜卑拓跋氏建立的北魏政权称为"北朝",很大一部分原因就是,孝文帝做了这些改革,推行了这些民族融合的政策,使得他们成了后世中国人的祖先,今天后世中国人的血液里,也流淌着他们的基因,这个和我们尊重治水的大禹为祖先差不多是一样的。

我个人认为,拓跋宏之所以搞出了这么大动静的改制,有一个重要原因就是他对汉文化,甚至是汉人的一种偏爱,这种偏爱已经到了如痴如狂的程度。

075. 帝王多奇葩

拓跋宏偏爱汉文化，爱屋及乌，对南朝派来的使者大加赞赏。

南齐曾经派了两个使者萧琛和范云来见拓跋宏，拓跋宏和他俩相谈甚欢，事后便反复对北魏大臣们说："江南多好臣。"南朝的臣子们可真是好啊，气得大臣李元凯浑身发抖，高声回答说："江南多好臣，一岁一易主。江北无好臣，百年一易主。"拓跋宏当场面红耳赤，下不来台，因为李元凯说的是实情。

一、元嘉之治

相比于政权稳定的北魏，南朝的宫廷几乎就是屠宰场，能得到善终的皇帝极少。按照《南史》《资治通鉴》等史书记载，他们做出来的事情，一个比一个不要脸。当然，皇权非正常更替的情况下，上一个皇帝被一定程度被抹黑是一定的，南朝恰恰是皇权非正常更替最普遍的时代，所以，这些人的不要脸程度可能有夸张的成分，我们看史书的时候需要留意一下。你要是说难道不能抽丝剥茧，完全找出真相还给历史人物一个清白吗？我的回答是，大的事件也许可以，有些小事几乎是永远不可能知道真假了，这就是为什么美国史学家杜兰特会说，大部分历史都是猜的。

所谓南朝，其实包含了东晋之后的四个朝代，依照登场的时间顺序，分别是刘宋、南齐、南梁和南陈，简称宋齐梁陈。前面说过，420年，气吞万里如虎的刘裕篡了东晋的江山，建立了刘宋政权，标志着南朝的开始。

刘裕临死之前，拉着四位托孤大臣的手，恳请他们念在君臣的情分上，一定要尽心竭力地辅佐他儿子刘义符。这四个大臣分别是司空徐羡之、尚书仆射傅亮、领军将军谢晦和兖州刺史檀道济。这几个人当时指天发誓，永远效忠新皇帝刘义符，可是仅仅过了两年，也就是424年，继位的刘义符先是被废，接着就被杀了。做这件事的，正是这四位辅政大臣。

按照《资治通鉴》的说法，刘义符"居丧无礼，好与左右狎昵，游戏无度"，极度贪玩，沉迷于歌舞游戏，不理朝政，于是辅政大臣徐羡之和傅亮认为这皇帝不能要了，在另外两位大臣的默许之下，发动政变，杀掉了刘义符，迎回宜都王刘义隆，做了新皇帝。

按理说，一个18岁的少年皇帝贪玩，辅政大臣应该好好劝导，怎么说杀害就杀害了？这里有一个线索，当时有一个大臣，给刘义符写过一个奏章，里面有一句是："时在后园，颇习武备，鼓鞞在宫，声闻于外。"也就是说，刘义符在后宫训练军队。为什么会训练军队，史书里说，这是因为刘义符贪玩，可是这事也可以有另一种解释，那就是少年天子想要从大臣手里夺权，只是行事不密，最后失败被杀，还被戴上一顶贪玩的帽子。

不过徐羡之和傅亮等人也没高兴太久，刘义隆继位的第三年，也就是426年，新皇帝宣布以弑君的大罪追捕徐羡之、傅亮和谢晦三人。徐羡之自己抹了脖子，另外两位反抗之后都被抓住杀了，可怜的傅亮作为当年拥戴开国皇帝刘裕上位的第一功臣，没有落个善终。

新皇帝刘义隆为什么要杀他们呢？答案太简单了，你们几个发过誓要忠于刘义符，最后居然以"贪玩"这种莫须有的罪名害死了他，我在朝廷上的根基还不如哥哥刘义符，我怎么知道你们将来不会给我也来一顶同样的帽子？正所谓先下手为强，后下手遭殃。

刘义隆在不动声色之间，除掉了这几位自鸣得意的辅政大臣，从这件事可以看出，他的能力很强，他也在随后将近30年的时间里证明了这一点。他在统治期间，采取了劝学、兴农、招贤、整顿吏治等一系列措施，让老百姓休养生息，经济文化都日渐繁荣。史书上说："凡百户之乡，有市之邑，歌谣舞蹈，触处成群，盖宋世之极盛。"老百姓的日子很好，是东晋南朝国力最为强盛的时期，史称"元嘉之治"。

文治不错，不代表武功也高。刘义隆在430年、450年和452年三度出师北伐，攻击北魏，都是一脚踢到铁板上，连踢三次都以失败告终。最惨的一次，导致北魏拓跋焘在反击的时候长驱直入，直抵瓜步，由此还诞生出一个成语，叫"饮马长江"，造成了刘宋江北地区急剧萧条，从黄河到长江，中间五百公里都成了战场缓冲区和无人区，可以说千里无人烟。

南宋辛弃疾在一首词中写道："元嘉草草，封狼居胥，赢得仓皇北顾"，讽刺的就是刘义隆牛气熏天地去北伐，结果被人打得仓皇逃窜。

虽然如此，在南朝皇帝里，刘义隆还是应该算相当不错的一位，不过他怎么也想不到，自己最后会死在亲儿子的手里。原来，太子刘劭害怕夜长梦多，就用扎小人的办法诅咒他爹早点儿去死，事情败露之后，一向果决的刘义隆在废不废太子这件事上却犹豫了，左思右想，刘劭在害怕中，不想再等下去了，就联合同父异母的弟弟虎头一起造反，闯进宫去，让部下杀死了亲爹刘义隆。

史书上说，宋文帝刘义隆当时举起板凳抵挡儿子们的钢刀，手指头都被砍掉之后，又挣扎了一番才倒地身亡，也算是英雄了得，只是闭上眼睛之前，肯定伤心欲绝。

二、帝王多奇葩

刘义隆死后，刘劭随便找了两个人顶罪，说我爹就是你俩杀的，然后砍了两人脑袋,自己坐上了皇帝宝座,但纸里包不住火,事情的真相很快传了出去。刘义隆的第三个儿子,手握兵权的武陵王刘骏马上起兵,讨伐哥哥的大逆不道,说"生民以来,未闻斯祸"。他说的是对的,从秦始皇建立帝制以来,刘劭是第一个杀了老爹走上皇位的。很快,失去人心的刘劭和虎头就被抓住,随后被杀,尸体扔进了长江。

刘宋新的皇帝刘骏一共坐了 11 年的江山,在他掌权的时期,世家大族的权力被进一步削弱,大量的寒门庶子走上了领导岗位,拥有了实权。前面说过,刘裕打破了门阀政治,到了刘骏这里,平民子弟掌权就渐渐地完善,成为一种政治局面,这件事在历史上有一个专有名词,叫"寒门掌机要"。后来的隋唐又继承了这种局面,催生了科举制度。自那之后,中国就算是彻底没有了贵族制度,变成皇权之下的庶族地主阶级执掌中枢的政治模式。

实事求是地讲,早期刘骏还算是一个合格的皇帝,可是到了晚年,逐渐变得飞扬跋扈,穷奢极欲。据说有一次,他去皇宫里的一个小博物馆参观,里面是他爷爷刘裕当农民时用过的一些东西,专门用来教育后世子孙要简朴。刘骏居然指着爷爷的画像说,他不过是一个农民,混到这个地位岂不是很过分,原话是"田舍公得此,以为过矣",连自己爷爷,开国皇帝都瞧不起,其余人等自然更不在他眼里。

除了狂妄自大,他还变得很古怪。下面的两件事足以证明这个结论。当时地方上的官员到首都出差,他总是逼着人家和他赌博,官员谁敢赢他的钱?只能一直输,输到身上带的钱都输没了,刘骏这才放他们回家。第二件事就是他最喜欢的女人殷淑妃死了,他办了一场据说是有史以来最豪华的葬礼,此外他还亲自监工,做了一个抽屉式的棺材,放在自己身边很长时间,《南史》说他每次想殷淑妃了,就拉开抽屉,看一眼。

464 年,刘骏死了,儿子刘子业继承帝位,成为刘宋的第六位皇帝,但是后世都不承认,一直称呼他为前废帝,也就是一位被废除了称号的皇帝，因为他基本上没干过人事，要是按照残暴和淫乱来给中国古代帝王排名，他倒是可以排进前几名。为了避免引起读者心理不适，我这里就不细说了，总之，他就是一个奇葩疯子皇帝。

这个奇葩疯子皇帝在皇位上一共折腾了一年半，466年1月1日，在大臣、将领还有他的亲信联合反叛之下，刘子业被杀死在华林园，死的时候只有17岁。

祖冲之有多优秀？

刘子业这个变态皇帝在任期间，唯一值得一提的人物是祖冲之。祖冲之在464年，计算出了相当准确的圆周率，准确到什么程度呢？他说这个值一定在3.1415927和3.1415926之间，我们今天都知道，他说对了。在这件事上，他领先了欧洲一千多年。

祖冲之不仅计算出了圆周率，还制造了很多机械设备，比如水力舂米器，失传了的指南车，千里船等，并且和儿子一起，发现了一个计算球体体积的公式，这件事也领先了世界1300多年。

更神奇的是他在自己编制的《大明历》里说，一个回归年是365.2428天，这和今天的365.2422天只差了0.0006天，也就是51秒多一点。对一年时间计算得如此精准，很自然地，祖冲之编的历法也可以准确地预报日食、月食，以及太阳行星重合的日期，相当了不起。

刘子业之后，继位的湘东王刘彧，也就是所谓的那个"猪王"，当了6年皇帝，前一两年还算贤明，但很快就变得一样残暴淫乱，并且大肆屠杀自己的兄弟叔侄。

刘彧的名字和开国皇帝刘裕的发音是一样的，他觉得是因为这件事才让自己逃过了刘子业的迫害，然后还当上了皇帝，所以，他给儿子取名字的时候，无论字怎么写，发音必须和自己的一样。问题是，根据《南史》《宋书》和《资治通鉴》三本权威史书一致的结论,他的这些儿子全都不是他的,原话是"诸弟姬人有怀孕者,辄取以入宫;及生男,皆杀其母"。也就是说,刘彧看见皇家宗室里面谁的小妾怀孕了,就把人家弄进宫来,生了男孩子,就杀了人家的母亲,对外宣称孩子是自己的。

就在这一大堆叫作"刘yù"的孩子里,他选中了刘昱作为自己的接班人,可是这刘昱更加凶残。史书上说他经常带着一些小兄弟出宫,随身带着各种刀具,原话是"针锤凿锯,不离左右"。看见不顺眼的,上去就弄死,而且死法还不一样,都是非常残酷的方式。

477年的一天,他带人路过领军府,当时的将军萧道成正光着膀子睡觉,一听皇帝来了,急忙站起来相迎。刘昱指着萧道成的肚子说,好大的肚子。接着命令萧道成,你就站立那里别动,我喜欢你的肚子,想射一箭看看是什么效果。萧道成吓得连连请罪,刘昱身边的人也都劝说他,将箭头包起来再射。于是刘昱换了一支没有箭头的箭,一箭过去,正中萧道成的肚脐,乐得他手舞足蹈。

这种事在刘昱眼里,又好玩又刺激,可他却不知道,刘宋的江山也因此玩完了。因为萧道成和手下大将意识到,刘昱如此喜怒无常,残暴不仁,大家早晚都会死于非命,就让人收买了刘昱的侍从杨玉夫、杨万年等二十五人,准备干掉刘昱。

三、刘宋政权

机会说来就来。这一年的七夕节,刘昱喝多了,对杨玉夫说,你晚上帮我看看牛郎和织女是怎么相会的,看不见的话明天我就弄死你。杨玉夫看着熟睡的刘昱,心里估计念叨了一声,对不起,还是您先死比较好。一刀下去,14岁的暴君小皇帝刘昱就此玩完。对于这个死后没有谥号,只被称为后废帝的刘昱,我一点都不同情,用恶贯满盈这话来形容他,那是一点也不过分。

萧道成得到报告之后,马上进宫,拥立安成王刘准为帝,史称宋顺帝,然后封自己为侍中、司空、录尚书事、骠骑大将军,总掌军国大权。两年之后,萧道成又封自己为齐王,接着给自己加了九锡。

479 年春,萧道成在推辞了几次之后,显得万般无奈地接受了宋顺帝刘准的禅让,登上了皇帝的宝座,改国号为齐,后世称之为南齐,这就是南朝的第二个政权。

从"气吞万里如虎"的刘裕建立帝国开始,刘宋的江山一共维持了 59 年。开始还可以,后来无论是皇帝还是宗室,基本上都是恶魔一样的人物。子孙之间互相残杀,百分之八十的后代都死于非命,有人就说,这都是因为刘裕杀了东晋最后一个皇帝的报应。

刘宋的最后一个皇帝刘准在把皇位让给萧道成之后,也没得到好死。这位当时只有 12 岁的小男孩其实非常聪明,当士兵们把他从佛堂里拉出来,让他参加禅让仪式时,他哭着问,能不杀我吗?将领说,你们刘家当年对司马家也是如此啊。刘准流着眼泪说道:"愿生生世世,再不生帝王家!"

应该说,在刘宋政权期间,南朝在文化上还是有所发展的,像刘义庆的《世说新语》、范晔的《后汉书》和裴松之的《三国志注》都诞生在这段时期。虽然对北魏,刘宋是节节败退,丢了黄河和长江之间的大片土地,看起来是弱了,但对今天的朝鲜和日本,它还是代表中华帝国的老大,那两个国家当时也特别服它。

日本那时还叫倭国,每年在朝贡的时候,都希望刘宋政权任命他们倭国国王为大将军,这样的话,他就可以名正言顺地欺负在朝鲜半岛南部的百济,可是刘宋的历代皇帝,无论是昏君、暴君还是傻子,对此都是一概回绝,哪儿凉快你就哪儿待着去。倭国也没办法,只能始终忍受着和百济平起平坐的地位。

076. 南朝齐梁陈

南齐的开国皇帝萧道成，出身于兰陵萧氏，兰陵位于今天山东临沂附近，李白的那句"兰陵美酒郁金香"，说的就是这个兰陵，兰陵美酒当然也是老萧家酿出来的。这也不奇怪，中国古代豪门望族和后来的欧洲贵族一样，一般都有自己的酒庄。

不过萧道成对外吹牛，说他是汉朝开国丞相萧何的二十四世孙，很多后世史学家对此都不相信，可是也没办法否定。如果这事儿是真的，那就很有意思了，刘裕是刘邦弟弟刘交的后代，想当年，刘邦打天下的时候，萧何和刘交的关系相当不错，这两人肯定想不到，600年后，萧何的后代萧道成把他刘交的后代杀得几乎一个都不剩。

一、短命萧齐

萧道成的南齐帝国，只存在了二十四年，却有七任皇帝。七任皇帝中，萧道成和他儿子萧赜统治了14年，爷俩算是相当好的皇帝，个人生活节俭，内政外交都很得当，也不折腾老百姓，这十几年被称为"永明之治"，是一个小小的盛世，可是萧赜一死，南齐就完了，接下来的皇帝一个比一个混蛋。

第三任皇帝萧昭业除了自己穷奢极欲，和父亲的妃子通奸，且任由皇后与他人通奸外，还随意挥霍赏赐财物，继位不到一年，就把爷爷和父亲积蓄几十年的财富随意赏赐一空。

第四任皇帝萧昭文只做了四个月皇帝，就被第五任皇帝萧鸾赶下了台。萧鸾倒是不乱花钱，可是乱杀人，在他手里，萧道成和萧赜的儿子们几乎被杀了个干净。

第六任皇帝萧宝卷是一个彻头彻尾的昏君，他爹萧鸾临死的时候告诉他，"做事不可人后"，意思是该出手时就出手。他记住了，刚刚上位，就把六位托孤大臣都杀了，从此没人敢再管他，他就开始了醉生梦死的昏庸生活。他宠信的妃子叫潘玉儿，为了满足潘妃的日常花销，萧宝卷恨不得把全国的财宝都搜刮上来，给她享用。他还命令人用金子凿出莲花的形状，粘贴在潘美女日常走过的路上，留下了"步步生莲花"的故事。

500年，萧宝卷在无凭无据的情况下，猜疑尚书令萧懿谋反，派人用一杯毒酒毒死了他。按照他的想法，杀一个人和碾死一只蚂蚁没区别，可他却不知道，有些人可以随便杀，因为他们的亲戚也只能忍气吞声，可是有些人的亲戚就不一样了，那是青铜和王者之间的巨大差别。

萧懿有一个亲弟弟，名字叫萧衍，是一个萧宝卷得罪不起的主儿，一个真正的王者。

萧衍同样出身于兰陵萧氏，他爹是萧道成的族弟，所以也应该算是南齐的贵族。他当时的职务是雍州刺史，听说哥哥被杀，拍案而起，拥立了萧宝融当傀儡皇帝，然后以萧宝融的名义进军建康，萧宝卷几乎没有做出任何有效的抵抗，就城破被杀，脑袋也被送到了萧衍面前。

萧宝卷死后，有人把潘玉儿送到了萧衍面前，萧衍也觉得这女人实在是太好看了，就想纳为侍妾，手下人说这个女人是亡国之物，收之不祥，萧衍便想把她赏赐给下属，潘玉儿说："昔者见遇时主，今岂下匹非类？死而后已，义不受辱。"我潘玉儿是伺候君主的，你不要我，怎么能让下人糟蹋我？我绝对不受这个侮辱，你杀了我吧。最后她还是被勒死了。

萧宝卷死后的第二年，萧衍在他的好朋友，也是最忠实的下属沈约的帮助下，把封王、加九锡、禅让这些大戏又演了一遍，最后正式取代了南齐，建立了南朝的第三个朝代，南梁，而他本人就是大名鼎鼎的南梁武帝。

沈约

沈约是南梁开国功臣、政治家、文学家和史学家，比起前两个头衔，他的后两个称号更让人佩服。说他是文学家，是因为他和周颙创造了讲究"四声八病"的"永明体"。"四声八病"就是写诗的时候要使用"平上去入"四种音调，并且避免八种毛病，这样的诗歌写法就称为永明体。永明体后来发展成格律严整的近体诗，在唐代达到了巅峰，那就是唐诗。

说沈约是史学家，原因是他编纂了《宋书》，也就是描写刘宋政权的历史书，这本书成功地跻身中华二十四史。

二、高开低走的南梁

南梁开国皇帝萧衍是很有政治天分的，并且十分勤奋，不分春夏秋冬，总是五更天就起床批阅奏章。他非常简朴，史书上说他"一冠三年，一被二年"，帽子戴三年才换，棉被两年才换一次。一天只吃一顿饭，经常是蔬菜和豆子，而且他还寡欲，50岁之后就遣散了宫里所有女人。连女人都没了，自然就没有后宫干政的情况。

更令人惊叹的是，他还博学，《南史》上说他"六艺备闲，棋登逸品，阴阳、纬侯、卜筮、占决、草隶、尺牍、骑射，莫不称妙"，下棋是全国的高手，算卦和占卜很厉害，草书隶书写得好，骑马射箭更是不在话下，一句话，全才。

这样一个勤奋、简朴、清心寡欲，还全才的皇帝，一定把国家治理的井井有条吧？开始的时候确实如此，新建立的梁朝欣欣向荣，百姓安居乐业，一派繁盛的局面。甚至他手下的白袍将军陈庆之还趁着北魏的六镇之乱，攻入了北魏的洛阳，虽然很快就败退而回，但南梁一时之间，也是威震中原。总之，早期的南梁怎么也算是一个好时代，但人们猜到了开头，却猜不到结尾。到了后期，南梁就越来越不行了，国力大幅度衰退，因为梁武帝萧衍变成了一个"佛系大叔"，他信佛了，而且信得极其虔诚。最高峰的时候，南梁国土上有2800多座寺庙，最大的一座是他给自己在建康建造的，叫同泰寺，也就是今天的南京鸡鸣寺。

寺庙建好之后，萧衍曾经四次舍身去同泰寺出家。啥叫舍身？就是自己的这副臭皮囊不要，献给寺院了，穿最破的衣服，干最脏的活儿，吃最差的饭菜。可是，国不可一日无君，梁武帝也不指定继承人，谁敢让他下台？没有办法，大臣们只好用钱一次次地把他从同泰寺赎回来，一连折腾了四次，花了政府4万亿钱。

大和尚们都歌颂他功德无量，谁也不会指出，这4万亿钱可都是农民们脸朝黄土背朝天的血汗钱，而且，这等于是变相地鼓励大家不事生产，都去念佛唱经。所以，南梁国力的衰落，在我看来，根本原因就是萧衍从勤奋的君王变成了清心寡欲、吃素念佛的老年"佛系大叔"。

说起梁武帝的吃素，必须说一下，在他之前，中国和尚乃至全世界和尚一般都吃肉，佛祖释迦牟尼对此有过专门的论述，只要不是看见、听说或者怀疑这动物是为了自己而被整死的，它的肉就叫作三净肉，出家人可以吃。梁武帝本人吃素，再加上看了几本佛经，他就坚决认为吃肉这事儿和尚不能做，太残忍。由于他是皇帝，影响力大，后来渐渐就导致中国佛教徒集体不吃肉了。

有些史书里还记载了印度和尚达摩来到南梁后，和梁武帝的一番对话，正是因为话不投机，达摩祖师才一苇渡江，来到河南，开创了以嵩山少林为祖庭的中国禅宗。

萧衍第四次从同泰寺被赎回来之后，北边的一个将领侯景同时受到东魏和西魏逼迫，走投无路之下，投奔了南梁，关于东魏西魏的事情我后面再讲。现在你只需要知道，北朝有人向梁武帝挥舞橄榄枝。

萧衍听说之后，马上任用侯景为将军，让他带着南梁军队北伐东魏，这时候他想的是一统天下。可是梁武帝多年礼佛，导致南梁的军队一没有战斗力，二没有后勤保障能力，这场仗稀里糊涂地就输了。

输了之后，梁武帝就想跟对方讲和，对方说，先把侯景给我们送回来。在所有大臣都反对的情况下，梁武帝居然答应了北边的请求，准备把侯景送给东魏。这时候你要是侯景你怎么办？我想十个人里有九个人都会选择抗争。

侯景在无可奈何之下，领着1000多人开始造反，他当时有两个选择，一是北上打东魏，另一个是南下打南梁。柿子要找软的捏，侯景带着这一千人，杀向梁武帝的南朝，几乎不费吹灰之力，他就打到了建康，由此可见，当时的南梁由于全国痴迷于佛教，已经软弱到何种程度。

打进了建康，侯景终于走到了梁武帝的面前。当梁武帝故作镇静地问他此时有多少人马时，侯景略带惶恐，但也无比骄傲地说："率土之滨！"这就是借用了《诗经》里面的一句话叫"率土之滨，莫非王臣"，现在天下都是我侯景的人。

当然，这话他是吹牛皮，实际上，别说全天下，就是南梁这块土地上，他也仅仅是占领了建康和周边地区而已，不过这并不妨碍他的狂妄和骄傲。侯景先是派出士兵，血洗了建康城，把包括琅琊王氏、陈郡谢氏在内的很多名门望族劫掠烧杀一空，然后把梁武帝关在宫中，幽闭而死。有些书上说梁武帝萧衍是饿死的，这个不太准确，史书上并没有说他没吃的，只是说他最后想喝点蜂蜜水，没喝上就咽气了，终年85岁。这寿命在整个中华帝王历史里排名第二，第一的那个要等1000多年后才出现，就是清朝的乾隆，活了88岁。

梁武帝一死，侯景就连扶了两个姓萧的当傀儡皇帝，这中间给自己封公封王，自然是毫不稀奇；稀奇的是他给自己弄了一个前无古人后无来者的称号，叫"宇宙大将军"，连傀儡皇帝萧纲都惊呼："将军乃有宇宙之号乎？"您真是神人啊，敢使用宇宙的名号。

"宇宙"这个词出自先秦诸子百家里的名家，是在一本叫作《尸子》的书里首先出现的，原文是，"四方上下曰宇，往古来今曰宙"，意思是无尽的空间和时间。这就难怪萧纲很惊异，中国自古以来，也没有任何一个像侯景这么不要脸的，说自己是整个宇宙的大将军。

宇宙大将军也没能满足侯景的欲望，他还是觉得皇帝这头衔更有吸引力，最后，他把萧纲害死，自己上台当了几天皇帝，国号为汉。

他这个皇帝当得极其失败，因为后世史学家都不承认他这个汉。这事也不能怪知识分子们，实在是侯景的这个汉不争气，一共才不到一年时间，就被仍然忠于南梁的两位将领打败，脑袋也被砍了下来，送到了在江陵称帝的梁元帝萧绎手里。

不过，在江陵匆匆忙忙登上帝位的梁元帝萧绎自己也没多活几年，555年，也就是侯景被杀之后的第三年，他所在的江陵被北方的西魏攻破，他被俘之后遇害。

按理说你死就死了，千古之下，有谁不死的吗？可是萧绎的死却酿成了中华文明史上的一次浩劫。秦始皇焚书坑儒被骂了两千多年，项羽火烧咸阳图书馆被视为他人生中最大的污点之一，梁元帝焚书的破坏力，让秦始皇和项羽也只能甘拜下风，然而这件事知道的人却很少。

江陵城破之时，萧绎一把火把南朝和他自己历代积累的图书一共14万卷付之一炬，身边大臣都劝阻他不要这么做，他的回答是："读万卷书，犹有今日，故焚之。"我读了一辈子书，还落得今天这个下场，还是烧了吧，史称"江陵焚书"。

为什么说这次江陵焚书的破坏力最大？因为秦始皇焚书时，国家图书馆的书他不烧；项羽烧咸阳之前，萧何已经抢救出来很多图书；到了南北朝，北方早就打了一个稀巴烂，图书馆一个都不剩了，中华民族的典籍图书基本都保存在南朝，而萧绎本人搜罗了无数孤本图书，他这一把火，上万卷前人的著作就此消失得无影无踪，实在是很可惜。

等到了唐代之后，纸张和印刷术兴起了，老百姓家里也都开始大量存书，即便有那么几个君主神经病发作烧烧书，影响也会小很多。

萧绎死后，虽然还有梁武帝的后裔不停称帝，但南梁的天下已经大乱，加上北方的不断侵蚀，地盘越来越小，就在这个时候，打败侯景的那两名南梁大将之一，浙江人陈霸先迅猛崛起。

三、南陈无暴君

557年，陈霸先逼迫梁敬帝禅位，建立了南朝的最后一个政权，南陈，或者说陈朝。

陈霸先是平民出身，完全是因为军功才逐步升到了直阁将军的位置。当侯景作乱的时候，他率军队从今天的广东韶关出发，一路向北，和另一员大将太原王氏的王僧辩合力，打败了侯景，后来又因为政治理念不一样，和王僧辩决裂，并最终杀掉了王僧辩，这才爬上了皇帝的宝座。

实际上，这时候的南朝，经过侯景之乱的一番折腾，疆域已经小得可怜，比起梁武帝时期，几乎缩水了一半，巴蜀地区及整个淮南已被北方政权攻陷，而且对方明显有得寸进尺的欲望，所以，陈霸先上台的第一件事就是打仗。

此人的政治和军事能力实在惊人，堪称是一代雄主，硬是在内忧外患的情况下，稳定了局势，不仅平定了无数内乱，还让北方强大的军事集团心生畏惧，不敢南下。

可惜的是，陈霸先仅仅当了两年皇帝，559年，就病逝于建康。幸运的是，在他之后的陈文帝陈蒨、陈宣帝陈顼，也都是比较优秀的好皇帝，把陈朝弄得是有声有色，虽然地盘不大，但老百姓安居乐业，国家不受欺负，已经是了不起的中兴景象了。

台湾学者柏杨说过，和刘宋、南齐、萧梁相比，陈朝没有出现过暴君，换言之，陈朝好皇帝居多。

那么，为啥南朝最后终结在陈霸先的这个陈朝，并被北方吞并了呢？最直接的原因是北方出现了一个比北魏还厉害的混血王朝，另一个小的原因就是陈朝虽然没出过暴君，可是出了一个昏君，而且昏聩的程度在历史上也都是数一数二的，那就是南朝最后一个皇帝，陈后主陈叔宝。

077. 关陇武川镇

南朝从刘宋到南陈，整体国力逐年下降，一年比一年差，而皇帝一个比一个奇葩，让人不知如何评价。与此同时，北朝也并不平静。

一、六镇暴动

前面说过，北魏有一个独有的制度，子贵母死，儿子立为储君之后，老妈必须去死。说是老妈，实际上大多是十几岁的女孩子，十月怀胎，一朝分娩，生下来一个白白胖胖的儿子，刚看了两眼，一道圣旨，这个刚当上妈的女孩子就得去自杀，吃药或是上吊，反正是活不了。这个残忍的制度竟然执行了100多年，一直到北魏宣武帝元恪上台。

元恪的父亲是汉化改革家孝文帝拓跋宏，因为拓跋宏认为拓跋这个姓太土了，所以，从他开始，北魏的皇帝都叫元某某。拓跋宏死后，元恪接了他的班，当上了北魏第八任皇帝。

此人对佛教无比崇拜，除了修庙立寺，还大发善心地废除了子贵母死制度，他喜爱的女人胡贵嫔生了皇子元诩后，得以继续活着。可惜的是，这位后来的胡太后却胡作非为，给国家带来了灾难。

515年，元恪病逝，5岁的元诩继位。年轻貌美的胡太后大权在握，就开始胡作非为，花钱如流水，包养众多情夫。问题是她管不住这些情夫，这些人彼此争权夺势，把朝堂弄得乌烟瘴气，甚至胡太后本人都一度被废除太后身份，囚禁起来。

等元诩到了18岁，528年，实在受不了母亲，就计划着夺权。胡太后和她当时的两位情夫正把持大权，元诩左思右想，最后决定借助晋阳大将尔朱荣的力量，逼迫母亲交权。

尔朱荣是何许人？他平定了北魏六镇的暴动，关键是，他的麾下出了一堆厉害的历史人物。

事情是这样的，太武帝拓跋焘为了防备柔然，在北方建立了六个军镇，开始的时候，都是有本事有能力的人才能去六镇，为国守边，待遇也很好。史书上记载，"当时人物，忻慕为之"，大家挤破脑袋，也想去六镇定居。这客观上造成了六镇人才济济，繁盛一时，著名的花木兰就是六镇上的人。

后来孝文帝拓跋宏把首都迁到了洛阳，六镇的重要性就降低了。另外，在拓跋宏的汉化改革里，有一个"分姓定族"政策，把一些家族定为世家望族，只要出生在这些家族，长大后就可以做官，如果你家族的等级高，比如是第一等的膏粱门第，那要是给你一个"副部长"以下的官位，你都不能去，因为丢不起那个人。

你要是问，这不就是东晋的门阀制度吗？是的，拓跋宏这个中原文化的脑残粉把这个政策全盘吸收了；更大的问题是，他把随政府迁到洛阳的人编为高姓大族，生下来就享有富贵，而留在六镇镇守国门的人，却成了寒门庶族，花木兰如果活到这时候，很可能成为大将的奴婢。这些人不准升迁，不准搬家，不准读书，不准与高门第人士通婚，这么多的禁令最后导致了523年的六镇暴动。

暴动最后被镇压下去了，平息暴动的最大功臣就是尔朱荣，他不仅平息了动乱，还收降了很多原来六镇的反叛军。这些降将里面有五个十分重要的人，分别是怀朔镇的高欢，武川镇的宇文泰、杨忠、独孤信和李虎。有多重要，一会儿你就知道了，现在你先记住他们都曾经在这位尔朱荣的麾下任职。

那个后来祸害了南朝，逼死梁武帝萧衍的侯景，这时候也在尔朱荣的队伍里。

二、河阴之变

言归正传，元诩为了夺他老娘的权，秘密下旨让尔朱荣带兵速来洛阳，如果你还记得东汉末年，大将军何进为了对付他妹妹，秘密招董卓进京的事，那我可以告诉你，历史在这里演出了惊人的重复。

528年春，胡太后知道了元诩的密谋，伙同情夫，一杯毒酒把亲儿子送上了西天，然后立了一位婴儿为皇帝，下令尔朱荣不得进京。尔朱荣和当年的董卓一样，发表了一篇慷慨激昂的宣言，另立元子攸为帝，直接杀向京城，要为孝明帝元诩讨一个说法。

胡太后害怕了，赶紧剃光了脑袋，躲进了寺院，尔朱荣也不给她辩解的机会，直接派人抓出来，和那个可怜的婴儿皇帝一起扔入了黄河。随后，尔朱荣又把洛阳城里无数文武百官和高门大姓的子弟集合起来，说是到河阴县祭天。到了之后，让士兵们开始操练，一顿砍瓜切菜之后，北魏朝堂上的大官们被杀得一个不剩，史称"河阴之变"，具体死了多少人，说法不一，《北史》和《魏书》上说1300人，《资治通鉴》里司马光老爷子说2000多人。

为什么尔朱荣要大开杀戒，他自己的说法是，"洛中人士繁盛，骄侈成俗"，意思是他杀的都是腐败分子。这可以说是部分事实，当时洛阳的北魏官员极其腐败，比如被杀的宰相元雍，家里仅侍女就500余人，男仆有6000多人，一支军队的数量也不过如此。不过，若说尔朱荣杀人就是为民除害，那连他自己都不信，他的另一句话才是重点，叫"不加芟翦，终难制驭"，我怕控制不了他们。

这一年，恰好也是南梁武帝萧衍第一次去同泰寺舍身的那一年，历史学家公认的南朝开始衰落的一年。

尔朱荣如此跋扈，也引发了他和新皇帝元子攸之间的巨大矛盾，一番激烈的政变和无数的军事冲突之后，尔朱荣和元子攸先后被杀，三年之后，尔朱荣的侄子尔朱兆笑到了最后，成了北魏新的权臣。

尔朱兆胜利之后，手下的汉人将领，出身六镇之一怀朔镇的高欢对他说，应该派一个人回去统领六镇，否则可能还有变化。尔朱兆同意他的建议，但对于派谁去有点儿拿不定主意。这时候在一旁喝酒的另一个将领贺拔允说，就派高欢去吧。谁知道高欢听了之后，一拳头把贺拔允砸得鼻血长流，同时大声喝道："天下安置在王……敢诬下罔上，请杀之！"尔朱大王还没讲话，你怎么先说话？尔朱兆这个大老粗看见这一幕，心里那叫一个舒坦，认定高欢一定是忠心耿耿，马上派他回北方，管辖六镇。

前面讲过，包括东汉开国皇帝刘秀，后燕创立者慕容垂，都是被当时的糊涂老板派往外地，趁机独立的。这次也不例外，北方六镇20万精兵良将就此归了高欢。三年之后，533年，高欢干掉了尔朱兆，立了拓跋宏的一个孙子为帝，这就是北魏最后一个皇帝，孝武帝元修。

自古以来，凡是权臣，一般都要把自己的闺女嫁给皇帝，曹操如此，尔朱荣如此，高欢也不例外，不过他闺女这个皇后当得有点失败，元修根本就不和她同房，行为极其放纵。一年之后，元修和高欢彻底翻脸，带着一行人跑到长安，投靠了骠骑大将军，关西都督宇文泰。

三、宇文泰的府兵制

宇文泰属于鲜卑族宇文部的人，出身是六镇之一的武川镇。元修一到长安，就封他为大将军，雍州刺史兼尚书令，可以说总揽一切大权。让元修万万没想到的是，宇文泰不允许他和情妇元明月在一起，并且直接杀掉了后者。

25岁的元修正值血气方刚，两人就此翻脸。宇文泰没法缓和两个人的关系，一不做二不休，几个月后又杀死了元修，把元宝炬推到了皇帝的位置上。

高欢这时候也另立了元善见为帝，就这样，535年，北魏出现了两个皇帝。定都邺城，被高欢控制的政权史称东魏；被宇文泰控制的政权，定都长安，史称西魏，北魏就此分裂。

接下来两边互相骂着对方是乱臣贼子，挥舞着大棒想削死对方。因为高欢手里握着六镇20万精兵，而宇文泰开始的时候只有不到3万人，所以宇文泰只能采取防守的策略，甚至到了冬天，西魏要派士兵站在黄河的西岸，把黄河上结成的冰给敲碎，防止东魏趁着河水结冰攻打过来。

后来宇文泰好不容易弄来10万兵马，结果邙山一战，又输给了高欢，几乎是全军覆没。

痛定思痛，宇文泰决定开始进行军事改革，著名的府兵制诞生了。

他先是设立了八个柱国，在八个柱国里面，有六个柱国是要带兵的，每个柱国下面有两个大将军，每个大将军下面有两个开府，每个开府有兵力2000人，这样的制度后世称为府兵制。

柱国这个职位春秋时期就已经有了。宇文泰托古改制，既是要彰显自己传承的是正宗的汉文化，又是寄希望于这八个人，希望他们像柱子一样把西魏顶起来，以此凝聚人心。这种府兵制特别像鲜卑人原来的部落结构，也就是八部之制，后来发现还有调动灵活，不易造反的特点，就一直保留了下来，直到唐朝中期，才被募兵制代替。

宇文泰的八根"柱子"，十二个大将军里面，有很多人和他来自同一个地方，六镇之一的武川镇。其中有三个分别是柱国李虎、柱国独孤信和大将军杨忠。

大将杨忠的儿子叫杨坚，是后来隋朝的开创者隋文帝。柱国李虎有一个孙子叫李渊，后来建立了一个朝代，叫唐朝。独孤信的三个女儿分别嫁给了北周明帝宇文毓、隋文帝杨坚，还有唐国公李昞——并生下了李渊，所以，独孤信这位当时有名的大帅哥，在后世有一个响亮的外号，叫"中国最牛老丈人"，因为接下来北周、隋、唐三朝的皇帝都是他的宝贝闺女们生出来的。

武川镇，应该在今天的内蒙古自治区武川县城的西边，但具体位置已经不知道了。据说六镇暴乱之前，有一个算命的路过武川，回去之后就把自己的那本算卦的书给烧了。老婆问他为什么，他说，这书不灵，我按照书上写的去看相，结果武川镇里满大街都是帝王将相，那不是乱说吗？当然，这只是传说。不过以武川镇这些人为班底，加上关中和陇西当地的士族，胡汉混杂，就形成了后来历史学家陈寅恪笔下的"关陇集团"，这些人一直活跃了几百年，也是不争的事实。

四、北齐和北周

就在宇文泰实行军事改革，让西魏渐渐强大起来的时候，东魏高欢的生命却渐渐走到了尽头。547年，一代枭雄高欢病死在攻打西魏的战场上，临死之前，他让斛律金给他重新演唱了那首著名的《敕勒歌》："天苍苍，野茫茫。风吹草低见牛羊。"一直到死，这位已经彻底鲜卑化了的汉人，怀念的都是塞外那种放马驰骋、无拘无束的放牧生活。

在他死后，先是儿子高澄继承了他的位置，不久被刺身亡，接着第二个儿子高洋又接掌了东魏大权。550年，蓄谋已久的高氏家族终于篡夺了东魏的江山，高洋登上了皇帝宝座，改国号为齐，史称北齐。

兰陵王

　　高澄有一个儿子叫高长恭，后来官至大司马、太尉，可是他每次出去打仗，都要戴面具，人称兰陵王，因为他长得实在是太美了，不戴面具，对方会把他当成美女。他是公认的中国古代四大美男之一，其他三位是潘安、宋玉和卫玠。

　　东魏变成北齐之后的第六年，556 年，西魏的宇文泰病逝在长安。第二年，他的侄子宇文护逼迫西魏的恭帝元廓禅位，扶植宇文泰的儿子宇文觉登上了皇帝宝座，改国号为周，史称北周。

　　这样一来，鲜卑拓跋氏的北魏算是彻底地告别了历史舞台，换成了汉化了的鲜卑宇文氏的北周和鲜卑化的汉人高氏政权北齐。

　　北齐的高洋刚当上皇帝的时候，算得上是有为的君主，史书上说他留心政务，削减州郡，整顿吏治，把国家治理得很不错。据说宇文泰欺负他年轻，领着大军去耀武扬威，结果看见北齐军容严整，宇文泰感慨了一句，说"高欢不死矣"，高洋这个儿子看起来和他老子一样厉害，于是就撤军了。

　　到了后期，四邻安定，大权在握，高洋就骄傲起来，慢慢变成一个疯狂变态的皇帝，台湾学者柏杨说过："假如世界上有疯子集团建立的国家，那高洋的北齐帝国就是。"他在朝堂上支起一把锅，旁边放着一把锯，每次喝醉了酒，都要使用这两件工具杀人。宫女、宦官和亲信几乎每天都有人死在他的手下，后来索性让司法部门把死刑犯送来，喝酒之后他当场做行刑官。除了杀人，他还随意占有民女，最终因长时间酒色过度，死于 559 年，终年 33 岁。

　　第二年，一位伟大的君主在遥远的长安登上了北周皇帝宝座，他就是宇文泰的第四个儿子，大名鼎鼎的北周武帝宇文邕。

　　前面说过，宇文泰的儿子宇文觉在堂兄宇文护的帮助下，篡夺了西魏的江山，实际上，宇文觉是一个傀儡，国家所有政令都出自宇文护。这样一来，宇文觉就十分不爽，想除掉他的这个堂兄，可惜事情败露，宇文护反过来杀了他，另外立了他哥哥宇文毓为帝，三年之后，宇文护看这个新皇帝也不顺眼，就又毒死了宇文毓，立了宇文邕为帝。

宇文邕继位的时候虽然已经17岁了，但是前面两位兄弟是怎么死的，他心里清清楚楚，所以他对宇文护极其尊重，任何事情，都要请示堂兄之后，才能决定；同时不理实务，只干虚的，比如尊老爱幼，逢年过节给老太太们发点儿糕点，请老头子们喝顿酒什么的，所以无论是谁，都觉得这孩子纯真善良。

这一切当然都是表面文章，真正的目的是麻痹宇文护，培植自己的力量，伺机夺回朝政大权。

这一等就是12年。572年的一天，宇文护从同州返回长安，觐见皇太后，也就是宇文邕的娘。虽然他是晚辈和下属，但很早之前，这三个人在一起的时候，就养成了一个习惯，太后和宇文护一起坐着，宇文邕在一旁站着伺候。可是这一次，是宇文护最后一次在皇帝面前坐而论道了。就在他专心致志地劝太后要少喝酒的时候，身后的宇文邕举起手里拿着的玉珽，狠狠拍在了他的脑袋上，宇文护倒地之后，被宦官何泉和宇文邕的同母弟弟宇文直一起杀死。

史书上记载："帝以玉珽自后击之……时卫王直先匿于户内，乃出斩之。"一句话，宇文邕哥俩是早有预谋，并非一时起意，随后的一切也证明了这一点，一天之内，大清洗全部完成，宇文护的儿子、兄弟及亲信都被斩尽杀绝。隐忍了12年，一击致命，无论是心机，还是手段，宇文邕都堪称是一个人才。

078. 一统归大隋

567年,北周的卫元嵩上书,称和尚们生活奢华,违法乱纪,经义虚妄,北周武帝宇文邕因此重新排定了儒道释三家的顺序,将儒家排第一位,道家排第二位,而佛教排在了最后一位。

不仅如此,他还发起了一场灭佛运动。

一、宇文邕灭佛、灭北齐

实事求是地讲,除了经义虚妄这一条是胡说之外,卫元嵩说的前两条和宇文邕自己的观察一致。前面说过,北魏太武帝拓跋焘曾经对佛教下过一次狠手,杀和尚,毁寺庙,现在130年过去了,和尚们好了伤疤忘了疼,敛财的手段极其高明,又一次积累了大量财富,社会上再次出现无数不干活只吃饭的僧人,而且良莠不齐,其中胡作非为的不少。宇文邕看到了这个事实,于是命令毁掉寺庙观宇,强迫和尚、尼姑、道士、道姑一律还俗,把他们的财富和土地都赏赐给王公大臣。

这就是"三武一宗灭佛"里面的第二武,北周武帝灭佛,又称建德毁佛,因为当时的年号是建德。

让卫元嵩吃惊的是,他的新信仰道教也在被禁毁之列。其实,他并不了解皇帝真正的目的。宇文邕的口号是"求兵于僧众之间,取地于塔庙之下",本质上是缺钱花了,只想打劫,无论是佛堂,还是道观,都是占有土地却没有任何产出的地方,那要打劫的就是你们。

除了灭佛,周武帝还整顿了吏治,惩治了大地主们隐瞒人口和地产不交税的行为,他的这些行动使得北周的国力大大地增强。

与此同时,北齐却是江河日下,一代不如一代。高洋死后,14岁的儿子高殷继位,可是高洋的弟弟高演却把侄子高殷杀掉,自己坐上了皇位。客观地讲,此人倒是一个称职的皇帝,可惜比较短命,靠杀人抢来的皇位他只坐了一年就病死了,北齐就交到了他的弟弟高湛的手里。这个高湛是和高洋一样残暴的家伙,当了四年皇帝之后,也和高洋一样,酒色过度而死。

接下来,一位集高家各种荒淫、残暴和无能于一身的人物登场了,他就是北齐的最后一位皇帝,齐后主高纬。他上任不久就将左丞相斛律光兄弟俩、兰陵王高长恭以及军队里最有能力的几位指挥官杀了,导致整个北齐战斗力大大降低。

高纬的穷奢极欲到了匪夷所思的地步。他曾命人在晋阳修了十二座宫殿,每一座都比首都邺城的宫殿更华丽、更高大,里面住着500多名女人,每人都赏赐一条价值万金的裙子和豪华梳妆台。更神奇的是,里面的牛马狗鸡等畜生都有爵位和官职,由此还诞生出一句成语叫"齐鸡开府",意思是,高纬养的那只鸡都可以开府仪同三司。

他的残暴凶狠也令人发指,有些事情太过变态,本书就不讲述了。可气的是,这么残暴的人居然也自称是虔诚的佛教徒,在晋阳的大山上开凿佛像,为了早点完工,高纬让工匠们夜以继日地干,晚上用极其珍贵的膏油做燃料,数万盒油同时燃烧,亮光可以传出几十里。

这光亮没给他带来任何福报,反而成了北周宇文邕军队的指路明灯。576年,北周军队在宇文邕的率领之下,几路大军同时渡过黄河,攻入北齐境内,先后攻克平阳、晋阳,终于在第二年攻破北齐首都邺城,高纬在南逃的路上被抓,北齐灭亡。

高纬在战争中的表现，可以说是千古奇葩。平阳被围的时候，他率领大军南下救援，中间却发神经去和自己最喜欢的女人冯小怜打猎，等平阳城破的消息传来，他才想起来，对啊，我应该去打仗啊。可是这时候，冯小怜撒娇说想再打一场围猎，高纬马上就忘了打仗这事了，又玩了两三天，才带着大军赶到平阳，而北周的军队正好利用这段时间，加强了城防。

不过高纬手下六镇兵将也确实勇猛，硬生生地把城墙打出一个缺口，正要冲进去的时候，神经病高纬却下令暂停，因为他想请冯小怜出来看看接下来士兵肉搏的场面。等冯小怜化妆已毕，千娇百媚地出来时，北周军队已经堵住了缺口，严阵以待了。

两军随即又陷入了僵持，一直等到北周武帝宇文邕亲率大军赶到，两国主力才在城外准备开始对决。谁也没想到的是，就在大军喊声震天要冲锋的时候，吓得心惊肉跳的冯小怜忽然一连串地尖声喊"败了败了"，周围的宦官也说"快走快走"，高纬一听，吓得魂不附体，转身就逃。前面北齐兵团刚要厮杀，发现皇帝的大旗正在撤退，顿时斗志全失，瞬间全部崩溃。

一直到最后国破被擒，21岁的高纬也没表现出一丝一毫的帝王气度。倒是被抓之后，这小子壮着胆子向武帝宇文邕要冯小怜，可以看出，这个女人确实是他的心头肉。宇文邕笑着对他说："朕视天下如脱屣，一老妪岂与公惜也。"意思是整个天下对我就像一只鞋子，我怎么会和你争一个老太婆？不仅把冯小怜还给了他，而且还封他为温国公。

当然，你要是了解宇文邕的话，你就知道，这只是暂时的，刚刚拿下北齐，稳定人心是第一位的，高纬这样的罪魁祸首他都不杀，其他人心里也会吃上一颗定心丸，反抗的自然就少了。十个月后，当北方大局已定，宇文邕随便找了一个罪名，把包括高纬在内的高家上下几十人全都砍了脑袋。

就这样，577年，继前秦、北魏之后，中国北方又一次获得了统一。

二、杨坚灭北周

南朝这时候恰好是南陈的宣帝陈顼在位，这是一位好皇帝，他甚至还趁北齐灭亡的时候，收复了一些淮南的地盘。

既然南边的皇帝很贤明，宇文邕就想着先向北方新崛起的少数族突厥动手。你可能有点糊涂，不是柔然吗？怎么又出来一个突厥？这事儿连历史学家都说不清楚。我们只知道一件事，最初的时候突厥是柔然的奴隶，专门负责打铁，柔然人把他们叫作锻奴，就是锻造工具武器的奴隶，一直到540年前后，这些人才出现在中国的一些书籍上，可是发展得十分迅速，很快就取代了柔然，对北方构成了巨大的威胁。

突厥崛起的时候，正好是北周和北齐打得死去活来的时候，双方为了拉拢突厥，都拼命结交，给钱给粮给丝绸，弄得突厥大首领都经常说，我南边这两个儿子实在是太孝顺了，这怎么好意思呢？所以，大多数时候，他都帮着弱小的那一方，因为只有北齐、北周一直打下去，他才有便宜可占。很自然地，在北周统一北齐的过程中，突厥人没少下黑手。宇文邕因此憋了一肚子的气，在统一北方之后就准备报复。

可惜的是，老天爷觉得还是把突厥留给大唐更好一点，578年6月，一代雄主北周武帝宇文邕在北征途中突然病倒，紧急撤军之后，驾崩在洛阳，享年35岁。

关于宇文邕的逝世，自古以来，就有一些和尚说他是因为毁佛才引来了杀身之祸。据说他统一北方之后，在原来北齐的地盘上继续实行毁佛政策，强迫300万僧尼还俗。有一个僧人问他，地狱里不分贵贱，你不怕下地狱吗？宇文邕的回答是，如果国家强盛，百姓安康，我宁愿下地狱。说实话，我对这个回答是相当地佩服，300万僧尼相当于当时北方人口的五分之一，这么多人什么也不干，天天让别人养着，难道不是一种罪过？有些大和尚因为这个，就诅咒人家下地狱，未免有点太小肚鸡肠。

其实，后世对于北齐和南梁武帝萧衍的这种劳民伤财崇拜佛教的行为，有一个统一的称呼，叫佞佛，佞就是谄媚的意思，不去干自己应该干的事情，而过分讨好佛祖就是佞佛，就连佛教界也有一个统一的认识，佞佛实际上是对佛祖的最大不敬。

如果我们评价宇文邕这辈子最失败的事情，那应该是儿子的教育问题。

他的太子叫宇文赟，自从被立为太子之后，宇文邕对他极为严厉。经常是一点点小错误就皮鞭棍棒，有时候还大声对他说："余儿岂不堪立耶！"意思是你别忘了，我还有其他儿子，不好好干我就废了你。

长此以往，宇文赟就变成了一个好演员，他爹喜欢什么模样，他就按那个标准严丝合缝地演出。背地里是什么样呢？我们只要看看宇文邕死了之后他的表现就知道了，这小子一点也不悲伤，抚摸着脚上他爹打的那些伤痕大声地对着棺材喊，你死得太晚了！然后一转身，就开始了他的淫乐生活。

宇文赟的正牌皇后叫杨丽华，他的正牌老丈人就是当时的随国公，后来隋朝的开创者隋文帝杨坚。你要注意的是，随国公的"随"字比起后来他创立的"隋"，多了一个走之旁，这事儿也很正常，在古代这两个字通假，也就是可以互换。可杨坚觉得走之旁很讨厌，毕竟一个政权，稳定是压倒一切的，走来走去算怎么回事？于是，"隋朝"的"隋"就去掉了这个走之旁。

宇文赟在皇位上荒唐了九个月之后，把皇位传给了七岁的儿子宇文阐，第二年就死了。他死之后，御正下大夫刘昉和内史上大夫郑译伪造了诏书，说宇文赟指定了杨坚做辅政大臣，这件事就连隋朝的正统史书《隋书》也不想替杨坚掩饰，直接写道："矫诏引高祖入总朝政，都督内外诸军事。"

到了这时候，杨坚就面临两个选择，一个是做权臣，尽心尽力辅佐宇文阐，可以避免和北周皇室宇文家族死磕，另一个选择是篡位，做皇帝。杨坚很犹豫，犹豫的原因是他没把握，宇文家族在皇城之外还有很大的势力，忠于他们的大臣也不少，自己虽然十分想做皇帝，但这事儿的把握并不大。

关键时刻，他老婆独孤伽罗让人给他捎来一封信，信上只有几个字："大事已然，骑兽之势，必不得下，勉之。"老公啊，你现在已经骑在了野兽的背上，除了打死野兽，或者自己被咬死，没有第三条路走了，加油。

杨坚这才如梦初醒，作为外戚，即便他只想做一个权臣，那也是很危险的。自古以来，以外戚而干政最后没几个能有好下场的，尤其是皇族势力尚存的时候。

于是，坚定了决心的杨坚秘不发丧，让死了的宇文赟先在停尸房里躺着，然后他假传圣旨，召唤赵王、陈王、越王、代王和滕王五位宇文家手握兵权的王爷进京。大家都来了之后，他马上拿出另一个伪造的诏书，剥夺了这些人的兵权，五位王爷成了没牙的老虎。远在相州的总管尉迟迥马上看出了杨坚的企图，起兵造反。一时之间，山东诸州纷纷响应，人数最多的时候达到了几十万。

可惜，没什么用，杨坚手下的大将韦孝宽和王益仅仅用了两个月就平定了这场动乱，尉迟迥被砍了脑袋。

那么为什么这批造反派这么不顶事呢？在我看来，有三个原因，每一个都相当地致命：第一，起义的地方是原来北齐的地盘，老百姓对起义军根本就没感情，你们这些人狗咬狗一嘴毛关我什么事？第二，北周的府兵制经过改革之后，中央军队远远强于地方；第三，武帝宇文邕的汉化政策，让大量汉族军官进入了军队，他们对于杨坚这位汉人，心理上有认同感。

外面的叛乱平定之后，杨坚回过头来，就以谋反罪名把那五位宇文家的王爷全都杀了。580年12月，杨坚封随王；581年2月，加九锡；15天之后，他大开杀戒，把北周宇文皇族几乎屠戮得干干净净，只留下了宇文阐。不是他对这个小孩子有什么感情,而是因为过两天就要举办禅让大礼,一个死皇帝是不可能禅让的。

581年3月4日,杨坚在推辞了三次之后,接受北周静帝宇文阐的禅让,登上了皇帝的宝座,改国号为隋。四个月后,退位的宇文阐神秘地死了,终年只有8岁。谁干的,我不知道,只知道杨坚哭得无比伤心,史书说他"举哀于朝堂",丧事也相当隆重。

到此为止,鲜卑人在中原大地上的折腾才算告一段落,从五胡时代慕容部建立大大小小的燕国,到统一北方达100多年的拓跋部的北魏,到最后又统一北方的宇文部的北周,这群人在那几百年中是相当能折腾,你要是问他们是不是谢幕了,那还没有,到了唐代,还得讲一讲吐谷浑的故事,他们也是鲜卑人里的一支。

掰着手指头算一下,隋文帝杨坚从得到权力到篡位称帝,只有短短10个月的时间,所以后世就有人说,"自古得国之易,未有如隋文者",意思是杨坚这个皇位来得太容易了。我认为,这十个月其实并不简单,中间走错一步,或者有任何一个意外,杨坚和独孤伽罗这对夫妇都是满门抄斩,甚至千刀万剐的下场,这就是一场豪赌,幸运的是,他们赢了。

三、南陈被灭

就在杨坚建立隋朝的第二年,582年,江南的南陈政权迎来了它的第五个,也是最后一个皇帝,陈后主陈叔宝。

对于此人,我在《南史》上东拼西凑地找到了16个字,可以说是对他的准确评价:生活奢靡,荒于酒色,勤于作诗,不恤政事。

先说"生活奢靡"。在他之前,陈朝的历代君主都很节俭,他一上任,觉得自己住的地方实在是太寒碜了,就盖了三座高达几十丈的高楼,分别是临春、结绮、望仙,供自己和自己的一大群女人居住。每座楼里都有几十上百间房屋，建造之精巧、陈设之豪华自然不用说，所有窗户门板都是最好的沉香檀木制成，风吹过，几十里都是香气。

再说"荒于酒色，勤于作诗"，陈叔宝每天必做的一件事是大开宴席，邀请自己身边写诗写得好的文臣们都来饮酒作诗，而且让后宫的女人们出来，坐在文人旁边，陪着饮酒，以助诗兴。

这样弄出来的诗，自然都是香艳体的，其中最出名的就是他自己写的那句："妖姬脸似花含露，玉树流光照后庭。"这首诗的曲子当时就叫《后庭花》，本来是汉乐府里面一首很不错的情歌曲子，可是自从陈叔宝给它填了词之后，后来就很少有人填了，因为大家都说他把国家给写没了，这是亡国之音。唐朝杜牧的那句"商女不知亡国恨，隔江犹唱后庭花"可以说就是一种定性，你唱《后庭花》，后来亡国了，那谁还敢唱？

客观地说，陈叔宝虽然吟诗作赋丢了国家，但他和他的文臣们对平仄、对仗、押韵做了很多探索，为后来唐诗的成熟做了很大贡献；而且据最新考证，他的妃子张丽华还是诗集《玉台新咏》的编撰者，这是继《诗经》和《楚辞》之后的第三本诗歌总集，文学价值还是很高的。

最后再说一下他的"不恤政事"。在他继位的六年之后，也就是588年，隋文帝杨坚命令晋王杨广、秦王杨俊，还有清河公杨素三路大军浩浩荡荡地攻伐南陈。一般来说，听到这样的消息，无论如何，都要加强一下防备，可是大陈皇帝根本就不理，还和手下的文臣孔范一唱一和地说，长江自古就是天险，几百年北方都打不过来，现在隋军自然还是过不来。

这位孔范是孔子的第三十世孙，可惜，除了拍马屁和作诗，他没有别的本事。如果孔子他老人家地下有知，一定会破口大骂，想当年我想当一个芝麻小官都当不上，你当了这么大的官，居然只会吟诗作赋，是可忍孰不可忍？

陈叔宝手下唯一一个能打的大将萧摩诃倒是拼死抵抗了很长时间，后来也放弃了，倒不是有没有援军的问题，也不是他的能力问题，而是因为他在前面打仗拼死保护陈叔宝，陈叔宝却在后方和他的媳妇儿好上了，虽说两人是你情我愿，但萧摩诃觉得这顶绿帽子实在是太重，有点儿累，《资治通鉴》上说，"陈主通于萧摩诃之妻，故摩诃初无战意"。随后，萧摩诃兵败被擒。

过程就不必说了，589年正月，隋朝晋王杨广的大军攻入建康朱雀门，南陈灭亡。

据《陈书》记载，当时陈叔宝手下的袁宪建议他，说"陛下正衣冠，御前殿，依梁武见侯景故事"。意思很简单，就是说虽然失败了，你也应该保持一个帝王的尊严，穿着正装，坐在大殿里，等着侵略者，就像当年梁武帝萧衍见侯景一样。

陈叔宝却说："卿等不必多言！吾自有计。"你们别管了，我有办法。什么办法呢？他隐身了。开始的时候，隋军在皇宫里搜了几遍，都没找到他，后来听到一口枯井里有声音，便过去放下绳子，谁知一下子钓上来三个人——陈叔宝和他最喜欢的两个女人，张丽华和孔贵嫔，像蚂蚱一样，穿在了同一根绳子上。可以这样说，历代亡国之君，很少有如此丢脸的。

现在南京鸡鸣寺的那口胭脂井是后世为了纪念这段历史仿制的，那口陈叔宝当年用过的胭脂井早就埋在南京市某一座大楼的下面了。

就这样，589年，建立仅仅8年的隋王朝灭亡了南朝；第二年，又收降了岭南的冼夫人。至此，西晋永嘉之乱以来二百八十多年南北分裂的局面被隋朝终结，再度完成中国的大一统。

079. 不朽的文帝

589年,隋文帝杨坚和儿子杨广消灭了南陈,结束了西晋以来的分裂局面,天下重新归于一统。

黯然落幕的,还有当时陈朝的首都建康,今天的南京。从三国孙权建立东吴政权开始,这座城市先后成了东吴、东晋、刘宋、南齐、萧梁和南陈六个朝代的首都,时间长达350年左右,所以它后来有一个响亮的外号,叫六朝古都。想当年诸葛亮就对孙权说过,这地方是"钟山龙盘,石头虎踞",有帝王之气。可惜的是,孔明只说对了一半,这地方有帝王之气不假,但这帝王之气不稳定,皇帝没有一个长久的。从历史上来看,建都在这里的王朝都很短命,而且大多数政权并没有控制整个中国。

一、大动荡的不同结局

从190年各路诸侯讨伐董卓开始,整个中华大地上一直是乱哄哄一片。虽然西晋王朝280年灭吴后,曾在短短36年中实现了名义上的统一,但惠帝即位不久后就爆发了八王之乱,西晋大概有一半的时间处于内乱中。从灭掉东吴到八王之乱,西晋维持大一统的时间只不过是区区十余年。所以,在我看来,中国这段时间的大乱局、大分裂,应该从190年算起,期间经历了三国、西晋、五胡十六国和东晋,还有南北朝,一直到隋朝在590年平定岭南统一中国,正好是400年。

很巧的是,这一段时间的欧洲,也处在大分裂和大动荡中。

180年,欧洲罗马帝国的五贤君时代结束,康茂德登基做了罗马帝国的皇帝,西方史学家把这一年作为罗马帝国没落的开始,仅比中国汉帝国倾塌的日子早了10年。

罗马帝国的大混乱最后也导致了分裂,分成东西两个罗马帝国,而且西罗马帝国和中国西晋一样,北方的少数族,也就是当时称为日耳曼人的"欧洲五胡"在其境内打得不可开交,这些欧洲的"胡人"包括哥特人、法兰克人、汪达尔人、勃艮第人等。

可以说,欧洲这场大戏的开头几乎和中国五胡乱华时拿到的剧本是一样的,不一样的是结局。具体地说,有两点不一样:

第一点,当时占领欧洲的胡人们对罗马的所有文化采取了拒绝的态度,全面焚毁了古希腊和古罗马的书籍、艺术品、建筑、学校等。一直到了大概1000年之后的文艺复兴后期,这些"欧洲胡人"才意识到,没文化真可怕,这才从阿拉伯人那里重新捡回了希腊和罗马文化,然后以罗马帝国继承者的身份自居。

这中间的1000年时间,连他们自己都很惭愧,称之为黑暗的中世纪。这期间,他们信仰了基督教(含天主教),不过这并不是罗马文化,就好像佛教一开始并不是中华文化一样。和佛教一样,基督教也发源于亚洲,而且罗马帝国宣布基督教为国教距离它灭亡只有短短的80年时间,所以,说一句"欧洲五胡"全面拒绝了罗马文化并不算错,这个在我的音频节目《欧洲史话》中有详细讲述。

第二点,中华从190年开始虽然分裂了400年,可最后还是归于隋唐大一统,但西罗马帝国在476年彻底灭国之后,再也没有翻身。从那之后,欧洲就变成了"胡人"的天下,他们建立的国家包括今天的英格兰、法兰西、德意志、意大利等,当年的罗马人反而成了少数族。

关于"为什么中华能够再次统一,罗马却不能"这个问题,网上有很多讨论，认为这跟东西方在地理特点、生产方式、人民对家国的认知上的差异有关。这都有道理，我补充两个视角，一是中国一直以来的大一统观念，二是我们有统一的文字。前面讲秦始皇的时候也说过，从文化上讲，先秦诸子百家全都提倡大一统，"定于一"的思想被认为是解决纷争的最好方式，也是战国最后归一的一个重要因素。秦始皇统一文字之后，不管天南地北，说什么方言，下笔一写，都是一样的方块字，这种统一了的方块字又加强了大一统的文化凝聚力，可以这样说，我们后来两千年分分合合，最后都归于一统，统一的方块字也起到了很大的作用。

为什么南北朝之后的史书比较容易读懂？

南北朝时期，佛教进入中国，在翻译佛经的过程中，中国人突然发现，来自印度的梵文表达出来的很多事物、思想、意境，在汉字里居然找不到对应的词。这并没有难倒中国人，因为汉字的一个最强大的功能就是造词，一千多个常用字，随便拿两个出来就可以造出一个新词，保证意思表达准确，没有歧义。于是，在这段时间，大量新的汉语词汇被创造了出来，比如说"烦恼、世界、现在、将来、放下、想入非非"等，这些新的汉字词汇不仅大量在民间使用，也逐渐出现在正式的官方的文献中，所以我们今天读古文，会发现南北朝之后的史书比较容易读懂。

二、谁是中华正统

简单对比完中华和罗马的这段历史后，再来讨论一个问题：南北朝时期，谁是中华文明的正统？关于这个问题，中国史学界历来有两大学派，一个叫"南朝化论"，另一个叫"北朝主流论"，到了近代，这两个学说也都获得了各自的支持者，钱穆先生支持北朝主流，而陈寅恪先生则认为南朝是正统。

认为北朝是正统的，理论依据是，北魏、北周、隋一脉相承，你若是承认唐朝是正统，那么就必然要承认隋朝，因为唐朝就是从隋朝手里接过来的政权，承认了隋，就必须承认北周，乃至北魏，这种政治上的代代相传听起来很有道理。

认为南朝是正统的，内在逻辑是，中华文化在南朝得到了更好的传承和发展。隋唐文化，基本来自南朝一脉，比如说唐朝的书法，就来自东晋，尤其是王羲之、王献之父子的影响；唐朝的绘画推崇以山水画为代表的文人画，祖师爷就是南齐的谢赫，大名鼎鼎的"谢赫六法"至今仍为中国画中的精髓；至于说玄学、哲学和道学，北方更是基本没有贡献，听见这些词汇，他们可能都会懵圈。举例来说，著名的"神灭神不灭"的哲学争论就发生在南朝，而且持续了一百多年，这也是中国历史上第一次唯物主义和唯心主义的争论。取得了极高艺术成就的唐诗，也是南朝宫体诗生出来的孩子。

按照这个说法，你也许会得出结论：北朝似乎除了政治正确，对中华文化没什么贡献？当然不是，刚才讲的是继承和发展，其实文化还需要创新和融合，在这个部分，北朝是很有成绩的。

今天你如果去云冈石窟游玩，会惊奇地发现，里面的廊柱、布局和雕像有很多接近古希腊风格。这就是因为北魏这群人知道自己没文化，就到处拜师学艺，不仅汉化，而且还希腊化、罗马化、波斯化，凡是他们认为不错，就拿过来。这样一来，在不知不觉之中，他们就为中华文化注入了一股股新鲜的血液，海纳百川有容乃大，所以才有了后来的大唐盛世，不仅仅是中华文化的顶峰，更是世界文化的顶峰。

在进行了上面的思考和思辨之后，在谁是正统的问题上，我个人比较支持钱穆先生的观点，偏向于认为北朝——西晋、东晋，然后是北魏、北周——到现在统一中国的大隋，才是中华的正统。

三、"五省六部制"和"当官要考试"

20世纪70年代末,美国普林斯顿大学的麦克·哈特博士写了一本书,名叫《影响人类历史进程的100名人排行榜》。隋文帝杨坚也被写进了这本书,在该书的第二版中,排在第85位。

中国历代领导人,只有3个人进入了这本书,除了隋文帝,另外两位是秦始皇和毛泽东,毛泽东的排名是89位。

这当然只是一家之言,不过杨坚能获得这样的认可,自然也有他的超卓之处。他主要干了下面这两件大事和两件小事。

第一件大事是政治制度方面的,杨坚废掉了北周的六官制,从汉魏以及南北朝一些政权里汲取了营养,确立了一种"三师三公五省六部"制度。听起来很复杂,实际上"三师三公"只是名誉头衔,不管事,"五省"中的"内侍省"和"秘书省"不能插手国家事务,只管皇宫里的吃喝拉撒,真正掌握大权的只有"内史省""门下省"和"尚书省"。

"内史省"也被称为"中书省",是立法部门,负责国家政策制定,长官叫"中书令",副长官叫"中书侍郎",实际干活的叫"中书舍人"。

"门下省"是司法监督部门,负责审议这些政策,看看是不是违反了国家的基本国策,长官叫"侍中",副长官叫"门下侍郎",干活的叫"给事中"。

最后一个"尚书省"是行政部门,负责具体的执行,长官叫"尚书令",但经常空缺,副长官有两个,分别叫"尚书左仆射"和"尚书右仆射"。

三省之间相互独立,这可以说是世界上最早的三权分立制度,立法、司法监督和行政各行其职,互相制衡。这里面因为"尚书省"是专门干活的,所以它下面的人就比较多,设立了六个行政部门,分别是:吏部,掌管全国官吏的任免、考核、升降和调动;民部,掌管全国的土地、户籍以及赋税、财政收支;礼部,掌管祭祀、礼仪和对外交往;兵部,掌管军队和打仗；刑部，掌管全国的刑律和司法；工部，掌管各种工程、工匠、水利和交通。

这六个单位开始叫"六曹"，很快就改名为"六部"，每个部门的最高长官都叫"尚书"，我们今天耳熟能详的"兵部尚书""刑部尚书"等由此诞生。副长官就叫"侍郎"，比如说"兵部侍郎"。"六部"的每一部下面又设有四个司，各司的长官叫"郎中"，副长官就是"员外郎"。

说到这里，大家应该知道了，这种组织严密、分工明确、权力相互制衡的体制，就是后来大名鼎鼎的三省六部制。它不仅被唐朝和随后的朝代继承，而且还漂洋过海，被我们的很多好学生学了过去，甚至日本今天还用某某省作为政府部门的名称，比如说它那个管外交的部门就叫"外务省"，不叫"外交部"。

那为什么在中国"省"现在反而变成了地方行政机构的名称，比如说吉林省，或者广东省？我这里先卖个关子，到元朝的时候再说。其实，现在国务院下属的各个部和司，很多继承了尚书省六部二十四司的体制和名称。

三省六部的具体名称，隋朝和唐朝略有不同，隋朝的内史省到了唐朝就叫作中书省了。其实，你要是考察一下这个机构的来历，就会发现，它来源于汉武帝时期的中书令，换句话说，它就应该叫中书省。

那为什么隋朝管它叫内史省呢？答案是避讳。杨坚的老爹叫杨忠，叫"中书省"容易让杨坚想起他老爹。同样的情况，隋朝六部里面的"民部"，到了唐朝就被改为"户部"，因为唐朝最伟大的皇帝叫李世民，你叫"民部"那就是大不敬。所以，三省六部的最终名称就是"中书、门下、尚书"三省，和吏、户、礼、兵、刑、工六部。记住这件事很重要，因为随后唐宋元明清的政治制度，无一不是围绕着这三省六部做文章，甚至可以这样说，"三省"是权力的战场，变来变去，"六部"是定海的神针，基本不动。

隋文帝做的第二件大事，就是人才选拔的改革。前面说过，在杨坚那个时代之前，中国历史上出现过三种人才选拔制度，一是春秋战国的世袭制，二是汉代的察举制，三是魏晋南北朝的九品中正制，这些制度有一个共同的特点，就是都不用考试。世袭制不用说了，老子英雄儿好汉；察举制是只要看你合适，你就上岗；九品中正制是看家族，名门望族就可以当官，虽然职务可能有高有低。到了杨坚这里，当官开始要考试了，不管你是推荐的也好，世袭的也罢，在走上领导工作岗位之前，大多数人要先进考场，考过了才能上岗。

伟大的科举制，终于走上了历史舞台。

你千万别小瞧这件事，美国人一直到1300多年之后的1883年，才通过了彭德尔顿法案，规定当官要考试，这还是用一位美国总统的命换来的，感兴趣的可以去听听我的音频节目《美国史话》。

不过，杨坚的这个考试并不允许随随便便参加，你想参加公务员考试，还必须有高官推荐，所以这只是门阀政治下的再一次筛选。一直到了唐朝，政府才允许"投牒自进"，这里的牒就是古代的身份证，也就是到了唐朝，你可以带着一个户口本就去考试了。这就是我们要把杨坚发明的科举制算成是唐朝的贡献的原因。对老百姓来说，不论身份地位，凭着刻苦读书就可以拥有和名门望族子弟一样的升官机会，这样的科举才是最有意义的科举。

四、"开皇之治"

"五省六部"和"当官要考试"这两件大事，让杨坚有资格进入影响世界历史进程百人榜，除此之外，他还干过两件对中国历史影响深远的小事。

第一件小事是修建了大兴城。大兴城后来的名字叫长安，赫赫有名的大唐帝国首都，也就是今天的西安。你可能会问，长安不是汉朝首都吗？不是早就有了吗？这事是这样的，杨坚建立隋朝之后，他也看中了刘邦定都的长安，觉得是块风水宝地，可是实际一考察，发现了一个大问题：水井里面打出来的水经常都是苦的、咸的和臭的，史书上说，"水皆咸卤，不甚宜人"。因为几百年以来，长安老城一直都是政治文化中心，是大城市，而大城市的特点就是人多，人都要吃喝拉撒，长此以往，制造出来的垃圾早就把地下水污染了。

为什么很多古城都有"甜水园"？

中国很多古城都有"甜水园""甜水巷"或者"甜水胡同"这样的地名，因为大部分城区的水被污染之后，可能会剩下一两个地区没被污染，或者污染比较少，那里的水就明显比其他地方的水好喝，所以就能够以"甜水"得名。

杨坚觉得长安老城没法住，就命令手下大臣在原来长安城的东南方向建造新城，也就是大兴城。修建大兴城的是营新都副监宇文恺，他称得上是中国建筑史上的一位天才。

宇文恺领到这个任务的时候是582年六月，杨坚带着文武百官美滋滋地住进新城的时间是583年三月，这里你没听错，建造这座大兴城只花了9个月的时间。

那么，这么快修建好的城市是不是豆腐渣工程，或者是不是标准很低，只能对付着用呢？答案会让你大吃一惊，这座城市不仅在当时，而且在随后的1000多年里，一直是世界上最大的城市，没有之一，是当时东罗马帝国的首都君士坦丁堡的5倍多，是后来明朝修的北京城的1.4倍。

电视剧《长安十二时辰》里所展现的长安面貌，就是原来大兴城的样子，唐朝除了在东北角又修了一个大明宫之外，没做任何改动，因为根本就不需要，整个城市完全就是为了上百万人在里面居住而设计的。布局相当合理，周长 36 公里，包裹着里面皇宫、皇城、居民区三大部分的 109 个坊和东西两个大型市场。著名的朱雀大街从一开始的设计就是，长 5 公里，宽 150 米，号称天街。今天北京的长安街最宽的地方才 120 米。

至于说是不是豆腐渣工程，你见过屹立 1500 年而不倒的豆腐渣工程么？而这一切，是宇文恺在 9 个月里做到的，史书上说，"凡所规画，皆出于恺"。可以看出，当时整个工程的规划和施工设计非常巧妙，人力和物力的组织和管理也相当精细和严谨。比起宇文恺这位老祖宗的建设速度和建设质量，我们今天某些工程负责人也是要惭愧的。

隋文帝做的第二件对中国有深远影响的小事，是他制定了新的刑罚体系。对于犯罪人员，处罚分为五种，分别是打板子的"笞刑"，打大棍子的"杖刑"，强制干活的"徒刑"，流放几千里的"流刑"，还有砍了脑袋的"死刑"，废除了以前动不动就割鼻子、砍脚趾头、挖膝盖骨和割掉生殖器的各种肉体刑罚，而且死刑一定要不同部门审查三次以上才可以执行。

这套相对文明的刑罚制度后来一直沿用到明清，算是古代司法史上的一大进步，但你说具体的执行情况，那就因人因朝而异了，像宋朝出现的凌迟处死，把活人一刀刀割死，那比起以前的割鼻子简直是残忍一万倍，不过这怪不到杨坚身上，他的新刑罚体系的文明性是毋庸置疑的。

除了上面说的两件大事和两件小事，像生活简朴，重视民生，鼓励生产，整顿吏治，消除边患等这类历史上一般明君都能做到的事情，杨坚也一件不落，都做到了，他统治的这段时间，历史上称为"开皇之治"。

080. 天才的演员

中国最牛老丈人独孤信的第七个女儿，是杨坚的妻子独孤皇后。她在13岁那年嫁给杨坚的当天晚上，让杨坚立下了一个誓言，叫作"无异生之子"，也就是杨坚发誓自己不和其他女人生孩子。在随后漫长的45年夫妻生活中，杨坚的10个孩子，5个男娃和5个女孩，都是独孤皇后生的，一直到这个女人去世，别说和其他女人生孩子，杨坚甚至极少和其他女人在一起。

有些人可能会说，杨坚人品好，说话算话，我觉得，一个篡夺了女婿江山的人，未必会这么看重誓言和忠贞，漫漫岁月里，能让一个帝王做到这一点的最主要的原因，也许只能是那传奇的两个字：爱情。

杨坚对独孤皇后应该是真爱。史书上记载，602年，独孤皇后一病不起，驾鹤西去，杨坚极度伤心，所有人都看出来了，表达对独孤皇后的敬意比说一万句"吾皇圣明"都重要。当时的尚书左仆射杨素，以宰相之尊，竟亲自冒雨去郊外给独孤皇后选定墓地，杨坚评价他："论素此心，事极诚孝，岂与夫平戎定寇，比其功业。"意思是杨素安葬我老婆这事，比他对帝国做出的所有贡献都要大。杨素是隋朝平定江南，平复各地动乱和北击突厥的大功臣，他的战斗力和战功可以说是隋朝前三名，但是在杨坚眼里，这些功劳都不及亲自埋葬独孤皇后，可见妻子在他心中的地位。

后来杨坚本人在去世之前，更是流着眼泪说："魂其有知，当相见于地下！"翻译过来就是，媳妇儿啊，我来了！深情可见一斑。

破镜重圆

南陈灭亡的时候，陈叔宝的妹妹乐昌公主和老公大才子徐德言被迫分离，两口子把一面铜镜劈成两半，各拿一半。徐德言在随后的三年里，年年去大兴城卖这半片镜子，最终找到了乐昌公主。可是，这时候的乐昌公主已经是大隋宰相杨素的小妾了，但杨素大手一挥说，你们太不容易了，乐昌公主我不要了，你俩团聚吧，还送了他们一大笔钱，由此诞生"破镜重圆"这个成语，当时很多人称赞杨素是仁义之士。

一、杨广成了太子

杨坚对独孤皇后如此深情，这女人的权力自然就极大，史书上说："后每与上言及政事，往往意合，宫中称为二圣。"皇宫之中，大家实际上把独孤皇后也当作皇帝来看。

独孤皇后政治天分极高，在很多方面都曾经对杨坚有过很大的帮助，比如说当年杨坚在是否篡位这个问题上犹豫不决时，就是独孤皇后帮着他坚定了决心，并且清理了外围的敌人。可惜的是，她的性格有很大的问题，那就是以自己的好恶来决定官员的升迁，她最恨那些三妻四妾的官员，所以，凡是生活作风有问题的，不管才干如何，基本都得不到升迁的机会。对于选拔官员，这也许还只是一件小事，毕竟可用的人才多得是，总有不那么好色的，但是在挑选帝国继承者的问题上，独孤皇后也使用了这个标准，就最终酿成了大祸。

事情是这样的。前面说过，杨坚的5个儿子都是独孤皇后生的。这一点杨坚很得意，他曾经说过，从前的帝王，小老婆太多，儿子们的娘都不一样，所以往往互相残杀，不像我的五个儿子，一母同胞，亲如手足。不幸的是，有时候亲情在绝对的权力面前，也只能放在第二位。他俩的第二个儿子晋王杨广，以总司令的身份完成平定南朝的任务之后，野心膨胀，决定从自己的亲哥哥、嫡长子杨勇手里把太子的位置抢过来。

杨勇是一个性格宽厚，大大咧咧的官二代，他自以为太子位置稳如泰山，根本懒得去揣摩老爹老妈的喜恶。独孤皇后最讨厌男人娶小老婆，杨勇偏偏有很多小老婆，以至于他的正牌老婆，太子妃元氏郁闷而死。杨坚生活简朴，最讨厌花天酒地，杨勇偏偏喜欢音乐歌舞，经常找一些名士喝酒作诗，通宵达旦。

杨广对于哥哥的德行和父母的心理活动，全都了如指掌。他的策略就是反其道而行，干的所有事情，都是为了突出杨勇的缺点。比如，除了妻子萧妃一人，他别无侍妾，而且奴婢们不是年轻美女，家里的乐器上布满了灰尘，甚至连弦都没有，表明自己从来都不参与声色犬马的活动。

另外，杨广因为镇守江都，经常不在京城，每次辞行的时候，都痛哭流涕，依依不舍。做父母的，看见儿子这么孝顺，那心里是什么滋味，每一个过来人都明白，可以说是欣慰、高兴和怜惜混杂在一起，总结为一个字就是"亲"。

最重要的是，杨广天资聪敏，很有学问，文学素养极高，史书上说他"好学，善属文"。他曾经写过一首诗，里面有"流波将月去，潮水带星来"这样的诗句，可以说是神来之笔。何况他还对所有知识分子都谦虚有礼，朝廷上的那些之乎者也的大臣们对他也是好评如潮。一句话，晋王杨广当时展现出来的，是集节俭、朴实、谦恭、好学、礼贤下士、不爱声色犬马等人类美德于一身的形象，这样的儿子谁不喜欢？

独孤皇后认真比较了一番之后，认为二儿子比大儿子更适合做太子。杨勇听说后，开始坐立不安，但又感觉自己也没做错什么，因此他四处抱怨，为自己辩解。谁知这样一来，老爹和老妈更加讨厌他，终于在600年冬天，隋帝国的太子之位换了主人。杨坚下令，把杨勇贬为平民，囚禁深宫，改立二儿子杨广为太子，这就是后来葬送了隋帝国的、大名鼎鼎的隋炀帝。

当时的宰相，也就是尚书省的副长官，尚书左仆射高颎是强力反对废太子这件事的，但是胳膊拗不过大腿，高颎最后也因为这件事而被免职。

后世史学家基本都认为，隋帝国改换太子这事，独孤皇后是最大的黑手，那么隋帝国二世而亡这事要不要算在独孤皇后身上呢？《隋书》把隋朝灭亡的锅扣在了独孤皇后的脑袋上："心非均一，擅宠移嫡，倾覆宗社，惜哉"，意思是独孤皇后偏心眼，仗着杨坚老头儿爱她，随便换了太子，最终导致国家完蛋。我对此有一点不同意见。首先我同意，在隋帝国换太子这件事上，独孤皇后的责任很大，但客观地说，杨广在登基之前，并不是独孤皇后一个人看好他，除了高颎，几乎整个朝堂，乃至天下人都认为他贤德，就像当年王莽一样，谁也没料到后来发生的事情，凭什么要让独孤皇后一个人来背锅呢？

这里要说一下高颎这个人，如果说谁是杨坚篡位夺权，并且统一天下的第一功臣，我个人觉得非高颎莫属。高颎年轻时就展露出非凡的政治天赋，杨坚那时候还是北周的丞相，听说了高颎这个人之后，就派人招揽他给自己办事，高颎当时的秘密回答是："愿受驱驰。纵令公事不成，颎亦不辞灭族。"这话很明白无误地指出了杨坚的野心，你不就是想当皇帝吗？我跟着你干了，大不了灭族就是了。杨坚从此之后，对高颎另眼相看。

事实证明，高颎确实有才干，无论是协助杨坚篡位，平定尉迟迥叛乱，统一天下，北定突厥这些军事行动，还是修订刑法，建造新都，管理国家这些内政，他都干得有声有色，不负使命。

据《隋书》上记载，他当时的地位是"朝臣莫与为比，上每呼为独孤而不名也"，杨坚每次都称呼他为独孤，而不叫他的名字。"独孤"是高颎的鲜卑姓氏，因为他爹曾经在杨坚老丈人独孤信的手下当官，独孤信就赏赐给高家这个姓氏。杨坚叫高颎"独孤"，相当于现在别人称呼我为"王老",而不叫我枫落白衣,这自然是一种莫大的荣誉。

高颎也是隋朝真正的股肱之臣,当年攻打陈朝,虽然名义上晋王杨广是统帅,但行军布阵,谋略调遣,几乎都出自高颎之手。当他亲自率军攻入建康之后,杨广派人向他索要绝色美人张丽华,就是陈叔宝最宠爱的那位妃子,高颎给杨广的答复是,"武王灭殷,戮妲己。今平陈国,不宜取丽华",您要是贪恋美色,那就不是周武王了,而是殷纣王。

不仅如此,高颎随后为了彻底断绝杨广的念想,还把倾国倾城的张丽华给害死了,把杨广气得够呛。很多人都质疑,那时候杨广为了取悦老娘,假装不好色,怎么会索要张丽华?因此他们觉得这是史书为了抹黑杨广而编造出来的故事,我个人认为,这段历史应该是真实可信的。

先来看一件事,南陈灭亡之后,宠妻狂魔、从不纳妾的杨坚把陈叔宝的两个妹妹都纳入了后宫,分别封为宣华夫人和弘正夫人。曾经因为杨坚临幸一个姓尉迟的宫女就下令把宫女杀了的醋坛子独孤皇后,在这件事上,竟然不言不语。为什么会这样呢?极有可能,打败敌人后,把他亲密的女人抢过来是当时北方胡人的一种普遍习俗,是一种约定俗成的羞辱对手的行规。杨广索要张丽华的私下原因肯定是贪恋美色,但表面上的原因却光明正大,是在顺应这种习俗。在这种情况下,高颎没让杨广享受战利品,反而杀了张丽华,胆子确实够大。

即便是这样一个能人,卷入太子之争失败之后,最后也只能灰溜溜地卷铺盖卷回家。你如果猜测高颎对此很愤恨,那你没猜对。当初他位极人臣的时候,老娘对他说:"汝富贵已极,但有一斫头耳,尔其慎之。"你现在啥也不缺,就差一个砍脑袋了,千万小心啊。这次被免职,高颎想想老娘的话,觉得丢了官帽子保住了性命,应该是赚了,他还挺高兴,史书上说他"欢然无恨色,以为得免于祸"。

不过,中国有句古话,应该河里死的,井里死不了,高颎最后还是重返政坛,被隋炀帝杀了,这是后话。

二、杨坚是被杨广害死的吗

太子换了，独孤皇后死了，天下也太平了。602 年，杨坚终于卸下了心里面的各种负担，年过 60 的他同时宠爱了好几位倾国倾城的美女，这里面就有刚刚提到的，陈叔宝的妹妹宣华夫人陈氏。这个女人 12 岁进宫，一直等到 25 岁，皇后死了，才被皇帝抱上了床。史书上说她"姿貌无双"，杨坚遇到了这些千娇百媚的美人，就像是老房子着火，彻底没救了。两年后，身体就到了油尽灯枯的地步。

604 年，奄奄一息的杨坚躺在仁寿宫里等着死亡降临，但接下去的故事却显得扑朔迷离。《隋书》《北史》对杨坚的死记载得异常简略，"帝疾甚，卧于仁寿宫，与百僚辞诀，上握手欷歔。丁未，崩于大宝殿"，意思是杨坚是在和大臣们一一含泪握手辞别后，从容辞世的，场面极度和谐。《资治通鉴》上的记载却充满了刀光血影，说是当时杨广在仁寿宫里伺候他爹，眼瞅着不行了，就写信给宫外的杨素，问爹去世之后该怎么办，悲催的是，杨素的回信却被误送到了杨坚的手里，杨坚看后气得浑身发抖。恰在这时，刚刚说去上厕所的宣华夫人跑了回来，衣冠不整，头发凌乱，哭着说"太子无礼"。杨坚气得锤着床板大叫："畜生何足付大事！独孤误我！"老婆啊，你看你帮我选了一个什么玩意儿，盼着我早死，还调戏我的女人，真是一个畜生！然后杨坚传令招大儿子杨勇速速到仁寿宫来，准备废掉杨广，重新让大儿子接班。杨广这时候当然不会坐以待毙，暗中得到报告之后，马上就把要去传令的柳述和元岩抓了起来，然后让自己的手下控制了仁寿宫，最后把杨坚身边的所有人都赶到另一个宫殿里去，只派了心腹张衡去服侍老爹，一会儿的工夫，隋文帝杨坚就驾崩了，享年 63 岁。

《资治通鉴》的最后记载是："令右庶子张衡入寝殿侍疾，尽遣后宫出就别室，俄而上崩。故中外颇有异论。"什么议论呢？当然是说杨广派人把自己老爹整死了，犯了弑父和弑君的双重大罪。

我这里就要问一句，为什么《资治通鉴》里对杨坚的死有这么详细的描述，司马光的依据是什么？答案很简单，因为《隋书》虽然在《高祖传》这一卷对杨坚的死只有一句描写，但却在《后妃传》里对宣华夫人花费了大量的笔墨，不仅描写了杨广是如何趁着父亲病危调戏宣华夫人，又是如何封锁仁寿宫，派侍卫去伺候杨坚的，而且还写到在杨坚死了的当天晚上，杨广就睡进了宣华夫人的被窝。我们现在完全可以相信，司马光写《资治通鉴》的时候，一定是照录了《隋书·后妃传》。

那么，问题来了，为什么在《隋书·高祖传》里对杨坚的死轻描淡写，一笔带过，可是在同一本书的《后妃传》里却加入了大量对杨广不利的描述？这个问题也不复杂，《隋书》的主编是唐朝郑国公魏徵，作为隋朝的掘墓人，唐朝的人自然要抹黑隋朝的最后一位君主，才能让自己的政权看起来合情合理合法。

问题是，隋炀帝杨广虽然可能是害死他爹的嫌疑人，但这事儿只是传闻，没有任何证据，如果堂而皇之地写进《隋书·高祖传》，魏徵等人也觉得违背了知识分子的良心，可能会被人诟病，所以我认为最后他们的折中方案就是在《后妃传》里添上一些笔墨，表明他就是认为杨广害死了他爹，只是没证据。

总之，杨广是不是杀了杨坚，现在只能存疑。

604年，年仅35岁，精力充沛、才华横溢的杨广登上了大隋的权力顶峰。他爹留给他的是一个富足、强大而且朝气蓬勃的帝国，有着当时世界上最先进的政治和经济制度，最公平的人才选拔机制，最强大的军队和最充裕的粮食物资储备，可以这样说，他哪怕什么也不做，天天吃喝玩乐，也会平稳地度过一生，做一个后世名声还不错的守成之君。

诡异的是，只用了15年的时间，他就落了一个身死国灭的下场，而且名声遗臭万年，这究竟是怎么回事呢？

081. 朕欲诗远方

604年，隋帝国的开创者杨坚驾崩，儿子杨广即位。紧接着，杨广派人从仁寿宫赶回长安，假传杨坚的遗嘱，逼死了亲哥哥废太子杨勇，后来又把杨勇的10个儿子流放岭南，并且在押送的路上全都杀了。随后他又以老爹遗嘱的名义，给弟弟汉王杨谅发信，召他回首都大兴城。

杨谅是杨坚和独孤皇后的小儿子，平日里受尽了宠爱，他除了是汉王，还是并州总管，统领原来北齐所有地盘的军事，西自太行山，东到渤海，全在他的控制之下，势力之大，远远不是废太子杨勇可比。本来杨谅平日里就看二哥杨广那副道貌岸然的样子很不爽，这时候更是明白，回去或被囚禁或被杀，因此他在南朝降将王颁和萧摩诃的撺掇之下，率30万大军公开造反。他们以"诛君侧"的方式行事，把谋反的帽子扣到宰相杨素头上，打出了"杨素反，将诛之"的旗号。所有人都明白，他们的目标就是诛杨广。

可惜，虽然杨广和杨素的兵力只有几万人，实力远远不如杨谅，但杨谅不听手下人建议，在犹豫不决之间丧失了优势，最后决战失败，被捆成了粽子，押到大兴城，关押起来，一年之后就死了。史书上说，"以幽死"，那应该不是隋炀帝下的毒手，否则，魏徵等人是无论如何不会放过这个骂隋炀帝的机会的。

一、设进士科考

坐稳了皇位之后，杨广开始了他自以为雄才大略的治国行动。他给自己的年号是"大业"，表明自己并不想做守成之君，而是要像秦皇汉武那样，建立不朽的功业。

可惜的是，他不懂历史，不明白秦始皇步子迈得太大，弄得秦帝国二世而亡，而汉武帝如果不是前有爷爷和老爹的文景之治帮他积攒家底，后有儿子孙子辈的昭宣之治帮他还债，汉帝国也早就完了。

关于隋炀帝的折腾，两句话可以概括，第一句是"生活不仅是眼前的苟且，还有诗和远方的田野"，第二句是"世界那么大，我必须去看看"。

先来看第一句，指的是隋炀帝首次设立了进士科考试，对官员写诗作文的能力有了要求。

隋炀帝算得上那个时代很不错的诗人之一，他自己本人对此也很自负。《资治通鉴》记载他曾说，"设令朕与士大夫高选，亦当为天子矣"，我和你们这些玩文学的比考试，我也秒杀你们，当你们的皇帝。也许就是因为这个原因，606 年，他在公务员科举考试的科目里设立了进士科，除了考经文策问之外，还考写诗赋，做文章。这件事导致后来一些史学家把科举制的发明权给了他。之所以会这样，是因为在隋末唐初的时候，公务员考试有很多科目，比如明经科、秀才科、明法科、明算科、俊士科等，也包括隋炀帝这个进士科，一共有五十多种科目。后来大家感觉烦琐，就逐渐删减，到了唐朝末年，就剩下明经科和隋炀帝发明的进士科了。明经科基本上死记硬背就可以，但进士科需要有才华，比较难考，这才有了"进士及第"的说法，也就是只要你考中进士，那就是天大的喜事。当时还有一句话，叫"三十老明经，五十少进士"，你 30 岁才通过明经考试的话，说明你笨，而你 50 岁如果能通过进士科考试，也算是年轻才俊。

举个例子，唐朝诗人孟郊 46 岁考中进士，兴高采烈之余，写了一句流传千古的名句："春风得意马蹄疾，一日看尽长安花。"自豪之情溢于言表。等到了宋代王安石改革后，公务员考试没有明文规定，但实际上砍掉了所有科目，只剩下了进士科，这就导致了后代几乎把进士科等同于整个科举制度。

从这一点上说，隋炀帝设立进士科还真是科举制的开始。

二、建大工程

隋炀帝有了"诗"，他的"远方"在哪里？很简单，四个地方：江南、东北、塞北和西域。江南是后花园，其他三个地方必须是臣服的藩属，这就是他对于远方田野的设想。当时的首都是大兴城，也就是今天的西安，位置偏西，完全不利于对塞北、东方和江南的控制，隋炀帝思考了很长时间，又进行了实地考察之后，决定把首都大兴、北方的涿郡和南方的余杭三个城市连起来，等于是把今天的西安、北京和杭州连起来。

这是一个非常宏大的计划，三城之间任何两个城市的距离都在一千公里以上，要想实现高效廉价的物流畅通，现在可以依靠飞机高铁，但古时候只能靠水路。陆地运输一是慢，二是成本实在太高，人和牲畜在路上都需要大量的消耗，完全比不上"轻舟已过万重山"的效率，但水路运输靠老天爷成全，老天爷让河流都从西往东流，你的南北运输就只能干瞪眼。不幸的是，中国的河流大都是这状态，"一江春水向东流"，因此只能开凿运河，人为地创造出南北走向的河流。杨广的计划是，开凿洛阳到淮安的通济渠，清理淮安到江都（扬州）的古邗沟，开凿江都到余杭（杭州）的江南河，再开凿洛阳到涿郡（北京）的永济渠，加上杨坚原来开通的大兴到潼关的广通渠，最终形成一个连接海河、黄河、渭水、淮河、长江和钱塘江六大水系的大运河。

从大业元年，即605年，也就是杨广上位的第一年开始，到610年，仅仅用了 5 年，全程 2700 公里的隋唐大运河就全线竣工了，这个速度放到今天，那也是令人叹为观止。

如果你像我一样，曾经站在地图前，审视这个 1400 年前的伟大工程，你就会发现，洛阳的位置相当关键，它就是这张网的中心，隋炀帝在工程一开始就知道这件事。所以，605 年，在运河开挖的第一年，杨广就下诏营建东都洛阳。诏书里有一句话是："关河悬远，兵不赴急。"这句话明明白白地指出，大兴城作为首都，对东方的控制实在是太弱了。其实当年周武王打败殷纣王之后，周公姬旦也是这么说的，必须建设洛阳新都，以控制东方。

很自然地，营建新洛阳的任务落在了建筑学天才宇文恺的身上，20 多年前他负责建造了大兴城，现在重新走马上任，担任洛阳新城的副总指挥。这一次他的"洛阳速度"是 10 个月，大业元年三月动工，大业二年的正月，一座和今天北京二环差不多大小的新的洛阳城就拔地而起，且施工质量相当高。

这里要说明一下，今天说的大运河是隋唐大运河和后来元世祖忽必烈修的京杭大运河的统称，不过就算是单拿出隋唐大运河和东都洛阳这两项工程来讲，也是造福了无数代人民。在随后 700 多年的历史上，大运河一直都是中国大地上南北之间和东西之间货物运输的大动脉。

《剑桥中国隋唐史》说："大唐帝国的繁荣在很大程度上，可以归因于继承和改善了隋朝的运河体系。"唐代诗人皮日休有一首诗是这样说的："尽道隋亡为此河，至今千里赖通波。若无水殿龙舟事，共禹论功不较多。"意思很浅显，大家都说这条运河是隋朝灭亡的元凶，可是今天它还在造福老百姓，如果不是因为有"水殿龙舟"这种事，我皮日休觉得，杨广的功劳可以比得上大禹治水。

水殿龙舟指的是，605 年，隋炀帝在开始上面两个大工程的同时，还下令建造龙舟和配套的各种船只几万艘，以供他和文武百官从大兴去江都之用。据史书记载，这些龙舟规模极大，上下四层，每一层都如同宫殿一样，所以叫水殿龙舟，航行的时候要靠纤夫来拉。

杨广后来每次去江南，都有上千艘这样的龙舟，加上各种其他船只，首尾一百余公里，还有骑兵在岸上护卫，万马奔腾，旌旗遍野，很是壮观。周围500里之内的地方政府都要进贡吃的和用的，他和王公大臣侍卫奴婢们根本吃不完，走的时候一概抛弃，可以说是奢靡之极。

除了龙舟，杨广还大兴土木，沿着运河给自己建造离宫，一共建了四十多座。这里只用洛阳西郊的西苑做一个例子，它的面积有300平方公里，内有人工湖，湖水上有30多米高的假山，宫殿林立，周围围绕着人工小运河，修建了寝宫十六所，称为"十六院"，每院美女二三百人，实在是穷奢极欲，劳民伤财。

皮日休老先生的感慨是对的，有了这些斑斑劣迹，修建大运河的功劳再大，也无法和治水的大禹相提并论了。不过皮日休的诗里说有人把隋朝灭亡归于开凿大运河，其实指的不仅仅是大运河工程，而是隋炀帝搞的所有工程。

我这里简单地从《资治通鉴》上摘抄几例：607年，"发河北十余郡丁男凿太行山，达于并州，以通驰道"；同一年，"发丁男二十余万筑长城，自榆谷而东"；608年，"发男丁百余万筑长城，西距榆林，东至紫河，一旬而罢，死者十五六"。

一百多万农民工修长城，十几天就干完了，死了五六十万人，翻开《资治通鉴》，类似的记录比比皆是。比如说建造东都洛阳，它说"东京官吏督役严急，役丁死者什四五"，至少死了近百万人！

在司马光的笔下，隋炀帝下令修建的所有工程都是像火箭一样的建设速度，但至少要累死40%的民工，我算了一下，按照这样的记载，在隋炀帝上台后大搞基础建设的5年之内，死于各种工程的农民工大概在500万左右，这就是为什么后世有人说，隋朝亡于大运河和各种工程。

我个人认为,《资治通鉴》对杨广可能有很深的偏见,或者说在一定程度上抹黑了隋炀帝的工程。

我有三点理由:第一,根据《资治通鉴》的记载,杨广上任之前的开皇年间,隋朝人口是 870 万户,再根据《隋书》和《旧唐书》两本权威史书的记载,大业五年末,也就是 609 年,隋朝人口是 890 万户,就是说杨广上任之后的 5 年里,人口增加了 20 万户,他的大部分工程,包括修运河,修长城,修洛阳新都,都是在这 5 年里完成的,你说死了几百万人,那人口为什么反而增加了?这有点自相矛盾。

第二,《资治通鉴》说 10 个月的洛阳东都建设死了近 100 万人口,可是同样由宇文恺建造的大兴城,规模更大,工期更短,怎么没记载死了这么多人呢?

第三,死亡几百万人,就算没有大的农民暴动,小规模的总得有吧?可惜的是,有记载的第一起隋末农民起义是 611 年的山东王薄造反,那是为了反对隋炀帝征讨高句丽的。

基于这三点理由,我高度怀疑司马光在这件事上的公正性,他的本意也许是劝谏天下皇帝们,不要随便搞什么大工程,毕竟,这老爷子是最出名的保守派。

当然,我这里也必须说,隋末人口锐减是不争的事实,到唐高祖李渊称帝的时候,全国人口据估计只有 200 万户,五分之四的人口在十年里消失了,就因为天下大乱,民变四起。我不反对把这个罪过扣在隋炀帝的脑袋上,毕竟是在杨广的任上发生了大规模民变,你不负责谁负责?但是,我也反对那种说因为他搞工程导致人口减少的观点。

三、打吐谷浑

书归正传,交通顺畅之后,杨广迫不及待地喊出了第二句话,"世界那么大,我必须去看看"。除了巡游江南,塞北、西域、东北,他几乎都跑了一个遍,在十几年的皇帝生涯中,在首都就没住几天,不是在出差,就是在准备出差的路上。

607年,杨广开始巡视漠北草原,去"看望"突厥人。这时候的突厥,由于杨坚当年的挑拨离间,早就分为了东西两部分,东边的东突厥首领是启民可汗,和隋朝的关系很好,当年在归顺杨坚的时候,不仅表示"永为番属",在信里给杨坚上了一个称呼,叫"圣人莫缘可汗",并且说:"自天以下,地以上,日月所照,唯有圣人可汗。今是大日,愿圣人可汗千岁万岁常如今日也。"把杨坚乐得嘴都合不拢了,顺便就把一个宗室女义成公主嫁给了启民可汗,两家从此之后就变成了亲家。

杨广去江南坐的是4层楼高的"水殿龙舟",这一次去塞北,走的是驰道,坐的是"观风行殿"——也是出自建筑天才宇文恺之手。观风行殿其实就是一个可以移动的大房子,几百名侍卫可以站在上面,下面有可以拆卸的轮子,行走的时候就是房车,停下来就是一座小型宫殿,在五十万骑兵和步兵的簇拥下,隋炀帝的观风行殿如同一个怪兽,整个队伍连绵五百余里。

他那个名义上的妹夫启民可汗和其他少数民族的首领哪里看见过这个阵势,史书上说,"诸胡骇悦",既害怕又佩服,一个个诚惶诚恐地跪在地上,朝着隋炀帝顶礼膜拜。杨广一高兴,大手一挥,赏!仅仅是绸缎,就赏赐了2000万匹。

这样一来,手下就有几个人开始议论了,说隋炀帝太过奢侈浪费,长此以往,国将不国。牢骚最多的人是高颎、宇文弼和贺若弼,这三个都是杨坚时代的老臣,也都是为隋朝贡献了一辈子的老头儿,本以为说两句风凉话没啥,可惜,杨广手起刀落,把他们都斩了。

高颎肯定后悔没有听老娘的话,跑出来重新做官;贺若弼就更后悔了,因为他爹贺若敦当年就是因为私下里议论朝政被北周晋王逼迫自杀的,临死之前,他用锥子把贺若弼的舌头扎出血,告诫儿子,"吾以舌死,汝不可不思",你爹我就是因为管不住舌头才被杀的,你千万要记住啊。

就在这一年,东边的邻居日本开始不认可"倭国"这个称呼了,日本当时在位的大和推古天皇,派了遣隋使小野妹子向杨广递交国书,在国书里称呼他自己为"日出处天子",称隋炀帝为"日没处天子"。性格高傲的杨广气坏了,马上派了裴世清去日本,带去的国书里第一句就是,"皇帝问倭王好",什么日出处天子?你是倭国,知道不?日本人当时也不生气,小野妹子带回来的国书上改为"东天皇敬白西皇帝",算是给了隋炀帝一个面子。

江南和北边都去过之后,隋炀帝又把目光投到了西边。自从五胡乱华以来,中原和西域诸国的联系就断掉了,丝绸之路虽然断断续续还有驼铃声,但比起大汉时代,几乎就等于无。现在盘踞在西域和隋朝之间的是源自鲜卑的吐谷浑。

608年,隋炀帝发动战争,一举打败了吐谷浑。

第二年,隋炀帝又发表讲话了:"自古天子有巡狩之礼,而江东诸帝多傅胭粉,坐深宫,不与百姓相见,此何理也?"问手下大臣,南朝那些家伙是不是因为待在深宫里才亡国的?

大臣们心领神会,知道这位爷又想出去看世界了,异口同声说"是!"于是,隋炀帝又开始西巡,每次出去都带着一大批王公大臣和后宫女眷,队伍无比庞大,这次也不例外,但和下江南和巡视塞北突厥人不同的是,这次出巡西域的交通情况实在太差。

那时候从大兴城往西走去西域要穿过青海,再经过终年冰雪的祁连山,才能到河西走廊,也就是今天的甘肃北部,中间有些山谷只能一个人经过,经常需要在野外露营。经过三个月的艰苦跋涉,杨广这群准备明显不足的驴友,在付出了冻死无数人的代价之后,终于穿越了祁连山,到达焉支山脚下的甘肃张掖。关于当时的艰苦,只用一件事就可以说明:那些冻死的人里面甚至包括了杨广的亲姐姐，北周最后一位太后杨丽华。48岁的她在冻伤之后，没等到达张掖就死了，能活下来的，包括杨广在内，那都是体格比较健壮的。

据隋书记载，后来杨广还带队继续向西，来到了甘肃最西边的玉门关。中国古代 400 多位皇帝里面，隋炀帝是唯一到过国门最西边的，唐代诗人王之涣写过，"羌笛何须怨杨柳，春风不度玉门关"，连东风都吹不到的地方，隋炀帝也去了。

那到底是什么原因，让他走那么远呢？

082. 隋炀帝之死

隋炀帝来到了祖国的西大门玉门关。他既不是来开疆扩土，也不是来旅游的，实际上，他是去表演的。

因为他当时把西域包括高昌、伊吾等 27 国的君主大臣都叫到了张掖，然后举行了一次大规模的军事演习，投入了十几万兵力，旌旗遍地，杀声震天，看得西域各国一个个胆战心惊，然后心悦诚服地跪倒一片，表示不敢与大隋为敌。演习结束之后，杨广兴犹未尽，带着这些胡人的领导和使节们回到了中原，让这些土包子参观大兴城和洛阳，看看大隋的富足。

一、对西域的表演

610 年的正月十五，洛阳城里一连进行了 15 个晚上的"大型文艺汇演"，演员多达 18000 多人，把胡人们看得是目瞪口呆，然后又让他们去市场参观。在此之前，隋炀帝早就下令，市场上的所有树木，一概用丝绸缠绕，免得冬天树木光秃秃的不好看。所有饭店，胡人来吃饭一概不用付钱，史书里记载，当那些胡人想掏钱的时候，店主就说："中国丰饶，酒食例不取直。"我们中国人有钱，在餐馆吃顿饭，还付啥钱啊，见外了不是？这种事，让西域来的人惊叹不已。

更可笑的是，杨广玩上了瘾，这样的事从此以后年年都搞，最后花了多少钱就不知道了，司马光在《资治通鉴》中评论道："由是百姓失业，西方先困矣","卒令中国疲敝以至于亡"。老百姓的生意都做不下去了,最后隋朝就灭亡了。

当然,司马光这话似乎也有点夸张了,隋炀帝把丝绸之路重新搞活了,做生意的多了,609年的大隋,还是比较兴盛的。《资治通鉴》上也说了:"是时天下凡有郡一百九十,县一千二百五十五,户八百九十万有奇。东西九千三百里,南北万四千八百一十五里,隋氏之盛,极于此矣。"

那么,后来隋朝是因为什么突然就不行了呢?原因不复杂,有句话叫"盛极而衰",顶点就是下坡路。当时隋朝虽然兴盛到了极点,但民力的使用也到了极限,如果这时候杨广采用与民休息的政策,说不定大隋可以慢慢消化掉大运河以及各种工程过度使用的民力,打造一个盛隋也不是没有可能。

可惜的是,隋炀帝对此却一无所知,"世界那么大,必须去瞅瞅"。现在他的目光转向了东边的高句丽。前面说过,他每次去看一个地方,都要耗费大量的人力物力,南方是大运河和水殿龙舟,北边是观风行殿和大量赏赐,西边是万里长征和表演,不过,这些都比不上这一次的高句丽之行,因为除了人力物力,他最后还使用了武力。

二、东征和平乱

高句丽当时是一个独立的国家,并不归杨广管辖。关于高句丽的来历,今天史学界一致认为,最早是东北吉林省境内一个叫扶余的古老民族,建立了一个国家叫扶余国。后来在前37年,扶余王子朱蒙南下鸭绿江,自己建立了一个新的国家,就是高句丽国。这件事在《魏书》《北史》《北周书》《隋书》等多本权威史书,都是这么记载的。

不过,由于高句丽在随后的700多年里地跨中国东北和朝鲜半岛的大部分区域,今天朝鲜、韩国和中国都说这个高句丽是本国的古代政权。最滑稽的是近年来，日本一些学者认为日本应该是东北亚一只骑马民族的后代，也选定了扶余或者说高句丽当祖宗朝拜，这在日本叫"骑马民族日本征服论"。

这些事情，隋炀帝当时是不知道的，他只知道一件事，他邀请高句丽国王高元在涿郡相见，可是对方却放了他的鸽子，没去。对于一个超级要面子的人来说，这事绝对不能忍。当然，杨广让高元来见他本来也没安好意，高元来了要是不跪下，一样要被收拾。

611年，杨广下令讨伐高句丽，动员全国士兵集中在涿郡，粮草集中在辽西郡，也就是今天的辽宁义县。这时候的大隋，经过杨广连续几年的基础建设和无限制消费，他爹积攒的家底已经消耗殆尽，原本应该让老百姓休养生息了，但隋炀帝却仍和以前一样，不仅要老百姓出钱出力，而且要现在立刻就干。

后果是很悲惨的，史书里记载了当时的情景，为了按时完工，老百姓被鞭子赶着拼命赶往辽西，运送军用物资的农民有十几万人，病死饿死，无人收葬，沿途几百公里，处处可以看见尸体。紧急抽调的建造战舰的工匠站在水中，昼夜加工，很多人腰部以下都生了蛆虫，半数以上死亡。很多农民既没有钱粮可交，又不想干苦役累死，那就只剩下两条路了，或者逃亡，或者造反。

就是这一年，以隋炀帝试图征伐高句丽为起点，隋末农民大起义开始了。

开始的时候，起义军基本集中在山东和河北，因为这两个地方就是隋炀帝征兵征粮打高句丽的地方，比较出名的有王薄、刘霸道、窦建德等人。几个月后，有一个河南人也跟着凑热闹，起兵响应，此人的名字叫翟让，手下有单雄信、徐茂公等人，起兵的地点在河南滑县，当时叫瓦岗寨。不过翟让这些人当时还不成气候，真正成气候要等到5年之后，一个叫李密的牛人走进了瓦岗寨，这事后面我们会说。

就在这样的情况下，隋炀帝还是在第二年集中了 113 万兵力，然后开始御驾亲征。御驾亲征这事是必须的，"世界那么大，朕必须亲自去看看"。可惜的是，在他的瞎指挥之下，隋朝军队多次贻误战机，高句丽顽强地把这场战争拖到了东北的雨季。大雨一下，隋军傻眼了，熟悉地形的高句丽军队趁机在大将乙支文德的率领之下反攻，最终打败了隋军。隋炀帝损失了 30 多万士兵，灰溜溜地撤回了涿郡。乙支文德因为这一仗，成了高句丽以至整个朝鲜族今天纪念的英雄，现在韩国军队的二等军功勋章就叫"乙支自由勋章"，那是相当高的荣耀。

对于杨广来说，这个面子那是一定要找回来的。第二年，也就是 613 年，他第二次御驾亲征高句丽。这一次他吸取了教训，不再自己瞎指挥，让大家"便宜从事"，也就是你们打开手脚去打吧，但老天爷就像是故意和他作对，眼看着高句丽人的辽东城就要守不住了，后方传来一个消息，杨玄感造反。隋炀帝吓得赶紧掉转马头，全军回撤，走得那叫一个狼狈，给高句丽人留下了无数的军需物资，以至于高句丽的士兵坚定地认为，这是隋炀帝给他们挖的一个大坑，远远地看着那像小山一样的军需品，十多天都不敢去碰。

杨玄感是何许人也？为什么杨广对他如此重视？

杨玄感当时的官职是礼部尚书，奉了隋炀帝的命令在河南督运粮草，职位挺高，位置也算重要，但这不是杨广对他如此重视的原因，主要原因是，他是杨素的儿子。

杨素是平定杨谅叛乱的猛将，也是帮助隋炀帝当上太子，当上皇帝，并且坐稳皇位的大功臣，整个关陇集团的领袖人物。他死后，儿子杨玄感也受到了隋炀帝的重用，杨广甚至对周围人经常说，"将门必有将，相门必有相，故不虚也"，夸奖杨玄感是老子英雄儿好汉的典型。

既然两个老杨家关系这么铁，杨玄感为啥还要造反？原因也简单，因为关系好是表面的。杨玄感一直认为自己老爹杨素是死在隋炀帝手里的，而且最终他自己也会被杨广杀掉。那么杨玄感为什么会有这种猜测呢？事情是这样的，随着杨素的功劳越来越大，到了最后，杨广对他已经是赏无可赏，就差让他来做皇帝了，到了这个地步，他明显地感觉到了威胁，就琢磨着如何打压甚至整死杨素。

恰在此时，杨素生病了，隋炀帝一边派医生给他治疗，一边频繁地问医生，这老家伙啥时候能归天？《隋书》记载，杨素听说了隋炀帝的问话之后，流着眼泪对弟弟说："我岂须更活耶？"我怎么还敢再活下去？！于是，他就不吃药，最后病死了。

事情还不止如此，他死之后，隋炀帝有一次和身边人闲聊，竟然说了一句，"使素不死，夷其九族"，杨素要是不死，我最后只能灭了他一家。这话最后传到了杨玄感耳朵里，他感到全身血液冻僵，心凉透了，从此一直都想造反，这次趁着隋炀帝第二次东征，他终于打起了反旗。

杨玄感造反之后的第一件事，就是把李密请到了自己军中。李密的曾祖父是西魏八大柱国之一，北周太师李弼，门第相当显赫。即便在关陇集团内部，也属于贵族阶层。李密不仅出身好，从小还喜欢读书，有一次，他骑牛去老师家里请教问题，把书挂在牛角上，边走边看，被杨素给碰上了，问答几句之后，杨素回来对包括杨玄感在内的儿子们说，"吾观李密识度，汝等不及"，你们这些家伙可比不上李密那孩子。杨玄感对他爹的话从来都是深信不疑，从此之后，就刻意结交李密，这次一造反，就赶紧把李密找来，商量下一步怎么办。

李密也不含糊，给了他上中下三个计策，上策是占领涿郡，封锁临渝关，也就是今天的山海关，把隋炀帝堵在关外，和高句丽两面夹击；中策是向西狂奔，攻占大兴城，占据关中；下策是攻打附近的洛阳。杨玄感听了之后说，先生的下策明明是上策，打下洛阳，抓住跟随杨广的那些大臣们的老婆孩子，还怕他们不造反吗？于是乎，杨玄感开始玩了命地攻打洛阳。

隋炀帝之所以对他的造反如此重视，就是因为杨玄感和李密背后的势力,万一关陇集团的大多数人都跟着他俩造反,那杨广肯定就完了。对这事儿,隋炀帝心里实在是没底儿,就去问大臣们怎么看。老臣苏威说:"玄感粗疏,必无所虑,但恐因此浸成乱阶耳。"太史令庾质的回答是:"玄感地势虽隆,素非人望,因百姓之劳,冀幸成功。今天下一家,未易可动。"一句话,两人都相当于拍着胸脯说,关陇集团不会跟着杨玄感走,他必然失败。

请你注意,这两位大臣的话里都有玄机,我们马上就会说到。果然,杨玄感的叛乱只持续了两个月,洛阳没打下来,就被赶回来的隋朝大军彻底合围在逃往关中的路上,最后被大将宇文述打败,杨玄感为了不被俘受辱,让亲弟弟杨积善把自己砍死了。

李密被抓之后,设计逃脱,后来隐姓埋名大概有3年左右,一直到616年,他看准时机,去河南投奔了翟让的瓦岗军。

杨玄感为什么会失败?有人说是因为他没听李密的,要是按照李密的上策去打涿郡就好了。我个人的看法是一样会失败,连洛阳都打不下来,还想千里迢迢地去打涿郡?就算他能长途跋涉赶到涿郡,也一样打不过以逸待劳的宇文述等人,甚至我怀疑他是否能带着队伍走到涿郡。

也许他当时唯一的选择就是学习瓦岗寨的翟让,上山打游击,等待时机。因为老臣苏威和太史令庾质说得明白,关陇集团,或者说隋王朝的统治阶级这时候还没有乱,还团结在以隋炀帝为首的朝廷周围,所以,杨玄感想硬碰硬和杨广掰手腕子,当时是一定失败的。

不过,苏威和庾质的话里有玄机,这个玄机就是你杨广虽然现在还能维持,但你的统治出了很大的问题。苏威说"恐因此浸成乱阶耳",怕这种反叛有蔓延的势头;庾质说得更清楚,"因百姓之劳,冀幸成功",杨玄感虽然一定会失败,但这么短的时间内,他能拉起这么多人,就是因为老百姓实在是太苦了。

可惜隋炀帝根本就没听进去,反而对百姓更加残暴。杨玄感造反的时候，曾经打开粮仓给老百姓粮食吃。隋炀帝现在下令，凡是当初吃了粮食的，一律坑杀，一口气杀了 3 万多人，这就是把人往造反的绝路上推。

到了 614 年，大隋王朝的北方已经是民怨沸腾，可是一根筋的隋炀帝仍然进行了第三次东征，高句丽也摸清了杨广的脾气，看见隋朝大军到了，直接求和，不和你玩了。隋炀帝面子得到了满足，居然就撤军回来了，等于是几十万大军又劳民伤财地免费旅游了一次，一点好处也没捞到。等到回来了之后，隋炀帝又清醒了，对方既没投降，也没纳贡，这是忽悠我啊，气得他又要准备第四次东征，这种行为简直就像一个神经病。

615 年，就在准备第四次东征期间，他也没闲着，带着大队人马又向北巡视，可是东突厥新的领导人始毕可汗这时候看出了隋炀帝的虚弱，决定背叛隋朝，亲自率领骑兵 10 余万，把杨广的队伍围在雁门郡。

杨广傻眼了，城内的粮食只够 20 天，一向心高气傲，骄傲无比的隋炀帝这一次终于卸下了所有面具，史书里记载，他抱着自己最心爱的小儿子杨杲整天哭泣，哭得两眼红肿。最后还是靠着前面说的那个义成公主才得以脱险。

事情是这样的，义成公主本来是嫁给启民可汗的，但启民可汗在 609 年死了之后，他儿子始毕可汗继位，按照收继婚的传统，他可以把自己老爹的女人揽入怀里，只要不是亲妈就行，这个始毕可汗还真就看上了义成公主，结果义成公主又成了突厥人的王后。隋炀帝被围之后，就有大臣派出了使者联系义成公主，这个女人对隋朝一直都是忠心耿耿，就派人送了一个消息给始毕可汗说"北方有急"，意思是你快回来吧，北边有人可能对我们不利，始毕可汗这才解围而去。

顺便说一句，这个义成公主可能是容貌气质皆佳，后来又连续被继位的处罗可汗和颉利可汗看中，一共当了四次可汗的王后，最后因为一心谋求给隋朝复国，被唐朝的李靖抓住，砍了脑袋。

隋炀帝从雁门郡狼狈地跑回洛阳之后，除了一些大城市和关键交通节点，全国三分之二的郡县都已经落在了大大小小的起义军手里。所谓的第四次东征也自然成了水中花镜中月，无论是征兵还是征粮，都已经不可能实行。

三、杨广之死

到了这个地步，杨广的骄傲和信心彻底崩塌，他只想去江都，也就是扬州，他当年担任晋王的大本营。616年，隋炀帝决定第三次出游江都，很多大臣都哭着说他应该坐镇北方，平定叛乱，隋炀帝把他们全都杀了。

到了江都之后，617年整整一年，杨广都待在离宫里，哪儿也没去。从604年上位开始，他三下江都，四巡塞北，三征高丽，一巡张掖，从来没有这么老实过。当然，这时候已经遍地都是造反派，他再想去远方，估计也去不了了。

杨广以一种世界末日的颓废心情，变本加厉地开始享乐，他命令江都通守王世充给他找了众多江淮的美女，住在一百多座别墅里，天天和她们厮混，喝得烂醉之后，经常对着镜子说："好头颅，由谁斩之？"这个脑袋，将来会被谁砍掉呢？这说明杨广对时局的认识还是清醒的，他知道已经无力回天，心里对于失败以致可能的死亡相当害怕。

618年春，眼看着杨广完全没有回洛阳的打算，而且还计划在建康建立割据政权，他随行的那些士兵们就不干了，因为所有人的爹妈和老婆孩子还在北方，江南再好，也不是家啊。

于是，虎贲郎将司马德戡和直阁将军裴虔通等人就串通在一起，本来的计划是逃跑，后来宇文述的儿子宇文智及参与进来，事情就变了。这小子和他爹宇文述对隋朝的忠心耿耿恰好相反，史书上说他性情狂悖，是一个喜欢闹事，不怕事儿大的二世祖。他说我们跑了也是死罪，造反也是死罪，跑了最多当农民，造反却可以成就大业，为什么不造反？司马德戡一拍大腿，说还是你的见识高明，你来当领导。

宇文智及说我爹的爵位是我哥宇文化及继承的，找他来当最合适。《隋书》里记载，愚蠢怯懦、胆小怕事的宇文化及的反应是"初闻大惧，色动流汗，久之乃定"，听说自己被推举当了造反派的头头儿，他差点没吓死，当然，后来具体动手的事情他也没参与。

就这样，618 年 4 月 11 日，隋炀帝的亲兵卫队骁果军在司马德戡带领下叛变，攻入江都宫抓住了杨广。杨广问围着自己的裴虔通和司马德戡："我实负百姓，至于尔辈，荣禄兼极，何乃如是？"我杨广有负天下百姓，可是对你们很不错，丝毫没有亏待，为什么要造反？不过，这时候已经没人有心情听他演讲了，也没人想认真回答他的问题。

他的小儿子杨杲才 11 岁，在一旁嚎啕大哭，裴虔通一刀下去，砍死了这个孩子，鲜血溅到隋炀帝的身上。到了这步田地，杨广知道，今天不死是不行了，他就喊道，天子自有死法，取毒酒来。可是宫内的嫔妃、太监、宫女等人早就跑没影子了，这些造反的大头兵也没有耐心再去配制毒酒，有个叫令狐行达的人，上来直接用一条白布条把杨广给勒死了，结束了他 49 年的一生。

现在说起隋炀帝，大多数的评价都是负面的，可以说是万世骂名。我觉得，即使把他扶起来，让他自己为自己辩护，他也无能为力。因为确实是他，把一个冉冉上升的强盛的大帝国，带进了乱世。河山破碎，生灵涂炭，这是不争的事实。

不过有一点我们也不能否认，就是他的格局确实大，眼光确实远。他做的事情，大多数都不是为了一时一地，可以说是万世基业。开通大运河，营建东都，开通西域，安抚塞北和东征高句丽，这些全都是正确的战略方向，只不过这些事情本来是几十年甚至几代人才能做完的，杨广却想在短短的十几年里完成，那就算是神仙，也办不到。想当年女娲造人还有累了的时候，上帝他老人家干了六天活，第七天还要休息一下。

如果杨广能在完成部分工程之后，好好休养生息，隋帝国应该是可以平稳度过瓶颈期的，他也很有可能因为开凿大运河和打通西域的功劳位列千古大帝的行列，甚至盛唐有可能改为盛隋。遗憾的是，性格决定命运，爱慕虚荣，好大喜功，急功近利的表演型人格最终让他欲罢不能，为了丰功伟绩一路狂奔，最终落得一个身死国灭的下场，他并不冤屈。

今天有些人评价隋炀帝，往往还忽略了他的一个身份，那就是含着金钥匙出生，一路顺风顺水的世家子弟。

这样的人，往往有两个特点：一是顺境时不可一世，趾高气扬，到了逆境就心气全无，自暴自弃，没有韧性。隋炀帝如果不是最后两年彻底放弃，而是听从大臣们建议，留在大兴，平定叛乱，历史怎样结局，那还真是不一定。二是不把老百姓当人看，他们就如同法家韩非子当年，把百姓当作帝资——帝王成就霸业的资本，一点儿也不考虑老百姓的承受能力，那最后就只能变成孟子说的那样，"君视臣如草芥，臣视君如寇仇"，你都不把我当人，我不造你的反，我造谁的反？

后来唐太宗李世民其实和隋炀帝特别特别像，一样的好大喜功，一样的奢侈浪费，甚至一样的不择手段，但李世民最了不起的地方，就是把那句"水能载舟，亦能覆舟"真正地放在心里了，这个最重要的差别，最后导致了一个骂名千载，一个万世传颂。

083. 隋末起群雄

618年，隋炀帝在江都被手下造反的人杀死了。此时，天下已是一片大乱，遍地皆是造反派。

我小时候听过一个评书，单田芳老先生讲的《隋唐演义》，这是根据清朝褚人获写的同名小说和后来无名氏的《说唐》创造出来的。虽然评书和历史事实相差十万八千里，但当年的精神享受至今还记得，可以说是绕梁三十年，余音尚在。我记得老先生用了"十八路反王，六十四道烟尘"来形容隋炀帝杨广死后的天下，虽然夸张，但并不离谱。

在众多造反者里面，有三股势力最大，分别是江淮一带的杜伏威，河北的窦建德和河南的瓦岗军，这里我重点介绍一下瓦岗军。

一、瓦岗寨李密

前面说过，瓦岗军是611年，因为不满隋炀帝横征暴敛去打高句丽，由河南人翟让创建的一支反隋力量，因为在河南瓦岗山安营扎寨，又名瓦岗寨。由于这群造反派靠近永济渠，就专门抢劫过往的船只，什么政府的运粮船、老百姓的商船，逮着一个算一个，原本和土匪也没什么区别。616年，李密上了瓦岗山之后，事情就不一样了。李密当年曾和杨玄感一起造反，隐姓埋名几年之后，跟着另一个造反派，山东好汉王伯当，一起投奔了瓦岗寨。

李密上了瓦岗寨之后的第一件事，就是把他的朋友程咬金拉来入伙。程咬金是一个官二代，从祖爷爷开始，他们家就在北齐的政府里当官，后来无论是在北周还是大隋，他们家也都混得不错，他爹程娄的官职是济州大中正，中正官是管考核提拔人才的，是相当不错的职位。

到了隋末天下大乱，程咬金就组织了一支几百人的队伍，用来保护自己的家族，他和李密是怎么认识的，史书上没说，不过程咬金加入瓦岗军之后，和王伯当一样，很快成了李密的心腹。

程咬金这个名字可能只是他的一个小名，他真名叫程知节，字义贞，不仅雅致，还有寓意，我这里还是叫他程咬金，因为这个名字大家都知道。他也并不用大斧子做兵器，他的武器是一把槊，像一把大长枪，是古代重骑兵的标准武器。《隋唐演义》里说他就会三板斧，打仗全靠运气，基本全是瞎扯，他的政治智慧比一般人高出不是一点半点，我后面会说到。

李密和程咬金上山之前，翟让已经风风火火地当了五六年的大哥，团队搞得也不错，可是李密一来，高下立判。李密先是建议翟让，从运河抢劫队转移到城市掠夺者，咱不干那些小打小闹的玩意儿，要玩就玩大的，比如说攻打荥阳周围的各个县城。很快，这个改变就成功地吸引了隋朝将军张须陀的注意。张须陀组织了大量军队来讨伐瓦岗军，翟让吓得半死，但他这个大老粗不知道的是，这正是李密的谋划。李密对他说："须陀勇而无谋……可一战而擒之。"果然，在李密的精心指挥下，瓦岗军只用了一战，就打败并且擒杀了张须陀。李密顿时声名鹊起，变成了神仙一样的人物，他在瓦岗寨也有了自己的一支军队，号称蒲山公营，因为他家的传统爵位就是蒲山郡公。

第二年，也就是617年，李密又袭击了洛阳附近最大的粮仓兴洛仓，并且打开粮仓，让附近的老百姓免费来拿粮食吃。这个举动让瓦岗寨得到了人心，四周来参军的青壮年不计其数。随后，他又率部打败了隋朝大将刘长恭，在这之后，中原地区造反派里，以李密的名声最大。

翟让是一个厚道的人,看见这样的情景,他做出了一个抉择,主动把瓦岗寨首领的位置让给了李密。李密也没客气,封自己为魏公。虽然名号是公,但祭天、立庙、建立国号,一样也没少。

翟让虽然主动地交出了权力,但后来还是被李密害死了,这事儿就发生在他交权之后的两个月。李密动手的原因很简单,即便翟让是心甘情愿地奉他为老大,他原来的那些老部下还是有很多人不甘心。比如说单雄信、徐茂公等人,现在等于比李密这个后来入伙的人低了两级,而翟让就是他们团结在一起的向心力,相当于是埋在李密身边的一颗炸弹,问题是李密还不知道这颗炸弹什么时候爆炸。617年十一月,瓦岗军的创立者翟让在酒席上被李密害死,所有下属都被打散重新编入不同的队伍。随后,志得意满的李密迎来了人生的巅峰,相继有孟让、柴孝和、郑颐等各路起义军和隋朝将领前来投降,这里面最出名的就是隋朝的虎贲郎将裴仁基父子。在裴老爷子的队伍里,有一个人,后来在老百姓心中也大大地有名,那就是秦琼秦叔宝。

秦琼是山东济南人,史书上记载他先后在隋朝大将来护儿、张须陀手下任职。张须陀被李密杀死之后,他就跟了裴仁基,因此这一次和裴仁基一起投降了李密。至于各种演义中的秦琼卖马,认识单雄信、王伯当的故事,我在史书上没看过。不过他归降李密之后,和程咬金一左一右,成为李密8000禁卫军的两大头目应该是事实。《旧唐书》上记载李密曾经无比自豪地说,"此八千人可当百万",从另一个侧面,证实了秦琼和程咬金确实是那个时代武将的佼佼者。

到了这个地步,李密也不用遮遮掩掩了,他命令手下一个叫祖君彦的人写了一篇檄文,公开讨伐隋炀帝,进逼洛阳,这就是后世非常有名的《为李密檄洛州文》。祖君彦不愧是一个大才子,这篇战斗檄文写得是铿锵有力,荡气回肠,在古往今来的造反大字报里,排名也应该在前三。

隋炀帝之所以在后世的名声那么差,很大程度上拜这篇檄文所赐,它历数了隋炀帝十大罪行，真假参半。比如说弑父杀兄强奸亲妹妹，杀兄是真的，杨勇确实是死在杨广手里的，可是弑父就存疑，而强奸亲妹妹兰陵公主那就是胡扯。祖君彦在这篇文章里留下了千古名句"罄南山之竹，书罪无穷；决东海之波，流恶难尽"，意思是把南山的竹子全都砍下来，也写不完隋炀帝做的坏事，把东海的水都拿来，也洗刷不完他的罪恶，由此正式诞生了成语"罄竹难书"。

就在李密信心满满地准备攻打洛阳的时候，隋朝降将柴孝和对他说了一番话，大意是，关中那地方有高山和黄河为屏障，当年项羽把那个宝地留给刘邦，结果刘邦当了皇帝，项羽只能去死，现在您不应该打洛阳，而应该带领精兵良将占领关中，直取大兴城。

我们可以回想一下，六年前，当杨玄感造反的时候，李密给他的上中下三策，其中的中策就是占领大兴城，现在柴孝和同样给了李密这个建议，可谓是英雄所见略同。可惜的是，李密却没听，因为他认为，手下的几十万兵马是山东人，都是强盗出身，他们在打下洛阳之前，是不会跟他进关中拼死打仗的。

实话实说，李密现在的忧虑和当年杨玄感的忧虑是一模一样的，想当年他是一个秘书、军师，就可以出主意说直取关中，现在地位变了，成了主帅，马上就知道，光做战略考虑是不行的，还有具体的可操作性问题。一句话，位置变了，思想也就跟着转变，他现在知道杨玄感当年的难处了。但这也恰恰说明了，李密就是一个谋略型人才，你把他提高到主帅的位置，他和杨玄感是一样的，缺少领袖那种果敢坚定，关键时刻敢于孤注一掷的品质。

柴孝和最后也只能遗憾地说："英雄竞起，实恐他人我先，一朝失之，噬脐何及！"现在天下群雄并起，我实在担心别人在我们攻下洛阳之前，就占领了关中，到时候，我们恐怕肠子都悔青了。不幸地是，他一语成谶。

二、李渊造反

617年七月，隋朝太原留守李渊在晋阳起兵，造了隋炀帝的反，同年十一月，也就是柴孝和提出建议的几个月后，李渊带着他那两个如狼似虎的儿子李建成和李世民攻入了大兴城。

李渊和隋炀帝杨广一样，都管那个天下最牛老丈人独孤信叫姥爷，也就是外公，他俩的娘是亲姐妹，总结成一句话：李渊是杨广的亲表哥。论起在关陇集团中的地位，想当年李渊的爷爷李虎和独孤信都是西魏的八大柱国之一，而隋炀帝杨广的爷爷杨忠只不过是柱国下面的一个大将军，地位上还差了一级。

这样的亲戚关系，也是杨广在第三次跑到江都之前，委任李渊为太原留守的一个原因。他本指望表哥可以帮自己北拒突厥，南征叛军，可惜，在绝对权力面前，亲兄弟都要靠边站，更别提表兄弟了。只用了一年的时间，李渊就举起了反旗。

现在史学界有一个巨大的问题，那就是决定造反的到底是李渊，还是他的儿子李世民？

按照新旧两本《唐书》和《资治通鉴》的说法，最初想造反的是李世民。书上是这样说的，李世民认为隋朝必亡，暗中结交了很多豪杰，这里面就包括守卫晋阳宫的副长官裴寂。李世民让他从晋阳宫里面弄几个宫女出来，然后裴寂请李渊喝酒，把老爷子灌多了之后弄到宫女的床上。等到早上，裴寂才进去说，大人，这几个女人是晋阳宫的。

李渊一听就傻了，因为晋阳宫是他表弟隋炀帝的一处行宫，里面所有女人都是杨广的，他这样当然是犯了死罪。到了这个地步，李世民、裴寂等人一劝说，李渊没办法，才答应起兵造反。《资治通鉴》里还记载，因为是李世民首先提议的起兵造反，李渊就对他说："若事成，则天下皆汝所致，当以汝为太子。"意思就是将来如果我们得了天下，都是因为你小子现在的行动，老爹我肯定封你为太子。

这样说来，好像李世民就是晋阳起义的首倡者，但你别忙，随着一本笔记的出世，这个结论就被打上了一个大大的问号。这本笔记就是《大唐创业起居注》，是当时李渊身边的一个叫温大雅的人写的，他当时的职位是记室参军，也就是李渊军团的军队秘书。所谓"起居注"，就是记录皇帝起居行卧等所有生活琐事的一种笔记，有可能起源于汉武帝。温大雅的《大唐创业起居注》上记录了从617年到618年之间，357天里李渊的行动，表明了在晋阳起义过程中，李渊一直是最高决策者和全局指挥者。按照这个笔记的记载，李渊那时候对李世民说，隋朝就快完了，我们家就是天命所归，现在杨广怀疑我造反，万一他要杀我，你们应该马上起兵，不要顾及我，免得被天下英雄好汉嘲笑。

当时18岁的李世民劝说老爹去芒砀山里躲一躲，说刘邦当年也这么干的。李渊的回答是："自天祐吾，彼焉能害，天必亡我，何所逃刑。"躲什么躲，我就是上天任命的新皇帝，谁能害得了我？你可以说这是他安慰儿子，也可以说他超级自信。所以，根据这本《起居注》，李渊才是造反派的总头头，包括他派李建成联系山东群豪，派李世民联络太原本地英雄和封锁晋阳宫，怎样杀掉身边的奸细，都写得清清楚楚。

这样一来，问题就出来了，到底谁才是晋阳起兵的主要推手？我个人的倾向是李渊，也就是《起居注》上的记录比较可信。

原因有两个：第一，无论任何史料，包括新旧《唐书》和《资治通鉴》，都没有否认晋阳起义之前李渊的绝对权威作用，换句话说，在617年七月这个节点之前，李氏军团一直都是李渊说了算，和叛军作战，也都是李渊指挥和亲自带队冲锋，李世民反而只有寥寥几笔。很难想象一个既无大量军功，又无人望，年仅18岁的年轻人没有他爹李渊的同意，可以得到李渊手下大量人员的支持，并且胁迫老爹起兵。

第二，《起居注》的作者温大雅和李世民是一伙的，后来在李世民的夺权道路上，温大雅可以说是中流砥柱，全权统辖秦王的河南嫡系部队，稳定了外围局势。李世民一当上皇帝，就封他为吏部尚书，两人关系不是一般地铁。所以，你说温大雅在《起居注》里胡言乱语，故意剥夺李世民首倡起义的功劳，那无论如何是不能让人信服的。

那么，为什么两本《唐书》和一本《资治通鉴》都记录了另一种历史？我比较倾向于认为，大唐王朝初始创业阶段的官方历史被人为地修改了很多，后来成书的新旧两本《唐书》和《资治通鉴》出于某种考虑，全都抄袭了官方史书，这个我后面再详细说。

三、多方角逐

李渊造反之后，之所以能这么快就从太原打到关中，并且拿下了大兴城，和他的宝贝闺女平阳公主有关。

事情是这样的，李渊举兵的时候，平阳公主和她老公柴绍柴大官人正在大兴城，关键时刻，她让老公柴绍赶紧离开大兴去和老爹会合，自己则躲进了小县城，然后散尽所有财产，招募了几百名亡命之徒，先是打下了县城，随后又收降了何潘仁、李仲文等地主武装，最后手下竟然形成了一支七万多人的队伍，号称"娘子军"，今天我们经常说的"娘子军"一词，出处就在这里。

她领着这支队伍先后攻下了无数关中要地，牵制了隋军很多力量，为他爹李渊西进关中夺取大兴城扫除了障碍，史书上说她"勒兵七万，威振关中"，把李渊高兴得差点没哭出来。建国之后，他封宝贝女儿为平阳公主，在李渊面前，她比很多男人说话都要管用。

后来平阳公主死后，和男人一样，得到了一个谥号，叫作昭。谥法上讲，明德有功为昭，她可以算是名副其实，此人也是中国古代历史上唯一一位以军礼下葬的女性，是巾帼不让须眉的代表。

书归正传，617 年，李渊父子，确切地说是父子和父女，占据关中之后做的第一件事就是拥立隋炀帝 12 岁的孙子杨侑为帝。你要知道，这时候杨广可还没死，正在扬州照镜子，李渊这样做的目的，可谓是司马昭之心，路人皆知，自然是准备操纵小皇帝，最后篡位夺权。不过李渊还是给了杨广一点儿面子，遥尊他为太上皇，那意思就是请您退居二线，好好享受退休生活。

因此，618 年，宇文化及、司马德勘勒死隋炀帝之后，面临的天下形势就是，李密的瓦岗军和隋朝大将王世充的洛阳军团正在洛阳城下死磕，河北的窦建德和关中的李渊一东一西，蠢蠢欲动。

宇文化及的任务是，带着江都造反派们回到关中，问题是，他回得去吗？答案很明显，回不去。这批人一个比一个蠢，领头人宇文化及在这种关键时刻，居然掠夺了 2000 多辆牛车，专门拉那些从隋炀帝手里抢来的珠宝和女人，弄得士兵怨声载道。按理说，这样愚蠢的领导不难搞定，可是他手下的司马德勘、赵行枢和陈伯图等人先后尝试杀掉宇文化及，没有一个成功的，反而被宇文化及所杀。不过，只要宇文化及一直宣布自己拥有那 2000 多车财宝和女人，这种内讧肯定会持续下去。

同一时间，李密、窦建德这些山大王既想要宇文化及的财宝，也想要他的命。618 年夏天，李密和宇文化及在黎阳粮仓附近展开激战，花花公子宇文化及哪里是李密的对手，几个回合下来，彻底被打败，带着不到两万人跑路，最后看到大势已去，长叹了一声："人生故当死，岂不一日为帝乎？"反正一辈子总是要死的，为啥不当一把皇帝过过瘾？于是他毒死了自己立的假皇帝杨浩，坐上了龙椅，穿起了黄袍。

可惜运气这玩意，不会因为你穿件黄袍子就变好。接下来，宇文化及又被唐军李神通、齐州王薄洗劫了一番，最后河北的窦建德砍下了他的脑袋。窦建德还把宇文化及的脑袋用盒子装起来，和隋炀帝的老婆萧皇后一起，送给了突厥的王后义城公主。前面说过，义城公主是隋文帝用来和突厥和亲的一个宗室女，一辈子对隋朝忠心耿耿，还救过杨广的命。

萧皇后为什么会落到窦建德手上呢？她在江都简单安葬了隋炀帝之后，就被宇文化及带着北上，因此落在了窦建德手里，而窦建德对突厥人怕得要死，当听说义城公主点名要萧皇后，他不敢不给。

萧皇后从此在东突厥住了下来，一直到后来突厥被唐太宗李世民灭掉之后，才又回到了中原。我这里必须表示一下对这个女人的佩服，萧皇后以她的大气温婉和外柔内刚赢得了包括造反派宇文化及在内所有人的尊重。贞观二十一年，也就是647年，当她以80岁的高龄去世时，唐太宗李世民恭恭敬敬地，把她和隋炀帝合葬在一起，也算是得了一个善终。

再说李密打败宇文化及之后就骄傲起来，甚至觉得洛阳城里的王世充也是一个废物，自己可以轻松加愉快地消灭他，干脆连工事和堡垒都不修整了，对下属也非常傲慢，这导致瓦岗军整体战斗力急剧下降。最后的结果就是邙山脚下一场大战，李密一败涂地，手下的秦琼、程咬金、裴仁基、单雄信等人纷纷被俘之后投降了王世充。最后李密只能领着残兵败将一路向西，投奔关中的李渊。

084. 玄武门之变

618年6月18日，李渊在大兴城接受了傀儡皇帝隋恭帝杨侑的禅让，登基做了皇帝。

李渊改国号为唐，因为他们家世袭的爵位就是唐国公，他起兵的晋阳在尧舜时代叫作唐国。同时，李渊改大兴城为长安城，册封大儿子李建成为皇太子，二儿子李世民为秦王、尚书令，也就是宰相，总揽一切大权，四儿子李元吉为齐王。

你要是问，三儿子呢？很遗憾，他那个后世大名鼎鼎的三儿子李玄霸这时候已经死了。

李玄霸又叫李元霸，不过后世"玄"字常因为避讳，比如宋代皇帝认定的祖宗赵玄朗、清代康熙皇帝玄烨等，而被改成了元字。《三字文》里"天地玄黄"就常被写成"天地元黄"。李元霸在各类小说里，尤其是《隋唐演义》里，是隋唐第一好汉，手使两把金光闪闪的大锤，天下无敌。最后的死法也是无比地霸气，他扔锤子砸老天爷，没想到老天爷接过了锤子，顺手也扔了下来，李元霸却没接住，把自己给砸死了。不过那是小说，历史上真实的李元霸在《新唐书》里只占了一句话："卫怀王玄霸字大德。幼辩惠。隋大业十年薨，年十六，无子。"如此而已。

一、李渊父子夺取天下

书归正传，当了皇帝的李渊一见大名鼎鼎的李密来投奔自己，自然是很高兴，想当年他在太原起兵的时候，为了让自己能够安安静静，不被打扰地占领关中，还曾经特意给李密写了一封卑躬屈膝的信。在那封信里，李渊劝李密当皇帝，主要意思就是如今天下大乱，除了您这样的人，还有谁能为天下苍生谋福利，带着大家奔向幸福生活呢？现在风水轮流转，才一年的功夫，李密就混成了这副样子，居然要跑到自己手下讨口饭吃，我猜想李渊的心理得到了巨大的满足。

李密后来的下场很让人叹息。虽然李渊待他很好，封他为邢国公，还将表妹独孤氏嫁给了他，称呼他为皇弟，可是李密总觉得凭自己的才华屈居人下，实在是太冤枉了，四处寻找机会，准备东山再起。不久，还真的就让他抓到一个机会，重新造了反，拉起了一支队伍，只是命运之神这次对他很无情，还没等他站稳脚跟，就被雄州的一名副将砍了脑袋，这一天也被史学家郑重其事地记了下来，是公元619年1月20日，农历大年三十。可怜曾经赫赫有名的瓦岗军大首领，一度是天下第一大势力集团的第一人，就这样窝窝囊囊地死在了除夕夜里。

对于此人，我的评价也很简单，本来就只是一个谋士的才华，一个典型的知识分子，却偏偏执着地想当最高领袖，结果当然是失败。前面说过，你让张良、萧何或者诸葛亮去当领导，最后的结果也极有可能是失败。

以618年年末为起点，李渊的大唐开始了统一天下的进程，不过和别的朝代不同，唐朝打天下这事儿，几乎全靠李渊的三个成年儿子和一个宝贝闺女，在这四个孩子之中，老二秦王李世民尤其突出。

据说李世民小时候，家里来了一个算命的，看着4岁的李世民说，这孩子长到20岁时，必能济世安民。李渊一听，那就叫世民吧。李世民的表字是什么，我并不知道，不仅仅是他，中国古代很多帝王像汉武帝、隋炀帝等都没有表字。我能想到的唯一解释就是，他们在长大成人行及冠礼的时候，地位和身份已经相当显赫了，和他们平辈论交的，几乎没有几个了，那即便有了表字，也没人敢叫，自然相当于没有，甚至我们现在连李世民是否举行过及冠礼都不知道。

不过这些都不重要，重要的是，大唐王朝的天下，大半都是这个李世民打下来的，我这里概括为三大战役。

618年，李世民在浅水原之战中，打败薛仁杲，收复了整个陇西地区，从此唐王朝西方没了敌人。

620年，李世民在山西北方一连灭掉了宋金刚、刘武周两大军事集团。这两个军事集团是出了名的硬骨头，李渊本来是派李元吉和裴寂去攻打他们，结果两人都全军覆没，大败而回，弄得李渊无比郁闷，甚至说出了"宜弃大河以东"，也就是放弃黄河以东的地方。关键时刻，李世民主动请战，只用了5个月时间，就彻底摧毁了宋、刘两股势力，并且收降了尉迟敬德这员猛将。

西方和北方平定之后，李世民迎来了他的第三场战役，也是唐王朝统一最关键的一场战役，就是平定王世充和窦建德的虎牢之战。

窦建德是河北造反派。王世充自从打败李密之后，根据地就在洛阳，秦琼和程咬金本来已经投降了他，他对他俩也不错。可惜的是，颇具政治眼光的程咬金瞧不上他，屡次对秦琼说跟着王世充没前途，我们要自找出路，西边那个李世民就不错。后来有一次在战场上，程咬金终于拉着秦琼，临阵倒戈，不过行为倒是很有几分春秋时期君子的姿态，据《资治通鉴》记载，当时程咬金和秦琼带着几十名手下，骑马朝西边跑出百来步，然后一起下马说，您对我们很好，但您猜忌心太重，我们不伺候了，今天正式和您告别，原话是"今不能仰事，请从此辞"。对面就是唐军大营，王世充只能眼睁睁地看着他俩上马从容西去。

621年，当李世民带着尉迟敬德、秦琼、程咬金等人准备对王世充下手时，王世充连忙派人向窦建德求救。这一下正中李世民下怀，他围点打援，先是把窦建德的 10 万军队一举打败，生擒了窦建德，随后再围困洛阳城，到了最后，王世充也只能投降。

到了这一地步，大唐王朝夺取天下基本上就没有疑问的了，后来李氏父子又陆续平定了萧铣、杜伏威、辅公祏和梁师都等人的叛乱。从 618 年开始，到 624 年，大约只用了 7 年时间，天下基本就姓了李，可以说唐朝是以武力夺取天下最迅速的一个朝代。

二、玄武门之变

为什么李渊父子夺取天下这么快，是对手弱吗？未必。不要说窦建德、杜伏威这些老牌造反派，就算是后来的萧铣，也是拥有 40 万兵力的雄主，可是在唐军面前，就像纸糊的，顷刻之间就完了。

我个人觉得，天时、地利固然是两个重要因素，比如说李渊起兵的时机就是千载难逢的，当时的李密、窦建德吸引了大部分隋军，这才使得李渊有机会轻松占据关中，从此拥有了地利。但除了这些，他和他的三个儿子李建成、李世民和李元吉，甚至包括他的女儿平阳公主，个个都是了不得的人才，这也是极重要的因素。打仗亲兄弟，上阵父子兵，一家子里面，出了五个这样的人，自然就有可能成功了。

你要是说，历史上最会教育孩子的，就是这位唐高祖李渊了，那绝对没错，不过成也萧何，败也萧何，李渊最了不起的是教出了出色的孩子，最头疼的也是把孩子教育得太出色了。尤其是老大李建成和老二李世民，可以说是人才里的人才，可是接班人只能选一个，该怎么选呢？

本来这也不是一个难事儿，嫡长子李建成早就立为太子了，可是李世民平定了王世充和窦建德之后，这事儿就变成了一件大事，因为这时候的李世民势力太大，功劳也太大，甚至李渊为了封赏他，不得不创立了天策上将这么一个职位，位在诸王之上。

自然而然地，如同当年的老二杨广一样，老二李世民也开始觊觎太子的位置，而皇太子李建成心里更是七上八下的，他非常清楚自己虽然能力也不差，但因为必须坐镇都城，功劳就绝对比不上二弟。可是你让李建成拱手相让，那也是万万不行的，因为毕竟他在投胎这件事上，是带着天命下凡的，同时，他也是一个有能力、有手腕、有野心的人，更何况，另一个手握兵权的弟弟齐王李元吉是站在他这一边的。

儿子们分成了两派，老爹李渊的态度就很重要，而李渊却开始犹豫了。前面讲孙权的时候就说过，古代君主最忌讳的就是在立储这个问题上犹豫。李渊这时候犯了大忌，他坐观三个儿子之间斗来斗去，大臣们分成两派而无所作为，最后终于酿成了一场巨变。

根据《资治通鉴》和《旧唐书》的记载，626年，北方的突厥突然进犯新建立的唐朝。太子李建成建议让齐王李元吉出征突厥，李世民得到了一个密报，来自太子府的秘书王晊，说是太子和齐王已经商量好了，准备在给李元吉出征的送行宴会上把李世民杀掉，再把李世民天策府的所有人员分散到李元吉的军队里，在战场上悄悄坑杀。得到这个消息之后，尉迟敬德和长孙无忌就劝李世民先下手为强，李世民一开始很是顾及兄弟情谊，说"先下手"这事我绝对不做，后来在两人苦苦相劝之下，才勉强同意，又把房玄龄和杜如晦一干人等都招入天策府，磋商具体的步骤。

三天之后，李渊招李世民进宫，说有人和我说了，昨晚太白金星出现在三秦大地上空，这预示着有一个秦王要得到天下。

李世民心想，整个大唐王朝就我一个秦王，老爹你说这话什么意思？不过老爹问话，必须要回答。他就说，我哥哥李建成和弟弟李元吉一直和您的小妾们勾勾搭搭。说完这句话，他顿了一下，又说"臣今枉死，永违君亲"，今天我被冤枉死了，有点不甘心啊。

这个回答听起来前言不搭后语，但实际意思也简单：有人拿天象说事儿想整死我,至于是谁,我不知道,可是您脑袋上有点儿绿啊。李渊一听,恼羞成怒,说你怎不早说,明天早上,你们三个都进宫来,我要亲自审问这件事。

第二天,也就是626年7月2日,李建成和李元吉优哉游哉地准备进宫。因为李世民也不是第一次在李渊面前说他俩的坏话了,这一次虽然比较严重,可是和后妃通奸这事儿死无对证,李世民一点证据都没有,他们觉得不可能有什么事,说不定最后给对方扣一顶欺君之罪也是有可能的。他俩没想到的是,他们的那个兄弟,压根儿就没想过要和他们在李渊面前做任何辩论。

实际上,李世民早早地带了几十名亲信,埋伏在长安城最北面的玄武门附近。等李建成和李元吉反应过来,觉得有埋伏的时候,已经晚了,李世民一身戎装,骑马来到他俩面前。李元吉情急之下,张弓就要射,可是太紧张了,连续三次都没拉开满弓,歪歪斜斜,虚弱无力的箭没有射中李世民,反而是后者干净利落地一箭射死了自己的大哥——正牌太子李建成,随后他身边的尉迟敬德也射死了李元吉,并且砍下了两人的脑袋。

当尉迟敬德带着这两颗脑袋冲进后宫时,李渊正和裴寂、裴矩、萧瑀、陈叔达、封德彝几个人在游船上享受夏天早上的太阳。

这里有必要交代一下这几个人的来历。裴寂是那个在太原把隋炀帝的宫女送给李渊,从而逼迫李渊造反的大功臣;萧瑀是南梁武帝萧衍的皇族后代;陈叔达是南陈皇族陈霸先的后代;封德彝是当年北齐太子太保封隆之的孙子;最后一个裴矩,是隋朝开发西域的大功臣,隋炀帝当年手下的红人。

一言以蔽之,这五个人都是背景深厚,社会资源极多之辈,李渊和他们把酒言欢,相当于是搞定了天下各种势力。

我的猜测是,这一天李渊之所以把这五个人都叫到一起,一定是也想解决太子纷争问题,而且他心里一定有了确定的想法。可惜的是,儿子最终比老爹棋高一着、快了一步,就在李渊心中暗自得意的时候,他看见尉迟敬德一身戎装，手里提着两个脑袋进来了，他马上意识到，出事了，而且还是大事。

李渊毕竟是一代枭雄，反应过来之后第一句话就是："今日乱者谁邪？卿来此何为？"这句问话很关键，今天是谁作乱，你进来干啥？尉迟敬德回答道，太子和齐王作乱，秦王李世民让我来保护您。李渊听了这句话，把心暂时放到了肚子里，只要不是来砍我脑袋的，一切都好商量，他接着转过头去问周围的五个人，怎么办？

裴寂一声不吭，萧瑀、陈叔达等四人却异口同声说道，秦王功劳很大，太子和齐王因为嫉妒，"共为奸谋"，现在不正是老天爷的选择吗？您应该把国家事务交给秦王，然后就没事了，这叫作"委之国务，无复事矣"。李渊马上就坡下驴，说这正是我一直以来的心愿啊。

于是乎，裴矩开始到处传令，说皇帝陛下有令，外面的事情，一切都接受秦王李世民的安排。等到事情终于安定下来之后，大约在下午三点，李世民终于进宫来见他爹了。

李渊对他说的第一句话就是："近日已来，几有投杼之惑。"想理解这句话，需要知道一个典故：孔子的学生曾子的娘在家里织布的时候，别人进来说你儿子杀人了，老太太嘴一撇，说我儿子绝对不会杀人；后来又有人进来说，你儿子杀人了，这事儿千真万确，老太太仍不相信；当听到第三个人也说曾子杀人之后，老太太把织布机上的梭子一扔，转身就跑了出去，问道，儿啊，你怎么杀人了？

杼就是织布机上的梭子，"投杼之惑"说的就是以曾子的贤明，以他老娘对他的绝对信任，尚且禁不住三个人的造谣，何况千百人一起造谣传谣？一句话，流言可畏。

李渊这里对李世民说这句话的意思很清楚，以前我们爷俩之间的误会，都是小人造谣所致，从今而后，儿子，我绝对信任你。李渊这时候完全明白了一件事，他除了交出权力，并且相信眼前这个儿子，没有任何第

084. 玄武门之变 / 257

二条路可以走了。

《资治通鉴》上说，李世民当即跪下，吸吮李渊的乳头，同时放声大哭，"世民跪而吮上乳，号恸久之"。我不清楚这到底是一种什么礼节，不过《新唐书》里说，李渊"体有三乳，性宽仁"。猜测一下，这里或许是借用"羊有跪乳之恩"的典故，表现这两人的父慈子孝，而实际场景或许是李世民把头埋在李渊怀里大哭而已。三天之后，李渊下诏，立李世民为皇太子，同时在诏书里还说："自今军国庶事，无大小悉委太子处决，然后闻奏。"自此，李世民成了合理合法的太子，和事实上的皇帝。

两个月之后，李渊退位，李世民登基即位，这就是后世赫赫有名的唐太宗。

因为李世民是在皇宫的玄武门杀死自家的两个兄弟的，人们习惯上就称这件事为"玄武门之变"。

三、"玄武门之变"的事实与谎言

关于玄武门之变，如果你读二十四史，就会发现，那里面记载了很多李建成和齐王李元吉对李世民的陷害行为，比如说两人和后宫妃子偷情，然后让她们在李渊的枕头边说李世民的坏话，而李世民则一身正气，正眼都不瞧那些试图和自己合作的后妃们。

再比如说李世民去李建成家里喝酒，回来就吐了几升血，差点见了阎王，结论是李建成在酒里下了毒，至于说为什么堂堂一个太子买的毒药都是假货，史书里也不说。

作为当爹的，李渊在史书里的形象也很偏心，他甚至对李建成和李元吉说："彼有定天下之功，罪状未著，何以为辞！"请你注意这句话，历史著作中经常能看到这样的春秋笔法。这句话的意思是，李世民有打下天下的大功劳，现在没有证据，用什么借口杀他呢？我说司马光这句话是春秋笔法，这因为他隐含的意思就是，老爹已经对立了大功的儿子起了杀心，只是没有好的借口而已。他把李世民摆在了一个相当弱势的地位。

不仅如此，《资治通鉴》里还记载了"玄武门之变"一年之后，当上了皇帝的李世民强烈要求看《起居注》，也就是记录皇帝言行的当代史。房玄龄等人都说这玩意儿自汉武帝发明以来，就不让帝王自己看，这叫"藏之史官，人主不见"，您别看了，但是李世民坚持要看。

没办法，大家只好修改了一下拿出来给他看，当他看到玄武门之变记录得不详细，很多事情没有写，就说，我在玄武门做的就是当年周公杀管、蔡两人一样的事，都是为了安定天下，"朕之所为，亦类是耳，史官何讳焉"，你们为什么不写？要求一定要"直书其事"。

结果就是，"玄武门之变"就详详细细地记录下来了，可是后世的史学大家，包括章太炎、黄永年和台湾学者李树侗等一批知名史学家都坚定地认为，李世民除了让手下人详细写玄武门之外，还应该是修改了一些历史，比如说云淡风轻地告诉执笔者，关于晋阳起义，这事我记得是这样的，等等。官修史书的那些人也没办法，人家是当事人，还是皇帝，那就只好照着修改。

我个人比较认可章太炎、黄永年等人的结论，唐太宗李世民为了让自己的夺权看起来更具合法性，用极其高明的春秋笔法修改了一些历史。这里面最高明的地方，就是它完全保留了"玄武门之变"李世民首先动手的这一事实，而且对这个事件尽量写实，连李世民亲自射死太子李建成都没做任何修饰。

后来人自然会想，连这件杀兄逼父的事情李世民都敢承认，那么其他官修史书的部分就一定都是真实的。这就给很多人造成了今天这样的历史观，那就是虽然"玄武门之变"先动手的是李世民，但他是在万般无奈之下，被自己老爹和兄弟们逼到死角之后，不得不动的手，换句话说，那是绝对的自卫反击战。

保留关键事情的真实，但用其他细碎的小事情来烘托自己动手的合法性，这是相当高明的宣传手法，李世民很厉害。

那么，李世民当时有更好的方法，避免兄弟相残吗？这个我认为真没有。

李世民也许不是被逼无奈之下动的手，但是他也确实没有第二条路可走。他当然是想当皇帝的，就算他不想当皇帝，李建成上位之后第一件事，也是剥夺他的权力，然后或者囚禁，或者杀死，这是他们的地位、势力和实力一起决定的。换句话说，如果李世民是一个花花公子，成天就知道欺男霸女，斗鸡遛狗，这些事情反而不会发生。

"玄武门之变"后，李建成和李元吉的儿子们被杀得干干净净，而且还在宗室的名册上被删去了名字，他们的女儿们和女眷的下场，史书里连提都没提，只有李元吉的一个妃子杨氏被提及了一下，因为她后来为李世民生下了一个儿子，在这一点上，李世民比杨广还过分，杀了兄弟，还占了兄弟的女人。

据民间传说，李世民因为对两个兄弟家族杀戮得实在太过分，就担心李建成和李元吉的鬼魂来索命，天天晚上让尉迟敬德和秦琼在门口当保安。后来因为两人年纪太大，只好找人把两人的画像挂在门口，用来镇鬼。传到后世，这两人就成了门神，一直到今天，北方过年的时候，很多家还要挂这俩人的像，左边是尉迟敬德，右边是秦琼。

无论如何，626年，唐太宗李世民走上了大唐王朝的权力巅峰，在随后的几十年里，他和他的大臣们齐心协力，开创了名垂千古的"贞观之治"，同时，也创造了无比辉煌的盛唐气象，那影响不是中国的，而是世界的。

085. 贞观天可汗

中国自汉代开始，就是以儒家的观念来教化老百姓，讲究的是君君臣臣父父子子，按道理说，像李世民这样的逆子和佞臣，后世就算不用唾沫星子把他骂死，那至少也要打入冷宫；但历史的事实却是，他在后世子孙那里，不仅没被骂，还享有极高等级的礼遇，所谓"秦皇汉武，唐宗宋祖"，唐宗指的就是唐太宗李世民。

那就要问一句了，为什么李世民干出了这种大逆不道的事情还有一个好名声？答案是八个字：李世民是个好皇帝。

一、科举和三省六部的完善

从公元626年上台，到649年李世民魂归大地，这中间的23年，年号叫"贞观"，后世史学家一致把这段时期称为"贞观之治"。

客观地讲，李世民接手的既是一个烂摊子，也是一个好机会。经过隋末天下大乱，整个中原被打了一个稀烂，要什么没什么，就连人口都只剩下了200万户，比起隋朝初年的上千万户，缩水了五分之四。当然，不一定那五分之四都死了，也有很多隐匿户口，躲起来悄悄生活的，不过人口稀少总归是事实，但也正是因为人口稀少，肥沃的荒地举目皆是，只要有了一定的条件，恢复生产并不是一件困难的事情。

当时李世民和大臣们的主要任务，就是给老百姓创造这种条件。他们把隋炀帝杨广视为反面教材,你到处大兴土木,我们就只干活不盖房子;你横征暴敛,我就轻徭薄赋;你奢靡无度,我就艰苦朴素。用李世民自己的话说,这叫"安人宁国",咱们不折腾。

具体来说,唐初采取了打土豪分田地的均田制,每个老百姓都分有两块肥沃的土地,一块是永久地属于你的,你死了可以给儿子孙子,另一块是你死了之后,政府收回,再分给别人的。这两块地种啥、种多少,朝廷不管,你自己随便,反正收税是根据人头收的,而不是根据你种的东西,这叫作"租庸调制"。

这种方法极大地促进了老百姓的劳动积极性,因为自己可以随意种地,多生产出来的还全都归自己。可是这里有一个潜在的问题,那就是如果老百姓手里的这两块地没有了保障,那你再去租庸调,按人头收税就麻烦了,这种事到唐朝末年的时候,因为土地兼并严重,还真的就发生了,最后老百姓只能又造反,这也是一个主要原因。

除了分田地,李世民还完善法律,制定了《贞观律》,尽量让大家都在同一个规则下面玩,不允许随便欺压可怜的老百姓,用现在的话说就是保证社会的基本公平和正义。

分田地和推行法制,搞了几年,就见到了成效。到了630年的时候,社会上一斗米的价格只有三到四个钱,全国几乎没有人挨饿,整个社会繁荣而且安全,凡是有道路的地方,工商业都极度发达,《资治通鉴》上描述这种现象的原话是:"东至于海,南及五岭,皆外户不闭,行旅不赍粮,取给于道路焉",晚上睡觉都不用关门,出门连干粮都不用带,确实是好日子。

不过你也知道,李世民的这两板斧其实一点儿都不新鲜,在他之前和之后,几乎每一位英明的皇帝都会搞,并且不比他差。靠这两招,只能造就好日子的"贞观之治",但并不能让李世民成为"唐宗宋祖"的唐宗,更不会被某些后世学者称为千古一帝。之所以后世对"贞观之治"有很高的评价，还因为李世民在政治制度、外交、军事和文化上都有其独到之处。

首先，政治制度上，他至少有两大贡献，第一个就是科举制。李世民明确规定，不论读书人的出身、地位和财产状况，均可自行报名参加考试，不必再由官吏举荐。在考试权利平等的基础之上，李世民还特意加了一科，叫明法，顾名思义，和法律有关，相当于现在的司法考试。这就为全社会的法律普及打下了基础，也提高了司法人员的素质。

你把这个和隋炀帝那个以吟诗作词为主的进士科对比一下，高下立判，人家李世民的格局是寻找治理国家的人才，杨广求的是舞文弄墨的高手。

从历史的角度来看，科举制是非常了不起的壮举，从此之后，最底层的老百姓只要努力读书，就有了出人头地的希望。你千万别小看这件事，这个真正体现了平等的中国科举制，在1000多年后的欧洲思想启蒙运动的时候，还在被那些老外思想家们大加称赞，因为那时候他们还没有。

当然，从李世民的角度来说，他并不关心穷小子是不是能鲤鱼跃龙门，他想的是天下英才是不是都能被我所用。据说他有一次看到莘莘学子排着队进入考场的场景，兴高采烈地说了一句，"天下英雄尽入吾彀中矣"——你们大家都是我的打工仔啊。

两百多年后，有一个叫赵嘏的唐朝诗人写下了这么一句诗："太宗皇帝真长策，赚得英雄尽白头。"意思是李世民先生制定了一个长远的国策，让天下的英雄们都围着科举制博取富贵，为此白了头发。你说他是夸奖和赞美，但隐约之间，却也有那么一股怨气，那就是对一张试卷定终身的不满。你也别小看这种怨气，后来唐末黄巢、清末洪秀全这些大造反派都是考试失败的落第秀才，如何给这些落第秀才们一条出路，就成了后来统治者的一个难题，宋朝的办法是降低分数线，扩招，最后导致文官泛滥，这事儿我们后面再说。

唐太宗的第二大贡献就是完善了三省六部制。三省的长官，也就是中书省的中书令，门下省的侍中和尚书省的尚书令，自动地成为帝国的宰相，这样一来，帝国就有了三个宰相。李世民认为这还不够，他还创造了很多新的头衔，比如说"参知政事""同平章事"或者"同中书门下三品"等，只要他把这个头衔给谁，不论当时是什么官，什么品位，立刻就光荣地成了帝国的宰相，可以对全国政务指手画脚，说三道四了。

大唐帝国要这么多宰相干什么呢？两个字：开会。李世民认为，三个臭皮匠，能顶一个诸葛亮，集思广益，考虑就会比较周全。为了给宰相们一个畅所欲言的场所，他还建了一个大房子，叫政事堂，三省长官和他指定的宰相们在政事堂讨论政策和国家事务，就叫作中书门下及三品会议。

在唐初四大宰相之一王珪的建议之下，李世民还下达了一个命令，"中书门下及三品以上入阁，必遣谏官随之"，意思就是高级官员开会的时候，监察部要派人旁听，随时准备提意见，提问题。你要是说这么多大人物，我一个小小谏官，哪里敢提意见？对不起，那你失职了，随后丢了饭碗都是小事，弄不好会被流放。

这里顺便说一句，后来到了宋朝，又多出了东西二府，也是宰相们议事的地方。唐朝的政事堂加上宋朝的二府，两者合起来，就是"政府"一词的出处，一直沿用到今天。

二、李世民为什么能纳谏

三省六部制本质上是三权分立，中书省负责替皇帝制定法律政策，门下省负责监察审核，尚书省负责执行。虽然这套机制非常先进，但无论什么制度，具体执行的时候，决定因素还是人，比如说今天非洲的利比里亚，整套制度都是抄美国人的，甚至宪法就是把国名换了一下，但能用机关枪的时候，他们绝对不打嘴仗，所以他们把国家治理得你绝对不想去。

李世民和大臣们在这一点上，就做得相当好，让三省六部制得到了最大效率的运行。这主要归功于两个方面，一是李世民虚心听取别人的意见，二是他的大臣们真的敢提意见。

这第一点其实很不容易做到。李世民是什么人？从十六七岁上马出征，到"玄武门之变"，几乎从来没有打过败仗，后来征服世界的成吉思汗有一句评价，叫"欲安邦定国者，必悉唐宗兵法"，也就是不知道李世民怎样用兵的，都统一不了天下。这是一句很高的评价，尤其是出自千年不遇的军事天才成吉思汗之口，更加难得。这样了不起的人现在又当了皇帝，你让他平心静气地听别人的不同意见，实话实说，很不容易，但他做到了，仅此一点，就堪称伟大。

他的那些大臣们居然敢给这位杀起亲兄弟都不皱眉的家伙提意见，甚至有时候还很刻薄，我个人觉得，形成这种风气，那是更加不容易。这里就必须提到一个人，后世大名鼎鼎的魏徵，贞观年间，给皇帝提意见蔚然成风，可以说是和他有很大关系。

魏徵，字玄成，本来是巨鹿郡的一个穷苦孩子，长大后觉得四处游荡、念一句无量天尊就能混口饭吃实在是一个不错的职业，就当了道士。隋末天下大乱之后，他一琢磨，觉得还是造反这个事业最有前途，就跟了李密手下的元宝藏造反，后来跟着李密投降了大唐。结果运气不好，打仗的时候跑得不快，被河北的窦建德给抓住了，就又投降了窦建德，当然，随着窦建德的失败，他又投降了大唐。

最后他跟了太子李建成，担任太子洗马，这是相当于秘书和打杂两者混合的一种职业。《旧唐书》里说，当时的太子李建成对他"甚礼之"，特别优待。很显然，魏徵很有才华，这一点从后来李世民让他当主编，编撰隋朝的官方史书《隋书》，就可以证明，要知道，《隋书》可是位列二十四史的。

不过魏徵那时候的运气也确实不怎么样，刚过了两天安稳日子，晴天霹雳，玄武门事变发生，李建成被砍了脑袋，已经46岁的魏徵就被绑成了粽子，带到了李世民面前。李世民说，听说你经常劝我哥哥对付我，说吧，为什么在我哥俩之间挑拨离间？这就是欲加之罪何患无辞，一般人遇到这种事，第一时间就是跪地谢罪，或者矢口否认。胆子大一点的，可能会为自己辩解，说只不过是各为其主之类的。

魏徵不走寻常路，开口就是一句："皇太子若从臣言，必无今日之祸。"这句话很有技巧，它表面是说李建成动手晚了，实际上暗含的意思有两个：第一，皇太子不聪明，没听我让他先动手的劝告，而您李世民先生就非常英明，您先动手了；第二，你们兄弟之间，没有谁对谁错的问题，也没有和平相处的可能，就看谁先动手了，这第二点相当于把李世民反叛作乱的罪行一笔勾销了。不过，这需要极其聪明的人，才能领会这只可意会不可言传的两个意思，魏徵当时就是在赌博。

幸运的是，李世民一下子就懂了，正好他也需要赦免几位太子党的人，来表示自己宽大，而赦免的人最好是聪明的，能为自己所用的，这样也显得自己是四海归心的真正雄主。于是，在众人瞠目结舌当中，李世民和魏徵化干戈为玉帛，把手言欢。

魏徵归附李世民不久后提出，他愿意做一名良臣，而不愿意做忠臣。李世民觉得很奇怪，就问他，良臣和忠臣有什么区别？魏徵的回答相当经典，他说："良臣，身荷美名，君都显号，子孙传承，流祚无疆；忠臣，己婴祸诛，君陷昏恶，丧国夷家，只取空名。"翻译成大白话就是，做良臣就是你我都能善终，还都有个好名声，国家还治理得相当出色，做忠臣就是把国家搞得都不行了，你李世民得了一个昏君的名头，而我魏徵以身殉国，所以叫忠臣。

李世民一听就说，那你必须得做个良臣啊，你看看，我俩怎么做才能实现你说的第一种情况。

魏徵就说，我玩命地给你提意见，你再找一些人，也给你玩了命地提意见，而你接不接受都要听，这样就行了。原话是："君所以明，兼听也；所以暗，偏信也"，这就是成语"兼听则明，偏信则暗"的出处。史书上并没有记载李世民听了这番话的反应，但是从后来他的表现来看，他绝对是认可魏徵这个建议的，在整个贞观年间，唐太宗鼓励下属们不停地向他提意见，以至于形成了一种风气。

比如有一次，李世民认为官员里伪造简历的实在是太多了，明明"初中"都没毕业，偏要说自己是"博士后"。他很生气，就下了一道命令，说限期自首，过期之后再发现的，就要砍脑袋。等自首期限过了之后，又查到了几个伪造的，大理寺少卿戴胄老先生只判这些人流放。李世民怒气冲冲质问戴胄为什么不杀了他们，戴胄回答说，您只不过是对这些造假者一时的愤恨，但这种愤恨不应该凌驾于法律之上，法律判罚，应该是"忍小忿而存大信"，所以，我按照国家法律规定，判他们流放。李世民听了之后，长叹了一句，"卿能执法，朕复何忧"，你能依法办事，我还有什么好担忧的呢？

还有一次，御史柳范弹劾皇子李恪打猎时伤害了农民的田地，李世民听说了，就说这都是我儿子手下的助理某某某没有好好规劝，应该把那个助理杀了。柳范当堂就说，房玄龄是您的助理，您去打猎，房玄龄都劝不住您，现在凭什么怪您儿子的助理？这已经不是提意见了，用现代话说，这就是标准的怼回去，气得李世民转身就走。

也许你会问，为什么李世民如此宽宏大量，甚至连别人的挖苦嘲讽都不计较？这个你接着往下看，就明白了。

且说回到深宫的李世民越想越气，就把柳范单独叫了进来问，你有道理就讲理，为什么当着那么多人的面给我难堪？柳范的回答是，"臣闻主圣臣直，陛下仁明，臣敢不尽愚直"，我们这些做大臣的之所以敢说话，敢放肆，敢怼您，是因为您是圣人啊，这就叫"主圣臣直"。

翻看贞观这段历史会发现，大臣们提完意见之后，往往都要来这么一句。这话最早是魏徵发明的，而且不仅是大臣们说，李世民的老婆也这么说。有一次，魏徵在朝堂之上当场顶撞李世民，气得李世民回宫之后，大声说道，总有一天我要杀了这个乡巴佬。他媳妇儿长孙皇后就问，谁惹得你发这么大脾气？李世民说，魏徵那个老家伙总是当着大家的面让我下不来台。长孙皇后听了之后，马上穿上最隆重的礼服，到院子里给他下拜。李世民吓了一跳，说老婆啊，要买什么牌子的包包啊？行这么大的礼。长孙皇后答道："妾闻主圣臣忠。徵能直言，非大家圣德，不有忠臣，妾敢为贺。"这话和柳范说的简直是一模一样。李世民听了之后，心里那叫一个舒坦，原来我是一个圣人啊。不久，他就把魏徵提拔为门下省的第一号长官侍中。

总之，年轻时百战百胜、极其强势的李世民后来能虚心听取意见，而大臣们也敢于提意见的一个重要原因，就是在魏徵等所有人的努力之下，把"听见批评甚至嘲讽而不生气"这种事，上升到了圣人才能做到的地步，李世民自然是愿意当这个圣人的。据史书记载，仅仅是魏徵，就前后提了200多条意见，十几万字的谏言。

不过这里有两点必须澄清一下：第一，有很多意见，李世民当面是接受了，可是一转身，执不执行，那可就不一定了。比如说九成宫、飞山宫、襄城宫，还有著名的大明宫，这些豪华的宫殿，就是一边接受批评，一边我行我素修建出来的。

第二，对于自己比较擅长的军事和外交事务，李世民很少听从别人的意见，即便是全体大臣反对，他也要做。

三、"天可汗"

有一件事很能说明这个问题。626年，就在李世民登基的两个月后，北方的突厥人在颉利和突利两位可汗的率领之下，十几万铁骑南下，唐帝国北方防线相继失守，连尉迟敬德这样勇猛的将领也挡不住，最后突厥人陈兵在渭水北岸的便桥附近。这地方今天叫泾阳县,你翻开地图看看就知道了,离长安只有十几公里,四个字,兵临城下,刚刚建立的大唐帝国岌岌可危。

整个长安城惊恐一片,大家都以为这下子要完了,赶紧跑路是正经。突厥人派出的使者执失思力也耀武扬威,面对27岁的大唐新皇帝,直接吹牛说,我们可汗可是带了100万军队,就等着你投降呢。

很可惜,他遇到了唐太宗,唐太宗把他一顿臭骂之后,直接关在了牢房里。手下的萧瑀和封德彝劝他最好把执失思力送回去,李世民的回答是:"我今遣还,虏谓我畏之,愈肆凭陵。"意思很简单,我要是恭恭敬敬地把这么一个耀武扬威的家伙送回去,对面的突厥就全都知道我怕了他们,那么,这群家伙肯定会进攻长安。

随后,李世民把什么虚心纳谏全扔到脑后,不顾所有大臣的反对,做出了一件令人瞠目结舌的举动,穿戴好盔甲之后,飞身上马,让房玄龄、高士廉等六位大臣跟着他去渭水边上会见突厥大军。

这一次的独断专行大获成功,司马光在《资治通鉴》里写道,"突厥大惊,皆下马罗拜",意思是单枪匹马的李世民一个照面,就让几十万北方少数民族的狠角色下马投降了。这自然是吹牛,实际情况是,李世民当时单骑迎敌,在对方不知道他的葫芦里卖的到底是什么药的情况下,又安排了军容严整的骑兵随后跟进,摆出了一副有恃无恐的样子。随后两方面经过了谈判,大唐王朝付出了一点金钱代价之后,突厥人才退的兵。

不过在当时的情况下,能够做到这一点确实也是很不容易,因为颉利可汗的目标就是要做拓跋珪第二,想占领中原的花花世界,只是在李世民的胆识和智谋面前碰了钉子,自知无法成功,才要了一点钱就回去了。

这对于习惯了胜利的李世民来说,绝对也是一份屈辱。三年之后,经过精心准备,李世民派出了大将李靖,率兵出定襄,突袭阴山,结局相当美好,一战而功成,突厥全军覆没。

颉利可汗被抓之后，正好赶上李渊这位太上皇过生日，李世民特意搞了一个大大的宴会，既给老爹过生日，也庆祝大唐王朝灭掉了东突厥，颉利可汗也参加了这次宴会，只不过他的身份是"演员"，在宴席上给大家跳胡旋舞。

李世民和李靖这次灭掉东突厥的意义很大，因为当时突厥人的势力已经横跨整个欧亚大陆，西边和东罗马的拜占庭帝国有合作也有冲突，东边就是对大唐帝国虎视眈眈，可以说是异常地强大。

法国历史学家格鲁塞写过一本书，叫《草原帝国》，里面是这样描述李世民的这场胜利的："唐太宗在粉碎了东突厥之后，一个受到震惊的亚洲和世界从他身上看到了一个史诗般的中国，从此他们都害怕中国。"

这种害怕最直接的表现就是臣服。630年春天，许多少数民族，包括其他突厥部落的首领齐聚长安，尊奉李世民为各族共同的首领，叫"天可汗"。

唐太宗欣喜之余，还是要谦虚一下的，他问道："我为大唐天子，又可行可汗事乎？"我大唐皇帝这个职业那可是万万不能下岗的，还能同时担任你们的可汗吗？回答他的只有山呼海啸般的一句口号："万岁万岁万万岁！"

从此之后，李世民就成了"天可汗"。隋文帝杨坚虽然也当过可汗，但那是东突厥一个少数民族给他的头衔，而李世民的这个称号，那可是当时北方众多部族共同给予的，所以，李世民晚年曾得意地说："自古帝王虽平定中夏，不能服戎狄，朕才不逮古人，而成功过之。"意思是和历代帝王相比，对付这些少数民族，我李世民比他们厉害。

086. 大唐西域记

李世民降伏了北方的突厥等少数民族，从此被奉为天可汗。实际上，他对外和汉武帝当年一样，都非常强硬，还特别贪心，同时对东南西北四个方向下手，能说服你归降最好，说不服就揍你，揍到你服了为止。

从史书上可以看到，贞观年间是唐朝拓边最猛烈的时期，也是胜率最高的一段时期，相继征服了东突厥、吐蕃、吐谷浑、高昌、龟兹等很多周边的国家和政权。

一、松赞干布娶文成公主

先说吐蕃。吐蕃就是今天的西藏。据不完全的考证，吐蕃人大部分应该是五胡之中羌人和鲜卑人的后代。羌人本来就生活在青藏高原周围。鲜卑人为什么也来了这里呢？因为鲜卑历来就是很喜欢到处迁徙的，连甘肃的吐谷浑也是他们的后裔。后来他们中有一部分迁移到了西藏，和羌人一起，形成了12个大大小小的部落，位于雅砻河谷的部落就被叫作吐蕃，首领叫作赞普，和匈奴的单于、突厥的可汗差不多，就是首领的意思。到了629年左右，这一支在新赞普松赞干布的带领之下，统一了整个西藏，建立了吐蕃王朝，定都拉萨。

松赞干布是一位顶级人才，在他手里，吐蕃通过学习印度的梵文，创立了西藏文字，然后又确立了各种规章制度，一下子从茹毛饮血的原始社会，变成了半奴隶制的帝国。不过，人有了点儿成就之后都会有点骄傲，他听说少数民族都以娶唐朝的公主为最高荣耀，就率领 20 万大军，先是打散了唐朝的藩属国吐谷浑，然后进逼大唐边境，一定要管李世民叫一声岳父大人。

李世民是什么人？一个脾气很不好的天可汗，怎么可能惯着你这个毛病？马上也派出了侯君集带兵迎战。侯君集率领的主力还未到达目的地，先锋牛进达部就用一个漂亮的夜间偷袭，杀死了吐蕃几千人。

松赞干布这才意识到，这个大唐他惹不起，于是退兵而去。不过，他想娶唐朝公主这个念头并没停止，硬的不行咱就来软的，松赞干布于是派使者谢罪求和。《资治通鉴》上记载，"献金五千两，自余宝玩数百事"，考虑到吐蕃当时的贫穷，这些礼物已经算是很有诚意了。

也许是被他的执着感动了，也许是李世民觉得有一个西藏的女婿也不错，贞观十五年，也就是 641 年，唐朝文成公主嫁入西藏。

文成公主虽然是唐太宗临时找一个远支宗室女孩子册封的，但嫁妆很丰厚，包括佛祖释迦牟尼 12 岁等身黄金像、各种珍宝、经书和汉学经典 360 卷等一大堆东西。对于李世民来说，女孩子虽然不是自己的闺女，但嫁妆少了，丢的可就是自己的面子，这一点绝对不能含糊。

松赞干布决心把迎娶婚礼办得轰轰烈烈，为了结婚，特意在拉萨修建了一座有 1000 多个卧室的新房，这就是后世著名的布达拉宫，"布达拉"就是佛经里传说菩萨住的地方。

文成公主在西藏一直活到五十多岁，这意味着松赞干布去世之后，她守寡长达三十余年，不过西藏人民对她很尊重，认为她是菩萨转世，给她建了很多寺庙，她本人更是为汉藏两族的友好贡献了自己的全部力量。

二、三征高句丽

从隋文帝、隋炀帝到唐太宗，乃至后来的唐高宗和武则天都铁了心地要征伐高句丽，这里面有一个很重要的原因：当时高句丽已经是一个人口众多，拥有数十万军队的封建王朝，一直都是虎视眈眈，对中原政权有着巨大的威胁，只要中原有变，他们就很有可能放马南下。这一点上，可以参考五胡乱华时的鲜卑慕容部和后来的大金、大清。从战略角度讲，包括李世民在内的这几位帝王对这个问题看得都很准，高句丽对帝国的潜在威胁必须清除。

642年，就在大唐王朝准备得差不多的时候，高句丽内部出了问题。权臣渊盖苏文作乱，杀死了唐朝册封的荣留王和一百多名大臣，随后封自己为"大莫离支"，也就是高句丽最高摄政王。这等于是篡权夺位，还搞得血肉模糊，看起来极其残忍。李世民终于有了借口，于是和他的大舅子长孙无忌，还有大将李勣率领10万大军，御驾亲征高句丽。

没想到的是，隋炀帝杨广搞不定的，李世民居然也没搞定。从643年到他去世的649年，和隋炀帝一样，大唐先后三次对高句丽征用兵，虽然每一次，唐朝都以极小的代价，极大地削弱了高句丽的实力，先后攻占了10多座城市，三次下来，算一下总账，斩杀对方4万余人，俘虏10万多士兵，而唐军自己才损失了几千人和万余匹战马，这个战果不可谓不辉煌，可是高句丽并没有屈服，也没有被打垮，这也是事实。

最后是李世民的儿子唐高宗李治和武则天两人统治时期，联合了朝鲜半岛南边的新罗，在668年灭掉了高句丽，但那已经是20多年之后的事情了。从那以后，朝鲜半岛就完全成了中华帝国的附庸，一直到近现代为止。

这里就要问一个问题，为什么隋炀帝和唐太宗都搞不定高句丽，最后由唐高宗李治搞定了？这个也很容易解释，打仗打的就是人和后勤物资,高句丽再强大,它和中原比家底,比底气,那还是差了很多。隋炀帝和唐太宗先后几次大规模出征,放在周围任何一个国家的身上,早就完了,高句丽已经算是很顽强了。他们为了防备汉人,甚至还修过千里长城,从今天吉林省的四平一直到渤海边上,绵延几百公里。这样的大工程,足以说明那时候他们的国力之强大,只不过在隋唐两代帝王的打击之下,再雄厚的实力最后也有衰落的一天,所以最后武则天两口子才有了机会。

三、王玄策大败印度

王玄策在印度的征伐是一个偶然事件,甚至说是一个误会。

事情是这样的,贞观二十一年,即647年,王玄策作为唐朝的使者被派往天竺,在今天的印度,原本以为就是出个差,公款旅游一下,回去随便写个报告就行了。结果不知是倒霉还是幸运,当时中天竺大臣阿罗那顺在戒日王死后篡了位,他毫无理由地把王玄策和他的30多个随从全都抓了起来。王玄策比较机灵,找准机会脱身之后,只身逃到吐蕃。他向吐蕃人亮明来意,说我是大唐的王玄策,想向你们借兵去征讨天竺。结果他如愿以偿,得到了几千名吐蕃和尼泊尔的混合部队。他带着这些人一个回马枪杀向中天竺,大战3天,大获全胜。联军杀死了对方3000多人,逼着几万人跳到河里逃命,淹死了1万多人。

阿罗那顺弃城逃跑,最后被俘。648年五月,王玄策把俘获的阿罗那顺及王妃、王子们等12000多人,牛马2万余送到长安,给唐太宗献俘。一直到这时候,大唐王朝和李世民才知道他在天竺地盘上折腾出这么大动静。不过从此之后,大唐经过西藏到印度这条路就算是畅通无阻了,没有谁再敢抢劫大唐帝国的使者和商队。我个人觉得,这位王大人丝毫不比那位喊出"犯强汉者,虽远必诛"的汉朝陈汤差,但因为没人替他宣传，最后连生卒年月都不详，只给后世留下了大唐王玄策这个名字。

从这件事可以看出，当时大唐子民具有强烈的国家认同感、民族自豪感和个人使命感。王玄策之所以敢于单枪匹马借兵进攻印度，就是因为这三种感情。这三种感情在汉代出现过，造就了"强汉"和汉人；在唐朝的重新出现，就造就了"盛唐"、唐人和唐诗。后来遍布海外的唐人街，实际上就是梦回大唐的另一种自豪感。

李世民的对外扩张成果显著，不仅把四百年大分裂时代丢掉的所有领土都拿回来了，还让国家富裕起来，随后他的子孙们继续开疆扩土。有唐一代，先后设立了六个都护府，分别是设立在今天新疆的安西都护府和北庭都护府，管理整个西域；设立在今天内蒙古自治区的安北都护府和单于都护府，管理整个大草原；还有设立在今天朝鲜平壤的安东都护府，管理朝鲜半岛；最后是设立在今天越南河内的安南都护府，管理整个越南北部地区。

大唐王朝的实际国土面积虽然是 1200 多万平方公里，比清朝略微小一点，但它控制和辐射到的地方实在是太大了，比如说安西都护府，就一座破房子，但管理着大部分中亚甚至西亚地区的土地，在那里行使主权和行政权，李世民天可汗的称号还真不是白叫的。

四、玄奘西天取经

629 年，一位僧人悄悄溜出了长安，越过国境线，先是向西，接着又向南一路狂奔，跑到了当时的天竺，今天的印度。

这位大和尚法号玄奘，又称唐僧。据说从小就和佛教有缘，年纪不大就已经精通了佛教里面的经、律、论三种典籍，所以人们也叫他唐三藏。后来看的经书多了，他反而越来越迷惑。这也不奇怪，早期中国佛教经典全靠西域的外国人翻译，对于他们来说，印度的梵语和中华的汉语都是外语，从一种外语翻译到另一种外语，能大致搞明白是什么意思，已经很不错了，除了鸠摩罗什等寥寥几个大神，指望其他人能达到信达雅这种翻译的最高境界，有点儿强人所难。所以，早期佛经互相矛盾，词不达意的地方很多，最后玄奘实在忍受不了，就决定去天竺求取真经，看看原文到底是怎么写的。

也不知道哪一个环节出了问题，他的出国护照，当时叫过所，也就是传说中的通关文牒，一直都没被批准，最后他一咬牙，决定偷渡出去。那时候偷越国境，抓住了或者被判死刑，或者投进宫里当太监，唐僧这种纯粹为了知识而勇于牺牲的执着确实可敬，也许是"朝闻道，夕死可矣"的精神在鼓励着他。

就这样，27岁的年轻和尚玄奘经过数万里艰苦行程，在四年之后，终于抵达了中印度，开始了长达十余年的印度留学生活。

这个留学生成绩相当优秀，在戒日王召开的曲女城佛教辩论大会中，面对5000多名各国佛教学者，他用梵语和人辩论，全都获胜，最后无人敢于继续发问。

当然，这里面也有一点儿客观上的有利因素——戒日王想借着玄奘这个外来的和尚，震慑印度本土宗教，争取最大的权力，所以，有些和尚意识到，万一把玄奘驳倒，自己的性命可能不保，因此在辩论中有所保留。即便这样，这个成绩也相当不容易了，它的难度基本上相当于我在加拿大竞选，靠着英语当上了加拿大总理。

远在长安的李世民听说自己的大唐居然出了这样一位人物，乐得嘴都合不上了。645年，他以隆重的礼节迎回了玄奘。至于玄奘当年偷渡那件事？朕不记得了，你们谁记得？——很自然地，没人敢记得玄奘当年是一个偷渡客。

玄奘归国之后，翻译了75部经书，一共1335卷，是中国有史以来翻译经书最多的人。664年，玄奘圆寂在长安，享年62岁。可以说，佛教之所以在唐朝兴盛一时，最终形成了汉传佛教八个大乘宗派和两个小乘宗派，和玄奘取经以及后来唐太宗对玄奘的重视有很大的关系。

除了佛教，玄奘还有一个巨大的贡献，那就是由他口述，他的弟子辩机和尚写的《大唐西域记》，堪称中国历史上最了不起的游记。因为古代印度人一直没有写历史的习惯，即便是有，也是神神鬼鬼居多，正事没有几件，神仙一大堆，时间地点人物全都说不清楚，现代人想研究他们的历史，是一件十分困难的事情。因此，比较严谨的《大唐西域记》今天就成了研究天竺地理和历史相当重要的文献。尤其是最近，考古发现证明，印度人自己写的历史很多都是乱说一通，反而唐僧大和尚的记录真实可信。所以，我们的唐僧搁在印度就是妥妥的历史学家。

猪八戒确有其人？

《西游记》中的猪八戒是个文学形象，很难确凿地对应到某个历史人物身上，不过历史上确实有一位被称作"朱八戒"的高僧，他就是三国时期的高僧朱士行，法号八戒。他在中国佛教历史上的地位很高，是中国历史上第一位受戒、剃发的汉人，也是有记载的第一位西行求法的僧人。史书上说他"气韵明烈，坚正方直"，而且学问极好，翻译出来的佛经质量也极高。所以有人认为，他就是"猪八戒"的原型；反而是孙悟空和沙和尚，翻遍史书也找不到他们的踪影。

除了给和尚们提供翻译经书和修行的地方，李世民还创建、发展了两个相当有文化的场所，或者说机构，那就是后世赫赫有名的翰林院和国子监。

所谓翰林院，开始的时候是给一群艺术家们提供的交流场所，类似今天的文化馆，这些人有研究儒家"五经"的学者，有专门写各种文章的知识分子，还有神神叨叨的星相占卜师，以及画家、雕刻家、书法家等，这些人里领头的叫翰林承旨，其他人士则称为翰林学士，简称翰林。

李世民最初的目的，只是为了消遣，没事的时候和这些人聊聊天，也显得自己有学问、有文化，但后来到了宋朝之后，翰林就变成了一种官职，可以参与政务讨论了，这个后面再说。

国子监，始于西晋的"国子学"。李世民继承隋代的做法，把它作为独立的国家教育管理机构确立下来。长官称为祭酒，地位相当高。

当时国子监设六个学系，分别是国子学、太学、四门学、律学、算学和书学，每个学系有博士若干负责教课。李世民在位时，常常去国子监视察，除了同样显示自己重视教育、有学问之外，还有一个原因，这所学校里，不仅仅有唐朝的学生，还有来自高句丽、新罗、百济、渤海、日本、高昌、吐蕃等各国的留学生，到了这里，那种万邦来朝的感觉更加明显。

五、李世民之死

649 年 7 月 10 日，在位 23 年的大唐帝国盛世开创者李世民因病驾崩于长安含风殿，终年 52 岁。客观地说，他给后世留下了一个富庶安康、蒸蒸日上、威加四海的大唐王朝，千百年下来，在所有帝王里面，这应该算是一份了不起的答卷。

关于李世民的死，这里有三件事要讨论。第一件，他到底怎么死的？史书上说他是得了痢疾，然后吃错了药死的。《旧唐书》里原话是"服胡僧长生药，遂致暴疾不救"。可是这事儿有点诡异，吃了哪一国胡僧的什么药，一概没有写，这么了不起的皇帝被人毒死了，事后也没个说法，这就很奇怪了。我个人觉得，比较可信的说法是，他是在死的三年之前，征伐高句丽的时候，受了箭伤，一直都没好，加上吃了一些乱七八糟的药，这才身体越来越差，一命呜呼。不算善终，但也不是暴卒，只能算医疗条件不好，病死的。

第二件，那些被他打败的少数族听到这个消息，非但没有兴高采烈地庆祝一番，反而悲痛欲绝。当时有几百名少数族首领来到长安，一个个悲恸地放声大哭，和自己老子死了一个模样。有的甚至剪去头发，用刀划破面孔，或者割去自己的耳朵，以示哀悼。

突厥的降将阿史那社尔，和原来铁勒的可汗契苾何力还哭着喊着要为唐太宗殉葬，最后被继位的新皇帝唐高宗李治拦了回去。李世民活着的时候曾经说过一句话："自古皆贵中华，贱夷狄，朕独爱之如一，故其种落皆依朕如父母。"从他葬礼上的这个情景来看，他还真没吹牛，贞观盛世之下，没有什么突出的民族矛盾，这一点李世民确实功不可没。

第三件，从唐太宗开始，史学家开始用庙号来称呼帝王们了。以前我们说的汉武帝、隋炀帝，都是谥号，如果按照这个习惯，我们应该称李世民为唐文帝，可是我们现在都叫他唐太宗，"太宗"是他的庙号。那为什么不叫谥号，叫庙号了？因为李世民刚死的时候谥号是一个字"文"，但没过多久，他的子孙们就给了他新的谥号，叫"文武大圣大广孝皇帝"，不仅是他，从唐朝开始，所有皇帝的谥号都越整越长，如果我们还叫谥号，就得累死我们这些讲历史的。

087. 高宗和武媚

李世民的贞观之治，让大唐王朝在内政外交上都取得了惊人的成就，不过，没有贞观期间众多的文臣武将，李世民一个人是不可能做到的。所以，643年魏徵去世的时候，李世民说出了那句千古名言："夫以铜为镜，可以正衣冠；以古为镜，可以知兴替；以人为镜，可以明得失。今魏徵殂逝，遂亡一镜矣！"

让李世民感慨的不完全是魏徵这面镜子，而是和他一起打天下的战友们，这时候一个个死的死，老的老，很是让人伤感。李世民下令给大画家阎立本，让他给选定的24位大唐王朝的功臣们画像，每一幅都要和真人一样高，画好之后，挂在三清殿旁边的一个小楼里。并命令大书法家，也是他当时最信任的官员褚遂良大笔一挥，写下了"凌烟阁"三个字，这就是后世大名鼎鼎的凌烟阁二十四功臣。

前面讲霍光的时候，说过麒麟阁十一功臣；讲光武帝刘秀的时候，说过云台二十八将；凌烟阁二十四功臣和前两者差不多，都是对有功大臣的一种精神奖励，但名气比前两者大得多。不过三者有一个共同的地方，那就是这些功臣基本上得到了善终。

李世民没有大肆杀害开国功臣有两个原因，前面在讲光武帝刘秀的时候已经讲过了：第一，他的手下都不如他，尤其是打仗，在指挥大军团作战方面，无人能及，勉强能和他一战的，只有李靖和李勣这两位，不过他们从来不敢违背李世民的命令；第二个原因就是李世民年轻，一点儿都不怕和功臣们比谁更长寿。

那么,哪些人上了这个凌烟阁呢?前面提过的魏徵、房玄龄、尉迟敬德、李靖、侯君集、程咬金、秦琼等人都榜上有名,这些人里以魏徵最高,排名第四,而排名第一的,就是李世民的大舅子,赵国公长孙无忌。为什么长孙无忌这个人的地位这么高?首先,他妹妹是李世民最宠爱的女人,大唐王朝赫赫有名的长孙皇后;其次,他功劳很大。他和李世民从小便认识,年纪差不多,无论是晋阳起义,还是玄武门之变,长孙无忌都坚定地站在李世民一边,从未动摇过,那是实打实的功劳。甚至在长孙皇后活着的时候,他反而被压制了。长孙皇后多次对李世民说,不要提拔我哥哥,弄得李世民有时候很郁闷,说老婆啊,我不是看在你的面子上才提拔这个大舅子的,人家确实有功劳。长孙皇后说,那就看在我的面子上不要提拔他。最后是长孙皇后死了之后,长孙无忌才得以执掌朝政,所以,他这个凌烟阁第一,基本没人有意见。

一、太子被废

长孙皇后和独孤皇后一样,也是一个传奇。前面说过隋文帝对独孤皇后的宠爱,李世民对长孙皇后也差不多,这个女人12岁的时候嫁给他,到636年35岁的时候去世,一共给李世民生了7个孩子,3男4女,李世民的第一个儿子李承乾,最后一个宝贝女儿新城公主都是这位皇后所生。

若是问他对长孙皇后好到什么程度,这里有一件小事,可以作为佐证。这两人的大媒人叫高士廉,是长孙皇后的舅舅,也是凌烟阁二十四功臣之一。终其一生,李世民都对其感恩有加,而且最念念不忘的就是高士廉当年把长孙皇后嫁给自己这件事。

高士廉死了之后,唐太宗一定要亲自到他府上去哭灵,那个时候长孙皇后已经去世 10 多年了，离李世民自己归天也只剩下了两年时间，他本人重病缠身，大臣们都说您别去了，送个花圈，烧点儿纸钱就行了，可是李世民哭着说："高公非徒君臣，兼以故旧姻戚，岂得闻其丧不往哭乎？公勿复言！"高士廉是我老婆长孙皇后的舅舅，我一定要去。虽然最后因为身体实在不行，没去成，但李世民还是"南望而哭，涕如雨下"，这自然不是因为他对高士廉有多少想念之情，他只是太思念长孙皇后了。

女性读者听到这里，可能会问，为什么隋文帝和唐太宗这些显赫的男人这么宠爱自己的老婆？为什么别人家的老公就那么好呢？这事儿首先要归结于传说中的那两个字：爱情。其次，两位皇后自身的表现，绝对是很重要的原因，无论是独孤皇后，还是长孙皇后，自从嫁给老公之后，都是全身心地支持丈夫。前面说过独孤皇后给杨坚传小纸条，劝说他在造反的道路上狂奔。同样，长孙皇后在"玄武门之变"当天的表现，也是相当壮烈，她亲自上马和李世民一起出门，慰问战士们，并且腰悬毒药，随时准备在老公造反失败之后，自杀殉节。

除了以生命支持丈夫，她们还都很贤德，从来不为自己和娘家人争取任何东西。长孙皇后在临去世之前，还在劝李世民，不要让自己家族的人当大官，"慎勿处之权要，但以外戚奉朝请足矣"，让他们当个普普通通的外戚就可以了。

两个女人一生都在不断地提高内在修养，《新唐书》里说长孙皇后"益观书，虽容栉不少废"，连化妆的时候都在看书，这份勤奋确实令人佩服。当然，她化妆的时候是不需要自己动手的。就因为有知识有见识，所以无论是杨坚，还是李世民，都喜欢和老婆谈论政事，《资治通鉴》上说长孙皇后"常与上从容商略古事，因而献替，裨益弘多"。

言归正传，既然长孙皇后的地位如此之高，又生了三个儿子，那很自然，大唐王朝的接班人只能从这三个孩子里面产生。

开始的时候，一点儿麻烦也没有，长孙皇后的第一个儿子李承乾，理所当然地被立为太子储君。李承乾很小就表现出极高的政治天赋，十来岁就可以独立监国，他爹不在家的时候，他一个人可以控制朝堂之上的一群白胡子老头子，这很不容易，属于古代版的小鬼当家。14岁的时候，他写的治国策论就让老爹得意洋洋地给大臣们传看，说"先论刑狱为重，深得经邦之要也"，我这个儿子已经知道如何治理国家了，你们服不服？下面的大臣连忙山呼万岁。

事情在长孙皇后去世之后有了变化。史书上说，李承乾有"足疾"，变成了一个瘸子，严重程度并不清楚，怎么得的足疾，史书上也没说。不过一个风华正茂的青年，突然之间瘸了，一般人还真受不了，我觉得这可能是导致李承乾心理开始扭曲，变得叛逆而暴躁的最主要原因。

另一个就是李世民本身出了问题，他不能算是一个合格的父亲。对于大儿子李承乾，他一方面无限溺爱，放开了府库的权限让李承乾想怎么花钱就怎么花钱，同时命令三品以上官员的嫡长子都要去东宫，也就是太子办公室里给自己儿子打杂，还让大臣直接以"君父"这个天子的专称去称呼太子。另一方面又不断地派严厉的大臣们督导李承乾的行为，稍有过错，就要申斥。一句话，他想同时扮演严父和慈母两个形象。

从李承乾的角度来看，父亲就是性格分裂，在这种冰火两重天的折磨之下，他完全不知道如何面对父亲，也不知道如何自处，做事是越来越离谱。比如说他宠爱乐队里一名长相妩媚的小男孩儿，而且大张旗鼓地让所有人，包括李世民都知道了这件事。李世民不得不处死了这名小男孩，李承乾竟然为此装病几个月不去上朝，还故意让人知道他就是装病。

后来他看到老爹对弟弟李泰特别宠爱，又怀疑是不是自己的太子地位要被替换掉，就派人去刺杀李泰。这件事和当年玄武门之变的性质是一样的，但李承乾的手段和实力差得实在太多，这事儿就没搞成。

其实李世民那时候一点儿想换太子的想法都没有，就在魏徵死之前，他还对魏徵说："我儿虽患脚，犹是长嫡，岂可舍嫡立庶乎？"意思就是李承乾虽然有各种毛病，身体也不好，但还是以他为储君。

不过在杀李泰失败之后，李承乾已经有点半疯了，魏徵死后不久，他就联合了叔叔李元昌，两个官二代纨绔子弟赵节、杜荷，还有大将侯君集，一起歃血为盟，想要干掉他老爹李世民。

政变不出意外地被平定了，李元昌被赐自尽，赵节、杜荷都被砍了脑袋，李世民看着自己的大儿子李承乾，手软了，估计又想起了老婆长孙皇后，就对大臣们说，你们都说说，如何处理李承乾这个逆子。

按照唐朝法律，谋杀皇帝那肯定是死罪，况且以儿子的身份杀老爹，还要加上一条不孝的罪名，但唐太宗这样问，明显是想让宝贝儿子活命。这时候，一个叫来济的大臣就站出来说："陛下不失为慈父，太子得尽天年，则善矣。"两个字，不杀。李世民马上就表现出虚心纳谏的好品质，点头同意了。

就这样，太子李承乾保住了一条性命，被判流放黔州，大概是今天重庆和贵州交界的地方，第二年就死在了那里。来济因为拍对了马屁，从此飞黄腾达，最高做到了中书令。不过你要是鄙夷地说他小人一个，那就错了，后来他因为反对武则天当皇后丢了官，被贬到大唐最西边的庭州当刺史，当西突厥进犯的时候，他不穿盔甲，以52岁的高龄纵马杀敌，最后以身殉国，可谓是一条汉子。

二、李治继位

李承乾的太子被废之后，对于到底是立二儿子李泰，还是小儿子李治，李世民和大臣们的意见不统一。两个人都是长孙皇后的儿子，李泰的特点是才华横溢，聪敏绝伦，什么文学诗词、书法等无一不精，而且还主编了一套大型地理丛书，叫作《括地志》，可以说是一个全才。李治就一个特点，仁孝，也就是仁爱而孝顺。

李世民本意是立李泰，可是以长孙无忌和褚遂良为首的关陇集团的大臣们却对李治异乎寻常地喜爱，两个原因：一，当时李泰周围已经有一群青壮派，只要他上位，关陇集团的老头子们必然会逐渐失去权势；二，李泰不仅精明，而且强势，伺候这个老板，比起伺候李治要难得多。当然，我们现在都知道，这些大臣们最终知道自己错了，这也不怪他们，毕竟那时候他们还不认识武媚娘。

就在李世民犹豫不决的时候，李泰先犯了一个错误，他主动对老爹表态说，若自己当上皇帝，要把自己儿子杀了，将来好传位给弟弟李治。史书上说，一向精明的李世民居然相信了这种鬼话，还得意洋洋地和褚遂良说了这事儿。

褚遂良当时就指出："陛下万岁后，魏王据天下，肯杀其爱子，传位晋王者乎。"意思是，到时候李泰都是皇帝了，怎么可能杀他自己的儿子？随后褚遂良对李世民说，如果您一定要立李泰，那就先把李治处死，否则兄弟两个日后必然死磕，到时候国家就乱套了。

李世民如梦初醒，流着眼泪说，这事儿我也做不出来啊。思索了很长时间，李世民说了一句话，"泰立，承乾、晋王皆不存；晋王立，泰共承乾可无恙也"。立李泰，李治和废太子李承乾都不能活；立李治为太子，以这个小儿子仁孝的性格，两个哥哥应该不会死在他手里。知子莫若父，静下心来，李世民还是很了解儿子们的性格的。

后来的事实证明，唐太宗的选择是对的，李治登基后并没有为难哥哥，反而优待有加，李泰和李承乾都是自然死亡。

就这样，643年，经过一场未遂的太子政变，在褚遂良和长孙无忌的一致拥护下，李世民把唐王朝的太子换到了排行第三、本来没什么希望做太子的李治身上。等到649年，一代雄主唐太宗去世之后，李治顺顺当当地当上了唐朝第三任皇帝，这就是唐高宗，上台的这一年只有21岁。

三、武媚二进宫

开始的时候，李治这个皇帝干得还不错。《资治通鉴》上说"百姓阜安，有贞观之遗风"，也就是和他老爹在世的时候差不多。

时间一晃就来到了五年之后。654 年的一天，唐高宗李治领着一个女人，来他舅舅长孙无忌家里串门，这一次可不是一般意义上的亲戚之间的走动，他是来求舅舅帮忙的，原因是他想改立皇后，废掉原来的老婆王皇后，改立这次领来的女人为皇后。

之所以李治换老婆需要长孙无忌帮忙，除了皇后这个位置比较重要，肩负着母仪天下的重任，还有一个他说不出口的原因，那就是眼前这个姓武的女人本来是他爹李世民的一个小妾。

武则天，原名不详，"则天"是后来她失去了权力之后，儿子给她上的一个尊号，全称是"则天大圣皇帝"，后来又改为"则天大圣皇后"，从那以后，后来的人才渐渐开始叫她武则天。

武则天出生于 624 年，也就是大唐王朝平定江南，基本统一的那一年。出生地是今天的山西文水县。她爹叫武士彟，早年的时候是一个商人，后来一看隋末天下大乱，和魏徵一样，马上觉得造反这份事业更有前途，直接找到了李渊，全力资助他打天下，而且对李渊、李世民父子忠心耿耿，最后被提拔为正三品的大官，六部之一的工部尚书，封为应国公。所以，武则天并不是小门小户的孩子，是正儿八经的官二代。

后来武士彟死了之后，武则天和亲娘受到家族里其他势力的排挤，从荆州搬到了京城居住。三年之后，13 岁的武则天因为长得漂亮，被李世民招入宫中，封为才人，赐给一个名字叫武媚，这也是她的第一个名字，后来又演变为武媚娘。

据《新唐书》记载，武则天在进宫之前，她娘拉着她的袖子哭哭啼啼，舍不得，她却一脸神色自若地说道："见天子庸知非福，何儿女悲乎？"

言下之意，哭什么哭，您就等着女儿凯旋的好消息吧。

理想很丰满，现实很骨感，李世民后宫的女人实在多了点儿，武则天进宫之后，就像是一滴水撒进了大海，一直到唐太宗去世，史书上都没有什么关于她的记录。她当时等级很低，后宫除了皇后，其他姬妾一共有19级，每一级都有若干人，她排在第16级上，可以说，抬头向上一看，黑压压的都是别人的脚后跟。

现在有一个流传很广的故事，说李世民有一匹马，又肥又暴躁，没有人能调教它，武媚娘就对李世民说，我能制服它，但是需要三件东西，一是铁鞭，二是铁楇，三是匕首，用铁鞭打它不服，就用楇打它的头，再不服，就用匕首割断它的喉咙。唐太宗听了之后佩服地说，还是你武媚娘厉害，然后这对残暴的男女就回后宫卿卿我我去了。

这个故事实际上出自武则天当上皇帝之后的自吹自擂，无论是新旧两本《唐书》，还是《资治通鉴》，都明明白白地指出，这事儿是武则天自己说的，言下之意，我们这些作者可不知道这事儿发生过没有。

在我看来，最大的可能性就是李世民偶然临幸过她一两次后，赐给她一个武媚的名字，一转身，就把她忘了。我这样说的依据，除了史书上没有她的记载之外，还有一个逻辑推理，那就是哪怕李世民有一点点儿喜欢她，她也不会从进宫到李世民去世的12年间，一直都是才人的身份。前面说过，才人在唐朝后宫里面位置非常低。

不过，萝卜青菜各有所爱，李世民不喜欢武则天，不代表他儿子也不喜欢。大多数史学家都认为，唐高宗李治应该是在成为太子之后的某个时候，就和武媚娘好上了。这个观点有一点可以作为旁证：李世民去世之后，武媚娘跟着大多数后宫女人去了感业寺出家，可是第二年，当李治去感业寺给他老爹举办周年祭奠之后，武媚娘却神奇地返回了皇宫，做了李治的女人，并且不久就生了一个儿子，从一个尼姑升为昭仪。

你要知道，唐朝皇帝后宫女人排名，除了皇后和惠、淑、德、贤四大妃子，接下来就是昭仪，正二品的高位，位列九嫔之首，比起当年16级的才人，那绝对是天壤之别。

  如果说以前两人清清白白，唐高宗李治一眼就从一群尼姑里看上了已经26岁的武媚娘，那还是不太可信的；而且，《全唐诗》里还收录了一首武则天在感业寺写给李治的情诗，全诗是"看朱成碧思纷纷，憔悴支离为忆君。不信比来长下泪，开箱验取石榴裙"。意思就是我最近十分思念你，经常精神恍惚，把红色看成绿色，如果你不相信我为你流了多少眼泪，那就看看我的石榴裙吧，那上面都是思念你的斑斑泪痕。这首情深意切的七言绝句很明显暴露了两个人早就存在的私情；当然，另一方面这也证明武则天对李治是有真感情的，诗为心声，如果没有真情实感，是写不出来这样优秀的作品的。

088. 尼姑到皇后

武媚娘在李治当上皇帝之后，神奇地从尼姑庵回到了皇宫，当上了昭仪。这一切之所以能够很顺利地发生，与王皇后也有很大关系。

王皇后因为看不惯唐高宗李治当时对另一个女人萧淑妃的宠爱，一力促成了武媚娘重新入宫。这种心理简单地说就是，我过不好，你萧淑妃也别得意，我找个人对付你这个小狐狸精，你抢了我老公，最后我让你也得不到。

让王皇后万万想不到的是，萧淑妃只是抢了她的男人，但武媚娘不仅抢走了她男人，最后还要了她的命。

一、掐死女儿是真的吗

事情是这样的，武媚娘回到宫里，马上采取了三条策略，首先把王皇后当作自己的祖奶奶一样孝敬起来，溜须拍马一样也不能少。其次，武媚娘对皇宫里面除了萧淑妃，其他所有人等，无论高低贵贱，一律笑脸相迎，和蔼可亲，大把撒钱，很快，整个皇宫里布满了她的眼线。最后一招是想方设法地讨李治欢心，宫里宫外，全方位地为李治着想。

这三板斧抡下来，见效极快，没过多久，萧淑妃就败下阵来，武昭仪混得风生水起，不仅李治对她三千宠爱在一身，皇宫里除了萧淑妃，就没有一个说她坏话的。

萧淑妃被冷落之后，武昭仪就开始了她的下一步计划，打倒王皇后。接下来，就发生了下面这件事。654 年，她又给李治生下了一个女儿，女儿刚刚满月的时候，王皇后来看孩子，抱在怀里逗弄了一会儿，然后就离开了。王皇后前脚刚走，皇帝李治就来了，武则天欢天喜地带着李治去看孩子，可是掀开被子一看，小公主已经死了。武则天哭哭啼啼，痛不欲生。李治问周围的宫女，大家都说刚才只有王皇后来过，还抱过小公主，李治立刻大怒说道，"后杀吾女"，王皇后这个贱人，居然敢杀我孩子。

这件事完整地记录在《新唐书》和《资治通鉴》里，而且还明确无误地指出，是武则天在王皇后离开之时，偷偷摸摸地进去，把自己的亲闺女掐死在襁褓里，嫁祸王皇后的，原文是"昭仪潜扼杀之，覆之以被"。

后世的所有文学作品，都以这个为蓝本，塑造武则天心狠手辣，为了权力不惜掐死亲生女儿的形象。

不过这事相当地可疑，可疑的地方有三点：第一，《旧唐书》上没有这件事的记录，和《旧唐书》同时成书的《唐会要》也是一本唐史，那上面对这件事就一句话，"昭仪所生女暴卒，又奏王皇后杀之，上遂有废立之意"，意思是孩子是意外死亡，但武则天向李治汇报的时候，说是王皇后杀的，李治就信了；第二点，以武则天的精明，她不可能用杀死女儿这种事来嫁祸给王皇后，因为嫁祸不了。凡是认为可以嫁祸的，可以说是既没经历过皇宫生活，也不愿意多想想——皇后到昭仪的住所，前呼后拥地不知有多少人跟着，而且昭仪也必须在一旁伺候着。众目睽睽之下，皇后一走，你就偷偷闷死孩子，大喊皇后把我孩子杀了，请问谁会相信？第三个可疑的地方是，若干年后，唐朝大才子，写出了"鹅鹅鹅，曲项向天歌"的骆宾王有一篇千古雄文，叫《为徐敬业讨武曌檄》，简称《讨武檄文》，对着武则天一顿狂骂，把各种有的没的罪名都写上了，却唯独没有写杀死亲生女儿这一条。这足以说明，那个时候，无论是上层官员，还是民间百姓，都不知道武则天杀女这个说法。

我认为，很可能，成书于宋朝的《新唐书》和《资治通鉴》是瞎编的，欧阳修和司马光这两位儒家卫道士对于女人当政一向是强烈反对的，抹黑武则天对于他们来说，是政治正确。

如果不是武则天自己掐死的，那是不是真的是王皇后害死的？我的回答也不是，如果是个男孩，还有那么一丝丝的可能，因为涉及太子之争，但杀一个公主，对王皇后没有好处。若说纯粹为了泄愤，从后来的表现来看，王皇后不是那样的人，若说是萧淑妃干的还有可能，但她又不在现场。

综合来看，我的结论和《唐会要》一样，公主是自然死亡，只不过武则天利用这件事恶心了一下王皇后而已，连打击都算不上，因为李治也不是傻子，他应该知道这事儿和王皇后无关。

二、武昭仪做了皇后

小公主暴毙这件事，揭开了后宫争斗的大戏，从这之后，武则天和被她迷得神魂颠倒的李治就挖空心思，一心一意准备废掉王皇后。这就出现了前面的那一幕，两口子亲自去拜访舅舅长孙无忌，想求着舅舅帮忙，让武昭仪上位。

中国人讲究礼尚往来，求人办事一般要送礼，皇帝陛下和武昭仪给长孙无忌送去了整整十车金银财宝和绫罗绸缎，而且在宴席上，李治一边痛苦地对着舅舅说皇后生不出儿子，一边把长孙无忌的三个庶出的儿子提拔为朝散大夫——光拿钱不管事的闲职，但长孙无忌就是假装听不懂外甥话里的意思，一边笑纳了皇帝和昭仪的贿赂，一边说着吃好喝好这类的应酬话，李治和武则天最后非常郁闷地告辞而去。

其实，换皇后这事儿在当时相当敏感，不仅是长孙无忌不同意，中书省的长官中书令柳奭和中书侍郎来济，门下省的长官侍中韩瑷，尚书省的实际一把手尚书右仆射、辅政大臣褚遂良都不同意。唐朝实行三省六部制，在重立皇后这件事上，三省长官全都和皇帝对着干。

长孙无忌这个老滑头只是和皇帝打太极，装聋作哑地不理睬皇帝的任何暗示，但褚遂良就不一样了，他公开和皇帝叫板。在一次小规模的御前会议上，此人慷慨陈词，先说王皇后是太宗皇帝亲自选的，现在并无过错，为什么要废？而且王皇后曾经披麻戴孝，为李世民守孝三年，按照《大唐律法》，符合三不去原则，你作为皇帝，咋能带头违反法律？

褚遂良嘴里的《大唐律法》，指的就是《唐律疏议》，简称《律疏》，也就是大唐朝的法律，是中国古代史上一套非常完备的刑事法典。最关键的是，这套法律是三年之前的651年，在李治的主持之下，长孙无忌、李勣和褚遂良合力修订的。

在这套法律里，有中国古代著名的"七出三不去"，规定男人在七种情况下可以休妻，分别是不孝顺公婆、生不出儿子、偷东西、婚外情、丈夫纳妾你嫉妒、到处传闲话，还有身体有大病。同时也为了保障妇女权益，规定了三种情况下男人不能休妻，分别是"有所娶无所归"，指妻子没有娘家可以回；"与更三年丧"，指的是妻子曾经给公公或者婆婆服丧三年的；最后一种就是"糟糠之妻不可弃"，指的是丈夫娶妻时贫贱，但后来富贵了，这种情况下，男人不能休妻。按照这法律，今天世界上大多数富豪都应该被扔进监狱。

当时褚遂良引用《唐律》，质问李治，王皇后没有"七出"的任何一种情况，却有"三不去"里面的"与更三年丧"，您凭什么要休妻？本来这已经让李治无言以对了。可是千不该万不该，褚遂良这个炮筒子又说了下面的话：就算你要重新立皇后，也要找一个贤淑的，德行好的，武媚娘是什么人？为什么你还偏偏要大张旗鼓地立为皇后，天下人会怎么看？原话是"昭仪昔事先帝，身接帷第，今立之，奈天下耳目何"。

这话别说是大臣对皇帝，就算是普通朋友，那也要仔细思量一番，才能说出口,史书上说李治听了之后,"羞默",羞愧得无言以对,只能沉默。《新唐书》记载,武则天在帘子后面听见了褚遂良说的话,气得大喊了一句:"何不扑杀此僚?"为什么还不杀了他?!

到此地步,褚遂良也豁出去了,把帽子一摘,跪在地上哐哐磕头,把脑门子磕得鲜血横流,嘴里还说着,"丐归田里",我不干了,您让我回家种田吧。李治气得脸色发青,让侍卫把这个疯老头子拉走了事。长孙无忌赶紧跪下,给褚遂良求情,李治一言不发,拂袖而去。

那么,是不是满朝文武都不同意改立新皇后呢?自然不是,在任何时代,都不缺察言观色溜须拍马的,这里面最典型的就是李义府和许敬宗两位。

李义府本来是中书舍人,可是不知道怎么得罪了长孙无忌,即将被贬到地方去做小县城里的公安局长。就在这个时候,经过别人提醒,他忽然醒悟,皇上和昭仪娘娘现在需要我啊,于是毅然决然地连夜上书,奏请废掉王皇后,立武则天为皇后。就这一下子,他就不需要出京了,第二天早上,李治就下旨,让李义府官复原职。

身为礼部尚书的许敬宗多次鼓吹武则天应该当皇后,按他的说法,一个农夫多赚了点儿钱,还想换老婆呢,皇帝为什么就不能呢?这句话被武则天听到之后,转告了李治,言下之意就是,您要是不把我扶到皇后的位置上,连一个老农都不如啊。这对于血气方刚的李治来说,简直就是一种羞辱。

不过最后让李治坚定决心的,还是大臣李勣的态度。李勣就是瓦岗寨的徐茂公,能征惯战,为唐朝平定天下立下了赫赫战功,东突厥就是在他的手里覆灭的。想当年李世民重病的时候,对儿子李治说,李勣这个人出将入相,绝对是人才里的人才,可是他未必服你的指挥。我现在把他贬到穷乡僻壤去,如果他接到命令马上就动身,那么我死了之后,你就可以把他召回来,委以重任,他一定会对你忠心;如果他犹豫不走,那必须马上杀掉。

结果是李勣接到被贬官的诏书之后，没有任何犹豫，立刻动身去千里之外的叠州，就在他还没赶到叠州的时候，李世民驾崩，李治马上恭恭敬敬地请回了李勣，拜为尚书左仆射，也是宰相之一。

现在李治在别人那里碰了钉子，忽然想到李勣这个掌管着大唐兵权的老臣，此人上次开会可是请了病假的，还没表态。抱着试试看的心态，李治找来李勣，郁闷地说，我想立武昭仪做皇后，可是顾命大臣们都反对，这事儿是不是只能这么算了？谁知道李勣的回答让年轻的皇帝李治眼前一亮："此陛下家事，何必更问外人？"一句话点醒梦中人，是啊，我换一个老婆，就和一个老农换老婆一样，本来就是我自己的事情啊，我问这些外人干吗？当然，李勣的这句话，除了点醒梦中人，最重要的是，相当于表明了自己同时也是军方的态度，我们这些大兵支持皇帝换老婆。

有了李勣这个枪杆子的支持，李治觉得腰杆子硬了很多，下定了决心要完成这件一个老农都可以做的事情，换老婆。

于是乎，655年十月，唐帝国迎来了一场政治地震，大唐天子李治被人用扎小人的方式诅咒，差点儿一命呜呼，而凶手正是王皇后和萧淑妃，人赃俱获，铁证如山。马上，两人就被剥夺一切头衔，锁进了小黑屋。王皇后的舅舅中书令柳奭被迫辞职，尚书右仆射褚遂良被驱逐到潭州当一个小小的都督，后宫的武昭仪成功上位取代了王皇后，当上了母仪天下的武皇后。

在唐高宗昭告天下的诏书里，有一句是这样写的，"圣情鉴悉，每垂赏叹，遂以武氏赐朕，事同政君。可立为皇后"。意思是说，以前俺当太子的时候，进宫伺候我老爹，一片孝心感动了他老人家，特意把武媚娘赐给了我，就如同当年汉宣帝把宫女王政君赐给自己儿子汉元帝一样，所以，立武媚娘为皇后也是孝敬老爹的一部分。

不过李治的这一番谎话骗一骗当时的老百姓还可以，我们今天都知道，武媚娘和当年汉朝的王政君可不一样。人家王政君就是宫女，而且是皇后身边的宫女，但武媚娘可是李世民正儿八经的第16级小妾，称号是才人。如果真是你爹正儿八经赏赐给你的，他死了之后，谁敢、谁又能把新皇帝的女人塞进尼姑庵去吃素？

三、王皇后和萧淑妃之死

无论如何，二进宫的武媚娘现在变成了武皇后。这里有一件事值得一提，后来有一天，李治偷偷去关押王皇后和萧淑妃的小黑屋，看见整个房间外面封闭极严，只留一个小孔送食物和清水，当时伤心不已，对着小孔喊道："皇后、淑妃安在？"王皇后回答，获罪之人，不敢再有尊称，同时也央求李治，让她们可以见到日月，没事儿的时候，可以从黑屋子里走出来，在小院里走两圈，散散步。

李治马上就说，"朕即有处置"，我马上就办。可惜的是，随后发生的事情充满了血腥，史书上记载，武则天听说李治看望了王、萧两个女人，马上命人把王皇后和萧淑妃各打了100大棍，然后剁去手掌和脚掌，泡在酒缸里给活活折磨死了，和当年吕雉害死戚夫人差不多。

如此残忍的事情，在历史上真的发生过吗？我个人觉得，这件事大部分都是真的。

首先，以李治仁厚和优柔寡断的性格，他绝对有可能在旧情难忘之下，去看王皇后和萧淑妃；其次，以武则天后来的表现来看，她对敌人从不手软，虐杀王皇后、萧淑妃这事儿她绝对下得去手；最后，《旧唐书》《新唐书》和《资治通鉴》三本史书对这件事的记载比较一致，原话都是："令人杖庶人及萧氏各一百，截去手足，投于酒瓮中，曰：'令此二妪骨醉！'数日而卒。"很明显，武则天不仅把两个砍去手脚的残疾人泡在酒坛子里，还嚣张地说，让这两个老太婆的骨头也喝点酒，醉上一醉。

这样一来，就有一个问题，唐高宗李治这时候干什么去了？他是不知道他老婆会这么残忍，还是怕老婆怕得不敢管？我认为都不是，武则天之所以敢杀王皇后和萧淑妃，背后一定得到了李治的同意！李治之所以同意也完全是无奈之举，以他的性格，答应了王皇后和萧淑妃重见天日、在小院里养老之后，回去肯定和武则天商量。武则天听到之后，只需要问他两个问题，他就只能同意杀掉王皇后和萧淑妃：第一个问题是，您的诏书里写的是王皇后和萧淑妃往您的饭碗里下毒药，想整死你，这样的大罪能赦免不？第二个问题是，如果这两个女人可以赦免，她们身后的那些大臣们呢？以后长孙无忌和朝里大臣们还会把您说的话当圣旨不？

这两个问题一问，李治应该会立马傻眼，他先前之所以急着废掉王皇后，除了讨好武媚娘之外，还有一个更深层次的原因，那就是王皇后出身太原王氏，身后站着一个名门望族，而这个王皇后集团，和长孙无忌的关陇集团当时已经有联盟的趋势，比如说王皇后舅舅柳奭能当上中书令这样的实权宰相，就是长孙无忌的主意，而另一名宰相褚遂良早就是长孙无忌的人了。

李治想拿回权力，至少是部分权力，就要分化这个集团联盟。废掉王皇后，从而打掉柳奭和褚遂良，就是最关键的一步。第二步就是提拔一些穷苦人家孩子出身的官员，比如李义府、许敬宗这些人。

如果在这个时候放过王皇后，就会传达出一个错误信号，皇上还是害怕长孙无忌，那些人可能更加肆无忌惮地把持权力；更关键的是，李义府、许敬宗这些新人也会马上犹豫起来，不敢放手为李治卖命。所以，如果不想在这场争权斗争中功亏一篑，那就绝不能在这时候手软。

武则天是一个顶级政治家，有着无比敏锐的政治嗅觉，朝廷的局势、政治走向和李治的那点小心思，她分分钟就能明白，如果仅仅像一些影视剧表现的那样，她只靠着点阴谋诡计、小聪明甚至撒娇卖萌，就能在一个男权社会当上皇帝，那未免有点儿太天真了。

总之，到了这个地步，李治也只能闭上眼睛，任由武则天去把王皇后和萧淑妃处死了。

让我印象比较深的，反而是那两人临死之前的表现，王皇后在受刑之前，平静地说："愿大家万岁！昭仪承恩，死自吾分。"直白的意思是祝愿唐高宗李治长命百岁，现在武昭仪既然得宠，我死也是应该的；深层意思是，作为失败者，我不怨恨任何人，但你武媚娘在我心中，只是一个昭仪而已，在我这里，你永远没有那个资格做皇后，很大气，也很骄傲，虽然也没什么用。

反观一同受死的萧淑妃就不一样了，她临死时发下毒誓，"愿他生我为猫，阿武为鼠，生生扼其喉"，希望你武媚娘变成老鼠，我变成猫，生生世世咬死你。

司马光在《资治通鉴》里说，从此之后，武则天就不养猫了。可是在同一本《资治通鉴》，却记载了武则天当上皇帝之后，在一个笼子里养了一只猫和一只鹦鹉，训练它们和平共处，等训练得差不多了，她得意洋洋地拿给大臣们看，说你们看看老娘厉害不，猫和鸟都可以在一起愉快地玩耍。话音未落，笼子里的猫一个箭步把鹦鹉给咬死了，弄得武大皇帝和准备拍马屁的大臣们非常尴尬。

我把这两个故事放在一起，一是想说明唐朝的皇宫一直在养猫，对于萧淑妃的诅咒，武则天根本就不在乎，另外也想告诉大家，像《资治通鉴》这样的巨作都可能出这种低级错误，我万一写错了什么，你们一定要多多担待。

089. 天皇和天后

655年农历十一月初一，大唐王朝的首都长安举行了盛大的皇后册封典礼。31岁的新任武皇后精神相当好，仪式完毕之后，突发奇想地来到了长安素仪门的城楼上，接受文武百官和外国使节的朝拜。皇后娘娘抛头露面，让九品以上官员甚至百姓都看到自己长什么模样，武则天是开天辟地的第一人。

按照传统，作为一个女人，武则天已经走上了人生巅峰，这个时候她是不是有当皇帝的野心，我认为大概率没有。那么，是什么让她后来有了当皇帝的野心，并且最终实现了？关键人物是唐高宗李治。

一、扳倒当权派

李治这个人你说他幸运，那是绝对的幸运，排行老三，本来皇位也没他的份儿，可是两个哥哥打成一团，咣当一声，这个大馅饼就掉到了他脑袋上。

你要说他不幸，他也很不幸，爷爷和爸爸打下了相当好的基础，他干得不好，自然是千夫所指，即便干得好，那人家也会说，这都是他爹和他爷爷的功劳。更气人的是，他爹给他留下的辅政大臣长孙无忌，既是前朝重臣，也是他的亲舅舅，而且还是辅佐他上台的关键人物，所以李治的这个皇帝在开始的时候，当得有点儿窝囊，而长孙无忌的跋扈可以用发生在 653 年的高阳公主谋反案来做一个说明。

高阳公主是李世民的闺女,也就是李治的妹妹,嫁的老公也不是外人,是凌烟阁 24 功臣中排名第五的宰相房玄龄的二儿子房遗爱。不过这两口子相处的模式有点奇葩,私生活上谁也不管谁,高阳公主和僧人辩机好上了,辩机就是执笔写出了《大唐西域记》的那位,唐玄奘手下九大缀文之一,负责协助玄奘抄写求取回来的经书。

辩机当时才二十六岁,才华出众,年轻有为,从这点来看,高阳公主的品位倒是不低。房遗爱虽然没说什么,但两人的关系被李世民知道之后,这位辩机和尚却只能去死,因为这涉及皇家尊严的问题。虽然大唐公主找一个情人在那时候并不出格,可是这个情人却绝对不能是一个和尚。

按照《资治通鉴》的说法,辩机是被腰斩的,死得极惨。就因为这个原因,从此之后,高阳公主就不搭理他爹了,甚至最后李世民去世的时候,都不愿意哭一场,史书里记载,"主怨望,帝崩,哭不哀",而且老爹一死,她的行为变本加厉。

这里必须强调一下,高阳公主和辩机的风流韵事或者说惨剧只记载在《新唐书》和《资治通鉴》上,《旧唐书》里是没有的。那到底这事儿是不是真的?很可惜,我也没有答案。高阳公主喜欢找和尚道士做情人应该是真的,但是辩机到底是不是因为她而死,这事儿在历史上是一个悬案,到现在史学家都争论不休。

客观地说,《新唐书》的作者欧阳修和《资治通鉴》的作者司马光都对佛教不以为然,成见很深。欧阳修甚至给家里的孩子起的小名就叫"和尚"。你要知道,那时候给孩子起小名,一般是阿猫阿狗这样的畜生,故老传说,小名越贱越好养活,欧阳修老爷子都直接把"和尚"两个字等同于畜生了,那他给辩机和尚安一个和公主偷情的罪名,也不稀奇。

虽然高阳公主不喜欢她老公房遗爱,但是她却一直惦记着房玄龄留下来的那个爵位,梁国公。按照宗法制,房玄龄死后,这个爵位就被他的嫡长子房遗直合理合法地继承了。可是高阳公主觉得自己是公主啊，这个爵位就应该给她老公房遗爱。不过那时候嫡长子继承制是一个连皇帝都需要遵守的制度，她能有什么办法？于是她跑到哥哥唐高宗李治那里，说房遗直调戏她。这如意算盘打得噼啪作响，因为这种事也不用什么证据，反正把你搞下去，爵位就是我们家的。

按道理说，这是一个连刑事案都算不上的案件，但是大唐王朝的第一宰相，一人之下万人之上的长孙无忌这时候站了出来，说这事儿我来审理。

结果长孙无忌一查，就查出了大事，高阳公主纯属诬告，房遗直是正人君子，反倒是她和老公房遗爱，还有薛万彻、柴令武等人勾结在一起，准备发动政变，废掉唐高宗，拥立荆王李元景为帝。一句话，高阳公主和老公房遗爱谋反。被抓到监狱之后，事态就扩大了，贪生怕死的房遗爱咬出了吴王李恪、门下省长官侍中宇文节、江夏王李道宗、驸马都尉执失思力等人，一时之间，人头滚滚，高阳公主、吴王李恪都被逼自杀。

很自然地，死的都是和长孙无忌以及褚遂良的关陇集团作对的，或者与他们有关系、不得不株连的人，估计高阳公主那个小脑瓜无论如何都想不清楚，为什么一个性骚扰控告，反而把自己的脑袋给告没了。

当吴王李恪接到赐死的诏书后，面朝苍天，说出了这样一句诅咒："长孙无忌窃弄威权，构害良善，宗社有灵，当族灭不久。"我李恪很冤枉，你长孙无忌如此肆无忌惮地进行政坛大清洗，如果祖宗有灵的话，你被灭族已经不远了。

唐高宗李治的态度如何呢？首先，他应该是暗喜的，被打掉的两个公主、三个驸马和几个亲王都是他当皇帝的反对派，看见敌人倒霉自己当然是舒坦；但同时，在这个事件里，长孙无忌表现出来的掌控朝堂的实力和跋扈也令他心惊胆战。

据《资治通鉴》记载，事情发生后，李治曾经用哀伤的语调说："荆王，朕之叔父，吴王，朕兄，欲勾其死，可乎？"意思就是李元景和李恪这两位王爷能不能不死？这应该是李治的一种试探。李治这个人软弱，但是他可不傻，他替两个自己也不喜欢的人求情，就是想知道，自己这个皇帝说话还好使不。可惜的是，长孙无忌等人用事实告诉他，不好使。两位王爷很快就去了另一个世界。

在这种郁闷和不甘心的心情之下，李治转向了武则天这位既能给他欢愉，又能在现实中听他倾诉，甚至帮助他的人。武则天的性格特点是敢想敢干，敢作敢为，从她进宫之前对她老娘说的那番话你就知道，她遇事内心极为笃定，同时目标远大，思想坚定，从不会为眼前的一点小事而纠结。比如她登上素仪门城楼，接受百官朝拜，在外人看来，实在是石破天惊，但在武则天眼里，这算多大点事儿，一时兴起，做了就做了。这个性格，恰恰是优柔寡断还有点儿恋母情结的李治所缺少和渴望的。

就在武则天当上皇后的第四年，659年，这两口子终于发威了，唐王朝迎来了另一场政治地震。两名在武则天当上皇后之后才荣升宰相位置的侍中辛茂将和中书令许敬宗，在审理一个案子的时候，有了重大发现，大唐帝国的头号宰相，赵国公长孙无忌勾结了一些官员，准备谋反。

唐高宗听了之后，又开始流眼泪，他说，"近亲如此，使我惭见万姓"，我家里怎么都是这样的人，前面我妹妹高阳公主谋反，现在我舅舅也谋反，我还怎么好意思管天下百姓呢？他还说，就算舅舅想造反，我也不忍心处置他，原话是"不忍处分与罪"。不过这些话当然是骗鬼的，一转眼，他就和武则天联手，以雷霆手段拿下了长孙无忌和他所有党羽，把他舅舅全家流放到了黔州。

这件事，就连《旧唐书》的作者们都看不过去了，直接说"帝竟不亲问无忌谋反所由，惟听敬宗诬构之说"，意思是李治说得好听，实际上，打倒长孙无忌他最积极，根本就没给人家任何分辩的机会，直接让许敬宗把自己舅舅干翻在地。

几个月之后，唐高宗觉得长孙无忌活着就是一个威胁，直接下令让李勣和许敬宗重新调查长孙无忌案。许敬宗心领神会，马上派人去黔州，逼着长孙无忌上吊自杀。这位舅舅当年极力推举李治上台的时候，可能无论如何也想不到这个结局。除了长孙无忌，原来被罢免的宰相韩瑗和王皇后的舅舅柳奭也同时被杀，罪名是谋反。顺便说一句，柳奭有一个后人，位列中国古代唐宋八大家之一，名字叫柳宗元。

从这一天开始，唐高宗李治算是彻彻底底地从关陇集团和山东贵族的手里拿回了权力。如果你回头看一眼，你就会发现，武则天当上皇后就是这一切的关键点，因为这件异常微妙、可大可小的事情，让大臣们分成了两派，原来在长孙无忌和褚遂良手里铁板一块的朝堂，出现了裂痕。又因为褚遂良的冲动，导致关陇集团的元老派方寸大乱，最后让李治、武则天这两口子成功地扶植了许敬宗、李义府这样的小人上位，而这种不依附长孙无忌的官员多了，才让长孙无忌最后能被顺顺利利地扳倒。

我这里说许敬宗和李义府是小人，并不是因为他们俩和武则天站在一起，也不是因为他们对长孙无忌赤裸裸的诬陷，这些都属于政治斗争，而政治斗争是不能仅用道德来衡量的。想当年，长孙无忌诬陷李世民的第三个儿子吴王李恪谋反，逼着人家自杀，李恪受到的冤屈和长孙无忌今天的遭遇有什么区别？

李义府和许敬宗之所以是小人，是因为私德实在太差，比如说已经升任为中书令的李义府，堂堂大唐帝国的宰相，居然为了把监狱里的一个女犯人搞到手，先是压迫法官徇情枉法，放了女犯人，据为己有，后来事情败露，又逼迫法官自杀了事。这样的趣味、格局和做派，只能说是标准的小人。

李治和武则天当然不管这些，只要能为我所用，这些统统都装看不见。现在，两口子是大获成功，朝堂之上再也没有元老重臣可以对他俩说三道四了。

接下来的事情就好像是天意一样，李治得了风疾。那时候所谓的风疾，现在看来，就是严重高血压加上心脏病，也许还有高血糖和高血脂，反正就是头晕目眩，不能干活。武则天几乎是自然而然地就接手了一些朝政事务，而且干得有声有色。

这样过了一段时间，李治感觉又不对了，怎么舅舅长孙无忌没了，我还是没有当皇帝一言九鼎说了算的感觉，我这个媳妇儿武媚娘，简直比长孙无忌还长孙无忌。心里有了别扭，他就去找人倾诉，找的这个人就是当时的宰相上官仪。

二、处死上官仪

上官仪是不久之前才从下面一步步提拔上来的宰相，他哪里知道武则天的厉害，更不知道李治和武则天之间的相处模式。听见皇帝问他，一张嘴就说，应该废后，也就是废了武则天的皇后位置，李治当时想都没想就说，嗯，爱卿说得对，你赶紧起草诏书吧。

上官仪磕了一个头就回家写诏书去了，结果武则天的宫内密探早就把消息报告给了武则天，武则天二话不说，直接来到唐高宗面前，我们并不知道她用了什么手段，无论是《新唐书》还是《资治通鉴》，都只用了两个字，"自述"，也就是自我申诉，给自己辩解的意思。就是这样两个字，让李治改变了心意，史书上说，"帝悔之"。这还不算，李治还把上官仪出卖了，对武则天说是"上官仪教我"。

几个月后，宰相上官仪被诬陷和废太子李忠谋反，一起人头落地。从此之后，大唐王朝的政权实际上就落在了武则天手里，《新唐书》上说，"由是天下之政归于后，而帝拱手矣"。到了这时候，李治觉得无论如何也斗不过媳妇儿，而武则天对他也算是忠心耿耿，那就随她去了。

留意一下，史书上说"帝拱手"，这和不能管或者不敢管是不一样的，实际上，唐高宗李治一直到死，对大唐帝国的事务还是拥有最终决定权的，比如说宰相的任免不经过他的点头，武则天说话是不管用的。

关于上官仪，还有两件事要交代一下，第一就是他是文学史上上官体的创始人。上官体是一种歌功颂德的文体，就是用空洞、华丽的语言来写诗，讲究韵律和文辞的美，和以前介绍过的汉赋差不多，一般人欣赏不了，这个文体写出来的文章，乍一听觉得格调很高，仔细翻译一下，会让人觉得很肉麻。

第二个要说的就是，上官仪死之前有一个不满周岁的孙女被武则天收养了，她的名字叫上官婉儿，后面会说到。

上官仪死了之后，665 年，唐高宗李治率领文武百官，武则天率领内外朝廷命妇，浩浩荡荡地前往泰山，举行封禅大典。封禅这事儿前面介绍过，无论是始作俑者秦始皇，还是后来的帝王封禅，这活儿一直都是男人干的，所谓帝王初献，公卿亚献，都有固定的仪式；但武则天说，这次你们靠边站，让我来掺和一下。就这样，公卿们的权利被剥夺了，李治向天地献完酒之后，一身盛装的武则天上去也给老天爷敬了一杯酒，算是开天辟地的第一次。

672 年，武则天让人按照自己的形象，在洛阳的龙门石窟雕刻卢舍那大佛，这尊 17 米高的佛像今天已经成了龙门石窟，甚至整个中国的文化符号，网上到处都能看见它的图片。你需要知道的是，这尊佛像就是按照将近 50 岁的武则天的相貌原样雕刻出来的，说实话，无论是艺术水平，还是武皇后的容貌，都应该算是上乘。

三、并称二圣

674 年，武则天迎来了她通往皇帝道路上的第二个转折点，那就是她和李治在大唐王朝并称为二圣，李治被称为天皇，武后被称为天后。

日本人称天皇是跟中国学的？

李治被称为天皇，如果你认为这是跟日本学的，那就错了，恰恰相反，日本天皇的称呼就是跟唐高宗李治学的。在可查找的历史里，日本第一次使用这个称呼是689年，也就是李治称天皇的15年之后，记录在《飞鸟净御原令》里，规定日本无论是以前的还是以后的皇帝，都要称呼为天皇。

其实何止是一个称呼，早在唐太宗贞观时期的646年，在中国绝对优势的文化冲击之下，日本就开了历史上有名的大化改新，"全面唐化"。他们按照唐朝的办法进行土地改革，废除官爵世袭制度，依照中国政府三个"省"的形态，组织日本政府，设立六个"省"，分别掌理不同国务。采用中国汉字为法定文字，以当时唐朝十八学士之一，孔子的31代孙孔颖达的《五经正义》为日本法定课本，同时改用中国特有的"年号"制度来纪年，第一个年号就是"大化"，也就是大大地中国化。

从此，日本跟朝鲜半岛的各个小国一样，成为中国之外的另一个"中国"，无论文字、教育、官制、政府、意识形态都和中国几乎完全相同，而且日本的中国化运动持续了几百年，由此还产生了一种中国崇拜，认为日本一切都是错的，中国一切都是对的。平安时代日本流行一句话，叫"扬名无逾作汉诗"，想在日本出人头地，必须要会写唐诗。当然，他们的子孙在"明治维新"之后，对西方的态度也是一样。

这时候的唐高宗李治，三高问题已经很严重了。到了675年，他甚至琢磨着让武则天来摄政，想彻底地把国家交给自己的老婆。

宰相郝处俊看不下去了，说："陛下奈何以高祖、太宗之天下，不传之子孙而委之天后乎！"暗示这天下不是你李治自己的，是你爷爷和老爸一起打下来的，这样一来，李治才打消了这个念头。不过实事求是地说，李治产生这个念头，倒也不是完全因为宠爱老婆，而是因为武则天确实是一个政治上的天才，她在成为天后之后有两件事可以体现她过人的政治天赋。

一件事是给李治上了十二条施政的建议，称为"建言十二事"，其中第一条就是"劝农桑，薄赋徭"，强调以农为本，随后的十一条，可以说是条条都切中农业帝国的要害，很有见地。

另外一件事，就是组织了一批文人，编写了无数书籍，里面既有《玄览》这样讨论哲学问题的高深文章，也有《兆人本业》这样指导普通老百姓农业耕作的手册。

最重要的是，武则天招揽的这一批知识分子，大多是小门小户家的孩子，家里多收三五斗，读了一点儿书，和那些名门贵族是天生的对头，武天后拉拢他们的目的，自然是为了对抗李唐皇室的，这些人后来有一个统一的名称，叫"北门学士"，因为他们当时进出皇宫都要走长安城北边的玄武门，由此得名。

既然李治想传位给自己媳妇儿被宰相们反对，不妥当，而自己又是一名三高患者，不能处理政务，那就只好传位给自己的儿子，也就是嫡长子李弘。

遗憾的是，这时候太子李弘身体比他爹还差，一听到老爹要让自己当皇帝，再一想想那个强势的老娘，这心理压力就不是一般的大，导致身体更差了，结果就是，老爹还活着呢，儿子先死了。675 年，李弘暴卒在合璧宫，后来有人说是武则天把自己大儿子毒死了，但这事儿就连一贯讨厌武则天的司马光都不敢妄下结论，只是在《资治通鉴》上说，"时人以为天后鸩之"，也就是当时有人这么认为，但我不知道真假。

090. 女皇武则天

李弘死后，李治和武则天的二儿子李贤被立为储君，可是新太子却是武则天最不喜欢的一个儿子，原因有两个。

一是当时有传言说这个孩子不是武则天亲生的。自古以来，不是亲爹的事情忒多了，但怀疑不是亲妈的还很少见，不过谣言说得是有鼻子有眼，说李治和武则天的亲姐姐韩国夫人生下了李贤，恰好当时武则天生下的孩子一落地就死了，就把韩国夫人生的儿子抱给了武则天。亲姐姐和老公生孩子，这事儿比另一个女人和老公生孩子更让人郁闷，所以武则天怎么看这个儿子都不顺眼。

二是当时皇宫里有一个装神弄鬼的术士，叫明崇俨，什么大冬天变出西瓜、夏天拿出冰糖葫芦这类事情干了不少，很得李治两口子的欢心。这人多次说过，李贤看外表就不能继承皇位，命里没有那个福分，而三儿子李显和老儿子李旦都是帝王之相。不知道明崇俨是收了李显或者李旦的钱故意撒谎，还是真有本事，因为他完全说对了。

一、李旦继位

有句古话叫"祸从口出"，679年，明崇俨被人一刀砍死，大家一致认为是因为他说错了话，在这种破案思路的指引之下，李治和武则天追查了一年，最后认定是太子李贤派人干的。更加不得了的是，居然在太子家里搜出了几百具盔甲和管制刀具，那个年代，这玩意儿就相当于现在的防弹衣和AK47自动步枪，说你一句谋反那是毫不冤枉。就这样，老二李贤这个太子没当多长时间，就被废了，后来更是被赐自尽，很多年后，才被追谥为章怀太子。

平心而论，李贤从小就才华横溢，陪着他读书的，就是那个写出了"落霞与孤鹜齐飞，秋水共长天一色"的王勃。身为"初唐四杰"之一的王勃，对李贤的才华赞赏有加。由他亲自主持注释的《后汉书》，被称为"章怀注"，价值相当高。李贤三次监国，都做得有声有色，别说李治和群臣赞不绝口，就连虎妈武则天都挑不出他什么毛病。

只是，这样一个优秀的儿子如果真当了皇帝，武媚娘还能做天后吗？还有权力吗？明白了这一点，什么喜欢不喜欢，太子谋不谋反就一点都不重要了。

对于大唐帝国来说，虽然老大死了，老二下台了，但还有老三，680年，老三李显被立为太子。这一次没出什么乱子，四年之后，唐高宗李治驾崩在洛阳紫微宫的贞观殿，终年54岁，临死之前留下遗言，太子李显即位，军国大事有不决者，由天后处分。

从这个遗言可以看出，李治一直到死，有两件事在他心里是根深蒂固，坚信不疑的：第一，媳妇儿武媚娘是最值得信赖的人；第二，媳妇儿武媚娘是最有才干的人。

当上了太后的武则天当然不会辜负李治的这份信任，马上任命裴炎为中书省的中书令，刘奇贤为门下省的侍中，刘仁轨为尚书省的尚书左仆射，三大宰相都是武则天的人。

27岁的唐中宗李显却看不清状况，觉得自己当上了皇帝，就有资格和老娘掰掰手腕子了。那怎么掰手腕子呢？李显就准备把老婆的娘家人都提拔上来，帮着自己对抗老娘。

于是，上台两个月，他就开始提拔老丈人韦玄真，而且想一步到位，让老丈人做宰相，当门下省的第一号长官侍中。当时的侍中刘奇贤自己不好说什么,但中书令裴炎和尚书左仆射刘仁轨拼命反对,年轻的皇帝一看自己说话不管用,情急之下,居然对两宰相说,天下是朕的,俺就是把整个天下让给老丈人,你们也管不着。

武则天马上知道了这件事,一声冷笑,儿子啊,从今天开始,这天下和你没有关系了。太后有权废立皇帝,这是从汉代就有了的皇室传统,就这样,当了55天皇帝的李显被废为庐陵王,赶出了长安。

随后,武则天和李治生的小儿子、老四李旦登上了皇帝宝座,这就是唐睿宗。这哥们儿平时一声不吭,看上去老实巴交,但心里有数,三个哥哥的结局都看在眼里,上台之后,第一件事就是请假,说自己身体不好,学问更差,什么活儿都干不了。武则天当然顺水推舟。结果李旦既不上朝,也不批阅奏章,所有事情,都让老妈去干,名副其实的啃老一族。这就是武则天皇帝路上的第三个关键点:以太后的身份让已经成年的皇帝靠边站。

二、造反和惩罚造反

为什么武则天这时候不趁机自己当皇帝?原因有三点:第一,李唐皇族和忠于李唐皇族的势力还很大,这些人不除掉,她即便强行上位,根基也不稳;第二,舆论和宣传还不到位,社会上对女人当皇帝还没准备好;第三,李治刚死不久,尸骨未寒,这时候就上位,有无数人会借着这件事发动政变。其实,就算是她没登基,已经有人打起了反旗,而且在造反的纲领里明确提出,"一抔之土未干,六尺之孤何托",你老公李治刚死,你就废了他老人家亲自选定的皇帝,居心何在?

造反的这个人叫徐敬业,替他写战斗檄文的人叫骆宾王,这两人都是犯了事儿被朝廷贬到地方当官的。骆宾王是"初唐四杰"之一,文学水平很高,据说武太后听人读完《讨武檄文》,感慨了一句,说让骆宾王这样的人才流落在民间，最后和反贼为伍，实在是宰相们的失误。

徐敬业原名李敬业，是支持武则天当皇后的李勣的孙子，可惜的是，他既没有爷爷的政治眼光，也没有爷爷的军事才能，率领十万叛军，试图在南京建立新的政权，但只抵抗了一个月，就被武则天派来的30万大军摧毁，最后兵败被杀。

这次造反导致了大唐王朝朝堂上的另一场地震，那就是宰相裴炎被杀了。原来，徐敬业一造反，武则天就接到了信息，和大臣们商量该怎么办。裴炎这时候发话了："天子年长矣，不豫政，故竖子有辞。今若复子明辟，贼不讨而解。"意思是您把您儿子的活儿都给干了，天下人有意见，如果您现在把政权交还给老儿子李旦，那都不用去打，造反派就烟消云散了。这等于是趁人之危，利用徐敬业造反来逼迫武则天还政。

武则天用行动回答了裴炎，她命人砍了裴炎的脑袋，并抄了裴家，罪名就是谋反。当时很多大臣都为裴炎求情，甚至说，如果裴大人算谋反，那么我们也都算谋反。武则天却笑呵呵地说了一句，"朕知炎反，卿辈不反"，意思是裴炎造反是肯定的，但你们肯定不反。

在监狱的裴炎也拒绝了很多人让他上书求饶的劝告，安安静静地等死。其实，无论是求情的，还是劝告的，都没有武则天和裴炎两个人心里更明白。事实就是，只要武则天甘心做李家的媳妇儿，无论武则天做什么，裴炎都会对她忠心耿耿，两人联手拿下唐中宗李显就是明证，因为李显想提拔的老丈人韦玄真不是李家的人，裴炎作为李家的奴仆和管家，自然是要和李家的媳妇儿联手，赶走外人；可是如果武则天想把这份家业的牌子改成武姓，那裴炎这个家仆必然和她死磕，这就是武则天说的"朕知炎反"。

裴炎心里也很清楚，武则天如果心里真的没有变天称帝的念头，他一定不会死，而只要武则天想称帝，他裴炎必死。这件事，和求不求饶、磕多少个头完全没关系，这是一个人的理念和信仰问题。

不过裴炎的死也算是提醒了武则天，她想称帝，还会有无数个不服者，这些人就是李唐皇族和王公大臣，而对付这些人，看起来只有一个办法，那就是杀人。686年，武则天下令制造铜匦，放在民间，铜匦类似于今天的信箱，有四个投信口，分别叫延恩、招谏、伸冤和通玄，分别存放不同类型的信件。比如说你有冤屈，那就把告状信投进伸冤那个投信口，这玩意据说只有武则天能打开。

说起来是广开言路，听取民声，实际上，就是让大家告密，相互举报。武则天规定，任何人均可告密。凡告密之人，国家都要按照五品官的标准提供交通工具和路上的饮食，然后由武则天亲自接见。如果你说的事情符合她的心意，就可破格升官；如果你胡言乱语，也不惩罚。《资治通鉴》上说，"于是四方告密者蜂起，人皆重足屏息"，自己去告密，还要闭上嘴巴不说话，因为怕别人告自己的密。

案子这么多，武则天自然不会自己亲自审理，于是，一大批酷吏登上了历史舞台，有名的有索元礼、周兴、来俊臣、侯思止等，他们发明出来的酷刑实在不是人能承受的。

滑稽的是，第一批死亡名单上，就有武则天告密信箱铜匦的首席设计师，鱼保家。此人的爹是个小御史，他自己以善于钻营著称，当年徐敬业起兵造反，他认为对方能胜利，跑去给人家打造兵器，后来看武太后实在是厉害，又跑回来给武则天设计铜匦。可是他哪里想得到，铜匦建好之后，武太后收到的第一批告密信里，就有人揭发他曾经给徐敬业打造兵器，武则天让人一查，属实，马上就下令把他斩了。

鱼保家这个案子属实，但当时大多数案子都是冤假错案。武则天醉翁之意不在酒，她关心的是李唐皇室那些反对她的人是不是成了被告。于是，南安王李颖、韩王李元嘉、鲁王李灵夔、黄国公李撰、东莞郡公李融、已故太子李贤的两个儿子，还有常乐公主等人纷纷被下狱，不是自杀就是被杀，李渊、李世民的很多后代倒了大霉。

三、武则天称帝

不过，武则天非常明白她正在做什么，所以，被杀的、被下狱的，几乎都是王公贵族和那些反对她走上皇帝宝座的大臣们，老百姓和下层官吏很少有人被涉及。同时武太后也知道这种事只能在特殊时期干，一旦目的达到，马上就要停手。所以，在她登基之后，就发生了下面两件小事。

第一件事，武则天因为信佛，有段时间就下令禁止宰杀畜生，也不能吃肉。有个叫张德的小官，因为老年得子，一高兴，就宰了一只羊，请同事们来喝酒，结果平日里的好朋友杜肃吃好喝好之后一抹嘴，跑到武则天那里告了密。第二天，武则天对张德说，听说你生了一个儿子，恭喜啊。张德听见之后，就跪下磕头谢恩，还没等站起来，就听武则天接着问，羊肉好吃不？张德吓得扑通一声就瘫在了地上，叩头求饶。武则天这时候缓缓说道："朕禁屠宰，吉凶不预。然卿自今招客，亦须择人。"我禁止杀生，但红白喜事除外，可是爱卿啊，你以后请客，是不是也要挑挑人啊？说着，就把杜肃的告密信拿出来，给满朝文武传看。杜肃在一旁羞愧万分。散朝之后，大家纷纷对他吐口水。是武则天无聊，拿杜肃开涮吗？当然不是，她的目的就是要刹一刹自己建立起来的告密风气，这老太太也知道，那是不正常的，特殊时期才能用的。

另一件事是这样的，武则天登基后不久，把大部分对她忠心耿耿，制造了无数冤假错案的酷吏全都送上了断头台。最有名的就是她让来俊臣干掉酷吏周兴的案子。当时来俊臣请周兴来自己家里吃饭，喝到高兴的时候，来俊臣说，大哥啊，小弟手里有一个案子，犯人无论如何不肯招供，怎么办？周兴打着酒嗝说，太好办了，你拿一口大瓮，周围架上柴火，把犯人放到瓮里，用小火慢慢地烤，一会儿他就招了。来俊臣赶紧照着周兴说的布置好现场，说，大哥，您看看，是不是这个意思？周兴说，对，就是这样。这时候，来俊臣一拱手，说"有内状推兄，请兄入此瓮"，我奉武皇帝的旨意查办您，现在你自己爬进去吧。周兴二话不说，马上招供，这便是成语"请君入瓮"的来历。当然，来俊臣这个比周兴更恶劣的酷吏，最后也被武则天砍了脑袋，所以，武则天的酷吏时代只存在于她当政的一段时期，并不是全部。

"罗织罪名"这词是怎么来的？

来俊臣写过一本书，叫作《罗织经》，专门讲述如何坐实犯人罪名的谋略。不仅在中国历史上算一个奇葩，就算在世界历史上，如此赤裸裸地宣扬如何制造罪犯，也相当少见。我们今天说的"罗织罪名"这个词，就来自于这本书的书名。据说武则天看了这本书后，也叹了一口气，说"如此机心，朕未必过也"，玩阴谋诡计到了这个水准，你来俊臣看起来比我还厉害啊，于是下令把来俊臣杀了。

在拥有了权力和权势之后，武则天采用告密和酷刑清除了反对派，主要是李唐皇室成员。现在，她称帝的道路只剩下了最后一个关键点，那就是祥瑞和典据，也就是她必须证明，她当皇帝是老天爷的意思。

祥瑞这事儿比较好办，最早是她的侄子武承嗣在洛水里发现了一块白石头，上面写着，"圣母临人，永昌帝业"，武则天马上给自己加了一个称号，叫"圣母神皇"。这个事儿一出现，天下的各种祥瑞马上就多了起来，什么"凤集上阳宫，赤雀见朝堂"，井里出现了大红鲤鱼，甚至湖南有些地方还出现了母鸡变公鸡这样的事情，大家全都欢欣鼓舞，没有人担心以后还有没有鸡蛋吃的问题。

典据这事儿却相当不好办。所谓典据就是引经据典，证明女人可以当皇帝，这事儿自古以来就没出现过，书上自然也不可能有任何根据，相当地麻烦。

这个问题被武则天的一个男宠完美地解决了。此人原名冯小宝，本来是洛阳城里一个卖狗皮膏药的，由于长得高大魁梧，加上能说会道，就勾引了千金公主家的一个奴婢，这个千金公主是唐高祖李渊的闺女，辈分上相当于武则天的姑姑。可是武则天有了权力之后，千金公主居然拜她为干妈，还把冯小宝送给了武则天，改名叫薛怀义。这也是武则天死了老公之后的第一个男人，这一年大概是684年年底，也就是李治死后的第二年，武则天60岁。

这个薛怀义也是一个人才，武则天让他剃光了头发，以白马寺主持的身份建造明堂。明堂是儒家学子心中最神圣的地方，由于史料的缺乏，一直以来，儒家就没达成一个统一的设计方案，所以，虽然历代都嚷嚷造明堂，可是没谁真搞起来过。结果薛怀义只用了一年时间，688年，就把明堂修建成功。对于这个明堂，史书上有具体的记载，它底座的周长四边各105米，分三层，下面是四方形，象征四季；中间12个面，意味着黄道十二宫和十二个时辰；顶层是圆的，周围有九条龙的雕塑，整体造型概念是中国传统的天圆地方。最值得一提的是这座巨型建筑高达91米，绝对是当时世界第一高，而且在最上方，是一只展翅高飞的金色凤凰。这是什么意思，那简直是傻子都知道。现在大家公认，这座明堂代表了唐朝，或者当时世界的最高建筑水平。

除此之外，一天经也没念过的薛大和尚还领着一群大和尚，从浩如烟海的佛经里面，找到了一本《大云经》，说的是一个女人听了佛法之后，转世为女王统治世界的故事。只要稍微修饰一下，就可以引申为武则天是弥勒菩萨转世，应该统领整个娑婆世界，现在人家只想做唐朝的皇帝，那简直就是屈尊了。

这本经书对于武则天几乎就是雪中送炭，她马上下令，把这本经书翻译成老百姓能看懂的文字，刊行天下，然后又提拔卖假药的薛怀义为三品大将军。

理论、祥瑞都有了，剩下的事情就简单了，公元690年九月，百官、宗戚、四方蛮夷的首领、和尚、道士及远近百姓共六万余人上表请愿，请求武则天当皇帝。

连那个一天班儿也没上过的傀儡皇帝李旦都上表，要跟着您姓武，史书上说"自请赐姓武氏"。

武则天装出一副盛情难却的模样，勉为其难地答应了大家的请求，九月九日这一天，大赦天下，改唐为周，改元天授，给自己的尊号是圣神皇帝，把儿子李旦立为皇太子。66岁的武则天还给自己也取了一个名字，叫武曌，"曌"字的寓意是日月当空照，咱们以后男女平等。要注意的是，这个字不是武则天创造的，而是一个叫宗秦客的人造出来送给武则天的。

就这样，中国历史上，一位不仅空前，而且绝后的女皇帝诞生了。

整个事件中，最令人惊奇就是，她最后当上皇帝，几乎是全民拥戴，当然，不服的那些已经被她杀了。但除了这个原因，她能当上女皇帝，在我看来，还是有四个决定性因素，缺一不可：

唐朝是一个混血的、多民族的、开放型的社会，妇女地位比较高，比如女人可以骑马打马球，也可以穿男装出行，甚至上流社会妇女拥有情人也不是什么大事，社会上对于女人没有宋代之后那么多条条框框。

李治是爱妻狂魔，对她这个媳妇言听计从，身体不好，偏偏又活得足够长。从655年武则天当上皇后，一直到683年李治去世，这中间近三十年的时间，头十年李治在前，武则天跟着学习；中间十年两人共同执政；最后几年几乎就是武则天一个人打理大唐天下，几十年下来，即便是一个政治小白，也历练成一个政坛老手了。

武则天自己有能力，这个你不服不行，她的政治嗅觉和执行力，在中国历史上，都应该说是第一流的。

她运气好，没有碰到一个厉害的对手，如果李世民还活着，或者李隆基提前投胎，那她就只能做一个小女人，政坛也就没她什么事儿了。

091. 千古无字碑

690年，武则天走上了中国政治的最高点，当上了皇帝。这个成就不仅仅是空前，而且可以说是绝后，一直到1911年中华帝制结束的民国，中国也没有任何一个女人再一次走到她这一步。

一、李君羡事件

在她当上皇帝的第二年，691年，一群人跑到了皇宫门前，吵吵嚷嚷地要给一个人平反，此人的名字叫李君羡。李君羡是什么人，为什么武则天一当上皇帝，他的家属就大张旗鼓地要求平反？这事儿要从一个谶语说起。

所谓谶语，就是流行在民间的预言。根据《旧唐书》的记载，李世民还活着的时候，流传一本神神叨叨的书，名字叫《秘记》，里面有"唐三世之后，女主武王代有天下"的说法，意思是说大唐的江山在第三代皇帝之后要被篡夺，这个篡位的人和"女""武"这两个字有关系，但其他情况就一概不知了。

从古至今，这种传言不管你信不信，都会让你心里种下一根刺。《旧唐书》上说，"太宗恶之"，心里很不舒服。我们今天事后诸葛亮，知道这说的就是武则天，但当时看来，谶语说得并不明确，与"武"和"女"有关的，有可能是性别、姓名、籍贯、爵位、官职等，都在可怀疑的范围之内。

李世民就把当时的太史令，一个叫李淳风的官员叫来，问他的意见。李淳风装神弄鬼地算了半天，说篡位者就在李世民的身边，而且确实和女人以及"武"字有关。李世民当时就要采取措施，想要"疑似者尽杀之"，结果李淳风说不行——第一，天命不可违，老天爷既然想做这件事，杀人肯定是解决不了问题的，说不定杀了这个，老天爷派来一个更强大的，到时候您的子孙更倒霉；第二，杀人可能还有反作用，杀戮越多，报应来得越快。

李世民就比较郁闷，李君羡就在这时候撞到了枪口上。在某一次的宫廷宴席上，李世民无意中知道李君羡的小名叫"五娘子"，而且当时担任的职位是左武卫将军，封号是武连县公，出身武安县，都有武字，加上这个女里女气的小名，几乎是让李世民第一时间就锁定了他，书中说的看来就是你了。李君羡先是被革职，后来被找个理由杀了。

以上就是记载在《旧唐书》里的一段故事，人是李世民杀的，为什么李君羡的家人偏偏在武则天登基之后击鼓鸣冤，并且还旧事重提，几乎等于明着说，我家李君羡当年就是替您武皇死的，您一定要给我们一个说法！这些家属难道就不怕武则天一生气灭了他们家族？

我个人觉得，李君羡的家族里有一个政治高手，或者说心理学家，他们不怕武则天生气的原因就是，武则天非但不会生气，而且会相当高兴。果然，《旧唐书》上记载，说"则天乃追复其官爵，以礼改葬"，意思是李君羡的官职爵位都恢复了，工资补发，家属也都享受了高官遗属的待遇。

这里面的原因相当简单，李家人旧事重提，用一条几十年前的谶语证明，武则天当皇帝是天命所归，所以说她非但不生气，还龙颜大悦。我甚至都认为这本身就是武则天和李家人一起做的一个局，如果不是，那只能说李君羡的子孙里有高人。

《推背图》是一本什么样的书？

当年劝李世民不要大规模杀人的太史令李淳风，在野史中赫赫有名。据说,中国历史上最神奇的预言书《推背图》就是他和另一个道士袁天罡在李世民的要求下写出来的。这本书从唐朝一直预言到23世纪,里面一共有60像,每一像都包括一幅图画和几行谶语,描述了这段时间里每30年左右的某一个关键节点或者事件。传说李淳风当年写入了神,都已经写到了2200年了,袁天罡就在后面推了一下他的背,说可以了,天机不能泄露太多,该回家吃饭睡觉了。李淳风这才停下了笔,因此这本书被称为《推背图》,现在此书有四个版本,每个版本内容都不太相同,其中最流行的是明末清初金圣叹批注的版本。

你要是问,它预测得准吗?这事儿只能这样说,在后人的"努力解释"之下,这本书的预测还是很准的;否则,它也流行不到今天。你要是说,既然世界上的事儿都是老天爷事先定好的,我们也就不用努力读书工作了,这我是万万不赞同的。

二、武则天的业绩

尽管按照中华的宗法制,武则天的这个皇帝当得名不正言不顺,但这丝毫不妨碍她当得很愉快,很自信,并且也确实干得很不错,套用河南豫剧里面的一句话,"谁说女子不如男"。

唐太宗李世民去世之后的第三年,652年,大唐帝国做了一次人口普查,全国人口有380万户。到了神龙元年,也就是武则天去世的705年,半个世纪之后,全国人口增至615万户,增长了近一倍。在一个不实行计划生育,婴儿夭折率很高的农业社会,人口增长就是最权威的经济参考指数。如果社会动乱,大小官吏、豪门大户强征暴敛,人民生活不得安定,那人口是肯定难以增长的。这半个世纪,恰恰就是武则天在管理国家,说一句老百姓日子过得好,应该是不错的。

在外交上，她继承了李世民的怀柔政策，叫"降则抚之，叛则讨之"，一千多年后，美国总统罗斯福把这句话翻译为"一手大棒，一手胡萝卜"，反正就是恩威并施。武则天的这些政策取得了巨大的成功，重新收回了安西四镇，也就是龟兹、于阗、疏勒和碎叶城，并且设立了安西都护府和北庭都护府，在很大程度上，加强了唐王朝对天山南北西域的控制。当然，最重要的是保证了丝绸之路的畅通。

相比于内政和外交，我个人认为，武则天的最大贡献应该是官吏的选拔和科举制度的完善。至少，有四个和科举有关的东西是她发明的。

第一个是糊名法。自从科举考试被发明出来，它就成了读书人一步登天的唯一通道，事关自己甚至子子孙孙的荣华富贵，有些人就忍不住作弊了。最简单粗暴的办法就是给判卷的老师塞钱，有几个塞几个，反正只要您看见写有我名字的试卷，高抬贵手给了好分数就行了。这事儿到了武则天时期，简直泛滥成灾，所谓考试，就是考你银行卡的余额，史书上说，"科场贿赂纵横，赃污狼籍"。武则天对付这种事的办法也很简单粗暴，就是采用糊名法，这个聪明的女人下了一道圣旨，规定所有试卷必须把考生信息用纸糊住，这就遏制住了大概 90% 以上的腐败。

第二个有关科举的发明是殿试，也就是对那些成绩好的学霸，皇帝亲自考试。史书记载，690 年二月，武则天"策贡士于洛城殿，贡士殿试自此始"，殿试前三名得主便是状元、榜眼和探花。从武则天开始，殿试一直是中华帝国的最高级别考试，持续到清末。

武则天的第三个科举发明是武举，这是为那些一身肌肉，不爱学习，从小就喜欢舞刀弄枪的人才准备的。选拔武艺好的，送进帝国的军队，这些人就可以从街头小霸王摇身一变成为帝国的将帅，自然是两全其美的事情。唐朝著名的武将郭子仪就是武举出身，我后面会详细介绍这位老爷子。

最后一个发明叫制科，就是临时增加的科目。前面说过，科举制经常考的有明经科、秀才科、进士科等,武则天觉得这些定时定向的考试不足以把全国的人才都招进政府做事,就经常创建一些临时科目,随时随地进行招揽人才的各种考试。这就好像现今主管部门突然说,全国人民注意了,下个月举行一个全国演讲比赛,成绩好的可以直接进宣传部工作。这样的考试,对于社会,对于个人,都是大好事。

仔细思考一下武则天的这四项发明,你就会发现,中下层阶级或者说平民阶层是最大的受益者。她的目的在我看来有两个,第一个是为了维护社会稳定。我曾经和人探讨什么样的日子才是老百姓普遍认可的好日子,归纳起来不过四点:第一是吃饱穿暖,这毫无疑问;第二是基本安全,不能满大街都是带枪的杀人犯,出去泡个吧就可能直接进火葬场;第三是相对的公平公正,贵族老爷们不能随随便便地剥夺我的财产,抢了我的老婆,我还没地方说理去;第四就是社会要有一个合理的上升渠道,我这辈子穷,我认了,可是我儿子只要努力,就应该有很大的可能性摆脱穷困。任何国家,任何社会,只要实现了这四点,基本上政权就相当地稳定,至少,堡垒不会被从内部攻克。我们把这样的时代称为治世,比如说文景之治、昭宣之治等。

大唐帝国在基本实现了前三点之后,通过武则天的科举制度改革,给了平民阶层更公平的竞争机会和更大的上升空间,对于整个社会的稳定可以说起了很大的作用,而且也确实提拔了大量有真才实学的官员,像狄仁杰、姚崇、宋璟等人,这些人才甚至在几十年之后,还是大唐帝国的中流砥柱。史书上说"开元中有名者,皆出其选",意思是后来唐玄宗"开元盛世"的大部分人才,都是武则天活着的时候为帝国挑选的,真的很了不起。

武则天科举改革的第二个目的就是把已经破烂不堪的门阀制度彻底打碎,因为门阀制度隐含的还是血统论。只要你生在这个家族,就能当官,这套东西又和礼乐制度联系在一起,形成了一套以男权社会为主的社会伦理体系。按照这套体系的运转模式,武则天当皇帝那就是大逆不道,是所谓的逆天行事。你让武则天直接去打破礼乐制度,她不敢,也不可能,但是先把门阀制度彻底摧毁,也算是为她当皇帝增加那么一丝丝的合理性,这事儿,她还是可以做到的。

不过,这个老太太不敢去碰礼乐和宗法制度,并不代表这些东西就能放过她,她当皇帝的时候,已经66岁了,一个重大的问题马上就摆在了眼前,就是接班人的问题。

三、落幕和评价

这事对于一个男皇帝,那很容易,找一堆女人生孩子,生出一个儿子就接班,但对于武则天,这就是一个天大的难题。如果从她的姓氏来看,应该立一个姓武的为接班人,也就是她的某位侄子最为合适。事实上,老武家的人也是这样说的,"自古天子岂有传之外姓乎?"武则天一开始也是这么想的,当上皇帝之后,她提拔哥哥的儿子武三思为梁王,准备让他接班的念头可以说是昭然若揭。

不过这事儿只要仔细想一下,好像也不对,按照血脉来说,还有比儿子更亲的吗?那自然是传位给李显或者李旦这哥俩中的一个更为合理。问题是,武则天这个皇帝的位置本来就是从她儿子手里抢来的,如果再传位给儿子,那岂不是瞎折腾了?幸运的是,她身边有一个人最后帮她解决了这个难题,或者说帮她打开了心结,这个人就是号称中国福尔摩斯的大唐宰相狄仁杰。

狄仁杰的出身并不高贵,只是太原狄氏的一个旁支,后来在明经科考试时脱颖而出,并且在担任大理寺寺丞的时候一鸣惊人。据说他一年之内,处理了涉及17000人的大量积压案件,而且无一人不服其判决。

到了697年,几经沉浮的狄仁杰再次被武则天启用,担任鸾台侍郎,同凤阁鸾台平章事。

你可能听着奇怪,什么凤阁鸾台,乱七八糟的。这个要拜武则天所赐。她当上皇帝之后,觉得尚书、门下、中书三省的名字不好听,改尚书省为文昌台,中书省为凤阁,门下省为鸾台,实际上就是王莽附体,瞎折腾,给我们这些后世讲历史的出难题。狄仁杰这个同凤阁鸾台平章事,相当于同中书门下三品一样,是名副其实的宰相。

就在这一年,武则天就接班人问题征求了狄仁杰的意见,明确表达想传位给武三思。狄仁杰首先借着武则天仍然承认她老公李治为先皇这件事,隐秘地说明如果老太太把皇位传给武三思,那才是真正地传给外人了;其次,重新强调,这世界上论关系的话,没有比父母和儿子的关系更亲密、更牢靠的了,尤其是娘和儿子,儿子可是你身上掉下来的肉啊;最后,狄仁杰说出了最关键的一句话,"未闻侄为天子而祔姑于庙者也",我从来没听说一个皇帝把他姑姑的牌位立在太庙,享受香火的。

这句话直接点中了武则天的死穴。按照宗法制度,姑姑是一定不能进太庙的,而母亲是绝对可以进太庙的,你武则天再了不起,能改变宗法制度吗?就算你现在改了,武三思把你的牌位立在武氏宗祠,可是你一个姑姑的身份,几十年之后,还能吃到冷猪头不?到那时候,您的牌位也许就会被请出太庙,扔到水沟里。

这段对话发生不久,武则天就把三儿子李显调回了京城,李显名正言顺地当起了太子储君,折腾了 8 年之久的接班人问题告一段落。

狄仁杰对于大唐的价值,并不仅仅是帮着李显回到了太子的位置上,他还举荐了无数的人才,这些人才后来都成了"开元盛世"时期著名的人物,以至于当时有人对狄仁杰说,"天下桃李,皆出公门也",治理天下的人才,都出自您的门下啊。这句话后来演变为一句成语,叫"桃李满天下",专门用来表扬老师。

无论是狄仁杰还是武则天,都想不到的是,在这些人才里,有一个人,最终成了武则天的噩梦,这个人的名字叫张柬之。

705 年，在狄仁杰死了之后接任宰相的张柬之，趁着武则天重病之际，联合其他四位大臣，率领左右羽林兵五百余人冲入武则天所在的迎仙宫。先是在走廊里，将武则天的两个男宠张易之和张昌宗砍了脑袋，接着直接闯入了武则天的寝宫长生殿。

老太太虽然重病在身，但是不糊涂，她心里知道，不交出权力是不可能过关的。两天之后，武则天下诏，禅位给自己的儿子李显。这次事件史称"神龙革命"。李显登上皇位之后，对老娘还是很客气的，给老人家上了一个尊号，叫"则天大圣皇帝"，承认了武则天皇位的合法性，这也是我们今天称呼她为武则天的原因。

从这个称号上看，李显还是挺孝顺的，因为"大圣"两个字是佛祖的另一个称呼，这个在《观无量寿经》里有写，原话是，"佛是极圣，故称大圣"，武则天作为一名虔诚的佛教徒，应该是非常喜欢这个称号的。其实，大唐王朝开国的时候，一直都声称自己是老子李耳的后代，这当然是扯虎皮做大旗，给自己脸上贴金，有了这个说法，那道家就必须排在佛教前面。可是武则天为了当皇帝，借用了佛教的《大云经》，又说自己是弥勒佛转世，很自然地，她当政的时候，又必须大力扶植佛教，打击道教，所以，李显能够给她则天大圣皇帝的尊号，算是满足了老太太的心愿。

武则天与"开经偈"

现在大多数寺院和尚在念经之前，都要念诵四句开经偈，叫"无上甚深微妙法，百千万劫难遭遇，我今见闻得受持，愿解如来真实义"。这个偈子据说是武则天的大作，并且汉传佛教最终能在唐朝形成十大宗派，和武则天信佛也有很大关系。

就在"神龙革命"的十个月后，705 年 12 月 16 日，81 岁的武则天驾崩在洛阳，留下遗诏，去帝号，改称"则天大圣皇后"，和死了二十多年的老公李治合葬于乾陵，坟前立了一块无字碑。迄今为止，他们两口子的这个乾陵是唐朝唯一一座没有被盗墓贼光顾的坟头，也算是另一种的了不起，可以傲视群鬼了。

千古以来，总有人试图评价武则天，在我看来，这老太太根本就不在乎别人怎么说她，一千多年来，无字碑就是证明，她不需要我们的评价。不过我这个讲历史的，还是要补充两句，我认为，比起历史上的很多皇帝，她丝毫也不差；甚至我认为，单从皇帝绩效考核这个角度来说，她应该可以排进前20名，甚至前10名。

不过，还是有不少历史学家对她不那么认可，抨击的声音也挺多。从古至今，对武则天的抨击主要有两点，一个是她手段残忍，杀人太多，通往皇帝宝座的路上，都是累累白骨。

这件事，我觉得取决于我们看事情的角度。一方面，她的确残忍，比如中间有一段时间，重用酷吏，残害了很多善良的官员。在政治斗争中，她也的确杀了很多人。但另一方面，我们也要看到，她杀的大多数人都是贵族，或者说是政敌，她没有大规模祸害老百姓，这也是事实。其中有一部分对政敌的杀害似乎放在那个时代也是可以理解的，既然已经站在了政治舞台上，她不杀人，别人也会杀她。

她被诟病的另一点是私生活太过放荡，而且毫不掩饰，弄得正直一点儿的大臣都看不下去，直接上书劝谏说"志不可满，乐不可极"，但武则天只是一笑了之，该怎么玩还是怎么玩。这些乱七八糟的东西，在宋朝之后的那些士大夫眼里，简直就是十恶不赦，可以说相当影响这位老太太的绩效考核。

如果说必须对武则天做一个整体评价，我倾向于郭沫若的八个字："政启开元，治宏贞观。"她延续了贞观之治，并且为后来的开元盛世打下了基础，是一位了不起的女人，也是一位了不起的政治家。

092. 女人也疯狂

俗话说，龙生龙，凤生凤，老鼠的儿子会打洞。重新坐上皇位的李显在韦皇后面前，和他父亲李治在武则天面前一样，从来就没有挺直过腰杆，你说是怕也好，爱也对，反正就是管不住媳妇儿。韦皇后很快就开启了飞扬跋扈、胡作非为的模式，婆婆武则天的一生就是她努力的方向。

比起李治，李显更不走运，不止韦皇后，另外还有上官婉儿和女儿安乐公主，都盯着他这头大肥羊。前面说过，武则天杀了宰相上官仪之后，不知为什么看上了他的孙女上官婉儿，把她收入宫中，亲自培养。现在武则天死了，这丫头摇身一变，成了李显的一个小妾，称号是昭容。她也发现了李显很软弱，也开始兴风作浪起来。

一、三个女人和李显的死

安乐公主当年出生在李显被发配去湖北房县的路上，天寒地冻，老爹李显用自己的衣服把小女儿包裹在怀里，所以安乐公主的小名叫作裹儿，美艳绝伦，号称唐朝第一美人，比武则天和后来的杨玉环还要漂亮。她从小就颐指气使，作威作福，说一不二，李显一直把她当小祖宗来宠爱。史书上记载，有很长一段时间，安乐公主经常直接把诏书拿到李显面前，用手遮住文字，让她爹直接署名签字，而李显基本都照办。

李显对妻妾女儿没有底线的宠爱，导致她们不仅飞扬跋扈，卖官鬻爵，大肆搜刮钱财，而且私生活也相当混乱。上官婉儿甚至把自己的情夫之一武三思送到了韦皇后的床上。武三思是武则天的侄子，按理说应该是李唐皇族的死对头，当年差点没把李显祸害死。可是韦皇后居然和武三思打得火热，这就怪不得近代学者蔡东藩讽刺她说，"淫，而且贱，仇若三思，甘为所污"，身为一国皇后，即便找情人，也不能委身于仇人吧？

安乐公主则先是和武三思的儿子武崇训未婚先孕，不得不嫁给武崇训之后，又和武崇训的堂弟武延秀私通。后来武崇训被杀，安乐公主改嫁给武延秀，可是她想不到的是，她那个强势的老妈韦皇后，居然强令武延秀侍寝。

蔡东藩对她们的评价可谓一针见血，"有武氏之淫纵，无武氏之才能"，在政治才能、手腕和治国的本事方面，比武则天差得太远了。

在这样的背景下，710年7月3日，唐中宗李显突然驾崩，享年54岁。几乎所有的文学影视作品都说是韦皇后、安乐公主和情夫们把毒药掺在李显最喜欢吃的面饼里，让他大吃一顿归了天。

这件事是不是事实呢？首先，影视作品并没有乱说，李显被毒死这件事，明明白白地记录在新旧两本《唐书》和《资治通鉴》里，只不过后代有一些史学家不太认可是韦皇后和安乐公主下的手。

比如唐史专家、中央民族大学的蒙曼教授就认为，李显不是被老婆闺女毒死的，主要理由有两个，一是《旧唐书》里只说李显死于毒饼，并没有直接说是安乐公主下的手，按照《旧唐书》作者对安乐公主的态度，但凡这事儿当时有一点证据，都会添油加醋地把黑锅扣在安乐公主脑袋上；第二个理由是安乐公主和韦皇后很快也被人杀了，但死后是以礼安葬，也就是按照她们当时的身份对她们进行埋葬。韦皇后是以一品之礼埋葬的，安乐公主是以三品之礼埋葬的，如果当时真的认为是她们毒死了中宗，以礼安葬是不可能的，可见当时的人，仅仅认为她俩是政治牺牲品，而不是元凶。

蒙曼教授这个结论是不是对的呢？我个人认为也不一定。《旧唐书・安乐公主传》是没有提到她害死亲爹,可是《旧唐书・中宗传》上说她,"而求立为皇太女,自是与后合谋进鸩",意思是安乐公主想让韦皇后当上皇帝,然后立自己为皇太女,和老娘合谋,给亲爹下了毒。所以,蒙曼教授的第一个理由也许站不住脚。

至于说后来以礼安葬这娘俩,我倒认为这里面原因也不难猜,李唐皇族也不想把这么丢脸的事传得沸沸扬扬。

还有一点,也让人不得不怀疑韦皇后和李显的死有关。她在李显死后,秘不发丧,把所有宰相召进宫里控制起来,同时下旨,提拔自己的亲信刑部尚书裴谈、工部尚书张锡为、吏部尚书张嘉福、中书侍郎岑羲、吏部侍郎崔湜为宰相,指派韦氏家族的可靠子弟带兵5万控制了长安城,并对可能对自己不利的州郡严加防范,可以说朝政大权尽落这个女人之手。

客观地讲,这一番调度,如果真的是在仓促之间完成的,那韦皇后绝对是个人才,一个政治和军事两大领域的高手;可是如果她真的这么厉害,又怎么可能在随后短短十几天的工夫里,就被一个年轻人和另一个女人扳倒?所以,我认为她的这番动作不是仓促之间所为,是早有预案,别人帮她谋划好的,换句话说,她应该知道中宗要死了。再进一步,我倾向于认为唐中宗的死和韦皇后有关系,当然,这只是我自己的观点,而且安乐公主到底是不是参与了,我也存疑。

二、唐隆政变

杀了韦皇后的年轻人和那个女人不是外人,一个是李显的亲侄子李隆基,另一个是他的亲妹妹,后世大名鼎鼎的太平公主。

太平公主是最受武则天宠爱的小女儿,当然,她对她老娘也不错,武则天晚年最喜欢的男宠张昌宗就是太平公主献给老娘的。如果说安乐公主是唐朝公主里面最漂亮的,太平公主就是和平时代唐朝公主里面最有权势的。

李隆基是武则天的小儿子李旦的儿子，出生在685年，他出生的时候，正好赶上武则天准备当皇帝，所以，他小时候的时光，往不好的方面讲，是整天提心吊胆；但从积极的方面看，却让他锻炼出了钢铁一样的意志。

就在唐中宗李显死前的几个月，李隆基从地方返回了京城，暗中结交皇帝的亲信卫队万骑的将领葛福顺、陈玄礼等人。他是不是那个时候就想着造反，我不清楚，不过，他应该是早有预谋。当李显死后，韦皇后开始布局，准备当第二个女皇帝的时候，他和姑姑太平公主抢先出招，在7月21日夜里，联手出击，派葛福顺突袭羽林营，杀掉了韦皇后的党羽韦播、韦璿、高嵩，接管了羽林军。

接着李隆基亲自领人攻入禁宫，杀死了安乐公主、武延秀、上官婉儿等人，韦皇后逃入飞骑营之后，被已经投靠了李隆基的将领砍了脑袋。这一天距离李显的死不过区区18天，如果李显真是韦皇后和安乐公主所杀，这个报应可谓是来得极其迅速。

上官婉儿狡兔三窟，早就给自己留下了后路。当李隆基的人抓住她时，她胸有成竹地拿出自己和太平公主拟定、支持相王李旦辅政的诏书。让她万万没想到的是，李隆基二话不说，仍然把她杀了。原因不复杂，李隆基和太平公主虽然这时候是盟友，但胜利了之后呢？李隆基的志向可不仅仅是灭掉韦皇后集团，到了他想问鼎最高权力的时候，和太平公主是不是还能和睦相处，那就很难说了。一个在禁宫之内的上官婉儿，在关键时刻能起到什么作用，还真是未知数，但只要上官婉儿和太平公主是一伙儿的，将来就可能是隐患，所以她现在必须去死，动乱的时候解决一个人是最方便的。

上官婉儿很聪明，只是很倒霉，她碰上了李隆基，后者的目光比她更长远，思考得也更深一点。

到了这个时候，放眼整个李唐皇族，李隆基的爹李旦就是最适合的皇帝人选。当然，这也是李隆基和太平公主在举兵造反之前就商量好了的。于是,和哥哥李显一样,48岁的李旦也梅开二度,再一次当上了皇帝,只不过这两个人都不是依靠自身的能力当上的:李显是因为宰相张柬之当年的"神龙革命",李旦则是依靠儿子和妹妹的这次"唐隆政变"。

这哥俩和他们的爹李治一样,终身都是身不由己,甚至连坐上皇帝的座位,都需要别人替他做先锋。《新唐书》里记载,李隆基造反成功的第二天,当时的皇帝,唐中宗李显的小儿子李重茂还一脸懵懂地上朝,准备处理政务,太平公主拉着李旦上殿,对李重茂说,"天下事归相王,此非儿所坐",上去就把李重茂从皇帝的椅子上拉下来,然后把李旦扶上了皇帝的宝座,这就是唐睿宗。

睿宗上台之后,儿子李隆基因为造反有功,被封为平王,同中书门下三品,兼押左右万骑。出将入相,政权和军权集于一身,随后更被封为太子。所谓嫡长子继承制,在绝对的功劳和权势面前也不好使了。

不过这当然是正牌的嫡长子推让的结果,程序正义这个问题,咱们大中华以前还是挺讲究的。李隆基的亲大哥李成器在坚决让出太子位置的时候,是这样说的,"国家安则先嫡长,国家危则先有功",意思很明显,咱爹李旦刚当上皇帝,如果你不当太子,不足以稳固江山,一切以家族为重。不得不说,李成器也是一个人物,至少,他保住了自己的性命和荣华富贵。

另一个因为睿宗上台而变成实权人物的,就是太平公主,作为和李隆基合谋的造反派,她分到的蛋糕也不小,被封为镇国太平公主,食邑一万户,三个儿子全都封王,朝堂之上很多大臣都出自她的门下。

三、先天政变

俗话说,一山不容二虎,李隆基和太平公主很快从同盟变成了对手,彼此丝毫不掩饰对权力的渴望,开始了二虎相争。夹在中间的睿宗李旦虽然法理上拥有最高权力,但他却没有权力欲望,他最惯常的手法就是在两人之间和稀泥。很多时候，宰相向李旦上奏章申请批文的时候，李旦都要先问一句："尝与太平议否？"你们和我妹妹太平公主商量了没有？宰相们说商量过了，李旦再问："与三郎议否？"和我儿子李隆基讨论过没有？宰相们接着说也讨论过了，他俩都同意。这时候李旦才说，好的，那我看这个提议也不错。

实事求是地说，当时太平公主的实力确实不可小看。史书上记载，"宰相七人，五出其门。文武之臣，太半附之"，朝廷里的七位宰相，有五个是她的人，这样她还不满足，把剩下依附李隆基的两位宰相，中书令姚崇和吏部尚书、同中书门下三品宋璟贬到了地方去当刺史。

到了712年，太平公主找了几个号称会看星象的，搜罗了一堆谁也看不懂的星象图片拿给哥哥李旦看，说是从星象运行来看，"皇太子当为天子"。这一下事儿就大了，按照历朝历代的惯例，老皇帝还活着的时候，如果天上的星星显示皇太子要上位，那解决办法就是把皇太子杀了，或者废了。也就是说，太平公主想逼李旦废掉李隆基的皇太子位置。

可惜的是，李旦虽然生性宽和，对权力没兴趣，但是不傻，妹妹想要干啥，他心里很清楚。他心里更清楚的是，一旦废掉了太子，平衡被打破，说不定下一个被废的就是他自己了，所以他的回答是，皇太子当为天子？那很好啊，我让位。

这一招不仅大出太平公主的意料，连李隆基本人都吓傻了，一个劲儿地推辞，最后李旦说："汝为孝子，何必待枢前然后即位邪！"意思是你如果孝顺，就现在即位，否则你就是不孝。当然，这父子俩都清楚，如果不这么办，两人可能都完蛋。

就这样，712年8月，李隆基即皇帝位，李旦改称太上皇。但即便是对亲儿子，留一手还是很有必要的，李旦必须保证权力的平衡。他在让出皇位的同时规定，朝中大臣，三品以上的，任免权归于太上皇，等于是把宰相的任免牢牢地抓在自己手里，退位不退权，权力场中，还是李旦、李隆基、太平公主"三国演义"的状态。

据《资治通鉴》记载，就在李隆基即位的第二年，太平公主串联了一批文武大臣，准备谋反。目的是干掉李隆基，废黜李旦，另立皇帝。

这事儿被李隆基事先察觉了，于是先下手为强，一举荡平了这一场未遂的政变阴谋。太平公主先是逃到深山里的寺庙，躲了三天，三天之后，返回自己家里，平静地接受了老天爷对自己的判决，上吊自杀了，这件事历史上称为"先天政变"，因为当时的年号是"先天"。

我个人认为，《资治通鉴》实际上是替李隆基掩饰了一下，这场政变99%是单方面出手，以有心杀无心，李隆基打了太平公主集团一个措手不及。换句话说，太平公主根本就没有造反的谋划，或者说还没来得及谋划和实施，就被李隆基扳倒了。理由只有一个，想要政变的太平公主怎么可能那么容易被摆平？她手下的大将常元楷、李慈等人毫无抵抗就被杀了，其他党羽更是在几乎没有任何反应的情况下束手被擒，《资治通鉴》的原文是："召元楷、慈，先斩之，擒膺福、猷于内客省以出，执至忠、羲于朝堂，皆斩之。"听起来就是闲庭信步一样地，谈笑间就杀掉了太平公主的所有元老重臣。

那么，李隆基的爹李旦是什么态度？实事求是地讲，这老爷子肯定不想看到儿子和妹妹之间有一个倒台，因为平衡一旦被打破，无论谁胜出，他李旦都会失去权力。所以，他在听说这事儿之后，出面给妹妹求情，希望儿子能放她一马。很可惜，孝顺儿子李隆基这时候眼睛一翻，冷冷地说出两个字，不行，姑姑必须去死。

李旦只能接受这个事实。随后，因为权力平衡被打破，他又斗不过儿子，只能识趣地交出了那个"三品以上官员"的任免权，安安心心地做太上皇去了。

就这样，713年，大唐帝国在武则天死后，高层的领导们你死我活地战斗了八年，最终李唐皇族的男人李隆基还是技高一筹，笑到了最后。

093. 开元四宰相

李隆基继承皇位之后，以雷霆手段消灭了太平公主集团，随后睿宗李旦被迫交出全部权力，此后，这位被后世称为唐玄宗或者唐明皇的大唐皇帝和他的大臣们，打造了一个被史学家传颂至今的"开元盛世"。

开元是李隆基获得最高权力之后使用了长达29年的年号，不过我个人觉得，广义上的"开元盛世"应该把唐太宗李世民的"贞观之治"也包括进来。

在继续讲述这段故事之前，我们先来问一个问题，那就是什么样的社会可以被称为盛世？

前面说了，老百姓心中的幸福生活标准，就是吃饱穿暖，人身安全，相对的公平和合理的上升渠道，满足了这四个条件的，一般称为治世，比如说"文景之治"等，但盛世就不能仅仅满足这些条件了。在我看来，比起治世，它至少还要多出三点：其一，科技、经济、军事全面领先于当时的国际社会；其二，文化和思想具有强大的国际影响力；其三，老百姓普遍具有强烈的民族自豪感和使命感，这样的社会，才可以被称为盛世。

以这个标准来看，中国历史上的盛世有两个半，一个是在"文景之治"基础上的汉武和昭宣盛世，第二个是基于"贞观之治"的"开元盛世"，最后一个是清朝康熙至乾隆年间的"康乾盛世"。不过我认为"康乾盛世"应该只算半个，原因是乾隆搞的文字狱实在是有损盛世的名声。笼统地说，三大盛世都持续了将近130年，其中鼎盛时期差不多都有六七十年。

一、盛世前提

唐玄宗是怎么样让大唐实现了盛世呢？主要就两点：第一，基础和运气好；第二，知人善任。

先说基础和运气。大唐从 618 年开始，经过唐高祖、唐太宗、唐高宗和武则天四代领导人近百年的励精图治，到李隆基上台的 712 年，社会财富已经达到了相当高的水平。也就是说，李隆基已经站在了一群巨人的肩膀上。你要是问，汉武帝也是站在汉文帝和汉景帝的肩膀上，为什么不说他命好运好？原因很简单，李隆基不需要面对汉武帝刘彻当年面对的两大棘手问题：外部的边患和内部的豪强。

汉武帝时期，匈奴虎视眈眈，一个不留神，大汉就有可能变成匈奴的牧场，但李隆基的曾祖李世民和爷爷李治已经把边患问题解决得差不多了。

至于说内部的豪强，汉朝"文景之治"和唐朝"贞观之治"这种社会高速发展、财富快速积累的过程，必然造就一大批地主土豪，他们是社会从贫穷到富裕发展之中的必然产物，和制度政策的关系不大。这些人有钱倒是没什么，甚至也是大家希望的结果，可麻烦的是，这些人必然形成多个利益集团，向上，试图把持国家政权，从而获得更大的财富；向下，肆无忌惮地侵占百姓利益，根本不会考虑什么共同富裕，集体脱贫，这时候，就需要政府出手治理了。

汉武帝当年和桑弘羊费了好大的力气，才让这些家伙服服帖帖，而且还没有真正解决问题，后来的王莽改制归根结底也还是栽在了这群人手里。

幸运的是，武则天当年为了让自己的上位合法合理，抡起权杖横扫各种利益集团和权贵阶层，到李隆基上位，除了朝堂之上有点乱，大唐王朝的外部边患和内部豪强基本都不是问题了。所以，我们说他基础好，命好运好。

即便如此，如果李隆基是一个像他爹李旦那样软弱的君主，或者像隋炀帝杨广那样急功近利的败家子，开元盛世也不会发生。所幸的是，李隆基不仅没有那两位的毛病，还有一个很大的优点，就是知人善任。在他上台之后的前三十年，先后有十多位知识分子被他看中，当上了帝国的宰相，这里面最出名的有四位，那就是姚崇、宋璟、张说和张九龄。

二、姚崇和宋璟

姚崇本来是武则天时代的宰相，当年首相张柬之发动神龙革命，逼着武则天下台，他也是参与者之一；可是当他看见武则天老太太凄凄惨惨地搬到上阳宫居住时，他居然痛哭流涕，包括张柬之一众大臣在内的人都很惊奇，李唐皇族终于复位了，你为什么还哭？他的回答是，"辞违旧主悲泣者，亦臣子之终节"，我伺候这老太太时间长了，现在突然辞别，忍不住哭两声，也是臣子应该有的节操。大伙儿听了，都像看外星人一样看着他，结果没多久，姚崇就被排挤到地方去当刺史了。等唐睿宗李旦继位之后，他回来当了一段时间宰相，可惜的是，因为和李隆基走得太近，得罪了太平公主，再一次被贬到地方当刺史。

李隆基即位之后，虽说没有大的外患和内忧，但朝堂上极其混乱，这种混乱不仅仅是韦皇后、太平公主这些人卖官鬻爵带来的混乱，还包括了武则天统治时期，为了政权的稳定而采取的一些非常措施，比如说酷吏横行，大量不合格官员人浮于事等。

李隆基想了很长时间，最后认定，只有姚崇才能解决这些问题，就把他从地方召回，任命他为兵部尚书、同中书门下平章事，也就是宰相。

遇到这种事情，一般人自然大喜过望，跪下谢主隆恩，但已经干过两届宰相的姚崇这时候拽得很，居然对着李隆基说，"臣愿以十事闻，陛下度不可行，臣敢辞"，我有十个要求，你看看行不行，不行的话，我回去继续当刺史。

李隆基让他说来听听，姚崇一口气说出了十个要求，这就是著名的"姚崇十策"。我这里给大家总结一下，说是十条政策，实际上，主要内容就四点：第一，实行仁政，不要严刑峻法；第二，和边境上的少数民族和睦相处，不要动不动就抄了人家的老家，这叫"不幸边功"；第三，您皇帝两口子的亲属，还有宦官不能干涉朝政；第四，对我们这些大臣要讲礼，而且要允许我们提意见，不要一提意见就杀了我们。

"姚崇十策"历来被政治家所重视，毛泽东读"二十四史"的时候，对此有过一个批注："如此简单明了的十条政治纲领，古今少见。"当然，纲领是好纲领，但君主们能做到什么样子，那就很难说了，开元盛世后期，之所以发生安史之乱，恰恰是李隆基忘了上面的第二、三条。

713年的李隆基，没有任何讨价还价，干脆利落地对姚崇说，"朕能行之"，不就是十条建议吗？我都答应你。

就这样，姚崇当上了宰相，他上任之后没辜负玄宗的厚望，实行新政，推行社会改革，整顿吏治，淘汰了很多不称职的官员，而且抑制了权贵，大规模地发展生产，干得相当好。

不过，他这个宰相也就当了三年。三年之后，在姚崇的主动要求下，唐玄宗撤掉了他的宰相职务，换成了宋璟。

为什么好好的宰相，干着干着就给撤了？腐败了？严格地说，腐败两个字还真的沾边，不过不是姚崇腐败，是他的两个儿子腐败了，史书上说，"纵其子广引宾客，受纳馈遗"，也就是家教不严，纵容孩子和社会上的人往来，收受贿赂。

在我看来，这应该只是表面原因，深层原因是唐玄宗的政策转变了方向。我这里引用史书上的另一句话，叫"崇善应变以成务，璟善守文以持正",姚崇手腕灵活,干事情目的性很明确,只要能办成事,什么规矩、制度他并不太在乎,而接替他的宋璟就严谨地多,干任何事情都循规蹈矩,方方正正。

唐玄宗在姚崇的帮助下,清理了武则天和韦皇后时期混乱的朝堂,接下来,他希望看到一个能够维持政治纲纪,强调道德和规矩的人物来以身作则,整顿社会风气,在这样的战略思想转变之下,办事不讲原则,只问结果的姚崇就不适合了,刚直不阿的宋璟走上了相位。

宋璟也是武则天时期的大臣,由于性格刚正,和武老太太的两个男宠张易之、张昌宗针锋相对,水火不容。神奇的是,这样一个刺头儿,既没有被贬,更没有被杀头,这说明:第一,宋璟这人,正直是正直,但不傻,当官应该还是有点儿手腕的;第二,武则天老太太一直都不糊涂,对于宋璟这样没有皇族背景,只是刚直不阿的老臣,不会仅仅因为他和自己宠爱的人对着干,就打击对方。

唐睿宗在位时,宋璟当上了宰相,可惜,和姚崇一样,因为得罪了太平公主,被赶出了京城,贬到当时的穷乡僻壤、今天的一线城市广州去当刺史。

据说广州人民那时候一直住草屋,是宋璟教会了他们用砖瓦盖房子,也正因为他在广州的名声和政绩,让唐玄宗决定他来接任姚崇,担任开元年间的第二位宰相。

宋璟的主要功绩就是整肃了唐朝的风气,从上到下,整个大唐在宋璟担任宰相的时候,法制严明,正气多过邪气,就连皇帝唐玄宗,在单独召见大臣的时候,都要让一位谏官站在一边负责监督,另外还要有一个史官负责记录。在这样的环境下,无论是皇帝还是大臣,都很难出幺蛾子,耍阴谋诡计的少了,干正事的多了,老百姓的日子自然就蒸蒸日上。

可惜的是,四年之后,720年,宋璟也上书唐玄宗辞职,说干不动了,也不想干了。李隆基也没做太多挽留。和姚崇一样,宋璟辞职后,待遇不变,也获得了开府仪同三司的头衔。前面讲过,这个职位在汉晋南北朝时,拥有特别重要的地位,但是到了唐朝,已经变成了名誉头衔,地位崇高,但是不管事。

其实,宋璟之所以干不下去,原因是得罪的人太多了。

那时候的社会经济已经非常发达,经济越发达,就越需要大量的钱币来流通,可是朝廷上铸造的铜钱远远满足不了这个需求,很多豪强大户就私自铸造铜钱。

姚崇那时候对这事儿是睁一只眼闭一只眼的,因为私铸铜钱虽然犯法,但不像纸币,几分钱的成本可以弄出百元大钞,金属货币时代,私铸铜钱的利润空间并不是十分巨大,反而对于推动社会经济发展有巨大的好处。

可是宋璟刚直不阿,他对此做不到睁一只眼闭一只眼,拼命要打击铜钱私铸,这样一来,就得罪了很多名门望族。再加上他自己刚愎自用,犯了很多错误,玄宗也觉得让这老人家继续干下去,有可能破坏得之不易的安定团结大好局面,所以,宋璟干了四年,也下课了。

三、张说和张九龄

723年,张说又走上了宰相的位置,之所以说"又",是因为他本来就是宰相。当年唐玄宗提拔姚崇做宰相的时候,他是中书令,结果和姚崇一顿死磕,阳谋阴谋,各种法宝出尽,也不是姚崇对手,被赶出了京城,现在姚崇死了,宋璟下课,张说就重新回到了相位。

实话实说,张说不擅长阴谋诡计,宰相工作也干得不如姚崇和宋璟,他最大的成就可以归纳为八个字:著书立说,讲论文史。当然,你完全可以换成另外四个字:文化宣传。

724年,在他的鼓动之下,唐玄宗带着文武百官去泰山举行了封禅大礼,新旧两本《唐书》都记录了,"受诏与诸儒草仪,多所裁正",意思就是以前秦始皇、汉武帝,还有李隆基爷爷奶奶李治和武则天他们在泰山举行的那一套礼仪,都已经过时了,老天爷都看腻了,为了让老天爷高兴,现在要按照张说制定的新程序来举行封禅。这可以说是张说个人的巅峰时刻,替老天爷制订礼仪。

　　按照规定,封禅大礼之后,所有三公以下官员都可以提升一级,可是张说却利用这次机会,把自己女婿郑镒从一个九品芝麻官直接提升到五品官员。

　　从魏晋南北朝开始,中国的官员基本就是九品十八级制度,也就是每一品都有两个级别,比如说九品,就分正九品和从九品。就算郑镒当时是正九品,升到从五品,也是连升了七级。所以,唐玄宗在大宴群臣的时候,就很惊奇地问郑镒:爱卿,你怎么升官这么快?有什么秘诀?郑镒当场面红耳赤,无言以对,这时候旁边一个深受玄宗宠信的乐府官员说:"此泰山之力也!"这全都是泰山封禅的功劳啊。从此之后,老丈人就多了一个新的称呼,叫泰山大人。

　　任人唯亲,再加上贪财和脾气暴躁,张说这个宰相当了三年,就被两个御史中丞联手上书,弹劾下台。这两人一个是宇文融,大唐帝国的理财专家,后来也当过宰相;另一个就是大名鼎鼎的李林甫,中国历史上有名的奸相。

　　在他之后,最后一个开元盛世的名相是张九龄,张九龄的先祖,是汉初三杰的留侯张良。"海上升明月,天涯共此时"这句老幼皆知的诗句,是张九龄的大作。他和张说一样,文采斐然,极有才气,同时也都是姚崇的政敌,姚老头在任上的时候,张九龄被一贬再贬,郁郁不得志。一直到了733年,他才被任命为中书令,升为宰相。

　　我们今天回看历史,会认为张九龄这个宰相本来是上天给唐玄宗的一个机会,因为如果李隆基真的能听从张九龄的建议,安史之乱也许就不会发生。原因是,第一,他几乎是唯一一个看出帝国潜在危机的人,他当政时,正是开元盛世的顶峰,大唐的国力最强的时候,朝野之内一片歌功颂德,但他给玄宗的奏章里,多次指出帝国现在有问题,劝李隆基要居安思危,整顿朝纲,头脑如此清醒的,可以说是盛唐第一人。第二,张九龄做宰相期间,和安禄山有过来往,他认为这个人将来可能是大唐的祸害,所以当安禄山打了败仗时,他坚决主张按照法律砍了安大胖子的脑袋,并且对另一位宰相裴光庭说,如果不杀安禄山,将来"乱幽州者,必此胡也"。可惜李隆基不听,反而反驳张九龄说:"卿岂以王夷甫识石勒,便臆断禄山难制耶!"王夷甫就是王衍,那个被石勒抓住之后用墙压死的知识分子,前面讲过,他当年就曾经预测石勒会祸害天下。唐玄宗的意思是,即便你张九龄预测得像王衍那么准,安禄山也不是石勒,我李隆基制服小小的安禄山就像玩一样。当然,我们现在都知道,唐玄宗这个牛吹得太大了。就这样,死刑犯安禄山在皇帝的保护之下,逃脱了宰相张九龄的钢刀,几十年后,他对着大唐举起了钢刀,这是后话。

李隆基虽然在李林甫和安禄山这两个人事安排上没有听从张九龄的,但是他对于张九龄扶持农桑、革新吏治等措施还是采取了支持的态度。在此期间,大唐王朝一直持续着它的辉煌,张九龄的缝缝补补可以说是功不可没。

从姚崇、宋璟、张说到张九龄,就是开元盛世上半场的四个阶段。姚崇帮着李隆基清理了武周、中宗和睿宗三朝留下来的一些历史问题,结束了朝堂混乱局面,恢复了民间生产;宋璟打好了制度基础,整肃了社会风气;张说开展了大量的文化普及和教育工作;张九龄继续让唐玄宗过着得意忘形的小日子,调整了一些政策,缓和了社会矛盾,让盛唐的气象延续了很多年。

司马光在《资治通鉴》里这样评价:"上即位以来,所用之相,姚崇尚通，宋璟尚法……张说尚文……张九龄尚直，各其所长也。"《新唐书》说："此天所以佐唐，使中兴也。"一句话，大家虽然各有各的毛病，但总体来说宰相的活儿干得还是挺漂亮的。

094. 唐诗儒释道

中国历史上各个朝代，论经济，唐朝比不上宋朝，据说大宋王朝的国内生产总值一度占据了世界经济的百分之七八十，而唐朝最强盛的开元时期，国内生产总值也只不过占了世界的58%；论国土面积，元和清都比唐朝大；论人口，别说清朝，就是隋炀帝时代，也有4600多万人口，大唐一直到了开元盛世的中期才恢复到这个人口数量；论对外部世界的探索，大明王朝的郑和下西洋更是到了东非，唐王朝可从来没有那么大规模的远航，也没到过那么远的地域。

那么，为什么在这么多的王朝里，我们还是说大唐王朝是中华帝国的顶峰时刻，是气象万千的盛世，甚至不仅仅中国人，就连外国人都对大唐心神向往？据说有一次，日本的哲学家池田大作和英国的历史学家汤因比对话，池田大作问汤因比，如果可以回到过去的话，你最想回到哪里？汤因比说，我最想回到中国唐朝开元时代的长安城。

那么，盛唐和其他朝代的盛世究竟有什么区别，让熟知历史的外国人都心神向往？

一、骈文和王勃

答案不复杂：一个德智体美劳全面发展，长得特别帅，家里还有矿的好学生，总比一个书呆子要更吸引人，虽然书呆子的学习成绩可能更好。

1300多年前的盛唐就是这样的一个存在，它不仅在经济、军事、科技这些硬指标上全面领先当时的世界，而且在思想和文化上，也是精、气、神三者具足。反映在老百姓的面貌上，无论达官显贵还是贩夫走卒，都表现出强烈的自信心，一个个自豪感和使命感十足。前几年热播的《长安十二时辰》里面有一个小人物，当别人问他名字时，他挺胸抬头，豪情万丈地说，"长安，焦遂"，就这么四个字，这位叫作焦遂的老爷子就把一个生活在盛唐长安老百姓的豪情、开放和荣耀表现得淋漓尽致。

　　这种气质最终反映在一种艺术形式上，那就是唐诗。前面介绍过，唐诗起源于南北朝时期南朝的宫体诗，经过南朝宋、齐、梁、陈四个朝代的发展，到隋唐之际，得到了全社会的认可。实际上，在汉赋和唐诗中间，还有一座桥梁，那就是起于东汉，发展于南北朝的骈文，也叫四六文，或者四六骈文。

　　所谓骈，在《说文解字》里有解释，"骈，驾二马也"，也就是两马并列，反映到文章上，就是对仗，也叫对偶，句子两两相对。

　　历史上，骈文成就最高的典范，是初唐四杰之一王勃的《滕王阁序》，里面的千古名句很多，比如"落霞与孤鹜齐飞，秋水共长天一色"，又比如"关山难越，谁悲失路之人；萍水相逢，尽是他乡之客"。这样典型的四六骈文，两句都是前面四个字，后面六个字，无论是音律，还是内容，都两两对仗，充满了美感，而且后一句还和老庄道家"生是流落他乡，死即回归故里"的思想暗中契合，有一种充满了哲学味道的感慨。在《滕王阁序》里，这样的句子比比皆是，像"老当益壮，宁移白首之心；穷且益坚，不坠青云之志"，放在任何时代，那都是震碎一地眼镜的句子，相当难得，这也就难怪它被评为千古骈文第一了。

　　王勃出身于书香门第，从小就被认为是神童，据说他写文章常常是先喝得酩酊大醉，然后上床睡觉，睡醒了，起来就写，写完之后一字不改。大家就说草稿在王勃肚子里，这就叫"腹稿"，这事儿也被堂而皇之记载在《新唐书》里，原话是"酣饮，引被覆面卧，及寤，援笔成篇，不易一字，时人谓勃为腹稿"。

不过，一个人太有才华，往往也就有知识分子的臭毛病，高傲，经常得罪人。后来王勃因为私自杀了一个官奴，惹上了官司，也没人给他求情，结果不但自己获罪，还连累老爹被贬到今天的越南去当一个小小的县令。

不过他运气还不错，赶上了皇帝大赦，被放了出来。失魂落魄的他，在去越南看他爹的路上，写下了这篇《滕王阁序》。可以说，如果没有上面的经历，他也写不出这篇千古名作，这就好像是南唐后主李煜，如果不是当了俘虏，也写不出"一江春水向东流"这样的诗句，所谓国家不幸诗家幸，就是这个道理了。

骈文里充满大量对偶句的这个特点，后来催生了在民间异常活跃的对联，包括春联。很早以前，我们的老祖宗就有在家门口挂两块桃木辟邪的做法，叫作桃符。尤其是过年的时候，更是要挂，大家相信它能够除晦气，带来好运。由于骈文和唐诗大量使用对偶的句子，到了唐朝末年五代十国的时候，后蜀的君主孟昶就特别擅长对对子。有一年的除夕，他突发奇想，在自己家门口的那两块桃符上写下了"新年纳余庆，嘉节号长春"。这两句堪称神来之笔，马上就风靡开来，渐渐地形成了后世的春联。孟昶的这一句，也成了最早最流行的春联。现在的春联有点变味了，大都是"天增岁月人增寿，春满乾坤福满门"这一类，直接向老天爷祈福要荣华富贵的。

二、"诗仙"李白

骈文兴起的同时，诗歌也开始兴盛起来，早期的宫体诗，不外乎写喝酒唱歌的聚会场面，或者描写男欢女爱。到了初唐四杰王勃、杨炯、卢照邻和骆宾王这里，才逐渐向曹操、曹丕父子当年提倡的建安风骨靠近，比如王勃的名句,"海内存知己,天涯若比邻",就跳出了宫廷范围,在天地之间感慨友情和亲情,格局比推杯换盏大了很多。

等到了陈子昂出场,一首《登幽州台歌》不仅震惊了当时的诗坛,还间接呼唤出了盛唐诗歌的气象万千,全文只有四句:"前不见古人,后不见来者,念天地之悠悠,独怆然而涕下!"这种酣畅淋漓,而又孤独苍凉的声音,自从曹操父子死后,中华大地上已经四百多年都没听到了,所以,陈子昂被一些人尊称为"诗祖",唐诗的老祖宗。

在他之后,大唐进入了开元盛世,唐诗也跟着开创了"盛唐气象",这四个字是林庚教授对唐诗的文学特征做的一个总结,就好像我们说魏晋时期以曹操父子为代表的文学叫作"建安风骨"一样。所谓气象,就是风雨雷电,白云苍狗,变化万千,却总是大气磅礴。林教授认为,这就是唐诗的精神,也是大唐的时代精神。我个人是完全认可林教授的这个评价的。

盛唐诗人的代表人物有四个,分别是李白、杜甫、王维和岑参。

李白的出生地极有可能是今天的吉尔吉斯斯坦境内,离长安城几千公里。当时那地方叫碎叶城,也就是安西四镇之一的碎叶,当然,也在大唐的管辖范围之内,李白的出生证明上盖的还是唐王朝的大印。

根据现有的史料,他五岁的时候,随着父母回到了四川,最后死在安徽,所以,不管吉尔吉斯斯坦怎么高调以李白为噱头开发旅游项目,李白都是一个中国人。他的传世诗句太多了,诸如"天生我材必有用,千金散尽还复来",或者"飞流直下三千尺,疑是银河落九天",中国人几乎都能吟诵。

其实,唐诗里面包含了古体诗和近体诗。近体诗是讲究规矩的,每一句甚至每一个字都是要按照规定的形式写出来的,因为纪律严明,所以又称格律诗。从中晚唐开始,古体诗就渐渐地退出了历史舞台,让位给近体诗,或者说格律诗。李白活着的时候,正好处于古体诗向近体诗演变的时代，他的性格是怎么自在怎么来，反映到作品上基本上是想怎么写就怎么写，所以，他的大作以古体诗居多，什么长短、字数、韵律都随心所欲，即便看起来像格律诗，实际也不是。比如说他的《静夜思》，"床前明月光，疑是地上霜。举头望明月，低头思故乡"，四句二十个字，你要是说这是五言绝句，那就错了，它并不符合格律诗五言绝句的格式，只能算作是古体绝句。

不过，这些丝毫不妨碍李白成为中国历史上最伟大、最有想象力、最有才华的浪漫主义诗人，无论是生前还是死后，都享受了极高的荣誉。他那首不符合格律的《静夜思》也被印在联合国1999年发行的邮票上，外国人认为它代表了中国诗歌的最高成就，当然我不这么看。

三、"诗圣"杜甫

相比之下，我更欣赏比李白小了十几岁的杜甫，他在格律方面，严谨得多，最著名的《登高》被认为是古往今来七言律诗排名第一，其中的名句"无边落木萧萧下，不尽长江滚滚来"更是神来之笔，无法超越。

和李白想怎么写就怎么写，把想象力发挥到极致不同，杜甫除了注重格律，在内容上也很深刻厚重，他用诗词记录了大唐普通老百姓的历史，比较出名的像《兵车行》《丽人行》等。他的千古名句"朱门酒肉臭，路有冻死骨"是安史之乱前社会的真实写照，所以，人们把他的诗称为"诗史"，以诗歌记录历史。

这里顺便说一句，"朱门酒肉臭"的这个"臭"字有两种解释，一种是读 chòu，意思是有钱人家里的酒肉吃不完，只好让它腐烂发臭，而大街上却有冻死的穷苦人。另一种是读 xiù，意思是富贵人家的酒肉香气扑鼻，用来反衬穷人的不幸。我个人认为应该读 xiù，是香气扑鼻的意思。不过你可以挑一个自己喜欢的来读，语文老师如果说你错了，你可以和他辩论辩论。

杜甫的诗中，不仅有批判，也有赞美，比如《忆昔》，就描写了开元盛世时大唐的经济情况，作为开元盛世和安史之乱的亲身经历者，他对于盛唐的描述，应该是相当真实可信的。诗的第一句就是，"忆昔开元全盛日，小邑犹藏万家室。稻米流脂粟米白，公私仓廪俱丰实"。想当年啊，我家那个小镇子，都有一万户的农民，无论是公家的，还是私人的粮仓，都装满了颗粒饱满的白米。他还说，"九州道路无豺虎，远行不劳吉日出。齐纨鲁缟车班班，男耕女桑不相失"，意思是出远门都不用看黄历，因为路上根本就没有强盗和窃贼，有的只是络绎不绝运送精美货物的商人，田野间男耕女织，各安其所。

简单地讲，杜甫的《忆昔》描述了经济富足、天下无贼、商贩四处奔忙的繁荣景象，他的描述在正史里面也得到了佐证，《资治通鉴》里说"海内富安，行者虽万里不持寸兵"，大家都很有钱了，没有人愿意做抢劫这样的高危职业了。在另一本唐代史书《通典》里，更详细地描述了当时一斗米才20文，所有官道上都有数量庞大的各种店铺，远行几千里，都不需要备粮食和武器。

书上还说，当时的店铺都有驿驴，就是毛驴，放在驿站里，供旅客租用。比如说你可以骑着驿站里租的驴，从山东一路到河南去，原话是，"每店皆有驴赁客乘，倏忽数十里，谓之驿驴"，我们完全可以说，唐朝的时候已经有了"驴的"。这件事看起来很简单，但是需要社会的诚信体系和物流体系极度发达，才能做得到，仅从这一点，也可以看出大唐经济的繁盛。

在中国历史上，有两次神奇的见面，一次是春秋末期孔子和老子的见面，另一次是744年杜甫和李白的见面。那一年李白43岁，早已名满天下，杜甫32岁，是诗坛上的新星，同时也是李白的粉丝。和他们在一起的，还有高适，他后来写出了"莫愁前路无知己，天下谁人不识君"

的诗句。

据史书上记载，这三个诗人在一起就是打猎喝酒。有杜甫的诗为证，"醉眠秋共被，携手日同行"，晚上一起睡觉，白天手拉着手出门。分手之后，杜甫还为李白写了很多诗作，内容大都是，春天来了，我想你；秋天来了，我还想你；冬天下雪了，我更想你。一边想，一边赞美对方，什么"白也诗无敌，飘然思不群"，或者"笔落惊风雨，诗成泣鬼神"，还有"狂歌痛饮空度日，飞扬跋扈为谁雄"这样看起来无比高大上的句子，其实是用来描述李白喝酒雄姿的。

不过李白却不太够意思，只给杜甫写过三首诗，在我看来，还都是敷衍之作，其中原因我也不知道。但李白也有自己的偶像，那就是写出了"春眠不觉晓，处处闻啼鸟"的孟浩然。杜甫比李白小11岁，李白比孟浩然小12岁，虽然李白不太搭理杜甫，但至少也有诗作回赠杜甫，可是他猛拍孟浩然的马屁，比如"吾爱孟夫子，风流天下闻"，还有《送孟浩然之广陵》中"孤帆远影碧空尽，唯见长江天际流"等，但孟浩然却一个字也没给李白写过，所以比较起来，杜甫还不算太委屈。

近代学者闻一多先生说，李白和杜甫的见面，相当于太阳和月亮坐在一个桌子上喝酒聊天，我们这些凡夫俗子是要摆上香案，当空祭拜的。因为若论中国古代哪种文学形式成就最高，虽然我们可以说是宋词，但如果算上官方认可度，那唐诗还是要排第一。科举考试要考诗作，你听说有考填词的吗？宋代柳永的词填得好，皇帝却御笔亲批四个大字，"且去填词"，说白了，官方看不上。

如果再深究一下，飘逸不群的"诗仙"李白代表了中华文化的道家，悲天悯人的"诗圣"杜甫，恰恰代表了以天下为己任的儒家，无论从哪一个角度来说，闻一多先生的话都不过分。

四、"诗佛"王维和"诗雄"岑参

传统中国文化号称儒释道，有没有代表僧人们的诗人呢？当然有，那就是号称"诗佛"的王维。

王维，号摩诘居士，这个名字来自佛教里面的《维摩诘经》。这个佛教徒诗人和李白同岁，两人虽然有很多交集，但彼此之间交情却一般，据说王维还一度禁止李白去他家串门，原因有各种说法，也许是文人相轻，也许是政治因素，甚至还有人说和女人有关，这事儿已不可考证。不过这丝毫不影响我们欣赏王维的诗作，像"独在异乡为异客，每逢佳节倍思亲"，或者"劝君更尽一杯酒，西出阳关无故人"，都是中国人耳熟能详的句子。

实际上，王维最令后世文人称道的应该是他的五言诗，比如"红豆生南国，春来发几枝"，还有"明月松间照，清泉石上流"，或者"大漠孤烟直，长河落日圆"等。其中很多名句，不用佛家的语言，但是和佛家禅理相通，比如"行到水穷处，坐看云起时"就是随缘认命的禅机，而"涧户寂无人，纷纷开且落"是寂静无为，无生无死的不朽境界，深得佛教精髓，甚至还有道家"方生方死"的意味，很是难得。

后来同样是佛教徒的苏轼，对王维有一个评价，"味摩诘之诗，诗中有画，观摩诘之画，画中有诗"，能达到这样的境界，称他为诗佛也算恰当。

除了代表传统文化儒释道的诗圣、诗仙和诗佛，盛唐时期，还有一位诗人也值得一提，那就是边塞诗人的领军人物岑参，号"诗雄"。

岑参比杜甫小了五六岁，从749年开始，他有八年时间辗转在安西四镇，也就是西域边塞李白老家附近。先后跟随过大唐两位能征惯战的将军高仙芝和封常清，所以，他军旅生活的诗句，写得无比真实，像"北风卷地白草折，胡天八月即飞雪。忽如一夜春风来，千树万树梨花开"，近乎白描，把塞北忽降大雪的情景展现在世人面前。

其他如"将军角弓不得控,都护铁衣冷难着","风头如刀面如割,马毛带雪汗气蒸",还有"马上相逢无纸笔,凭君传语报平安",都生动地描写了边关将士的艰苦生活。当然,也有对胜利的描写,"虏骑闻之应胆慑,料知短兵不敢接,车师西门伫献捷"。

总的来说,岑参的边塞诗雄浑、豪放中带着悲壮,这也是盛唐边关的时代特征。前面提到的那位和李白、杜甫一起游玩过的诗人高适,在他著名的《燕歌行》里也写过,"汉家烟尘在东北,汉将辞家破残贼,男儿本自重横行,天子非常赐颜色",非常直白地表达,我大唐的男子汉就是渴望在边关建功立业。

那么,唐朝的疆域到底有多大?说实话,比今天大,虽然在面积上略小于元朝和清朝,大概是1240万平方公里,但它控制的范围并不逊色,北到西伯利亚,西到今天的伊朗,南面延伸到今天越南的中部地区,东边把朝鲜半岛并入了帝国。守卫如此大疆域的,是总数大约在50万到70万之间的常规军,这个数字对于今天大多数国家来说,都没有办法实现,因为养不起。

095. 世界的大唐

在最鼎盛时期，唐朝拥有70多个藩属国和300多个朝贡国。

这里面最殷勤的就是日本，从630年一直到894年，日本一共向大唐派遣了5000人左右的遣唐使，全面向中华学习各种技术和文明。学习范围就两个字：一切。大唐的所有东西，都是好东西。

一、日本遣唐使

比如说刺身，今天的生鱼片，本来是中国美食，称为"脍"，它和另一种称为"炙"的美食烤肉在中国古代特别流行，合起来叫"脍炙"，"脍炙人口"就是特别好吃的意思。日本人在唐朝把这两种东西学过去之后，发扬光大，成了日本美食，反倒是中国没有形成吃生鱼片的习惯，原因是中国大多数鱼都是河鱼，也就是淡水鱼，寄生虫特别多，宋代之后慢慢就放弃了，反正中国好吃的有的是。日本人吃的大多数是海里面的咸水鱼，虫子少，味道也更好，就这么发展出了日本刺身文化。顺便说一句，配合生鱼片的日本酱油也是中国的发明，是日本的觉心禅师把这东西的制作技术从中国带回了日本。

再比如说日本今天著名的榻榻米，实际上就是中国汉唐一直使用的叠席，后来在日本标准化了，一块榻榻米就是1.62平方米，也称为一叠。一直到今天，日本的典型房间面积还是用多少叠来计算的。同样，中国在晚唐五代之后也逐渐放弃了席地而坐的叠席，改用了桌子、椅子还有胡床，而日本却把榻榻米一直使用到了今天。

和服本来是三国时期孙权统治下吴国人的日常服装，日本人学了之后，又按照唐朝服饰进行了改进，就形成了今天的和服。一直到今天，大多数日本和服店还称为吴服店。

此外，大唐的茶艺演变为日本茶道；大唐的相扑到了日本连名字都不改，还叫相扑；大唐的簪花演变为日本插花；大唐的诗词变成了日本俳句。

有一件事我们必须承认，日本可能是世界上最好的学生，学习态度端正，领悟能力也强，开元盛世时期的日本遣唐使阿倍仲麻吕，就是一个杰出的代表。他20岁来到中国，起了一个中文名字叫晁衡，学习了几年汉语之后，居然考中了进士，开始像模像样地在唐朝做官，官位最后达到了惊人的从二品，潞州大都督，开国公，混得比绝大多数中国知识分子还要滋润。

你要知道，著名的"诗圣"杜甫，最高的官职只是从六品的员外郎。"诗仙"李白更惨，一辈子都没做过官，他的翰林待诏，和当年武则天手下的北门学士一样，无职无权，只是在皇帝面前写个诗而已。

唐朝诗人里官职最高的是写出了"锄禾日当午"的李绅，死后被追认为从一品的太尉，和杨玉环的爹一个待遇，而晁衡一个日本人，居然混到了从二品，确实是了不起。

据史书记载，阿倍仲麻吕自从来到中国，就没有再回过日本，最后以72岁的高龄老死在中国。那么，是他不想回去吗？并不是，实际上，他曾经在50岁的时候写过一首诗，名字叫《长安望月》，开篇就是"辽阔长天玉镜升，仰首遥望动乡情"这样让人惊艳的句子，诗为心声，没有真情实感，是写不出来的，说明他当时很想家了。

到了753年，他终于把各方面都安排妥当，向唐玄宗请好了探亲假，准备坐船回日本。长安城里的好朋友也都来送行，这里面就包括王维、李白等人，他们都和晁衡的关系很好，彼此关系一般的"诗佛"王维和"诗仙"李白也都是阿倍的铁哥们。

可惜，一共四条船一起出海，只有晁衡坐的这一艘，中途被大风吹到了越南，经过九死一生的折腾，最后绕了一大圈，他又被送回到了长安。这期间李白听说阿倍下落不明，以为他肯定是遇难了，还写了一首诗来纪念他，诗名叫《哭晁衡卿》，里面的"明月不归沉碧海，白云愁色满苍梧"情真意切，也是千古名句。

再后来，安史之乱爆发，阿倍仲麻吕也60多岁了，就打消了回日本的念头，老老实实地在唐朝做他的大官，一直到去世。

二、鉴真东渡

有一件事，是阿倍仲麻吕不知道的：753年，他乘坐的船只被大风吹跑了，但同行的四艘船中有一位和尚，却顺利地到了日本。

这个扬州的大和尚，法号叫鉴真。十几年前，他认识了两个日本遣唐使，荣睿和普照，这两个留学生是佛教徒，对鉴真十分崇拜，极力劝说他去日本弘扬佛法。鉴真一听，就发下了誓愿，"此生必致日本弘法"，同时还说，"是为法事也，何惜身命"，这是有关佛法的大事，不能因为爱惜生命而不去做。

听到这里，你可能有点儿疑惑，为什么传个法还说得那么悲壮？原因是那时候航海的技术十分差劲，日本从630年到894年，260多年间，官方一共派遣了19次遣唐使，一共四五十艘船，到达中国的，只有12次，仅二十几艘船，其他的，不是彻底沉没在大海里，就是顺着风漂啊漂，不知道漂到什么地方去了。王维在写给阿倍仲麻吕的送行诗里，就有"鳌身映天黑，鱼眼射波红"的句子，意思是大海上怪物那么多，你一定要小心啊。

所以，开元年间的日本，不停地向中国派遣遣唐使，可谓是用生命在学习，面对50%的航海死亡率，还勇敢地向前冲，这份狠劲确实令人佩服。

同样地，渡海去日本也需要运气。偏偏鉴真大和尚天生是一个运气极差的人，从742年开始，十年间试了五次也没去成，不是政府不让走，就是船被风吹到乱七八糟的地方，最后因为中毒，还导致他双眼完全失明。和阿倍仲麻吕同行这次，已经是他在十多年里第六次试图东渡大海去日本了。

当阿倍仲麻吕漂到了越南打鱼摸虾，琢磨着如何回长安的时候，鉴真东渡成功。754年，他登上了日本。当时日本举国欢庆，鉴真从一下船就被众人抬着，脚不沾泥土地来到了日本皇宫，被奉为"传灯大法师"，后来又被封为"大僧都"，管理日本所有和尚，为日本佛教定下了戒律制度。

鉴真同时也把中国的医药、书法，甚至大酱的制造方法也一起传给了日本。763年，鉴真在日本人专门为他建立的寺院唐招提寺圆寂，享年75岁，他是为数不多在中日两国都享有极高荣誉的中国人之一。

以上日本遣唐使和鉴真的故事，只是开元盛世的唐朝对外政治、文化和技术输出的一个缩影，其他对不同国家和地区的影响还有很多，感兴趣的可以自己去查一查。

三、全面开放

除了输出，唐朝也输入，用今天的话说，那就是全面开放，外国的音乐、服装、香料、马球、胡旋舞、琵琶等，还有无数高鼻子蓝眼睛的外国人，出现在长安城的大街小巷里。

据史料记载，当时长安城里常驻的老外就有几万人。这些人来自世界的各个角落，宗教不同、文化不同、肤色不同、习俗不同，但都是住下就不想走了，无论是做生意，还是学习文化，反正没把自己当外人，长安就是他的家了。

这里面除了经济发达，生活便利的因素之外，还有一点也很重要，那就是当时的长安，几乎是世界上唯一对所有宗教都完全宽容，没有任何宗教迫害的城市，什么穆斯林、犹太教徒、基督教徒、摩尼教徒，还有本地的佛教徒、道教徒都可以自由自在地活动。

一句话，只要你不强迫别人信你的教，大唐政府绝对让你不受干扰地信你的教。

不过，有三种人，在当时的长安比较特殊，他们还真不一定是心甘情愿来到长安的，当然，来了之后想走也挺困难，这些人就是昆仑奴、新罗婢和菩萨蛮。

昆仑奴一般指的是东南亚的棕色人种，《旧唐书》里对他们的记载是，"皆卷发黑身，通号'昆仑'"。这里的昆仑不是昆仑山的意思，而是唐朝的时候，对印度支那半岛与南洋群岛的一个泛称，也就是今天中国南海周边的岛屿。当然，昆仑奴里面，也有今天非洲的黑人，那是因为阿拉伯人征服北非之后，抓了大批的黑人奴隶，满世界地带着跑，其中有一部分，就运到了唐朝，做了大唐的奴隶。

据史书记载，昆仑奴有两大优点：体格健壮，老实忠诚。就因为这两大优点，他们马上成为盛唐上流社会最喜欢的奴仆，贵族豪门都抢着要。

新罗婢就是来自今天朝鲜半岛的奴婢。在当时的大唐，有很多朝鲜少女打工妹，其中的佼佼者，都要经过严格而专业的训练，学说汉语，学习各种唐朝礼仪，还有女红、厨艺等，学成之后，被送到达官贵人的府第上做丫鬟。这些柔顺乖巧、脸庞圆圆的新罗婢在以胖为美的唐代，相当受大唐老爷们的喜欢。

最后一个就是菩萨蛮。对宋词略有了解的人可能会说了，这不是词牌的名字吗？是，菩萨蛮是词牌的一种，但是它开始的时候，却是乐队的名字。

《宋史》里说菩萨蛮是"女弟子舞队名"，据说是因为大唐有一个叫女蛮的藩属国，在今天缅甸的旁边，该国的使者们"危髻金冠，璎珞被体"，所以被称作"菩萨蛮队"，不知道是不是因为这种高发髻、满身璎珞的样子很像佛教里的菩萨形象。当时的教坊还因此制成了《菩萨蛮曲》，发展到最后，就形成了宋代著名的词牌"菩萨蛮"。如果你拥有一个由女蛮国的女人组成的乐队，在当时的长安城，那绝对是顶级身份的象征。

096. 玉环和禄山

7世纪下半叶到8世纪上半叶,大唐君民们过了一段很是安逸的日子。时间一晃,就来到了737年。这一年,帝国发生了两件大事,第一件是宰相张九龄被罢免,贬为荆州大都督府长史;第二件是太子李瑛和两个兄弟先是被废为庶人,然后又被逼自杀。

一、胖丫杨玉环

堂堂一位宰相,现在只能给一位地方将军做幕僚,表面上的原因是他举荐的监察御史周子谅得罪了唐玄宗,他被连坐,罪名是"举非其人";实际的原因是李隆基越来越讨厌经常劝自己居安思危的张九龄,而喜欢另一个宰相李林甫。

能让李隆基狠下心来,干掉三个亲生儿子的女人叫武惠妃。唐玄宗一生精力充沛,正史上有名有姓的嫔妃就多达四十几个,孩子更是有五十多个,武惠妃是武则天的孙侄女,和李隆基也算是远房表兄妹的关系,当时极其受宠,一共生下了四个儿子和三个女儿。

不过郁闷的是,她生孩子晚,太子的位置早就归了别人,但武惠妃认为大唐天子如此宠爱自己,那自己的儿子才最应该是太子,就不停地撺掇李隆基换太子。

这事儿在张九龄掌权的时候,她还真没做到,因为张九龄时刻都在防范武惠妃换太子,用各种高明的手段,一次次地化解了武惠妃的企图。现在张九龄倒台了,新的宰相李林甫是站在她这一边的,接下来的戏码既简单又熟悉,在李隆基被灌饱了迷魂汤之后,太子李瑛和两个弟弟都被诬以谋反,先被废掉,十五天后,被下诏赐死,几个血气方刚的皇子就这么稀里糊涂地去了阴曹地府。

李隆基为什么这么狠,一日之间要了三个亲儿子的性命,史书上没说,后代的人往往归结于武惠妃的挑拨。我个人认为有两个主要原因,一是三个皇子的后面还有很大的势力,尤其是李瑛在太子的位置上干了很多年,许多盘根错节的关系让李隆基心生顾忌,一个被废掉的、手里还有政治资源的太子在关键时候鱼死网破的一击到底有多大的力量,李隆基不好把握;二是他儿子多,父爱分散给几十个儿子,对李瑛哥仨的感情并不深。

言归正传,武惠妃虽然歹毒,胆子却极小,自从李瑛三兄弟死后,她就天天梦见鬼,八个月之后,硬是活生生地把自己给吓死了。武惠妃死后,李隆基天天闷闷不乐。皇帝不高兴,身边的一批人就得想方设法让他高兴,最后这些马屁精终于找到了解决办法,那就是找一个和武惠妃长得很像的女人出来。《新唐书》上说,"后廷无当帝意者。或言妃姿质天挺,宜充掖廷,遂召内禁中",这个"资质天挺"的新人就是武惠妃的儿媳妇,也是他李隆基的儿媳妇,寿王李瑁的正牌王妃,杨玉环。

按照史书上的记载,740年秋天,一家人在骊山泡温泉的时候,李隆基和儿媳妇泡在了一个池子里。多年后,诗人白居易在他的名著《长恨歌》里对此描写道,"侍儿扶起娇无力,始是新承恩泽时",在白居易的笔下,杨玉环美得不可方物,"回眸一笑百媚生,六宫粉黛无颜色",后宫的女人全都被比下去了。不仅如此,盛开的鲜花在她面前也黯然失色,羞愧难当,所以,作为古代四大美女之一的杨玉环,又有"羞花"的称号。

杨玉环的真实名字,出生地,出生时间,现在都已经不可考,只知道她是弘农杨氏的后裔。"玉环"这个名字是一些杂记和小说里记录的，后来叫习惯了，就这么沿袭下来；她的出生时间也是死了之后倒推出来的，因为《新唐书·后妃传》里记载她死的时候37岁，所以大家后来说她出生于公元719年。

总而言之，虽然比起其他三位传说中的美女，杨玉环的故事更加真实，但在男权社会，她的个人信息还是很少。

中国有一句成语，叫环肥燕瘦，意思是汉朝的赵飞燕以瘦为美，而唐代的杨玉环以肥取胜，那么杨玉环胖不胖，有多胖呢？这个我们现在并不知道，有人说她身高1.65米，体重130多斤，我个人对这个数据不置可否。但是根据各种出土文物和流传下来的诗词文章来看，唐朝，尤其是开元后期，对妇女的审美标准确实是以肥为美。这些证据表明，开元初年，唐朝妇女还是今天看来的标准身材，但是到了开元后期，妇女已经以上下一般粗的水桶型身材为美了。曾经见过杨玉环，并写过三首《清平乐》赞美贵妃的李白，只用了"云想衣裳花想容，春风拂槛露华浓"来形容她，并没有直接写她的肥胖，但在另一首诗里，他用"妇女马上笑，颜如赪玉盘"来形容当时的贵族妇女。赪玉盘就是红光满面的大圆脸，这和出土文物里盛唐妇女的形象极其吻合。

《旧唐书·后妃传》说杨玉环"姿质丰艳"，五代笔记《开元天宝遗事》说"贵妃素有肉体，至夏苦热"，肥胖的人一到夏天就热得受不了，而宋代《杨太真外传》里也说"贵妃有姊三人，皆丰硕"，贵妃姐妹三个都是大胖丫，这样看来，杨玉环可能是真的比较胖。

言归正传，杨玉环本来是嫁给了李隆基的儿子寿王李瑁，而且是明媒正娶，这样算来，李隆基的这个行为实在太过分了。当年李治娶父亲的小妾武则天的时候，武则天毕竟已经是寡妇了，而杨玉环的老公李瑁可能就站在骊山华清池的外面。李隆基不管这些，他以为母亲窦太后祈福的名义，下旨让儿媳妇杨玉环出家为女道士，道号"太真"，这样就解除了寿王妃的名号,然后再还俗,曲线进宫。

杨玉环到底是什么时候还俗的,或者还没还俗,现在已经无法考证,只知道到了745年,李瑁新娶了一个姓韦的女人做王妃,一个月后,26岁的杨玉环被60岁的李隆基封为贵妃,大名鼎鼎的杨贵妃正式登场。

杨玉环的这个贵妃称号,实际上等同于六宫之首,因为李隆基当时并没有皇后。在接下来的日子里,她受尽了宠爱,已经死了的老爹被追封为三公之一的太尉,还活着的老娘被封为凉国夫人,三个姐姐分别被封为秦国夫人、韩国夫人和虢国夫人。

其中三姐虢国夫人在历史上也是大大的有名,诗人张祜曾经写过:"虢国夫人承主恩,平明骑马入宫门。却嫌粉黛污颜色,淡扫蛾眉朝至尊。"说的是她去见唐玄宗的时候,根本都不化妆,什么香奈儿、雅诗兰黛都不用,对自己的那张脸相当地自信。这么漂亮的女人,李隆基这个色鬼是不是和她有关系,现在只能存疑,因为无论是新旧两本《唐书》,还是《资治通鉴》,都没有明说,但是都花费了很多文字来描写虢国夫人的艳丽放浪,唐玄宗对她的赏赐多么丰厚,这种春秋笔法令人浮想联翩。

实际上,即便在杨玉环最受宠的那段时间,李隆基也没忘了沾花惹草,甚至派出名为花鸟使的官员去各地搜罗美女。因为吃醋,杨玉环还两次使性子,分别在天宝五年和天宝九年闹别扭被遣送出皇宫居住,《资治通鉴》记载,"妃以妒悍不逊,上怒,命送归兄铦之第",妒悍不逊的意思是因为吃醋而撒泼。当然,最后两个人,主要是唐玄宗,还是觉得离不开对方,就又和好如初。

在那个年代,让一个男人容忍你耍小性子,还要低三下四地请你回来,已经算是一个女人极大的成功了,尤其这个男人还是帝国的最高统治者。从这一点上来说,李隆基对杨玉环应该算是真爱。

那么,杨玉环对李隆基是不是真爱?这个我觉得你即便是问她本人,她有可能都不知道,或者说就没想过这个问题,兄弟姐妹所有亲戚都跟着荣华富贵，自己过着世界上最富有的国家里面最富有的日子，在寒冷的北方随时可以吃到南方新鲜的荔枝，所谓"一骑红尘妃子笑，无人知是荔枝来"，这样的生活，真爱或者不是真爱，对她来说，可能没那么重要。

更何况，两人还在艺术上有一种遇到知音的开心，唐代最著名的《霓裳羽衣曲》就是李隆基作曲、杨玉环编舞的经典之作，最早只是在梨园里演出，后来逐渐风靡民间。

这里提到的梨园，本是大唐长安城的一个地名，后来因为唐玄宗选了300多人收为徒弟，在这地方教他们演奏乐器，逐渐地人们就把戏曲界称为梨园行，"梨园子弟"的说法就来自于此。又因为唐玄宗常常上台扮演丑角，所以在梨园中，通常以丑角为班主，也就是领导、一把手，而李隆基也被称为梨园鼻祖，他的牌位叫作老郎神，即使到了今天，在很多戏班里，还是要供奉这位皇帝艺术家的。

总之，60多岁的唐玄宗自从得到杨玉环之后，焕发了第二春，喝着小酒，泡着温泉，欣赏着宠妃的霓裳羽衣舞，小日子过得那叫一个滋润，用白居易在《长恨歌》里的话说就是"春宵苦短日高起，从此君王不早朝"，过起了半退休的老年生活。

那么，偌大的唐帝国靠谁来打理？很自然地，宰相们必须担起责任来，在姚崇、宋璟、张说、张九龄相继离开相位之后，大唐帝国的宰相这时候是两位，一位是门下省侍郎、同中书门下平章事陈希烈，另一位是中书令李林甫。

二、宰相李林甫

陈希烈是李林甫引荐的，李林甫说一句"鸡蛋是树上长出来的"，他立马就能跟上一句"昨天我摘了一筐"。所以，从737年开始，大唐帝国的宰相实际上只有一个人，李林甫。

前面说过，唐朝三省六部制度，立法、审批和执行三个部门分立，立法是由一群人开会讨论，然后门下省负责审核，报皇帝批准形成决议之后，交给尚书省执行。这一群开会的就是宰相。从唐太宗开始，唐朝就是群相制，也就是宰相一定大于等于三个人，武则天时代甚至是十多个宰相同时在朝，开会的时候屋子里都坐不下，年轻一点儿的只能站着。那为什么现在李林甫可以一个人说了算？

这事儿的根子自然还在李隆基身上。

从李隆基登上皇位的第一天开始，就在向独相制倾斜，同一个时期，只有一个主要的宰相，也叫首相。这个人掌握主要权力，最多配一两个副手，叫作副相。这样做的好处是政府极其高效，决策能力超强，但坏处是，如果首相拉帮结派，就有可能把皇帝完全架空。李隆基当然明白这一点，他的办法是频繁地换宰相，前面介绍过了，每隔三四年，李隆基就要把宰相换掉，而且是首相和副相一起换，和今天世界各国总统或首相的换届时间差不多。

很遗憾，李林甫在宰相的位置上却坐了将近20年，一直到753年去世为止，宰相当了19年，独揽大权16年。这样一来，我们就要问三个问题，李林甫是怎么当上宰相的？为什么他能在宰相位置上做这么久？这家伙干得怎么样？

严格来说，李林甫也算是李唐皇室成员，他的曾祖父是唐高祖李渊的堂弟，所以，在家谱上他甚至比李隆基还高一辈儿，而且他的姨父源乾曜还当过唐玄宗的两次宰相，当然，都不是很重要。比如源乾曜和姚崇搭班子的时候，每次单独面见皇帝，只要李隆基认为他说得对，就会笑着说，你从姚崇那里学会不少东西啊。如果认为他说得不对，李隆基就会说，这事儿你问过姚崇吗？每次都弄得源乾曜尴尬无比。

不过即便这样，人家毕竟也是宰相，李林甫年轻的时候，曾经想求这位姨父帮忙，让自己当上司门郎中，这个职位是刑部下属的一个司的长官。结果源乾曜说,"郎官须有素行才望高者,哥奴岂是郎官耶",哥奴是李林甫的字。这句话的意思是,尚书省六部司长官这样的大官,品德、才能和人望都必须要很高才行,你何德何能啊?把李林甫气得要死,还发作不得。从这件事上,我们间接地可以看出,李林甫年轻时的表现,并不是十分突出,家族内部也不是十分看好他。

不过,他好歹是官宦子弟,总体上,还是逐步升官的。大概到了43岁的时候,李林甫出任御史中丞,后来又担任了刑部和吏部的侍郎,也就是副长官。

到了733年,发生了一件对李林甫有很大影响的事情,门下省侍中、宰相裴光庭死了。裴光庭的老婆姓武,是武三思的女儿,和李林甫有越轨的关系,现在当宰相的老公死了,她就想着扶植情人李林甫当宰相,于是去求唐玄宗最喜欢的大太监高力士帮忙。高力士小时候在武三思家住过一段时间,和裴夫人很熟。《旧唐书》记载,"武氏衔哀祈于力士,请林甫代其夫位,力士未敢言",也就是说高力士考虑再三,没敢答应,但他告诉她一个消息,下一个宰相内定为韩休。裴夫人一转身就把这个信息告诉了李林甫,李林甫马上去了韩休家串门,高帽子送了一顶又一顶,紧跟着又公开上书举荐韩休为宰相。

这是一箭双雕的好计策,因为他这个做法会让唐玄宗觉得李林甫有眼光,和自己看法一致,而韩休也会因此把李林甫视为知音。等韩休当上宰相之后,就对李林甫报之以李,经常在唐玄宗面前说李林甫的好话,夸他有宰相之才。除了韩休和高力士,李林甫还和当时最受宠的武惠妃形成了战略同盟,《资治通鉴》里说,"惠妃德之,阴为内助"。

就这样,735年,在一位寡妇、一位太监、一位后妃和一个宰相的共同帮助下,李林甫被拜为礼部尚书、同中书门下三品,当上了帝国的宰相。所以,前面第一个问题的答案就是,李林甫是靠着钻营、讨女人喜欢和相当好的运气当上宰相的。

我这里想多说几句，聊聊人性。话说宰相韩休在历史上以刚直不阿、敢于批评皇帝闻名。《新唐书》上说，唐玄宗每次干点儿声色犬马的事情，都要问左右侍从一句："韩休知否？"一听韩大宰相知道了，赶紧叫停。虽说韩休不能把自己怎么样，但是让这老头儿当面数落一顿，皇帝的面子很不好看。长此以往，李隆基自然闷闷不乐。侍从们就很奇怪，说您为什么不把韩休罢免了？李隆基回答说："吾虽瘠，天下肥矣……韩休……多许直，我退而思天下，寝必安，吾用休，社稷计耳。"我虽然郁闷了，瘦了，但国家却富裕了，韩休多次让我下不来台，但我退朝之后，反而睡得安稳，用他为相，我是为国家社稷考虑，不是为我自己，这就是著名的"君瘦国肥"故事。这样一个敢于和皇帝叫板的刚直人物，当李林甫一脸正气地推荐他当大官之后，他立即把对方当作知音，认为李林甫真是一个正直公正之人，在后者担任宰相这个关键选择题上，投下了关键的一票，你是不是觉得有点奇怪呢？其实，我想说的是，我们每个人都是韩休，无论你多么艰难地想客观地看问题，最后总是戴着主观的眼镜。

那么李林甫到底是不是做宰相的材料呢？这个问题就看你怎么看了。如果说才能，他还是有的，甚至在平均线以上，尤其是他的具体政务执行能力，应该可以排进唐朝宰相的前几名。比如说他编订的《长行旨》简化了地方财政的流程；在长安设置常平仓解决了首都地区缺粮问题；改革官制又部分解决了唐高宗以来的冗官现象；《唐六典》的编制更是系统地规定了唐代中央和地方国家机关的机构组成，类似于今天的公务员法则，那是迄今为止，中国最早、保存最完整的行政法典，即便从世界范围来看，那也是笑傲江湖的存在。

上面种种措施，从侧面证实了李林甫是有能力的，从执政能力来看，他当宰相是合格的。《旧唐书》上就说他，"每事过慎，条理众务，增修纲纪，中外迁处，皆有恒度"，处理政务谨慎还有章法，可谓有板有眼。

那么，我们现在为什么说李林甫是唐朝最大的奸相，甚至十恶不赦呢？

这里面有两个原因，第一个原因是他本人的学问特别差。太常少卿姜度是他的表兄弟，生了儿子之后，李林甫亲自写了一张贺卡，上面有"弄璋之庆"四个字。这本来是一个好词，古代把生了男孩都称为"弄璋"，意思是男孩长大以后拿着璋这种玉器为公侯。李大宰相大笔一挥，把"璋"写成了獐头鼠目的"獐"，姜度虽然不敢说啥，但李林甫从此之后就变成了"弄獐宰相"，这是讽刺他才疏学浅。这样的事儿还不止一件，难怪后来的知识分子都瞧不起他。

不过他之所以被评为大奸大恶的宰相，主要还是第二个原因，那就是妒贤嫉能已经达到登峰造极的水平。如果你还记得当年武则天读了骆宾王的《讨武檄文》之后，感慨地说了一句，让这样的人才流落在民间为反贼所用，是宰相的失职，你就应该明白，身为宰相，为帝国寻找和培养人才是最主要的职责之一。可是李林甫在这一方面的得分是负数，他不仅不为帝国招揽人才，还把他认为能力比自己强的人都打倒，再踏上一万只脚。

举个例子，唐玄宗曾下诏求天下贤达，只要精通一门学问，就可以到长安作为帝国人才备选。李林甫听说后，相当担心，就让尚书省对这些才子来一次摸底考试，然后把那些没啥学问的推荐给李隆基。结果自然是诗、赋、论三场考试没有一个人合格，全都落榜。这时候李林甫就向唐玄宗道贺，说"野无遗贤"，意思是有才能的都已经进入咱政府部门工作了，民间剩下的都没啥学问。你要知道，这些落榜的人里面，就有杜甫和高适，著名的诗圣去考诗词写作，居然落榜了，这找谁说理去？

司马光在《资治通鉴》里评价李林甫："尤忌文学之士，或阳与之善，啖以甘言而阴陷之。世谓'口有蜜，腹有剑'。"也就是说李林甫最嫉恨有文采的人，表面上对人一副笑脸，背地里陷害人家，当时的人都说他嘴上抹了蜜，肚子里都是阴谋诡计，这也是成语"口蜜腹剑"的来历。

三、安禄山的发迹

你想不到的是，就这样一个嫉贤妒能的家伙，居然也会给唐玄宗建议应该提拔一些人。那么，哪些人入了李大宰相的法眼呢？两个字，胡人，也就是少数族同胞们。

这事儿是这样的，从武则天开始，朝廷有一个惯例，把一些将要提拔的官员放到各个"军分区"去历练，过一段时间再召回朝廷，一般都会升官，这里有一个专有名词，叫出将入相——出去做将领，回来当宰相。

李隆基当政期间，逐渐形成了十大军区，军分区的司令叫作节度使。所谓的"节"，又叫旌节，本意是上面拴了一根牛尾巴的竹棍儿，是古代一种授权的象征。比如苏武牧羊，手里就拿着这么一根棍子，他宁可死了，也不愿丢掉，因为这是汉武帝亲自授予他，代表大汉使者的信物。"节操"一词正是来源于此，有节才有操守，而"节度使"的意思是，天子亲自授予，具有处理事务权力的官员。开始只管军事，后来连行政权也抢了过来，结结实实的封疆大吏，权力那是相当地大。

李林甫认为，如果像以往那样，朝廷的官员去了地方，一不留神当上了节度使，再回到中央，那他的首相位置能不能保住就是一个巨大的问号。所以，他对唐玄宗说，应该大力提拔在边关的少数族将领，一来可以安抚他们的情绪，稳定军心，二来这些胡人也确实骁勇善战，应该提拔。

唐玄宗觉得他说的有道理，就下旨照办。实际上，李林甫的真实心思是，胡人都是大老粗，汉字认识的比他李林甫还少，就算这些人当上了将军，也不会威胁到他宰相的位置。

即将走上领导岗位的一大群胡人里，有一个人叫安禄山。

安禄山出生在今天辽宁省朝阳市，他妈是突厥人的一个巫师，爹应该是一个粟特族的商人，所以，他是混血儿，还是少数族之间的混血儿，没有汉族血统。之所以姓安，是因为后来他娘带着他嫁给了一个姓安的人，继父姓安，他才跟着姓安。长大后的安禄山是个语言天才，会六门语言，他就利用这一特长，给人当翻译。

当翻译赚不了几个钱，他偶尔就会干点没本钱的买卖，有一次偷羊失手，被幽州节度使张守珪抓住，在要被打死的时候，安禄山喊了一嗓子："大夫不欲灭两蕃耶？何为打杀禄山？"您不是要对付北边的敌人吗？为什么杀我？然后《旧唐书》上说，"守珪壮其言而释之"，张守珪被这句话镇住了，就此放了安禄山，并且提拔他为偏将，让他带人在北方打仗。

如果你听着这段熟悉，那就对了，当年韩信被砍头之前，也嗷嗷地喊了这么一句。我个人认为，《旧唐书》的作者可能并不知道为啥张守珪放了安禄山，或者觉得整个过程太平淡，就抄袭了《史记》里韩信的故事，这个一点不奇怪，从司马迁开始，史书的作者一般都戴着一顶文学家的帽子。

无论如何，安禄山因为盗窃被招安当上偏将，这是真的。他不仅打仗勇猛、骁勇善战，立了很多战功，而且还很会来事儿，无论是和朝廷里的大臣们，还是往来于边关的使者们，关系都很好。《旧唐书》上说他，"厚赂往来者，乞为好言，玄宗益信向之"，重重地贿赂朝廷使者和大臣，唐玄宗听到的都是他的好话，再加上李林甫偏向少数族的政策，使得他一路飞黄腾达。

742年，他当上了平卢节度使。又过了三年，745年，杨玉环封为贵妃的那一年，他又兼范阳节度使。到了天宝十载，也就是751年，河东节度使也被他收入囊中，一人身兼平卢、范阳和河东三大军区司令，掌握了今河北、山西和辽宁西部的军事、民政和财政大权。

安禄山升得这么快，除了打仗好、运气好和政策好之外，还因为他这个人溜须拍马的功夫也好。比如说他体重三百多斤，一个大肚子沉甸甸地几乎垂到地上，居然可以在唐玄宗面前跳胡旋舞，史书上说"疾如风焉"，也就是转得还相当快，惹得唐玄宗很好奇，就问他，你肚子里面到底是什么玩意，这么大还能转这么快？他的回答就四个字，"唯赤心尔"，满满当当，都是对您的赤胆忠心，这个反应速度还真不是一般人能达到的。

再比如说他上朝时，唐玄宗让他拜见太子，结果他站着不动，左右说你赶紧下拜，安大胖子这时候说了，我是一个大老粗，没学过礼仪，不知道太子是什么官儿。唐玄宗便给他解释，太子就是储君，是我死了之后的皇帝。安禄山这时候回答道："臣愚，向者惟知有陛下一人，不知乃更有储君。"我只知道有皇帝，不知道有太子，说完了才去给太子李亨行礼，史书上说"上以为信然，益爱之"。唐玄宗竟然真的以为安禄山连太子是谁都不知道，只对他李隆基一个人忠心耿耿，于是更加信任这个三百多斤的大胖子。

那么我们就要问一句，李隆基真的老糊涂到这个份上，手下的节度使说不知道太子是多大的官，他都信了？有些史学家说是，我认为，只要他没老年痴呆，他就应该知道安禄山这样说只是在讨好他李隆基，他既不糊涂，也没有被蒙蔽，只是认为手下人就应该这样拍自己马屁，懒得拆穿而已。

这同样解释了为什么李林甫后来能当那么长时间宰相。原因就是李隆基懒得折腾了。早年英明神武的小李励精图治，时刻想着江山社稷，所以会重用姚崇、宋璟这类人担任宰相，并且不停地换宰相，以适应国家不同时期的需要；现在，精气神十足的小李已经变成了贪图安逸的老李。这当然不仅仅是因为杨贵妃，更因为他一方面工作了一辈子，有点厌倦了；另一方面也认为自己功德圆满，天下没什么可以继续改进的了——既然一切都那么完美，大唐帝国无比稳固，为什么还要把宰相换来换去穷折腾？更何况在他眼里，李林甫也不差，所以这才发生了16年不换宰相的事情。

那么，大唐帝国真的稳固了吗？那还真不一定。实际上，就在751年，帝国在遥远的边境上就吃了三个败仗，分别是安禄山讨伐契丹人失败、杨国忠讨伐南诏国大败而回、大唐军队在怛罗斯的惨败。三场战争每一场都损兵折将几万人，虽然不至于动摇大唐的根本，但确实反映出一定的问题，而李隆基、李林甫等大唐君臣们却一点也没有警觉。

097. 渔阳鼙鼓来

751年的三场败仗中的第三场，涉及一位在中国名气不大但老外却交口称赞的大唐将领，此人在国外有着"中国山岭之王"的称誉，我这里需要从头讲一讲。

唐高宗李治和武则天灭掉高句丽之后，很多高句丽人都被迫离开故土东北，迁移到了内地。由于这些人从小就尚武，喜欢舞枪弄棒，很多人后来就加入了唐朝的军队，在边关为新主人效力，这些东北人里，有一个人叫作高舍鸡。

高舍鸡因为战功被升为诸卫将军，他有一个儿子，从小就跟着在战场上磨炼。这个儿子叫高仙芝。

俗话说，龙生龙，凤生凤，老鼠的儿子会打洞。高仙芝从出生开始，就跟着他爹打仗，天生就是当将领的材料，长大之后，凭借着扎实的战功升为安西四镇副节度使。

一、怛罗斯战役

747年，本来臣服唐朝的小勃律国被吐蕃打败，彻底倒向了后者。松赞干布和文成公主这时候已去世了，吐蕃也和大唐翻了脸，经常互相打来打去，而小勃律国是吐蕃攻打唐朝安西四镇的必经之地，所以，大唐不能容忍它的背叛，几次派出田仁琬、盖嘉运等将领去攻打，可惜，因为实在太远,都是无功而返。

最后这个差事落到了高仙芝头上。高仙芝带着一万名大唐士兵从龟兹,也就是今天的新疆库车出发,经过三个月的行军,赶到了位于今天克什米尔西北部的小勃律国。无论是小勃律国,还是帮着他们守卫的吐蕃军队,看见高仙芝军队的那一刻傻眼了,心里都在问,这些家伙是人还是神仙?一万名重装士兵,还带着马匹,能够穿过将近1000公里的茫茫戈壁,翻越海拔5000米到7000米的帕米尔高原,还斗志昂扬地出现在敌人面前,这不是神仙是什么呢?战斗毫无悬念,在对手已经吓破了胆的情况下,高仙芝取得巨大的胜利,小勃律国王夫妇被俘虏,国名被改为归仁,不仅是它,周围20多个西域国家全都归了大唐,吐蕃又退回了西藏高原。

著名的英国考古学家斯坦因在考察完当年高仙芝的作战轨迹之后,感慨地说,高仙芝就是中国的山岭之王,他所做的事情,只有古迦太基的汉尼拔和法国的拿破仑可以媲美,那两个人就曾经翻越阿尔卑斯山去攻击敌人。也就因为这个,近年来韩国人不停地宣传,说高仙芝是韩国人,还拍了电影和纪录片来纪念他。对此我只能说,诞生在东北吉林扶余的高句丽和高仙芝,与现在的韩国,可真是没有一点关系。

无论如何,高仙芝这一仗彻底打出了名气,从此纵横西域,无人能敌,一直到751年,这个纪录才改写,在这一年,大唐帝国在边境吃了三场败仗,其中一场就是高仙芝指挥的。

这事儿是这样的,就在这一年年初,高仙芝又打败了位于今天乌兹别克斯坦的撒马尔罕和塔什干,俘虏了一个国王,砍了一个国王的脑袋,结果塔什干的一个王子跑到了阿拉伯帝国去求救,阿拉伯帝国马上纠集了大量军队,在实权人物艾布·穆斯林的带领之下,准备攻打高仙芝。

阿拉伯帝国为什么这么积极,它又是哪里冒出来的呢?这事说来话长。610年,隋炀帝杨广准备进攻高句丽的那一年,今天中亚阿拉伯半岛上一个叫麦加的地方，有一个说阿拉伯语的男人，正坐在一个山洞里彻夜沉思，终于有一天，他信奉的真主通过一个天使把真理传给了他，这个不识字的、名叫穆罕默德的人就成了真主选定的最后先知和使者，并由此创立了伊斯兰教。

伊斯兰教、犹太教和基督教统称为天启宗教，因为他们都信奉唯一的造物主，只不过犹太教称之为雅赫维，基督教叫耶和华或者上帝，而伊斯兰教称为安拉或真主。三大宗教都推崇传说中一个叫亚伯拉罕的人，《古兰经》和《圣经》说亚伯拉罕的一个儿子以实玛利是阿拉伯人的祖先，而他的一个叫雅各的孙子后来改名为以色列，那就是犹太人的祖先；基督教则信奉亚伯拉罕为信心之父。就因为有这些围绕着亚伯拉罕的复杂关系，这三大教又有另一个统称，叫亚伯拉罕宗教。

伊斯兰教的传教过程往往和武力相伴，弯刀所到之处，民众纷纷信奉了伊斯兰教。在632年穆罕默德逝世的时候，今天阿拉伯半岛上的大部分部落已经归顺了伊斯兰教，归顺之后的民众就称为穆斯林，意思就是顺从真主旨意的人。

穆罕默德之后的四位伊斯兰统治者继续南征北讨，先后征服了波斯、叙利亚、埃及、西班牙以及北非的大部分地区，建立了一个庞大的帝国，就是我们今天所说的阿拉伯帝国，这四位接班人被称为四大哈里发，"哈里发"就是接班人的意思。

到了这时候，阿拉伯帝国一方面在欧洲和东罗马也就是拜占庭帝国死磕，一方面在亚洲持续扩张，那自然而然就不可避免地和大唐王朝碰撞在一起。从715年到717年，史料记载两大帝国的前哨军队在西域打了几仗，正在蒸蒸日上的唐王朝还是略胜一筹，都打赢了，从而阻止了穆斯林东进的脚步。后来几十年，两国就没什么接触，都在自己的势力范围内忙活。在这样的背景下，751年高仙芝打到了乌兹别克斯坦，而塔什干的王子也跑到了阿拉伯帝国求救。

阿拉伯帝国的阿巴斯王朝这时候刚刚建立，正对唐王朝虎视眈眈，一听说有人带路，自然积极得不得了，马上准备攻打高仙芝。

山岭之王高仙芝决定先发制人，率领安西都护府唐军和少数族的联合部队，大概2.5万人，急行军七百多里，在当时一个叫作怛罗斯的地方找到了阿拉伯帝国的军队。现在学者认为，当时阿拉伯军队应该是10万到20万人之间，也就是高仙芝的军队和对方在数字上的比例是1∶4到1∶8之间，但是大唐王朝和高仙芝骄傲惯了，毫不畏惧，直接上去就开战，而且用的还是包围姿态。

开始的时候，高仙芝还占据优势，但五天之后，高仙芝的盟友葛逻禄部落临阵倒戈，背叛了唐军，和阿拉伯帝国前后夹击唐军。猝不及防之下，高仙芝一败涂地，带着几千人逃回了龟兹，近2万大唐男儿永久地长眠在了中亚。

以上就是这场战争大致的背景和过程。

在历史爱好者的眼里，这场战争最值得回味和讨论的就是，如果当年高仙芝赢了，今天的中亚会不会就保持了佛教信仰，不会改信伊斯兰教，甚至高仙芝剩勇追穷寇，灭了阿拉伯帝国，那世界历史都将被改写。这个问题一直到今天，还有人讨论。

我的回答是不会，有三点理由：

第一，怛罗斯战役从战略层面上，对大唐帝国和阿拉伯帝国都没有影响。在这一战过后，大唐的将军封常清照样在中亚迅速扩张，先后在753年和754年拿下了位于今天克什米尔西北的菩萨劳城和播仙，而阿拉伯人也没有力量继续东进，反而是不断地派遣使者来长安朝贡，几乎年年都来，后来安史之乱的时候，这些使者还帮着大唐帝国上战场去打安禄山，所以，除了死了近2万人，战争的影响很小。

第二，中亚地区大规模地从信奉佛教改为信奉伊斯兰教，是在9世纪左右，而今天的新疆一直到14世纪，也就是明朝的时候，才全盘伊斯兰化,那时候唐朝都灭亡了600多年了,所以,除非大唐王朝能延续几百年的国运,否则,对于中亚和西域的伊斯兰化,高仙芝是无能为力的。

第三,无论是阿拉伯帝国还是大唐帝国,在当时的条件下,中亚的怛罗斯基本上就是两国能够扩张的尽头了,那里离各自的政治和文化中心都实在是太远了,所谓强弩之末不能穿鲁缟。这也是为什么阿拉伯帝国战后也没有继续追击,即便是高仙芝赢了,他也不会继续西进。

总之,这场战争对世界局势并没有什么影响,但是它对世界文化却产生了一些影响,那就是当时高仙芝军队里的工匠被阿拉伯帝国抓走之后,中国的造纸术终于成规模地被阿拉伯人掌握,从而传到了西方,对阿拉伯语的普及起到了相当大的作用。

后来的阿拉伯帝国百年翻译运动,用了200年时间把古希腊、古罗马、波斯、古印度和中国的文化翻译成阿拉伯文保存起来,造纸术的普及可以说是功不可没。阿拉伯的百年翻译运动是后来欧洲文艺复兴的基础,没有这些阿拉伯文的古希腊、古罗马书籍和资料,欧洲也不可能有什么文艺复兴,这些故事在我的音频节目《欧洲史话》中有详细讲述。

无论如何,751年的三场边境战争的失败,意味着大唐帝国扩张的脚步就此停止。但李隆基也丝毫不在乎,因为帝国实在是太大了,那个高仙芝失败,叫什么"大螺丝"(怛罗斯)的地方,离华清池至少3000多公里远,实在是不差那一点儿地皮。

问题是,盛极而衰,强盛到不能再强盛了,那就意味着衰退的开始。

二、清算李林甫

753年,首相李林甫病死了。本来唐玄宗已经追赠他为三公之一的太尉,就等着风风光光地下葬,可是三个月后,唐玄宗突然下令,削去他的官爵,抄没家产,他的所有子孙都被流放到祖国大西南或者广州这样的穷乡僻壤去。唐玄宗还命人劈开李林甫的棺木,剥下他身上紫色的官服,改用小棺材,按老百姓的待遇安葬。

因为,李林甫的继任者,大唐帝国的新宰相杨国忠,状告李林甫谋反,并且赢了官司。

杨国忠本名杨钊,据说年轻时放荡无行,嗜酒如命,到了30岁还一事无成,只好去四川当兵,混口饭吃。但随后他的理财天赋被发现了,史书上说他"以屯优当迁",也就是屯田这样的经济工作做得好,应该升迁,最后当上了新都县的县尉。县尉主管一县的治安,是县一级的重要官员,搁在现在也算不错了,但如果一辈子就这样子,我这里就不可能提到他。杨钊的转机发生在745年,杨玉环被封为贵妃。这个消息传到四川之后,杨钊马上就对人吹嘘自己和杨贵妃是兄妹。现在很多人也说他是杨玉环的哥哥,这话也对也不对。两人只是同一个曾祖父,杨钊是杨贵妃的从兄,不过即便是这么远的亲戚关系,也是关系,当时的剑南节度使就准备了百万左右的四川土特产让杨钊替他到京城活动,看看能不能和杨贵妃拉上关系。

杨钊到了长安之后,凭借其灵活的交际技巧,娴熟的理财能力和无与伦比的运气,仅仅三年,不仅被杨氏姐妹引荐给了唐玄宗,而且还和李林甫拉上了关系。为什么妒贤嫉能的李林甫对他青眼有加?因为杨钊没学问。能让李林甫妒忌,你必须有才能,但在李林甫眼里,杨钊就是一个纨绔子弟,并且是贵妃阵营里的大纨绔,这样既没有威胁,还可能有帮助的人为什么不结交?

750年,杨钊得到了李隆基赐给他的一个名字,成了后世大名鼎鼎的杨国忠。他开始和李林甫争夺权势,而唐玄宗也乐于看到一个可以制衡李林甫的人出现。李林甫明白自己给自己挖了一个大坑,但一切都晚了,已经重病缠身的他,在病床上眼泪汪汪地求杨国忠照顾自己的家人。杨国忠当面答应得好好的,一转身,就背弃自己的承诺,当上宰相没两天，就诬告死了的李林甫谋反，准备在政坛上来一波大清洗，都换上老杨家的人。

唐玄宗这么精明的人，长时间信任李林甫，为什么最后相信了李林甫曾经想造反？因为除了李林甫的女婿被杨国忠收买，主动揭发老丈人外，还有一个铁证，那就是杨贵妃的干儿子安禄山送来了一个人证，一个北方铁勒部落的降将。这家伙作证，李林甫曾经和他们部落的头目阿布思密谋里应外合造反，面对天衣无缝的证词，李隆基不得不信。

三镇节度使安禄山为什么诬陷李林甫，这里面有一大一小两个原因。大的原因是觉得新宰相杨国忠，比死了的首相李林甫对自己将来的帮助更大，投机分子自古都是站在活人这边，有谁傻到会和死人站队？小的原因就是发泄一下自己的怨恨。

安禄山对李林甫有怨恨吗？恐怕是有的。《旧唐书》记载，安禄山非常怕李林甫，因为每次和李林甫交谈，后者总是能准确地猜到他的心思，并提前说出来。安禄山认为他就像神仙一样，无所不知。即便是在边关自己的军营里，当朝廷的使者来的时候，安禄山都要先问："十郎何言？"十郎就是李林甫，意思就是首相和你说什么没有？如果使者说，李林甫表扬您了，安大胖子就高兴得手舞足蹈，如果说李林甫让您老实点儿，好自为之，那安禄山就拍着床板说，完喽，我死定了。

这事儿后来传到宫里，唐玄宗还让著名的文艺工作者李龟年表演了一下，把自己逗得哈哈大笑。他当然会得意到哈哈大笑，边关大将和当朝宰相互相牵制，是每一个皇帝最愿意看到的事情。

那么，如何评价李林甫16年的首相工作呢？前面说过，他并不是没有宰相的才能，只是没有宰相的气度，为了独揽大权而压制其他人才。其实，宋朝以后的文人士大夫基本上都有道德洁癖，所以《新唐书》和《资治通鉴》里对李林甫的贬低就带有了很大的主观色彩，所以我觉得还是《旧唐书》里的评价更加客观。《旧唐书》说，李林甫被抄家之后，"天下以为冤"，当时的老百姓都为李林甫喊冤，这多多少少也反映了李林甫还是做过一些有利于老百姓的事情。

至于说安史之乱这一笔账，我个人认为，李林甫肯定有责任，但主要还是要怪李隆基自己。

三、安禄山起兵

李隆基乐于见到李林甫和安禄山勾心斗角，但他没有意识到，只有双方实力相当，争斗才能保持平衡，若一方实力太弱，另一方就会野心膨胀。

很不幸，杨国忠就是安禄山眼里的弱鸡。两个人在联手诬陷了李林甫之后，很快就因为权力问题分道扬镳。杨国忠心里想的是，你安大胖子为啥不像怕李林甫那样怕我？而在安禄山眼里，杨国忠就是靠着杨氏姐妹的裙带关系爬上来的，才能不及李林甫，嫉贤妒能却有过之而不及，把整个朝堂搞得乌烟瘴气，这些安禄山都看在眼里。

结果就是，安禄山越是不怕杨国忠，杨国忠越想制服他，最后实在没办法了，就只能天天在唐玄宗耳边说，您干儿子有异心，早晚会造反。唐玄宗根本不理睬他，一个原因是李隆基坚定地认为，安禄山做人实在诚恳，天下人都反了，他也不会反；第二个原因是他认为无论互相诬告还是跋扈，都是杨、安两人将相争斗的一部分，他乐见其成。所以，他不相信安禄山会造反，但是也不会因为杨国忠喋喋不休的告状而生气。

到了754年正月，杨国忠就准备放一个大招，他一方面对李隆基说，您说安禄山不会反，现在您试试让他到京城来，他肯定不会来，因为他居心不良，不敢来；另一方面偷偷让人散布小道消息，说朝廷会趁着安禄山进京的机会杀掉他。

唐玄宗说那就试试吧，结果让杨国忠大跌眼镜，安禄山一召就来。

有人说杨贵妃事先给安禄山通风报信了，也有人说安禄山就是赌一把，或者这时候他确实没有造反的意思。但这些已经不重要了，重要的是这个胖子不仅来了，而且还匍匐在李隆基的脚下嚎啕大哭，说我就是粗人，也不识字，就因为您喜欢我，杨国忠就想杀死我，要不我现在死了得了，省得您心烦。

李隆基心疼不已，又是安慰，又是提拔。安禄山好吃好喝地在长安待了两个月，三月初一，他毫发无损地离开长安之后，马上以每天三四百里的速度返回范阳，开始积极招兵买马，屯粮攒钱，准备造反。

可笑的是，安禄山走后，任何人只要对唐玄宗说安禄山想造反，他就把人绑起来，送给安禄山处置，《旧唐书》上说，"人言反者，玄宗必大怒，缚送与之"。

那么，既然皇帝如此信任他，连首相杨国忠都没有任何办法，安禄山为什么还要造反？这里面除了和杨国忠不和、看穿了帝国朝堂上的腐朽和无能之外，还有两个原因：第一个是唐玄宗已经70多岁了，也许没几年活头儿了，安禄山和太子李亨的关系又很差，前面说过，他当面装作不知道太子为何人，讨好了唐玄宗，那就必然得罪了太子，如果李隆基归天了，和新皇帝还有宰相都没办法好好相处，前程确实堪忧，这一点在史书上有写，安禄山"见上春秋高，颇内惧"；第二个原因是，这时候的安禄山认为自己有资格去争取皇帝的职位，他手握三镇15万兵力，占大唐军队总数的1/4到1/3左右，而且全都是精锐，凭此武力，怎么不能当个皇帝玩玩？当然，这是他自己认为。

就这样，天宝十四载十一月初九，也就是755年12月16日，平卢、范阳和河东三镇节度使，三百多斤的大胖子安禄山，联合了契丹、室韦和突厥等很多少数族，在今天北京西南角，当时叫作蓟城的地方召开誓师大会，以"忧国之危，奉密诏讨伐杨国忠以清君侧"为口号起兵。也就是说，不是造反，是奉了唐玄宗的秘密诏书，要铲除杨国忠，为国除害。这事儿当然是骗鬼的,远在长安的杨国忠听说之后,仰天大笑,看看,给我说中了吧,安大胖子终于反了。

唐玄宗确定安禄山反了之后,羞愤交加,决定亲自领兵去平叛,《旧唐书》说他"欲以皇太子监国,自欲亲征,谋于国忠"。可是杨国忠一听,马上就从料事如神的惊喜转为惊吓,因为他当年为了讨好李林甫,也曾经和李大人一起欺负过太子李亨,如果李隆基亲征,李亨是不是会趁着这个机会报复他杨国忠,是谁也料不到的事情,史书说他于是"入诉于贵妃"。杨贵妃只好祭出了三大绝招,一哭二闹三上吊,口里含着土块,对唐玄宗说,您去亲征的话,我就死给你看,李隆基只好作罢,《旧唐书》说"贵妃衔土请命,其事乃止"。

然后杨国忠对唐玄宗说,现在造反的只是安禄山,何足道哉?几天之内,他的脑袋就会送到陛下您的面前,这叫"不过旬日,必传首诣行在"。

我们现在都知道,这个不学无术的杨国忠只是在吹牛皮,安禄山的这场造反持续了七年多,可谓是哀鸿遍地,生灵涂炭。那么,当时到底有没有可能在短的时间内平叛呢?如果有,为什么没做到?这场战争对唐朝甚至中华民族又造成了什么样的影响?

098. 三大助攻手

755年，三镇节度使安禄山在今天的北京举起了反旗，旗子上写的是打倒小人杨国忠，实际上，他的目标自然也包括了大唐皇帝的宝座。由于安禄山是和他同乡史思明一起造反的，并且后来这个史思明的戏还比较重，历史上就把这次叛乱称为"安史之乱"。

一、募兵制的隐患

前面已经总结了安禄山反叛的原因，这里还有一个问题，安禄山可不是自己一个人抡着片刀冲向长安的，他的身后跟着平卢、范阳和河东三镇的15万将士们。当时既不是唐王朝刚刚建立人心不服的时候，也不是王朝老迈不堪民不聊生的时候，当时是被后世称为开天盛世的大好时光，人人以大唐自豪，老百姓的小日子也很舒坦，这些大头兵们为什么放着好日子不过，跟着安禄山造反？

这事儿也不复杂，这些士兵们这时候已经把自己当作安禄山的兵，而不是大唐王朝的兵了。这一点从安史之乱平定之后，一些安禄山的老部下还给他立庙，称其为圣人，就可以看出来。那么为什么他们不把自己当作大唐王朝的兵呢？这和唐朝的兵役制度有关。

前面讲北魏、北周、隋等朝代的时候，曾经提到过府兵制，大唐王朝建立之初，也继承了这个府兵制。所谓府兵制，就是军队平时种地，有仗打的时候才操家伙上马杀敌的制度。这些人的户籍、管理和训练都由一种叫作兵府的组织负责。兵府又叫折冲府，到唐太宗李世民当政的时候，天下已经有了600多个折冲府，控制着60多万大唐子弟兵，每个折冲府大概管理1000多个士兵。如果国家需要打仗了，就从全国各地的折冲府调集士兵，再派一位将军带着这些府兵出征。这些来自四面八方的士兵们打完仗，再回到各自的折冲府，也就是家乡。府兵们在自己家乡不仅仅有青梅竹马，还有政府的各种优待政策，比如只要当了府兵，都可以分配一块不错的田地，还可以免除一定赋税等。这些有了财产牵挂的士兵，不仅不会造反，而且对外战争还相当勇猛，因为后面就是他的一亩地两头牛、老婆孩子热炕头。有了土地有了家，就有了恒产，有了恒产，也就有了恒心，如此一来，国家和个人就捆绑在了一起，可以说是双赢。

到了唐玄宗时代，这个府兵制度瓦解了，很神奇的是，它的瓦解恰恰是因为国家发展了，或者说大唐帝国的强盛。

这里面有两个主要原因：一个原因是，土地兼并已经十分严重，财富集中到少数人手里。通常来讲，在和平发展时期，只要政府不去有针对性地打土豪，那财富必然像水一样往社会精英手里流淌，因为这些人有背景有资源还有能力。比如在美国，国家越是富裕，最顶层的一群人占有的社会财富就越多，20世纪中期，美国最顶层1%的富豪占有社会财富还不足20%，到2021年已经占比42.5%，翻了一倍还多。大唐王朝的开元盛世也是如此，国家分配给农民的土地，渐渐被大地主们通过合法买卖的手段兼并去了，而国家手里的土地也不是无限的，最后等国家无地可分的时候，大量府兵——同时也是农民，失去了土地，变成了给人打工的，也就没有恒产了。虽然这时候社会看起来还是很富裕，但产生了两个后果：一是国家税收少了，唐代的租庸调制度按照人头收钱，地主们兼并了土地，却不用额外交税，没有了土地的农民又交不起税，自然而然地，税收就少了；另一个后果就是府兵们变成了流动的打工仔，哪儿能赚到更多的钱，就去哪儿干活。

如果仅仅有土地兼并这一个原因，还不足以让府兵制迅速瓦解，还有一个致命原因是，随着国家的强盛和扩张，边境越来越远，急需一些职业军人去镇守边关，可是由于大唐王朝中央税收减少，它渐渐地给不了各个节度使充足的钱财去扩军。不能给钱，那就只能给权，财政权和行政权随即下放给了节度使们。这些人于是八仙过海、各显其能，一个个马上阔了起来，拼了命地开始了招聘工作，征兵征将，招揽人才。

一边是因为兼并失去了土地的农民，一边是急需士兵的大唐边关将领们，很自然地，一种新的兵役制度诞生了，那就是募兵制，谁给钱就跟着谁干，给得越多就越给你卖命。

后果很明显，从749年实行募兵制开始，大唐帝国边境上的节度使的兵力就急速扩张，而且这些军队基本上都属于节度使的私人武装，中央根本管不了他们，所以，当安禄山起兵的时候，他下面15万的三镇兵团几乎没什么犹豫，跟着就反了。

二、安禄山的实力

那么，安禄山这15万兵力的实力到底如何，是不是十分强悍，大唐帝国很难平定呢？有些人说是的，否则安史之乱怎么打了那么多年？我对于这一点是持反对态度的，先不说民心并不在安禄山这一边，即便只看军事实力，安禄山也没有强大到可以和整个唐王朝叫板的程度。

著名历史学家吕思勉在他的名著《隋唐五代史》里曾经说过："当时天下兵力，实以西北二边为重，唐所视为大敌者，实为突厥和吐蕃。"他又说，"东北去中枢较远，契丹虽桀骜尚非突厥和吐蕃可比"，这两段话比较符合历史事实。也就是说，当时大唐的军事中心实际上在西、北两个方向上，因为这两个方向有突厥和吐蕃，这是唐朝时对中原威胁最大的两个少数族集团。

位于东北的安禄山主要防范的是另外两个新兴的少数族，室韦和契丹。室韦是柔然的后裔。契丹也是一群东北人，中国历史上最早关于契丹的记录，是在鲜卑拓跋部建立的北魏时期，但是和突厥一样，谁也搞不清楚他们的真正来历。总之，他们来自东北，和鲜卑人有着千丝万缕的联系。

契丹人最鲜明的特征就是他们独特的发型，现在年纪大的男人都担心自己变成地中海发型，头顶上一根头发也没有，绕着脑袋倒是有一圈像裙子一样的头发，可是契丹族的爷们儿当年都是刻意把头发修理成这样，叫作髡髪，走起路来，一圈头发忽闪忽闪的，相当地拉风。

相对于北面的突厥和西面的吐蕃，契丹和室韦当时对唐王朝的威胁并不大，契丹人要等到100多年后建立了辽国，才逐渐强大起来，而室韦要等到南宋末期，它的子孙里出了一个成吉思汗才开始横行天下。当时他们和安禄山之间只不过是小打小闹，从713年到安禄山起兵的755年，一共也就打了十几次，基本上是互有胜负，剩下的时间里，安禄山军队的最大任务类似于剿匪，和零星的少数族部落交战，这样的军队，自然没办法和几乎每个月都打仗的大唐西、北军团相比。

三、三个神助攻

既然安禄山的军队并不是特别强悍，为什么大唐王朝还用了七年多时间来平叛，并且首都都被占领了？要回答这个问题，我们必须把安史之乱发生之后的事情慢慢梳理一下。

首先，唐王朝确实被打了一个措手不及，属于仓促应战。虽然宰相杨国忠天天嚷嚷安禄山要造反，可他依靠的不是形势判断，而是自己心里的愿望，上至唐玄宗下至文武大臣对此都清楚，他们全都不相信安禄山会造反。所以，等安禄山真正造反了，唐王朝没有任何准备。

挨着叛军最近的，是朔方节度使安思顺。《资治通鉴》记载，安思顺是安禄山继父的侄儿，不管俩人是不是暗中勾结，唐玄宗也不可能让他去平叛，于是安思顺马上就被召回，由他的下属郭子仪代替他成为新的朔方节度使。

同时，唐玄宗委任了恰好在京城的封常清和高仙芝为正副元帅，领着中央军去平叛。高仙芝是山岭之王，封常清也不比他差，著名的诗人岑参曾经写过"古来青史谁不见，今见功名胜古人"这样的句子，就是夸赞封常清在西域立下的赫赫战功。封常清当时相当自信，对唐玄宗说："计日取逆胡之首悬于阙下。"意思是，几天之内，安禄山的脑袋就会送到您的面前。

可惜，封大将军错把唐王朝的中央军当作他在西域的军队了。这些中原地区的驻军已经几代不闻战鼓之声，根本打不了仗，加上当官的贪污军饷，士兵的装备只比烧火棍强那么一点点，《新唐书》里说，"及禄山反，皆不能受甲矣"。这一点，造反派也很清楚，安禄山的手下将领就说："今四方军垒虽多，皆新募乌合之众，未更行阵，岂能敌我蓟北劲锐之兵？！"夸下海口的封常清带着这群老爷兵，打了三仗，败了三仗，只能退守潼关。他也终于意识到，靠着这批士兵，那就是去送死，因此对赶过来的高仙芝说，"贼锋甚锐，应急回潼关严守"。

新任朔方节度使郭子仪的朔方军团训练有素，这时候从北边突破长城天险杀虎口，打了几个胜仗之后，联合了李光弼和仆固怀恩等将领，接着北上包围了云中，也就是今天的大同，同时南下拿下了雁门郡，准备从井陉进入安禄山的老巢河北。前面讲过，当年韩信就是走井陉这条路拿下整个北方的，郭子仪也想复制一下韩信的经典战役，越过太行山，直接端了安禄山的老窝。

不仅如此，河北常山，也就是那个出了赵云（赵子龙）的地方，有一对兄弟，名叫颜杲卿和颜真卿，也毅然举起了大旗，在敌后反抗安禄山，和郭子仪在声势上遥相呼应。

在这样的形势下，封常清认为，只要他和高仙芝死守潼关，堵住安禄山西进关中的道路，争取到一些时间，等唐王朝调兵遣将完成，西北或者西南的一两个军团调了过来，一两年内平定叛乱是有可能的。

已经在洛阳称帝，国号为大燕的新皇帝安禄山这时候也有点慌了，气急之下，甚至后悔造反，大骂身边谋士重臣，《旧唐书》上说他"怒不可解"，还说"禄山窘急，图欲却投范阳"，准备撤回老窝范阳，做一个割据的军阀了此残生。

谁知就在这个时候，三个神助攻闪亮登场，他们分别是太监边令诚、皇帝李隆基和小混混宰相杨国忠。

边令诚是李隆基派给封常清和高仙芝的监军，派宦官去监军，是府兵制瓦解之后，唐玄宗为了监视大肆募兵的节度使而采取的一种新办法，职责是"监视行赏，奏察违谬"，权力很大，但太监们一般对金钱的渴望都比较大，只要钱给得到位，什么都好说。偏偏封常清和高仙芝都不给他钱，于是，边令诚上奏唐玄宗，说封常清打了败仗之后，鼓吹敌人厉害，动摇军心，而高仙芝的罪名是贪污军饷。

已经被安禄山的背叛弄得疑神疑鬼的老年人李隆基，这时候已经失去了判断能力，他也在怀疑封、高两人把士兵和粮草拼命往潼关集结的真正目的，看到边令诚的小报告之后，马上就有自己猜对了的恍然大悟，一道圣旨，把封常清和高仙芝都斩了，然后让哥舒翰去守潼关。

新的将领哥舒翰是突厥人，从小就在西北边关给大唐卖命。中学课本里的诗句"北斗七星高，哥舒夜带刀"说的就是他横行西北的故事。不过这时候的哥舒翰因为中风正在长安休养，当他被抬到潼关，了解情况之后，作为一个名将，他马上就得出一个结论，封常清和高仙芝的策略是对的，所以，他也赶紧关了潼关的大门，坚决不出去。与此同时，郭子仪和李光弼在河北越打越顺手，进展得十分顺利，他们给朝廷上书，说只要哥舒翰守住潼关，他们引朔方军团北取范阳，应该可以让叛军内部溃散。

可惜的是，这些建议都没用，杨国忠由于各种原因，和新元帅哥舒翰产生了巨大的矛盾。且不说谁对谁错，但杨国忠把这些私人矛盾放在了国家利益之上，他不停地怂恿唐玄宗下旨，命令哥舒翰从潼关出兵，和安禄山玩命死磕，甚至不停地暗示哥舒翰不出兵就是想拥兵自重。

70多岁的李隆基这时候也在琢磨，为什么河北的形势一天比一天好，而你哥舒翰就是不出兵呢？莫非你想等着叛军和河北政府军两败俱伤之后，做安禄山第二？于是，756年的夏天，从长安到潼关的大道上，布满了催促哥舒翰出兵的使者，史书上说"项背相望"，比后来催促岳飞的十二道金牌更加急促。

到了如此地步，哥舒翰知道，再不开关出战，他就只能去和封常清、高仙芝两位在地下见面了，《新唐书》上说他"恸哭出关"，知道自己很可能再也回不来了。结局不出意料，安禄山的所有精锐都埋伏在潼关附近，灵宝一战，哥舒翰带领的20万军队全军覆没。

诗圣杜甫著名的《潼关吏》就是描写这场战争，最后两句是"请嘱防关将，慎勿学哥舒"，也就是嘱咐后来的将军们，要以哥舒翰为戒，不要轻易放弃险关，贪功冒进，最后被敌人吃掉。当然，我们的大诗人完全明白这事儿的幕后黑手是谁，在诗的下方，他写了一行小字，"明皇听杨国忠言，力趣出兵，翰抚膺恸哭而出，兵至灵宝溃，关遂失守"，亲身经历了开元盛世和安史之乱的诗圣头脑是清醒的。

《祭侄文稿》

在河北敌后根据地和安禄山死磕的颜杲卿和儿子颜季明，起兵不久就被安禄山抓了起来，父子二人誓死不降，相继被杀。两年后，颜杲卿的弟弟，书法家颜真卿，找到了侄子颜季明的头颅，悲痛至极，挥笔写下了《祭侄文稿》。这篇234个字的祭文被称为千古行书第二——第一的是王羲之的《兰亭集序》，不过《兰亭集序》现在找不到了，《祭侄文稿》的真迹原件却还在世。蒋介石当年把这件国宝带去了台湾，2019年，台湾当局把它送到日本展览，引起了巨大轰动。

可以很肯定地说，如果没有边令诚、李隆基和杨国忠的神助攻，安禄山别说打进长安，他连关中都不一定能打得进去。

历史没有如果。哥舒翰兵败被擒之后，潼关马上失守，不仅是郭子仪、李光弼失去了大后方，马上被迫撤离，长安也随即变成了砧板上的肉，任由叛军宰割。这一次，唐玄宗的判断十分准确，行动也非常迅速，7月13日凌晨，在禁军统帅陈玄礼的护卫之下，唐玄宗、杨贵妃、杨国忠等人悄悄地离开长安，向西狂奔逃命，准备去四川避避风头。

099. 魂断马嵬坡

756年,潼关失守后,唐玄宗李隆基、贵妃杨玉环、宰相杨国忠等人,这时候也顾不上体面了,在龙武大将军陈玄礼的保护之下,偷偷地溜出了长安城,一路向西狂奔,准备去四川避难。这是杨国忠的主意,他在四川为官多年,当上宰相之后更是着力经营四川,因此觉得,到了那里,就是他的地盘,自然可以继续大权在握,掌控皇帝。

7月15日,唐玄宗一伙人走到了今天陕西兴平附近一个叫马嵬驿的地方。马嵬驿是一个叫马嵬的驿站,这里是古丝绸之路出了长安之后的第一站。

一、魂断马嵬驿

接下来的事情,按照《资治通鉴》的记载是,当时士兵们又饿又累,一个个都觉得很委屈,而且怨言直指杨国忠。陈玄礼和一些将领觉得士兵有哗变的可能,就商量着要杀掉杨国忠,平息士兵们的怨气。当陈玄礼向太子李亨透露了行动计划之后,太子不置可否,既不说行,也不说不行。司马光在《资治通鉴》里说,这就相当于太子李亨默许了。于是,在陈玄礼的策划之下,士兵们把所有的怒火都发泄在杨国忠身上,他不仅被砍成了七八块,脑袋还被挑起来扔到唐玄宗住的院子里,并且把随行的杨氏兄弟姐妹,包括千娇百媚的虢国夫人和她的儿子全都砍死了。

当唐玄宗拄着拐杖哆嗦着走到门口，面对一大群愤怒的士兵时，他也只能说，杨国忠居然想造反，大家杀得好，你们有功无罪，都回去洗洗睡吧。这老头子一点儿也不糊涂，一顶谋反的大帽子，哐当一声给杨国忠扣了上去，等于是把士兵们这次的谋反行动变成了忠心耿耿的护驾行动，想着你好我也好，把事件平息下去，谁知没有一个人离开。

陈玄礼这时候开口说，这事儿还没完，大家认为您最宠爱的女人杨玉环必须去死。

唐玄宗的回答是："贵妃常居深宫，安知国忠反谋？"大太监高力士偷偷地提醒他："贵妃诚无罪，然将已杀国忠，而贵妃在陛下左右，岂敢自安？"意思是，陈玄礼和手下的将士已经杀了杨国忠，不管亲不亲，他的妹妹如果继续留在您的身边，他们肯定睡不着觉。

就这样，在陈玄礼、高力士还有所有士兵的逼迫之下，李隆基扔给自己最宠爱的女人一条白布，赐自尽。当然，也有人说最后是高力士带人把杨玉环拉到一间佛堂勒死的，反正杨玉环就此香消玉殒，并且死了之后，还把尸体抬出去，给陈玄礼等人验收查看。陈玄礼和士兵们这才喊了几声"万岁"，满意地回去睡觉。

第二天，太子李亨和唐玄宗一行分道扬镳，70多岁的唐玄宗和同样70多岁的陈玄礼、高力士继续西行入蜀，李亨则带着一群人转道西北，开始了长达7年的平叛战争。

以上就是《资治通鉴》上马嵬驿兵变的大概过程。俗话说，尽信书，不如无书，我的第一个怀疑就是士兵又饿又累这件事。只要细想一下，就知道这事儿不太可能，唐玄宗和太子李亨一行人出逃，是经过精心准备的，同样一本《资治通鉴》，上面说连出逃的马匹都是精选出来的，那怎么可能仅仅一天，粮食就吃没了？马嵬驿距离长安不过约50公里，士兵怎么可能就累得要死？如果真是这样，那随后唐玄宗等去四川的路上，士兵还不得饿死，累死？所以，马嵬驿兵变这事儿绝对不是因为士兵又累又饿而自发的哗变。那么,谁是马嵬驿事变的主谋?

很遗憾的是,这个问题我不敢轻易下结论,虽然《资治通鉴》说是陈玄礼,但在大多数史学家眼里,这很可能是由太子李亨和他的心腹宦官李辅国,还有大太监高力士合起来策划的一场争权斗争。

他们这样说有两个原因:第一,太子李亨和杨国忠一直不和,并且安禄山叛乱时,玄宗本想让李亨接替皇位,由于杨国忠及其姐妹的反对而未成事实;第二,李亨绝对不想去杨国忠控制的四川,一旦到了四川,老爹李隆基的日子好不好过他不知道,但自己的日子肯定是难过,还很可能被废掉,另立一个太子。

不过我个人认为,史书上说禁军统帅陈玄礼鼓动士兵哗变也不是没有可能。此人是当年帮助李隆基干掉韦皇后和安乐公主的大功臣,几十年下来,一直对唐玄宗忠心耿耿,他当然也同样具有政治眼光,知道如果不除掉杨国忠,到了四川,那就再也没有机会了。

不过,既然大家心里都知道,到了四川就是杨国忠的天下,那么唐玄宗就不知道吗?《旧唐书》上有这样一段记载,"丙辰,次马嵬驿,……龙武大将军陈玄礼奏曰:'……(今)为社稷大计,国忠之徒,可置之于法'。"意思是到达马嵬驿之后,陈玄礼对唐玄宗说,安禄山造反的口号就是杀掉杨国忠,现在为了国家,我们应该把杨国忠杀死。《旧唐书》上并没有描述唐玄宗的反应,但紧接着就写道,杨国忠被剁成了七八块,所以,如果说除掉杨国忠这事儿唐玄宗早就知道,并且默许,甚至是在他的策划之下,那也都是合情合理的。

至于说杨贵妃之死,不管在不在唐玄宗的计划之内,都是他亲口下的命令。诗人白居易《长恨歌》里的最后四句,"在天愿作比翼鸟,在地愿为连理枝,天长地久有时尽,此恨绵绵无绝期",听起来是荡气回肠,把李隆基和杨玉环两人的爱情歌颂得无比浪漫,实际上,唐玄宗也许真的爱着杨玉环,但他爱的是活着的贵妃,如果说和对方一起去地下世界,做一对恩爱的连理枝,那他肯定说,不去,朕还没活够啊。

顺便说一句,《新唐书》里说,杨玉环死的这一年是38岁,按公历计,则是37岁。审视她的一生,其实挺无辜的。杨国忠这个拐了很多弯儿的远房哥哥能当上宰相,和她的关系并不大,主要是李林甫专权时间太长,朝堂上人才极度缺乏,有一些理财本事的杨国忠才被唐玄宗看重,提拔到了宰相。

杨贵妃本身充其量就是奢侈一些,再就是和唐玄宗耍耍小性子。史书上没有她干预朝政的任何记录,所以,李隆基那句"贵妃久居深宫",并没有为她开脱的意思,确实是实情。但这些说辞是没什么用的,杨国忠多年来一直都打着贵妃哥哥的旗号行事,下面的人只知道他们是兄妹,所以只有杨玉环去死,大家才心安,唐玄宗的贴身大太监高力士说得一点儿没错,"将士安则陛下安矣"。士兵心安,您才安全。想通了这个道理,胖丫杨贵妃的死期也就到了。

无论如何,这场兵变让这个美丽的女人魂断马嵬坡,也标志着以李隆基为代表的大唐开天盛世,也就是开元、天宝两个美好时代的终结。李隆基虽然还活着,但他和盛唐的魂魄彻底地留在了马嵬坡,取而代之的,是在这场兵变里获得最大一块蛋糕的太子李亨。

二、李亨称帝

李亨是李隆基的第三个儿子。前面说过,李隆基一天之内害死了三个儿子,那里面就有原太子李瑛。国不可无储君,太子死了,就要立新太子,但是在立新太子这件事上,宰相李林甫和李隆基的意见并不一致,当时李林甫的意思是立寿王李瑁,也就是杨玉环的前夫,但李隆基最后还是立了李亨。

这样一来,李林甫几乎就成了李亨的天敌,而李隆基对于李林甫对太子李亨的打击几乎采取了不闻不问的态度，原因是宰相和太子天天打架，他才安心。李隆基最喜欢的就是在臣子中间玩弄这种帝王的权力制衡游戏，只不过后来在杨国忠和安禄山之间的平衡他没把握好，玩出麻烦了。李林甫死了之后，杨国忠对李隆基的心思也摸得很准，知道打击太子是皇上最愿意看到的，所以，李亨的日子一直过得很憋屈，甚至不得不"离婚"两次，就为了向老爹表忠心。在这种苦闷憋屈的日子里，李亨活到了马嵬坡，这一年他45岁。

马嵬驿兵变的第二天，出现了一个很有意思的现象，当地群众扶老携幼拦住了唐玄宗的队伍，请皇帝留下，带领大家回去打安禄山。李隆基自然是不能答应，开什么玩笑，20万大唐军队都打没了，就凭你们村子这十几个人，打鬼吗？可是就在唐玄宗出发不久，负责断后的李亨派人告诉他爹，我不走了，我要北上抵抗安禄山，原话是，"愿戮力破贼，收复京城"。于是，李亨带着一部分军队和唐玄宗分道扬镳，20多天后，平安到达郭子仪朔方军的大本营灵武。

我并不是一个完全的阴谋论者，但找一些人演演戏这事儿，李亨当时还是能做并且愿意做的，已经失去了威望和权势的李隆基对此也只能默默接受。

一个月后的756年七月十二日，李亨在灵武登基为帝，这就是唐肃宗。他遥尊李隆基为太上皇，朔方节度使郭子仪被任命为兵部尚书，同中书门下平章事，也就是宰相。

平心而论，李亨当皇帝一半是自愿，一半也是迫不得已。他要是不当这个皇帝，手下人是肯定不会答应的，更不会提着脑袋去打安禄山——你一个窝窝囊囊的太子殿下，如何保证我们拼死打完仗之后能获得富贵？咱们中国人做什么事儿都讲究名分，一个皇帝的承诺，比一个太子的号召，听起来就靠谱多了；况且从太子升级为皇帝，也是合理合法，至少，比安禄山那个自封的大燕皇帝更加靠谱。

果然，李亨变成唐肃宗之后，原来高仙芝的副将李嗣业，哥舒翰的部下、现在的河西和陇右节度使王思礼，还有李光弼、仆固怀恩等一大批精兵能将很快就汇聚到灵武。

九月，唐肃宗李亨命令儿子广平王李豫为兵马大元帅，郭子仪为副元帅，李嗣业和王思礼分别为前军和后军统帅，带领大唐西北军团和借来的少数民族回纥的部队，一共15万人，号称20万，开始平叛工作。

这里说的回纥，就是后来的回鹘。这些人应该是匈奴人的后代，最早生活在贝加尔湖一带。《新唐书》里记载，"回纥，其先匈奴也，俗多乘高轮车，元魏时亦号高车部，或曰敕勒，讹为铁勒"，这意思是，不管是高车人、铁勒人还是敕勒人，都是指的同一拨人，只不过这里面有一些人后来被鲜卑同化了，后来又被汉族同化了，另外一些人则变成唐朝的回纥。

从唐太宗开始，回纥和唐朝的关系一直就不错，甚至还联手灭掉了东突厥。不过回纥人一直实行奴隶制，也不太把普通老百姓当人看，比如说这一次，唐肃宗李亨让仆固怀恩向他们借兵，他们的要求是，亲兄弟明算账，帮你们打仗没问题，但是拿下长安后，我们能不能抢点儿钱，顺便再劫个色？史书上记载的原文是，"克城之日，土地、士庶归唐，金帛、子女皆归回纥"。唐肃宗李亨急于平叛，对这样无耻的条件，居然答应了。

就在大唐积极反攻的时候，757年正月，发生了一件大事，安禄山死了。这个三百多斤的大胖子在起兵造反的时候，就已经双眼视力模糊，浑身反复出现疥疮，我们现在知道，这家伙当时极有可能患有严重的 II 型糖尿病。这个病是在20世纪才找到缓解的方案，一直到现在还不能根治，在安禄山那时候，就是绝症，只能等死，表现出来的症状就是身体一天不如一天，到了后期双眼完全失明。安禄山开始暴躁无常，经常打骂身边人，动不动就要用鞭子抽死某某，用斧子砍死某某，他儿子安庆绪觉得皇帝怎能是这副德行，便抽刀砍死了他，自己坐上了大燕的皇帝宝座。

新皇帝安庆绪完全无法服众,《新唐书》上说他"言词无序",也就是连基本的和人聊天这项工作都做不好,缺少了核心人物的叛军很快就有了崩溃的前兆。757 年秋,在长安城北,李豫和郭子仪率领的唐军一举击溃叛军。在丢下 6 万多具尸体之后,叛军撤出了长安,唐王朝的首都失而复得。

一个月后,郭子仪和回纥军队大举东进,又收复了洛阳。按照和唐肃宗的约定,回纥的军队在洛阳城里烧杀淫掠了三天,最后是唐政府和洛阳百姓凑了一万匹罗锦,回纥才收兵回家。我们现在回想一下几十年前的大唐王朝,这样屈辱的事情简直是无法想象,所谓的三十年河东、三十年河西,正是如此。

很可惜的是,在西京长安和东京洛阳收复之后,李亨就忙着回首都定居,并且把跑到四川的老爹李隆基也接回长安。各种安置工作忙得是焦头烂额,以至于安庆绪从洛阳跑到邺城之后,舒舒服服地待到第二年,大唐王朝才重新开始对他进行围攻。

以郭子仪、李光弼、王思礼、李嗣业为首的九大节度使本来已经把安庆绪团团包围在邺城,可惜的是,唐肃宗李亨对自己的儿子、已经升级为太子的李豫和郭子仪等将领产生了猜疑,而他派到军中的大太监鱼朝恩自己没本事还嫉贤妒能,对李光弼的合理化建议直接无视,导致各个节度使各自为战,坐失良机,最后被史思明和安庆绪里应外合,大败于邺城城下,并且一转身,重新丢掉了洛阳。

后果很严重,本来这一年就可以平定的叛乱,又拖了 6 年。

既然打了败仗,那就要有人负责,在太监鱼朝恩的运作之下,这个大黑锅扣在了主帅郭子仪的身上。老郭被解除了兵权,调回京城,开始了每天抱着姬妾喝小酒的日子,虽然郁闷,但也无可奈何,因为鱼朝恩很厉害,比前面杀了高仙芝和封常清的边令诚还要厉害。

好在叛军这边也不怎么样,朝廷的军队刚刚撤走,他们就开始内讧，史思明杀了安庆绪，自己当上了大燕皇帝。随后，他儿子史朝义没当上太子觉得太委屈，又砍死了亲爹史思明，自己坐在了皇位上，这个时间点是公元761年4月，距离安禄山起兵已经过去了6年。

到了这一步，叛军可以说是人心涣散，内部争权夺利，和一盘散沙无异。然而大唐朝廷军队却毫无动静，因为大唐的太上皇、开天盛世的缔造者唐玄宗李隆基和他的儿子、安史之乱后积极平叛的唐肃宗李亨，都走到了生命的尽头。

李隆基这辈子活得确实精彩，青年时与伯母斗，与姑姑斗，与老爹斗，可谓是意气风发，游刃有余。壮年时亲手建立了一个万国来拜，四海升平的盛世王朝。到了暮年，又得到了一个上天赐予的宝贝杨玉环，难得的是在肉欲之上，还有真爱，那小日子也是舒心得不得了。只是70岁之后的晚年生活稍微惨了点儿，痛失爱妃，随后还被儿子软禁在太极宫甘露殿，孤独而且郁闷，正如白居易在《长恨歌》里写的那样，"行宫见月伤心色，夜雨闻铃肠断声"。不过虽然凄惨，但作为应该为安史之乱负责的领导人，他能得到善终，那已经是佛祖保佑了。

762年5月3日，唐玄宗孤独地死在长安甘露殿，享年77岁。12天之后，他儿子唐肃宗李亨也撒手人寰，驾崩在长生殿，享年51岁。可以说他的命不怎么好，摊上了一个活得超级久的老爹，但你也可以说他的命还行，赶上了安史之乱，让他在生命的最后7年绽放出了一个帝王的风采。如果没有安史之乱，极大的可能性，他还活不过他爹，最后只能以太子的身份小心翼翼去见阎王。

三、安史之乱的影响

言归正传，在李亨之后，36岁的广平王李豫登上了皇帝的宝座，也就是后世的唐代宗。

他即位之后干的第一件事是平叛,不过他也没有用郭子仪,而是启用了仆固怀恩这个铁勒人为朔方节度使、河北副元帅。前面说过,铁勒人就是回纥人,仆固怀恩和自己的族人联手,带着汉族和回纥的混合兵团,对史朝义发动了最后的战役。

战争打到第二年,也就是763年的2月,叛军里面的田承嗣、李怀仙相继献城投降,史朝义最后走投无路,只能找了一片小树林,上吊自杀了事,历时7年3个月的安史之乱这才算彻底平息。

那么,我们应该怎样评价安史之乱呢?首先这个"乱"字已经代表了史学家的态度,我们把秦末的陈胜、吴广造反称为农民起义,汉末的张角、张宝造反称为黄巾起义,但把安禄山和史思明的这次造反称为乱,倾向性很明显,这些人就是叛乱者,社会秩序的破坏者。

《资治通鉴》里记载:"贼每破一城,城中人衣服、财贿、妇人皆为所掠。男子,壮者使之负担,羸病老幼皆以刀槊戏杀之。"这和教科书上的日本鬼子已经毫无差别了,自然不可能赢得人心,这也是当时老百姓不支持他们,支持政府军的原因。

安史之乱平定之后,诗圣杜甫有一首著名的《闻官军收河南河北》,里面有诗句说:"却看妻子愁何在,漫卷诗书喜欲狂。白日放歌须纵酒,青春作伴好还乡。"这样喜悦的心情可以说是代表了中下层百姓一种普遍情绪,那就是李唐王朝的政治合法性并没有丢失,而叛军不得人心。

我们不得不说,这场动乱对于唐王朝,甚至中华民族的打击是巨大的,在此之前,中国人的精神世界是昂扬向上的人定胜天。这反映在文化上,那就是前有大汉雄风刘邦的"大风起兮云飞扬",后有盛唐气象李白的"天生我材必有用,千金散尽还复来"。

可是安史之乱以后,中晚唐的诗歌就开始向着小家子气转变,即便是后来唐诗的代表人物小李杜,写出来的诗也是柔弱奢靡的腔调居多。比如李商隐的"相见时难别亦难,东风无力百花残",或者杜牧的"十年一觉扬州梦,赢得青楼薄幸名"等,许多人的精神世界从外放、刚烈转向了内敛和含蓄,那种开放自信的姿态逐渐消失了,越来越倾向于活在自我世界里,寻求自我满足。

至于"安史之乱"对当时唐王朝的破坏,那是相当严重。《资治通鉴》记载,"由是祸乱继起,兵革不息,民坠涂炭,无所控诉,凡二百余年"。从安史之乱开始,200多年天下大乱,开天盛世那种"公私仓廪俱丰实",老百姓富裕满足和自豪的小日子一去不复返。

100. 内外两绝症

李豫完成了他爹肃宗未完成的事业,平定了安史之乱,保住了大唐江山,总算对得起列祖列宗,正打算松口气,享乐一番的时候,西边的吐蕃又杀上门来。

其实,这事儿一点儿都不奇怪,唐王朝把西边的精兵强将都弄到河北去打安史叛军了,吐蕃怎能不趁乱进军,捞点儿好处。

763年秋,史朝义上吊之后没多久,吐蕃人打到了长安城下,唐代宗唯一的选择就是像他爷爷和老爹那样,再一次跑出长安。不同的是,当年唐玄宗是往西跑,因为安禄山是东边来的,这一次吐蕃是从西边打过来的,唐代宗就只能往东跑到了陕州,也就是今天的陕西华阴市附近。

长安随即被吐蕃占领,这些家伙烧杀淫掠,无恶不作。就在唐代宗在华阴市瑟瑟发抖,身边大臣无能为力的时候,一个太监带着两千人的部队赶到了他的身边。

一、绝症一:宦官专权

这个太监就是前面说的鱼朝恩,这支队伍叫作神策军。神策军本来是哥舒翰在西北亲手创建的,目的是用来打突厥和吐蕃的,但为了迅速解决安史之乱,这支队伍也被调到河北打安禄山。现在安史之乱平定了,西北却被吐蕃占领了,神策军回不了老家,正在不知何去何从的时候,听说唐代宗逃命，跑到了华阴，监军宦官鱼朝恩就决定冒死救驾。事实证明，鱼大太监的这一宝算是押对了。

史书上说，"朝恩悉军奉迎华阴，乘舆六师乃振"。精神大振的唐代宗大手一挥，封鱼朝恩为天下观军容使，正式下令，神策军以后就是保卫皇城、保卫皇帝的禁军，归鱼朝恩指挥。

今天看来，这件事的负面影响很大。在唐代宗之前，虽然宦官也监军，但名义上毕竟不是军队的指挥官，他们只有给皇帝打小报告的权力，不能直接命令士兵。现在太监手里却有了合法的兵权，即便鱼朝恩七年之后被唐代宗杀掉，但宦官掌禁军这事儿却一直存在下去，太监们手里的权力也越来越大。这也就是唐朝在安史之乱后得的第一个绝症：宦官专政。为什么说是绝症呢，因为唐帝国的宦官专政几乎就是治不好的病，而且随着时间的推移越来越严重。

唐代宗给了鱼朝恩兵权后，也没办法让他带着神策军去收复长安，第一个原因，李豫自己曾经带过兵，他很清楚，带着2000人来救驾，和上战场与敌人死磕，那根本就是两回事，鱼太监什么本事，他还是知道的；第二个原因是最要命的，神策军如果上战场，谁来保卫他这个皇帝？在这种情况下，郭子仪被重新启用任命为军事上的总指挥，去打吐蕃，收复长安。

事实证明，不仅是唐代宗知道谁打仗厉害，正在忙于烧杀淫掠的吐蕃人也知道。他们一听郭子仪来了，马上决定见好就收，在占领15天之后，主动退出了长安。

唐代宗亲自赐予郭子仪丹书铁券的免死金牌，同时在凌烟阁也给郭老画了一幅画，以为这一下总可以好好歇歇，享乐一下了，就在这时，老将仆固怀恩又造反了。

二、郭子仪退兵

仆固怀恩本来是郭子仪的部下,铁勒人,也就是回纥人,当年唐肃宗联合回纥人一起打安禄山,就是他从中牵线搭桥。为了加强和回纥的关系,仆固怀恩还把自己两个如花似玉的宝贝闺女嫁给了回纥人的可汗。唐代宗上台之后也是启用他,才让史朝义迅速兵败自杀,而且仆固怀恩家族一共有40多人死在了平定安史之乱的战场上,可谓是满门忠烈。

那为什么这样一个人要造反?原因挺多,既有功高盖主、鸟尽弓藏这种君臣之间的相互猜疑,也有和两个少数族女婿的关系太好,导致非我族类其心必异的社会舆论等有关,不过最直接的导火索却是太热情了导致的误会。

当时仆固怀恩这个军区的监军是太监骆奉先,他在听说仆固怀恩可能要造反的流言之后,决定亲自去他的营地看看,这是对皇帝和唐王朝负责的态度,可以说一点儿毛病没有。仆固怀恩为了证明自己清白,就一反平时对这个贪财太监不理不睬的态度,热情款待,大吃大喝一番之后,非要让他多住几天一起过端午。很不幸的是,由于地域文化不一样,骆奉先不太适应北方人的这种热情,尤其是仆固怀恩为了表达诚意,还把他的马藏了起来,这在骆奉先看来,就是想把我留下,拿我的脑袋祭旗啊,于是连夜逃出了军营,跑回了长安,对着唐代宗大喊仆固怀恩要造反,绝对反。

后面发生的事情就简单了,唐代宗让仆固怀恩到长安来为自己辩护,仆固怀恩和他的部下都觉得去了可能就回不来了,坚决不去。最后双方只能一拍两散。763年秋,为唐王朝平叛立下赫赫战功的仆固怀恩率领回纥、吐蕃、吐谷浑、党项等少数族共计20万大军,浩浩荡荡地杀奔长安,把唐代宗吓得是魂飞魄散,急忙又把郭子仪派去抵挡。

接下来的事情很富有戏剧性,据新旧两本《唐书》记载,郭子仪领着1万多人到了前线,然后只带了2000人来到最前线去晃悠,回纥军团远远望见就问,那人是谁啊?唐军说,那是郭令公,因为郭子仪当过中书令,所以叫令公。

回纥人一听就说,不对啊,仆固怀恩说郭令公和你们的皇帝都死了,我们才跟着他过来想打点儿秋风,怎么郭令公还活着呢?那大唐天可汗也没死吗?唐军的回答是,"万寿无疆"。回纥人就说,你能不能让郭令公出来走两步,让我们看看是不是真活着。

到了这时候,郭子仪便穿上便服,带着几十个人走到回纥部队的最前方,摘下帽子说了一句:"诸君同艰难久矣,何忽亡忠谊而至是邪?"各位,我们本来都是生死与共的好哥们,你们怎么来打我呢?

郭子仪当然是最有资格说这句话的,想当年唐肃宗和回纥联合打安禄山,前线总指挥就是郭子仪,而郭子仪用兵如何,回纥人是清清楚楚,这时候一看真是老郭,立马就怂了。《旧唐书》里记载:"回纥皆舍兵下马齐拜曰:果吾父也。"原来真是我们的郭爸爸,您还活着啊。

就这样,本来剑拔弩张的前线,变成了认亲大会,就在这时候,仆固怀恩在军营里突然暴病身亡,这样一来,这仗更没法打了。回纥人认为,郭子仪就代表了上天的最高旨意,不仅决定马上撤兵,而且在撤之前,还和郭子仪商量,出来一趟也不容易,要不,我们两家一起打吐蕃吧?

郭子仪对于这个建议自然是同意的,结局就是,郭子仪只带了1万军队去平叛,最后却和回纥人一起打掉了10万人的吐蕃军队,斩首5万多人,夺回了无数被掠走的中原老百姓和牛羊骡马。

在随后的近10年时间里,郭子仪不停地东征西讨,不是平定内乱,就是打击吐蕃,为唐代宗坐稳龙椅立下了赫赫战功。他本人也深得皇帝陛下的宠爱,什么中书令、节度使这样的官儿自然是不在话下,他的儿子郭暖还娶了唐代宗的女儿升平公主为妻。

据说有一次,小两口吵架,郭暖开口说道,你别仗着你爹是皇帝,我爹根本就不稀罕当那个皇帝,原话是:"汝倚乃父为天子邪?我父薄天子不为!"说实话,这句话在整个中国几千多年的历史里,敢于当面大声说出来的,几乎是没有,凭这一点,郭暧这个小伙儿就有资格在《资治通鉴》里留下一个名字。

升平公主一听,你这是要找死啊,居然敢说这种大逆不道的话,转身就回去告诉了老爸。谁知道唐代宗说,他说得没错,他爹郭子仪要是想做皇帝,这天下就不属于咱们家了,然后劝自己女儿回去。郭子仪听说这事儿之后,自然是吓得不轻,赶紧进宫请罪,唐代宗这时候就说了:"不痴不聋,不作家翁。儿女子闺房之言,何足听也!"小孩子的话怎么能当真呢?话虽然这样说,但郭子仪回去还是狠狠地打了儿子几十棍子,算是给皇帝和公主赔罪。至于说小两口后来怎样,《资治通鉴》里没有交代。不过民间有一出著名的戏曲《打金枝》讲的就是这个故事,把升平公主描写得飞扬跋扈,而郭大公子一身正气,最后唐代宗还升了他的官。

没办法,老百姓就爱看这种高高在上者灰溜溜吃瘪的事情。这种把嚣张上位者的脸抽得啪啪响的戏码,在今天的网络小说里也特别流行,我们称之为爽文。你要是问现实生活里到底有没有这种事,我的回答就是如果现实生活里这种事很常见,我们看这种小说也就不那么爽了。

说到这里,有一个问题就需要回答了:同样是功高盖主,为什么仆固怀恩得不到善终,而即便郭子仪的儿子口出大逆不道的言语,皇帝也认为不是个事儿,对郭子仪毫不猜疑?

这里面有两个原因:第一是郭子仪情商高,对待所有同事,不论你是奸臣还是忠臣,好人还是坏蛋,他全都一视同仁,彬彬有礼,连大太监鱼朝恩最后都被他折服,流着眼泪说您真是一位忠厚长者。第二个原因是他虽然当过很长时间的节度使,但从来不留恋兵权,朝廷有事随叫随到,召之即来,来之能战,战之还能胜。朝廷没事的时候说解除他的兵权,他也二话不说,马上就回家。对比其他节度使,郭子仪从不拉帮结派的作风让唐肃宗和唐代宗很是放心。

三、绝症二：藩镇割据

那么，其他节度使都没有野心吗？这还真不好说，也许开始没有，但是等到当上了节度使，发现唐王朝给节度使的权力实在是太大了，那难免心中就有点盘算。

想当年安禄山就曾经是三个藩镇的节度使，因为权力太大，野心膨胀，造反了。按理说，他造反之后，唐王朝应该警醒一些，收回一部分权力，可悲的是，大唐王朝平定安禄山造反靠的还是各路节度使，而且唐代宗为了尽快平定安史之乱，还到处乱封节度使。他甚至对安禄山手下的将领许诺，只要对方投降，就封他们为河北和东北老地盘上的节度使。

结果就是，安史之乱平定后，造反的李怀仙、田承嗣和李宝臣不仅没受到任何惩罚，还分别担任了范阳、魏博和成德的节度使，把今天的包括北京在内的河北、山东的大部分地区瓜分完毕。这三个家伙哪里是真心归顺朝廷，他们为安禄山立庙，称其为圣人，彼此还勾结在一起，对抗中央。唐史专家陈寅恪就说过，安史之乱后，"虽号称一朝，实成为二国"，唐王朝实际上是处于分裂的状态。

唐代宗对于这种情况，采取的措施是装糊涂，只要节度使们表面上还承认我为皇帝，就无所谓。所以当田承嗣死了，他侄子田悦直接任命自己为节度使的时候，唐代宗居然捏着鼻子承认了，节度使的位置可以世袭罔替，不由中央政府任命，这相当于变相承认了对方是诸侯国。

这就是安史之乱后大唐的第二个绝症，藩镇割据，节度使不听话，地方政府变成了独立王国。对比之下，郭子仪这样的老实人当然是皇帝眼里的一块宝贝。

779年，唐代宗驾崩，他儿子唐德宗李适即位。李适想干的第一件事就是消灭他爹封的那三个叛将节度使,换句话说,他想削藩,收拾各路诸侯。所以,他对郭子仪特别好,封他为太尉,兼任中书令,并且赐号"尚父"——郭子仪就是我李适的义父,谁不服就整死谁,当然,谁不服我,我的义父也会替我弄死他。

可惜的是,两年之后,郭子仪去世了,唐德宗很伤心,全国停止办公5天,文武百官都要去参加遗体告别仪式。

郭子仪虽然死了,但削藩这件事德宗还是要继续干下去。恰好在这一年,成德节度使李宝臣死了,他儿子李惟岳马上效仿田承嗣的故事,自己封自己为新的节度使。唐德宗严词拒绝了这个请求,要求节度使必须中央任命。李惟岳自然不干,他老田家都继承了,怎么到我这儿就不行了?他马上联系了魏博节度使田悦、淄青节度使李正己、山南东道节度使梁崇义等人联兵抗命。

唐德宗自然是有准备的,他下令淮西节度使李希烈去平叛,但万万想不到的是,李希烈接下圣旨之后,反而和起兵的各大藩镇联合起来,占据了河南临汝,准备一起找唐德宗说道说道。他们也不是想当皇帝,只是想逼迫唐王朝承认他们半独立的诸侯国地位。

著名书法家颜真卿这时候出场了,这个76岁的老爷子被唐德宗派到了李希烈的大营,代表朝廷试图招抚李希烈,结果李希烈没被招抚,颜真卿也搭了进去。这位老书法家宁死也不投降叛军,面对着对方的百般羞辱,他还能很平静地说:生死已定,何必如此多端相侮辱?最后在龙兴寺被活活勒死。

不过唐德宗的意志这时候还算坚定,除了派颜真卿去招抚,同时还命令荆襄、江西、泾原等各路节度使全都上去打仗,但不知道当时的长安市长王翃是怎么想的,当泾原的部队路过长安时,他居然给人家吃变质了的粗粮、剩饭剩菜,这一下大头兵不干了。《旧唐书》里记载,士兵们纷纷说:"将死于难,而食不得饱?"我们都是要上战场为你们这些老爷拼命的人了,居然都不让吃饱?那就只能也造反了,于是,士兵转过头来,开始洗劫长安,史称"泾原兵变"。

唐德宗正稳坐宫中,想着如何运筹帷幄决胜千里的时候,听到了这个让他差点气死的消息,只能跑路。就这样,大唐帝国从唐玄宗李隆基开始,一连4位皇帝都被赶出京城的滑稽场面就发生了。

这一次和唐代宗那次一样,文武大臣关键时刻一点都不给力,他们跑得比皇帝还快,最后救了唐德宗的还是太监和神策军。等到哗变的士兵被打败,重新回到长安的唐德宗一改即位之初想整治宦官的想法,反而从此坚定地认为,还是太监们对自己好,于是,宦官的地位和权力进一步得到加强。

经过这些折腾,唐德宗终于认识到,自己是一个志大才疏的人,削藩的这个理想,算是彻底破灭了。784年,他下罪己诏,说"朕实不君……抚御乖方,致其疑惧",又说"一切待之如初"。这篇检讨书归根结底用一句话概括就是,各位节度使,这事儿朕搞错了,你们都是大大的忠臣,从此之后,你们的地盘你们做主。

各大节度使一看皇帝认错了,马上就一个个表示臣服。前文说过,他们原本也只是想割据一方、世袭罔替而已。就这样,"藩镇割据"这第二个绝症起起伏伏地一直伴随着唐王朝,大唐中央和地方就一直维护着这种微妙、恐怖而又脆弱的平衡。

不过唐德宗虽然对内搞不定诸侯,但是对外战争还是可以的,分别在779年、786年和789年大破进犯的吐蕃军,打得西藏高原上这些家伙胆战心惊,这主要是因为唐朝的军事技术比较先进。

实际上,每次战争从人数上说,唐朝都是吃亏的,比如779年这次,南诏和吐蕃联军号称20万,浩浩荡荡地杀向四川,这些家伙满以为可以像以前一样,再洗劫一番,但唐德宗只用了神策军4000人和陇右军团的5000人,再加上当地的部队,就把对方赶回了老家。《资治通鉴》上说,"吐蕃南诏饥寒陨于崖谷死者八九万人",被追得跳到崖谷逃生,饿死冻死的吐蕃、南诏人近10万,这一仗打得很有当年李世民的气概。

四、两税法

不过唐德宗做不到像李世民那样征讨四方,他能打败侵略就不错了,原因太多了,其中至少有一条是没钱。

前面说过,大唐帝国这时候收不上来税,藩镇割据,各成一国固然是一个原因,但另一个主要原因是大量的农民失去了土地,从此就不报户口了。唐朝当时实行的租庸调制度是按照人头收钱,唐高祖李渊武德二年的时候规定,不分贫贱,每人每年缴纳"租二石、绢二丈、绵三两",可是你皇帝老子现在连地都不分了,我为什么还要报户口交税?兼并了大量土地的大地主更是不会主动为手下的雇工报户口。

在这种情况下,不改革就是等死。780年,唐德宗的宰相杨炎推出了两税法,规定不按人头收税,而是按照财产多少和土地大小来征税,去除其他的苛捐杂税,每年只征两次,六月一次,十一月一次,所以叫两税法。史书上说,"唯以资产为宗,不以丁身为本",就是这个意思。

地主们当然强烈反对,但唐德宗很强硬,就一句话,反对无效。

实话实说,这套制度比较合理,钱多的多交,钱少的少交,老弱病残不交,这种根据财产分级的户等制度,应该算是一个历史的进步,因此它奠定了宋代以后1000多年的税法基础,是中国赋税制度史上的一件大事。

可惜的是,缺少一个强有力中央政府的支持,这个相对合理的两税法只执行了几年,就又处于瘫痪状态,唐王朝收税还是费劲。最主要的原因是,这套制度的实行需要政府对基层有一套高效的管理办法,否则你怎么知道张三今年收入多少,李四又买了多少地?而且唐德宗为了简化税收,减少下面人的工作量,还规定用金钱代替实物来交税,但那时候唐朝连铜钱都没有多少,最后农民要贱卖绢帛、谷物或其他产品用来交纳税钱,反而增加了负担。所以,简单总结一句话,两税法思路不错,但没有得力的铁腕人物,救不了身患绝症的大唐王朝。

805年正月,即位时雄心勃勃的唐德宗在当了26年皇帝,什么也没干成之后,心灰意冷地驾崩在长安会宁殿,享年63岁。太子李诵继位,这就是唐顺宗。唐顺宗从小身体就不好,继位的前一年就中风半身不遂了,生活不能自理,讲话也不利索,需要他身边的大太监当翻译。

就是这么一位残疾人皇帝,思想上却继承了他老爹的雄心壮志,一上位,就启用了王叔文、王伾等人进行改革,这两个姓王的和另外的刘禹锡、柳宗元等八个人抱成团,形成了一个后世称为"二王八司马"的政治团体,开始了仅仅半年的"永贞革新"。这些改革家的基本立场就是反对贪污腐败,反对藩镇割据,反对宦官专权。

就这样,试图治疗大唐绝症的"三反"运动开始了。

101. 求福更得祸

唐顺宗即位之后，启用了很多思想进步的大臣，开始了试图治疗大唐两绝症的"三反"运动。

反腐败很快就看到了成效，比如说皇宫里一直存在的宫市五大坊，就是唐德宗设立的，一群太监以为皇宫采办物品的名义，专门在市场上巧取豪夺，买东西不给钱。这事儿在历史上还挺出名，白居易老先生的名作《卖炭翁》里，对此有深刻的描写，"翩翩两骑来是谁？黄衣使者白衫儿"，说的就是五大坊的太监们，最后用"半匹红绡一丈绫"强买了卖炭老头儿的一千多斤木炭。唐顺宗虽然是残疾人，但是对于腐败这事儿，看得比他爹唐德宗要清楚，"三反"运动的第一刀就砍向了这个宫市，取消了五大坊，百官和老百姓都是拍手称快。

刚开始的时候，改革还算顺利，打击一下个别腐败的宦官，敲打敲打藩镇的军方，基本上没什么大乱子，但不可避免的是，半年之后，改革派走到了深水区，碰到了雷，你死我活的时候到了——他们想委任老将范希朝为京西神策军节度使、读书人韩泰为神策军行军司马。

一、"三反"失败

神策军就是禁军，保卫皇帝的，从它成为禁军的那一天开始，就控制在宦官手里。现在这些改革派以为有皇帝撑腰，想从太监手里抢夺兵权，可是他们忘了一件事，唐顺宗这个半身不遂的人此刻正躺在担架上上朝，口齿不清的他还需要太监给他当翻译，你想夺太监们的兵权，谈何容易！

于是，就发生了下面的事情：805年七月二十八日，大太监刘贞亮等人逼唐顺宗下旨，说"积疢未复，其军国政事，权令皇太子纯勾当"，也就是说，自己身体不好，让太子李纯监国；八月四日，太监们拥立李纯即皇帝位，唐顺宗退位称太上皇，这个李纯就是唐宪宗；八月六日，王伾被贬为开州司马，王叔文去渝州当司马，随后第二年王叔文被赐死；十一月四日，剩下的刘禹锡、柳宗元等人都被贬到地方去做司马。

所谓的某某州司马，相当于现在的参谋，在唐朝基本就是专门为这些被贬官员设置的，没什么权力。后来的白居易在《琵琶行》里写道："座中泣下谁最多？江州司马青衫湿。"为什么白居易哭得那么厉害，因为江州司马也是被贬的官儿，听着琵琶小曲，觉得自己和歌女也没什么区别，所以，在这首《琵琶行》里，才诞生了那句千古名句："同是天涯沦落人，相逢何必曾相识！"

现在你知道了，这些改革派之所以得到"二王八司马"的专有称呼，就是因为他们最后都被贬为了司马。这里面的刘禹锡和柳宗元大家都很熟悉了，不仅是改革家，也是文学家，刘禹锡的《陋室铭》与柳宗元的《小石潭记》和《黔之驴》都是我们上中学时必背的课文。

不过，柳宗元被贬为司马之后所写的《封建论》才真的是鸿篇巨制，非常深刻地阐述了秦始皇的郡县制为什么比周朝的分封制优越。实事求是地讲，他当时写这篇文章的目的也许就是批评藩镇割据，中央政府没权力这件事。千古以来，历代政治家都对这篇文章给予了高度评价，苏轼就说过："宗元之论出，而诸子之论废矣，虽圣人复起，不能易也。"他认为即便是孔子这样拥护分封制的圣人也驳不倒柳宗元。

再后来，甲骨文大师郭沫若写过《十批判书》，其中痛骂秦始皇，歌颂孔子，毛泽东看了之后，给郭沫若写了一首诗，里面有"熟读唐人封建论,莫从子厚返文王"这样的句子。意思是,请回去读读柳宗元的《封建论》,不要开历史的倒车,想回到周文王的时代。

言归正传,一场轰轰烈烈的"三反"运动,本来是想给大唐治疗绝症的,结果是大太监们小手一挥,"医生"都变成了司马,下了台的残疾皇帝唐顺宗第二年就去世了,接替他的是唐宪宗李纯。

二、"元和中兴"

李纯上台之后,有了老爹的教训,太监们他是死活不敢碰了。再说他本来就是太监扶植上台的,感情还是有的。而且太监这个群体有一个好处,那就是只要给他们想要的利益,他们对皇权没有觊觎之心。原因很简单,任何人都可能当皇帝,但太监是当不了皇帝的,他们只能是皇权的维护者,而不是打倒者,维护现有的皇权,就是维护他们的既得利益。

唐宪宗是一个相当聪明的皇帝,他知道,像唐顺宗那样想疾风暴雨般地扫除一切害人虫,最后被干趴下的只能是自己。所以,他积极地和宦官搞好关系,在他上任的第一年,就靠着宦官掌握的神策军,消灭了反叛的西川节度使刘辟。尝到了甜头的李纯决定继续依靠宦官,清理藩镇,换句话说,咱家里经济条件有限,那就先治一个绝症。

现代历史学家张国刚有一本书,叫《唐代藩镇研究》,书中他说中唐时候的藩镇"须借朝廷官爵威命以安军情",就是说,虽然这时候唐朝藩镇割据的现象也挺严重,但还没有达到不可救药的地步,这些藩镇都需要借助朝廷的威望来加强统治。换句话说,碰到一个聪明的强势的君主,藩镇就会乖顺一些。这个前提是,朝廷必须展现自己的力量。新上台的唐宪宗恰恰是这样的一个人,他一边聪明地安抚各个节度使,许以各种好处,一边寻找一个调皮捣蛋的家伙,准备狠狠地收拾他一下子,两个字:立威。

814年,机会被他找到了,淮西节度使死了之后,儿子不向朝廷报丧,而是自己坐到了节度使的位置上,掌握了军权,控制了淮西。这个淮西节度使所在的位置就是今天的河南汝南,当时叫蔡州,它的实力比一般的节度使要强,但是还比不上北边朔方的几个节度使,换句话说,杀鸡给猴看,淮西就是最合适的那只鸡。

从815年开始,唐宪宗派军队攻打蔡州。战争打了两年,到了817年十月,归附朝廷的随邓节度使李愬利用风雪交加蔡州方面放松警戒的天气,在一个夜晚,率领9000人急行军35公里,打进了蔡州,战争以唐朝中央的大获全胜告终。

这事儿你今天听起来容易,实际上,敌情的判断,时机的选择,并不容易,何况还需要有置之死地而后生的勇气。别的不说,大雪纷飞的夜晚,能让9000多名士兵不走散,悄无声息地接近敌人的城下,就不是一件容易的事。司马光在《资治通鉴》里对于这一段历史的描写相当经典和震撼,中学语文教材把这段单独拿出来,取了一个名字叫《李愬雪夜入蔡州》,这也是我当年必背的课文。

淮西节度使被打败之后,所有节度使都明白了,唐宪宗要来真格儿的,马上上表表示臣服。就这样,到了819年,大唐王朝出现了无比和谐的一幕,地方节度使都纷纷表白自己是唐王朝的藩将,都听中央的。

有人因此说唐宪宗平定了藩镇割据,这话是有道理的,但是我必须说,仅仅是书面上、文字上的有道理而已,大唐王朝只要不能保证中央的力量最大,形成强有力的集权制度,藩镇就是火山,不爆发时是旅游胜地,一旦爆发,烧死一大片。

当然,即便是这个表面和谐,在那时候的唐朝已经是相当不容易了,唐宪宗干得还是不错的。他当政时,还起用了很多好的官员,而且他也舍得放权,所谓"军国枢机,尽归之于宰相"。当时出名的宰相有李吉甫、武元衡、裴度等人,这些官员勤勤恳恳,把朝政打理得井井有条,老百姓安居乐业,史称"元和中兴",是中晚唐时期难得的政治清明时代。

三、韩愈谏迎佛骨

不过，这些宰相因为写诗的水平差了一点儿，后世的名气就比不上唐宪宗手下的另外一些官员了。比如左拾遗白居易，前面我们说过他的《长恨歌》和《琵琶行》，还有东台御史元稹，写出了"曾经沧海难为水，除却巫山不是云"的句子，他还写过一个可能以自己亲身经历为蓝本的小说，叫《会真记》，到了元代的时候，被改编成了著名的戏曲《西厢记》。

元稹擅长写悼亡诗，哭着喊着怀念去世的老婆，"诚知此恨人人有，贫贱夫妻百事哀"，"惟将终夜长开眼，报答平生未展眉"，都是他写的，给人的感觉，好像他写完了把笔一扔，就要跟着亡妻到地下世界了。实际上，这种事儿没发生，事实恰恰相反，他一边写着这些悲悲切切的诗句，一边和很多女子打成一片，有名有姓的就十多位，所以后世有人说他"不但见女色即动心，甚至听说女色就怀鬼胎"。明末清初的思想家王夫之批评他和白居易"皆酒肉以溺其志，嬉游以荡其情"，意思是他们贪图享受和女色，过于放纵自己欲望。

实事求是地说，白居易和元稹像很多知识分子一样，敢于直言，也愿意给老百姓办事，还是值得表扬的。当然，论敢说敢干，他俩还是不如另外一位同时代的名人，韩愈。

韩愈也是唐宪宗麾下的臣子，在担任宰相裴度的行军司马一职时，表现突出，升任刑部侍郎，是最高司法机构的副长官司，职位还是相当高的。就在这个职位上，他干了一件胆子很大的事情。

事情是这样的，我们都知道从印度次大陆引进的佛教在唐朝的时候达到了鼎盛，汉传佛教的八个大乘宗派和两个小乘宗派可以说都是在唐朝形成的。819 年，唐宪宗为了表达自己对佛祖的景仰之情，特意派人去凤翔把释迦牟尼老师的佛指骨舍利接到长安。所谓舍利就是高僧们去世火化之后残余的部分，现在科学认为是人的骨头在 600 度到 1600 度之间燃烧后产生的化合物，但佛教界认为这些都是圣物，尤其是释迦牟尼的舍利，那更是圣物中的圣物。

让大家没想到的是，刑部侍郎韩愈这时候站了出来，写了一篇奏折，叫作《谏迎佛骨表》。大意就是说皇帝不应该放着中国本土的圣贤不拜，反而去供奉老外的破烂玩意，他说佛骨是"枯朽之骨，凶秽之余"，也就是肮脏不祥的东西。这话已经让唐宪宗很伤心了，我辛辛苦苦地接回来一件宝物，你说是肮脏东西，你怎么想的？可是韩愈还加了一句任何人看见都会生气的话，"事佛求福，乃更得祸"，您拜佛求长生，求福气，只怕求不来好事，反而会得到祸患。

人家皇帝老子已经把佛祖舍利取了回来，韩大学士这时候说这话，简直相当于诅咒。果不其然，宪宗勃然大怒，想杀了韩愈，后来在宰相裴度和其他大臣的苦苦求情之下，才把韩愈发配到潮州去当刺史。就在去往潮州的路上，韩愈遇到了自己的侄孙，挥笔写下了一首七律，留下了一句千古名句，"云横秦岭家何在，雪拥蓝关马不前"，可谓是国家不幸诗家幸，对于大多数诗人，你要是不让他颠沛流离，他也写不出这么好的句子。

顺便说一句，韩愈的这位侄孙比他要有名得多，因为此人就是韩湘子，一点都不错，就是我们说的八仙之一。

那么，韩愈批评皇帝拜佛的事情，说得对不对呢？我个人的观点是，事关宗教，就不能用对错来衡量了。基督教里面有一个叫德尔图良的大主教曾经说过这样一句话，叫作"因为荒谬，所以我才相信"，这是一句非常了不起的哲学名言，让我佩服得五体投地。是的，如果你信的宗教现象可以用科学或者生活经验来解释，那你还信吗？你肯定不信，只有那些你无法解释的，你才会虔诚地礼拜。所以，韩愈用对和错来评论宗教，这本身就是错误的。

当然，韩愈作为一名官员，对当时的社会现象的批判是对的。他在这篇奏章里说，我们的老百姓对佛教的狂热达到了"老少奔波，弃其业次"的地步，大家为了信佛都不干活了，甚至"解衣散钱，焚顶烧指"，也就是用自残的办法来对佛祖表忠心。在这样的情况下，唐宪宗作为一个皇帝，再去推波助澜，那自然是不合适的。我们以前讲北周武帝灭佛的时候也介绍过，真正的佛教大德对于这些狂热的举动是反对的，他们称之为佞佛，认为这样做是得不到解脱的。

韩愈应该算是一位正直的官员，并且无论是在中央还是地方，他都给老百姓干了很多好事，很多实事，说他是位好官儿，是不为过的。不过他也有一个毛病，那就是寡人有疾，在好色这件事上，他比白居易和元稹更甚，妻妾成群，满朝皆知。也正因为这样，他的身体就很差，四十多岁就看不清东西，五十多岁就去世了。关于这位唐宋散文八大家之首的文化人，等到讲宋朝欧阳修的时候，还会提到他。

四、唐宪宗之死

唐宪宗打击了藩镇势力，起用了很多好的官员，社会稳定，老百姓生活幸福，这一切背后，有一个巨大问题，或者说是妥协，那就是对太监们掌权的不干预。不仅不干预，还要给他们更大的权力，以前太监只是掌握神策军，但在宪宗时代，为了联合太监对付大臣和藩镇，又开始了让太监掌中枢的做法，用唐宪宗自己的话说是："此家奴耳，向以其驱使之久，故假以恩私；若有违犯，朕去之轻如一毛耳！"意思就是我捏死宦官们就像是捏死一个蚂蚁，很可悲的是，他这就是在吹牛，而且还把自己吹死了，因为他的死很有可能是太监们下的黑手。

晚年的唐宪宗和很多皇帝一样，一边吃着壮阳药，一边吃着长生不老药，性格变得暴躁无比，经常诛杀左右宦官。到了820年正月二十七，这位皇帝突然死亡。关于他的死，《旧唐书》说："内官俱非罪见戮，遂为弑逆。"《新唐书》里说："宦者陈弘志等反。庚子，皇帝崩。"

很明显，两本《唐书》即便是用了春秋笔法，也坚定地认为他就是被宦官杀死的。

继位的是他的儿子，唐穆宗李恒，李恒对杀了他亲爹的宦官们是什么态度呢？四个字，没啥态度，或者说不敢有啥态度，因为他自己也是宦官扶上马的。虽然他是正牌的太子，但如果不是依靠大太监梁守谦、王守澄等人，他能不能当上皇帝还真说不定。

事情是这样的，李恒做太子时，另外一位太监，神策军的左军中尉吐突承璀一直酝酿着废掉李恒，让澧王李恽做太子。唐宪宗有点犹豫，虽然自己也不喜欢太子李恒，但废立太子毕竟是大事。

问题是，另外一批太监已经把宝押在了李恒身上，他们绝对不能允许换太子这种事情发生。就在宪宗暴死的当天，太监中尉梁守谦和其他宦官杀了吐突承璀及澧王李恽，然后唐穆宗李恒才被拥到了皇帝宝座上。

我个人的观点是，唐宪宗、吐突承璀，还有澧王李恽的死，就是一群太监们想尽早拥立李恒上台的一个大阴谋，而李恒本人在这场阴谋里，就是一个傀儡、一个道具而已。你想想看，在这样的情况下，他怎敢对太监们有什么不满？

说穿了，大唐帝国宦官专政这个绝症这时候已经扩散到全身了，想单纯地用手术来解决问题已经不可能了。唐穆宗是不是知道这一点，我不知道，但史书上说，穆宗在位的四年期间"宴乐过多，畋游无度"，并且"不留意天下之务"，自己放弃治疗了。这样一来，在他爹宪宗时代已经变得听话了的各个藩镇重新反叛，竖起了割据的大旗；而宦官们更是"纠绳军政，事任专达"，太监们的权势开始扩散到军政两界，内外两大绝症都有加重的趋势。

可能你要问了，太监厉害，皇帝无能，那大臣们呢？很可惜，这时候朝里的大臣们只要反对宦官的，都被排挤到地方，剩下的都是依附宦官的。最令人无语的是，这些依附宦官的大臣们还分成两派，一派叫牛党，老大叫牛僧孺；另一派叫李党，带头大哥是赫赫有名的李德裕。两派彼此斗得你死我活，经历了唐宪宗、穆宗、敬宗、文宗、武宗，一直到唐宣宗，牛僧孺和李德裕才死掉，整整斗了四十年，六任皇帝。

你要是说，这些人为了什么斗争？说实话，我看了半天，也没看明白。有人说其中一派代表了新兴的士大夫，是改革派，另一派是老牌贵族，保守派，所以才斗。我觉得这就是生搬硬套，实际上，这两个党派的背后都是宦官，某一派是不是上台，就看它背后的太监支持者是不是给力，可是只要一派上台了，对另一派就穷追猛打，恨不得把对方全都赶出朝廷。

那你可能又会问了，是不是他们背后的宦官支持者让他们这么做的？我个人的观点是，还真不是，宦官们虽然操纵着这些官员的升迁甚至生死，但在两派的斗争中，却始终抱着事不关己高高挂起的态度，只要你们不来惹我们，你们愿意干啥，随便。

所以，我的结论是，这两派大臣斗得你死我活的原因就是瞧对方不顺眼。这场著名的"瞧你不顺眼"战斗在历史上称为"牛李党争"，大唐帝国在安史之乱后确诊得了宦官专政和藩镇割据这内外两种绝症，现在又生了朋党之争这场大病，而且一病就是四十年，把整个国家彻底拖入了深渊。

102. 牛李起党争

和现代汉语不一样,"党"这个字在中国两千多年的历史里,大部分时间是贬义词,《尚书》有这么一句话叫"无偏无党,王道荡荡;无党无偏,王道平平",整句话的意思就是所谓王道的标志是公平正义,一碗水端平,既不能有党,也不能有偏颇。

《论语》里记载,孔夫子也说过,"君子矜而不争,群而不党",意思是君子们虽然也三五成群地在一起聊天吹牛看电影,但不会结成贪图私利的小团体。

甚至很多时候,在中国古代,结党就是一种罪名,我们前面讲过汉朝的党锢之祸,皇帝给那些知识分子们扣的罪名就两个字——"党人",也就是结党之人,由此可见,古时候对结党是深恶痛绝的。

其实这事儿不仅仅是中国古人,以前的老外也不喜欢。如果听过我的音频节目《美国史话》,你就知道,美国第一任总统华盛顿和他的战友们其实对党派是深恶痛绝的,在他的告别演讲里,千叮咛万嘱咐地说,"党派是政府最大的敌人"。

不过事实如何呢?事实就是党派出现了,而且是古今中外,不断地出现。和孔夫子、华盛顿预料的差不多,出现很多党派的结果就是一个字,斗。我不知道有多少人看过美国总统在美国国会的演讲,特朗普老先生在上面滔滔不绝的时候,共和党议员们每隔一两分钟就全体起立,鼓掌一次,脸上一般还要带着虔诚的微笑;而另一边的民主党议员别说鼓掌,连笑容都没有,全程冷若冰霜。

为什么明知道结党有弊端,党派还是出现了呢?答案很简单,因为它也有好处。首先,松散的,无论卑鄙或者高尚的个体,永远斗不过团结一致的党派。以美国为例,特朗普在担任美国总统期间,两次被弹劾,如果不是在参议院有一个强大的共和党做后盾,那他早就被迫离开白宫了。其次,一个政党的高效性和团结性,相当有利于国家的稳定和统治,在这一点上,无论是西方的,还是中国的,都是如此。

一、"牛李党争"之源

言归正传,中晚唐时期的"牛李党争"和美国现在的党争是有所不同的,首先是没有政治纲领,口号目标什么的一概没有;其次,双方绝对不承认自己在结党——我们都是君子,小人才结党呢。

其实,唐朝"牛李党争"要从唐宪宗时代的一次科举考试说起。这一年的科目叫作"直言极谏科",也就是大家都来给政府提意见,批评得有见地有道理的就可以当官。有两个考生分别叫牛僧孺和李宗闵,他俩洋洋洒洒地写了两篇文章,说政府对于藩镇的措施是错的,不应该采取打击镇压策略,应该如此这般地安抚等。主考官觉得说得对,就给了他们很高的名次。

可是,对藩镇采取强硬措施,是当时宰相李吉甫的施政纲领,而且开展得也很不错,否则宪宗时代也不可能实现"元和中兴"。李吉甫知道了科举考试结果之后,觉得自己劳心费力干得这么好,两个啥也不懂的书呆子胡言乱语也就罢了,朝里大臣们居然还有人叫好,提拔他们当官,简直是岂有此理,老虎不发威,你当我是病猫?于是,在唐宪宗的支持下,李吉甫把考官们罢了官,牛僧孺和李宗闵也没得到任用。

让李吉甫没想到的是,他对科举考试的干预,犯了众怒,政敌们以此为借口，群起而攻之，以至于最后他不得不辞去宰相一职，到地方去当了一个节度使。

这事本来就应该到此为止，可是李吉甫有一个好儿子，叫李德裕。自古以来，这类官二代一般分为两种，一种是每天除了炫富就不知道该干什么了，另一种是借助爹娘老子的平台，更加努力，把别人甩得更远。李德裕就是后一种，《旧唐书》上说他从小就精读《汉书》《左传》这类历史书，并且"耻与诸生同乡赋"，骄傲到了不屑于和其他学子一起参加科举考试的地步，认为那样对自己是一种侮辱。

李德裕其实是有资格摆这个架子的，他和"曾经沧海难为水"的元稹，还有"锄禾日当午"的李绅，被称为"三俊"。有了这样的才气，这样的家世，这样的名望，虽然他没参加科举考试，但在唐宪宗之后的唐穆宗时代，还是当上翰林学士、屯田员外郎，相当于现在中央部委里面管农业财政的一个副司长。

成年之后的李德裕觉得当年他爹李吉甫没错，不应该被贬官，心里自然对李宗闵等人有怨恨。就这样，一转眼，又是一年的科举考试，已经是中书舍人的李宗闵和李绅都向主考官递了条子，说有几个人麻烦您照顾一下，可是发榜之后，李宗闵的那些人如愿以偿，李绅却傻了眼，自己这边的人全都名落孙山。作为李绅的朋友、李宗闵的天然对手，李德裕自然不肯放过这个机会，马上联合了几个人一起向唐穆宗揭发这次科举考试有问题，结果主考官和李宗闵全都被贬到了地方，李德裕算是为他老子报了一箭之仇，但也为晚唐点燃了党派之争的导火索。《资治通鉴》上说，从此"德裕、宗闵各分朋党，更相倾轧，垂四十年"。我们今天说牛李党争，是因为后来牛僧孺在李宗闵这伙人里当上了老大，但如果你说李李党争——李宗闵和李德裕的斗争，那也没错，而且这才是真相。

总而言之，天大地大，都比不上"高考"大，两场科举考试，吹响了唐末"牛李党争"的号角。

二、党争之害

这两伙人是如何斗争的，没必要一一细说，概括为一句话就是，只要我上台，你那个阵营里的人就要下岗，或者只能去地方当一些无足轻重的小官。这样的党争当然很有害。有人说，这样上来下去，轮流上台，避免了某一个人或某一伙儿人长时间掌权导致的诸多问题，不是挺好吗？很遗憾的是，任何事情都有两面性，这种党争固然带来互相监督，但也带来了诸多问题，最严重的就是屁股决定脑袋，不论对错，不管事实，只要对方提出来的，我就反对。

831年秋天，李德裕在四川担任节度使的时候，吐蕃的维州副使悉怛谋率领三百名部下投降。这个维州就是今天的四川理县，在成都西北300里，战略位置相当重要。想当年吐蕃为了拿下这里，在唐玄宗天宝年间派了一名如花似玉的女间谍，混入大唐维州城，嫁给了一贫如洗的守门人，生下了两个儿子，20年后，吐蕃军队在攻城时，这两个儿子打开了城门，从此维州就归了吐蕃，然后一直都是吐蕃进攻唐朝的前线基地。

现在在李德裕的运作之下，唐朝兵不血刃地拿下了维州，等于是天上掉下一个大馅饼，所以李德裕马上上书朝廷，为自己和悉怛谋请功，并且准备以维州为基地，直捣吐蕃腹地，洗刷前段时间长安被人家占领的耻辱。

可惜的是，他等来的是一道圣旨——大唐是仁义之师，你李德裕怎能在和吐蕃停战期间，接受对方将士的投降呢？赶紧归还人家的维州城，把那300名兵将交给吐蕃处理。李德裕听了这道圣旨，差点没哭死，不过他当然知道，这是因为此时大唐朝廷上的宰相是牛僧孺。牛僧孺在给唐文宗的奏章里写道："中国御戎，守信为上，应敌次之，今一朝失信，戎丑得以为词……发兵枝梧，骇动京国。"意思就是，抵御外敌，应该信守诺言大义，停战接受了对方的叛将就是失信，要是人家来打我们，那长安城岂不是又危险了？这一番道貌岸然的言辞背后，其实只是一句话：只要我牛僧孺在这里，你李德裕想建功立业，扬名天下，门儿都没有啊。

李德裕当然不敢不听朝廷的，只好把悉怛谋和那300名士兵还有维州城一并交还给吐蕃，吐蕃人就在维州城头上把他们一一残酷虐杀致死，老婆孩子也都没有放过，挑在枪尖上展示给对面的唐朝军队看。从此之后，吐蕃人再也没有投降大唐的了，这就是著名的吐蕃维州降将事件。

那么，牛僧孺是坏人吗？当然不是，不仅不是坏人，按照儒家标准，他还是一个道德模范，以品德高尚著称，曾经多次拒绝贿赂和宦官的威胁。但打击李德裕是他的党派立场决定的，至于如何说服皇帝，那很简单，任何一件事都有两面性，他都不需要撒谎，只要把负面影响无限放大就可以了。

这种斗来斗去，最终损伤的都是大唐和老百姓的利益。李德裕本是唐末少有的宰相之才，清代王夫之在他的《读通鉴论》上就说，"唐之相臣能大有为者，狄仁杰而外，李德裕一人而已"，可就是这样一个人，因为"牛李党争"，很长时间不能进入中央决策层，一直在地方转悠。他先是被牛僧孺一伙儿外放到今天的江浙一带，干得很不错，史书上说，"人乐其政，优诏嘉之"，老百姓满意，皇帝老子也满意，特意下诏嘉奖他。后来他又被调到了四川南部，那里的情况和江浙不一样，主要问题是如何抵抗南诏和吐蕃时不时的侵犯，李德裕派人修建工事，整顿部队，最后边境祥和，人民安居乐业。《旧唐书》上说，"数年之内，夜犬不惊；疮痍之民，粗以完复"，悉怛谋来投降的事儿就发生在这段时间。这样的人才，由于党争而不能进入中央决策层，对国家来说，自然是巨大的损失了。

三、"甘露之变"

维州悉怛谋事件发生之后不久,唐文宗就意识到自己被忽悠了,开始渐渐疏远了牛宰相。恰好在这个时候,牛僧孺背后的大佬,大太监王守澄也对牛僧孺不满意,在这样的背景下,唐文宗把李德裕从地方调回中央当了一年多宰相。

可惜的是,李德裕拿到权力之后,大肆打击报复,排挤牛党的那些人,一年之后犯了众怒,又被牛僧孺那些人联合宦官排挤出了京城。唐文宗对此很无奈地说:"去河北贼易,去朝中朋党难。"你们这些拉帮结派的知识分子,其实比河北藩镇的大老粗还难以对付,不过他也清楚,党争的背后势力就是宦官,于是,唐文宗决定铲除宦官。

当时最大的宦官是大太监王守澄,这是一个经历了宪宗、穆宗和敬宗三朝而不倒的太监,按理说,本事应该很大,但诡异的是,当唐文宗不断地提拔其他太监的时候,王守澄居然无动于衷,最后连神策军中尉这样的重要职位都给了另一名太监仇士良,王守澄还是没什么反应。当权力都被剥夺干净之后,他的死期也就到了,唐文宗派人带了一杯毒酒,毒死了王守澄,对外只说他暴病身亡。我们到现在也不知道为什么王守澄这么容易就被扳倒了,也许只能归结于他太自信了,但他的死,却极大地鼓舞了唐文宗。于是,唐文宗和几个亲信大臣决定快速动手,杀掉其他掌权太监,包括新上任的仇士良。

835年农历十一月二十一日,在上早朝的时候,皇宫里的侍卫队队长说,我那个院子里的石榴树昨晚降下了甘露,唐文宗装模作样地让神策军的左右中尉太监仇士良和于弘治带着太监去看看,仇、于两个大太监带着人还没进入院子,就发现侍卫队长神色紧张,不停流汗,再留心一看,院子后面好像还埋伏了很多士兵,两人知道大事不好,转身就跑回了大殿,一边拉着唐文宗往宫里逃,一边发出命令让左右神策军护驾。

500 神策军进入宫殿之后，逢人就杀，最后所有参与这件事的士兵和大臣都被杀戮一空，几千人被宦官仇士良砍掉了脑袋。唐文宗精心策划的干掉太监们的计划就此失败，史称"甘露之变"。

事后来看，唐文宗的确策划不周，用人不当，不过两个太监居然从一群大兵的手下逃脱，还能够在文武大臣面前把皇帝劫持到后宫，确实也是不可思议，只能说他们命比较硬。

这件事之后，唐文宗虽然仍是皇帝，但已经成了仇士良手里最体面的囚徒。这个大太监的气焰嚣张到什么程度呢？《新唐书》里记载，当时有一名翰林学士叫崔慎由，有一天在皇宫里值班，半夜的时候被太监叫醒，带到了一间屋子里，看见仇士良坐在上面，阴阳怪气地说太后想另外立一个皇帝，你起草诏书吧。崔慎由吓得魂飞魄散，连连磕头说这样的事儿不是我能够掺和的，虽死不承命。仇士良沉默了很久，打开了身边的一扇小门，里面坐着唐文宗本人，史书上说："士良等历阶数帝过失，帝俯首，既而士良指帝曰：'不为学士，不得更坐此。'"意思是仇士良指着皇帝的鼻子一顿臭骂，然后说今天要是没有这个崔学士，你就下台了你知道不？唐文宗只能连连点头说，知道知道。

《新唐书》里还记载了另外一件事，唐文宗和一位大臣聊天，说你来说说看，我像以前的哪一个皇帝？前面说过，皇帝问你这句话，你的标准答案就是尧舜之君。这位叫周墀的大臣当时也是这么回答的。不过面对着如同囚徒一样的唐文宗，这个周墀还算要点儿脸皮，没有直接拍马屁，而是委婉地说，老臣是个傻子，不知道您像谁，不过天下人都说您是尧舜之君。这时候唐文宗说，我之所以问你，就是想知道，我和周赧王、汉献帝相比如何。周赧王和汉献帝，一个被秦昭襄王欺负，一个是董卓和曹操父子手里的傀儡，并且都是亡国之君。周墀马上说，您怎么能和那两个败家的帝王相比，原话是"何自方二主哉"。唐文宗悲伤地说，是啊，我没办法和他俩比，因为他俩只是受制于强臣，而我却是被家奴操纵在手心里，我还不如他俩啊，说完放声大哭。从此之后，唐文宗再也没有上过朝，不久之后，就在担惊受怕和郁闷的心情里凄凉地死去了。

四、宰相李德裕

唐文宗驾崩之后，唐武宗李炎继位，牛僧孺被罢相，李德裕被从淮南再次召回朝廷，升任为门下省侍郎、同中书门下平章事，也就是宰相。

为什么唐武宗对李德裕这么好？有些史学家说唐武宗体察民情，知道谁干得好，谁干得不好，我认为不是这样，武宗在登基之前和李德裕一点儿交集也没有，他那时候喜欢的是小道士，经常和他们一起混。

实际上，李德裕被提拔，和太监有关。大太监仇士良对唐文宗一顿肉体和心灵上的蹂躏，让对方见了阎王，如果再让唐文宗指定的太子李成美即位，那仇士良自然担心将来会被报复。于是文宗一死，仇士良就拥立了唐武宗李炎，同时让李炎赐死了原来的太子李成美。朝廷上的牛党这时候还没转过弯来，大唐天子已经换了主人，无论是仇士良，还是唐武宗，都不能容忍牛党这些拥护李成美的大臣存在。于是，牛党的宰相李珏、杨嗣复被罢免，枢密使刘弘逸被杀，李德裕这伙人才回到了中央。

等唐武宗和李德裕共事之后，他才发现，后者真是一个人才，于是两人开始了全力合作，最后居然把大太监仇士良赶回了老家，在无权无势中可怜地死去。所以，武宗一朝，宦官专政这个绝症得到了抑制，当然不是痊愈，只是暂时不发作了而已。

唐武宗最后几乎把所有的信任都给了李德裕，而李德裕也没有辜负他的信任，他之所以后来被评为六大政治家之一，很大的原因是他这段时间的表现。

首先是对付回纥。这个唐朝人民的老朋友，曾经和大唐一起打过突厥，打过吐蕃，还打过安史叛军，但他们现在壮大了，北边草原的生存空间也不够了，正逐渐地侵蚀大唐的地盘。李德裕为此制定了一个周密的计划，以谈判和和亲为诱饵，派骑兵突袭，彻底击溃了回纥所有南侵的队伍，从此之后，一直到唐朝灭亡，回纥也没有再成为威胁。

接下来，李德裕针对藩镇采取了一种从来没有的策略，那就是承认最强大的河朔三镇有世袭的权力，但是其他藩镇，对不起，谁要是想搞半独立王国，绝对消灭。比如说泽潞节度使刘从谏病死之后，他的侄子刘稹想要模仿河朔三镇的模式来继承叔叔的位置，李德裕就说了："自艰难已来，列圣皆许三镇嗣袭，已成故事。"人家河朔三镇是安史之乱以后，大唐中央特许的可以世袭罔替的藩镇，你泽潞算什么东西，也敢搞特殊化？

然后李德裕号召河朔三镇的节度使和中央一起讨伐刘稹，那三位节度使一听，自己这地方可以世袭罔替，那岂不就是裂土封侯了？自然是热烈响应李德裕的倡议，生怕刘稹折腾大发了，李德裕再改了主意。结果在河朔三镇全力攻击之下，刘稹很快就被砍了脑袋，其他藩镇一时之间，全都老实了。

你要是说，这也不高明啊，河朔三镇岂不是从此独立了？这事儿要这么看：你无论怎么做，唐武宗接手的这个烂摊子里，河朔三镇都已经是事实上的半独立了，经济学上这叫作沉没成本；这个时候你如果还死要面子，就只能活受罪，那还不如联合河朔三镇，阻止其他藩镇独立。至于说以后怎么样，那就看李德裕和河朔三镇谁坚持的时间长了，当然，事实证明，李德裕还是先完了，后来大唐也完了。

李德裕做的其他事情还包括稳定西域，整顿吏治，不许官员经商，对官员实施监督，大搞廉政风暴等，还有提高科举考试的透明和公正度，保证那些有真才实学的人进入国家政府部门，所以那些贫寒家庭出身，考试没办法走后门的知识分子对李德裕尤其爱戴。

这种爱戴是跨越了社会阶层的，因为前面说过，李德裕出身官二代，痛恨科举考试，他根本瞧不起这些为了当官而读书的知识分子，他和他们也完全是两个阶级的，但事实证明，谁让这些读书人有官儿做，谁就是他们心里的好人。后来李德裕被贬到崖州死了，有人写诗怀念他说，"八百孤寒齐下泪，一时南望李崖州"，八百孤寒说的是这些人数众多的贫寒知识分子，而李崖州就是代指李德裕。

103. 满城黄金甲

唐武宗和李德裕这一对君臣干得很不错，李德裕的才干得到了充分发挥，在近代大学者梁启超的笔下，他是和管仲、商鞅、诸葛亮、王安石、张居正并称的中国古代六大政治家之一，这就比前面说的王夫之对李德裕的评价还要高。不过在继续讲述他的结局之前，要先来讲讲他老板唐武宗干过的一件事，那就是"会昌灭佛"，或者说"会昌法难"。

一、会昌灭佛

会昌是唐武宗的一个年号，"法难"的意思是大和尚们的劫难。中国佛教史上著名的三武一宗灭佛运动，唐武宗是"三武"里面的第三位，前两武是北魏太武帝拓跋焘、北周武帝宇文邕，都讲过了。

842年，在宰相李德裕的支持下，唐武宗李炎宣布开始灭佛，他们对当时佛教的定义是："劳人力于土木之功，夺人力于金宝之饰；遗君亲于师资之际，违配偶于戒律之间。坏法害人，无愈此道！"简单一句话，国家的劳力被浪费在建造寺院、塑造佛像上，钱财花在和尚、尼姑身上了，不娶老婆不生孩子了，实在找不出比这个佛教更害人害国的东西了，那不灭你灭谁呢？实际上，这些也是借口——国家缺钱，看着敛财手段无比高超的和尚们，唐武宗着实羡慕嫉妒恨。

这次灭佛要是从砍头、拆毁寺院、强迫还俗这几个方面来说，动静并不大,但是后来的佛教界却公认此次灭佛最严重,说是"会昌法难",原因是李炎一把火烧了很多佛教经典。

唐朝佛教十个宗派,除了净土宗和禅宗对文字的依赖不大,其他佛家宗派都是理论性特别强的宗派,很多前辈高僧大德们的理论著作和文章是那些门派最重要的支柱,这一把火烧没了,直接导致后来佛家其他宗派一蹶不振,只有南派禅宗六祖慧能的这个"不立文字"的教派得以大发展,占据了两宋时期的佛教舞台,宋朝士大夫如果不参禅,出门都不好意思见人,这是后话了。

四年之后,846 年,唐武宗驾崩,享年只有 32 岁。很自然地,一些和尚就说,叫你别灭佛,你不听,看看,报应吧。实际上,古代很多皇帝都死得早,这事儿和灭不灭佛没有半毛钱关系,《旧唐书》上说,"帝重方士……由是药躁,喜怒失常,疾既笃,旬日不能言",也就是他不信佛教,信道教,吃小道士们练出来的各种各样的丹药,把自己给吃死了。

二、李德裕被贬

他死之后,已经当上太尉的李德裕也跟着下课了。这事儿说来话长,唐武宗驾崩之后,他的一个时年 36 岁的叔叔李忱因为一直装疯卖傻,被神策军的太监大佬们看中,拥立为皇帝,也就是后世的唐宣宗。

据说唐武宗活着的时候,一直很困惑,他这个叫李忱的叔叔究竟是真傻,还是装傻,就让太监把他绑起来扔进厕所,结果发现李忱一点儿都不惊慌失措,还嘿嘿嘿地傻笑,这样一来,武宗才相信他是真傻。而掌握神策军的太监们在武宗之后,自然愿意立一个蠢皇帝,这样才能掌握大权,唐宣宗就这样被选中了。

这事还有另一个说法,说宣宗并不是因为装傻子才被太监们看中,而是和太监们勾结在一起,时刻准备着篡位夺权才装成傻子,也就是他和太监们本来就是一伙儿的,他装傻这件事,太监们早就知道了。

我个人支持第二种说法,理由是:唐宣宗继位之后,马上罢免了李德裕的宰相职务,把他赶到了荆南做节度使。你要知道,如果他继位之前一直在装傻,那他的势力肯定不大,但当时李德裕不仅仅是实权宰相,而且还是太尉,三公之一,且不说李德裕无与伦比的政治智慧,就凭着这个地位,就不可能被轻松打倒。他的倒台,只说明一件事,朝里有重要人物支持唐宣宗,看当时的形势,只能是太监和他们背后的神策军,而太监们为了权力着想,必须让已经干了将近五年的宰相李德裕下课——再让你干下去,朝里都是你的人了,太监们还怎么混?所以,我认为唐宣宗继位之前就已经和太监们勾结在一起了,李德裕不倒霉是不可能的。

无论如何,李德裕只能再次去做节度使,节度使就节度使,至少李德裕轻车熟路,可以为地方做点儿事。不幸的是,朝里那些曾经饱受李德裕打击的牛党,还有其他一直观望的势力,遇到了这么一个好机会,岂能善罢甘休?所以,在各派的轮番攻击之下,李大人被一贬再贬,最后贬到了崖州,也就是今天的海南省海口市,当司户参军,一个从七品的小官。

到了这个地步,李德裕知道自己不可能东山再起了,他写了一首诗,诗中写道,"独上高楼望帝京,鸟飞犹是半年程。青山似欲留人住,百匝千遭绕郡城",这里到长安家乡,飞鸟都需要飞半年的时间,我是再也回不去了。

850年1月,李德裕病逝在崖州,而两年之前,同样被贬到地方的牛僧孺也早已魂归天国,唐末的这场"牛李党争"算是彻底落下了帷幕。

仔细想想,一点儿意思都没有。两个都自诩为君子,日常生活也都比较讲究道德的还是很有才华的政坛领袖,各带人马和对方死磕了四十年。如果这四十年两个人互相扶持,以他们的才干,大唐帝国即便是灭亡,也要晚上很多年。

"牛李党争"影响的还远远不止上面提到的这几个人,其他还有很多著名人物，都是这场斗争的牺牲品，比如说大诗人杜牧、李商隐。

　　李商隐早期是牛党人物令狐楚的学生，而且是在令狐楚的资助下才考中进士的。令狐楚死后，他却做了李党王茂元的女婿，这当然是一件在两党都不讨好的行为，也就是因为这个，李商隐一生都处在两党夹缝之间很不得志，抑郁寡欢之下，四十多岁就死了。

　　前面说过，国家不幸诗人幸，李商隐因为仕途不得意被刺激得诗情满满，写出了诸如"春蚕到死丝方尽，蜡炬成灰泪始干""夕阳无限好，只是近黄昏"等诸多名句，他和杜牧被后人合称为李白、杜甫之后的小李杜，但他自己是不是喜欢被后人以这种方式纪念，我就不知道了。诗圣杜甫有句诗说得好，"名岂文章著，官应老病休"，中国古代的优秀文人，心中念念不忘的，始终都是齐家治国平天下，诗词文章只是小道而已。

三、大中之治

　　你可能会问，既然李德裕这么优秀，那贬斥了李德裕的唐宣宗肯定是一个坏皇帝吧？答案恰恰相反，宣宗在后世被称作小太宗，也就是唐太宗第二，比小李杜还牛。

　　据说他勤于政事，在位期间，和李德裕一样，整顿吏治，限制宦官权力。在对外方面，在唐武宗打下的基础之上，他又击败了吐蕃，收复河西，安定塞北，平定了越南，而且史书上还说，李忱为人"恭谨节俭，且惠爱民物"，总之，没有一个坏词，都是好听的词儿，历史上把他统治的这段时期称为"大中之治"。

　　可惜，在评价这个人之前，我们需要让时间走快一点儿，往他的后面看一眼。859年9月，李忱和唐武宗一样，因为吃错了药而驾崩，他儿子李漼继位，这就是唐懿宗。三个月后，浙东的裘甫农民起义爆发，攻县城，杀官兵，起义军人数一度达到几万人。

那就要问一句了，这个农民起义到底是应该算在儿子唐懿宗李漼的头上，还是应该由"小太宗"李忱负责？所以，在我看来，唐宣宗有他优秀的地方，但是你要是说他像唐太宗那样英明神武，那肯定不是，他既没能消灭藩镇割据，又没有解决宦官专政，他只是运气和能力都相对好一些，在唐武宗和李德裕的基础之上，对大唐王朝这个破烂的老房子进行了一些裱糊匠的工作，贴了几张墙纸，让它看起来光鲜一些而已。

史书上虽然说尽了他的好话，但明末清初大思想家王夫之在《读通鉴论》里就说了相反的话，"涂饰耳目者愈密，破法以殃民也愈无所忌。唐之亡，宣宗亡之"，也就是说，唐朝灭亡这笔账都要算在唐宣宗脑袋上，因为他被下面的大臣彻底蒙蔽了。

其实，唐宣宗不一定是被大臣蒙蔽了，只能说他尽力了，真正被大臣蒙蔽的，是他的孙子，873年登基的唐僖宗李儇。李儇11岁即位，是唐朝即位年纪最小的皇帝。他喜欢的活动有斗鸡、赶鹅、骑射、剑槊、算数、音乐、围棋、赌博等，这么说吧，除了他的本职工作皇帝他干不好，其他几乎没有他不会的。此人打马球的技艺十分高超，曾经很自负地对身边的一个戏子说，要是有打马球的进士考试，我应该能中个状元。这名戏子估计是和他很熟，就回答说，话是不错，但如果主考官是尧和舜这样的明君，您也许就落选了。这种明显带有讽刺意味的话，也就是戏子能说得出来，而不会被砍头。

在唐僖宗刚上任的时候，有一年全国发生蝗灾，蝗虫从湖北一路向北向西，最后来到长安，但是长安的京兆尹，也就是长安市长居然对唐僖宗说："蝗入京畿，不食稼，皆抱荆棘而死。"蝗虫到了首都，都不敢吃地里的庄稼了，抱着树枝绝食而死。一个朝廷，如果到了连这种谎话都可以在朝堂上面不改色地说出来，而皇帝居然相信，下面还没有人质疑的地步，那几乎可以说是不可救药了。

当然，唐僖宗最信任的也不是大臣，而是太监，他管大太监田令孜叫"阿父",也就是养父的意思。当年汉灵帝也管大太监张让叫爹。汉、唐两大世界帝国末期,居然都出现了向太监喊爹的皇帝,真是一个莫大的讽刺。

更神奇的是,汉朝不是亡在汉灵帝的手里,但他在位的时候,爆发了击垮大汉王朝的黄巾大起义。同样,大唐王朝也不是亡在唐僖宗手里,但在他任上,同样爆发了彻底击垮唐王朝的一场大起义,那就是唐末王仙芝和黄巢起义。

四、王仙芝、黄巢起义

874年,全国都在闹灾情,什么水灾、旱灾、蝗灾,一个都不少。河南的旱灾尤其严重,庄稼几乎颗粒无收,问题是各地官员为了政绩,还不上报,这可以参考上面那位长安市长说的蝗虫自杀的事情。所以,中央政府的税赋是一个铜板也不能少,那就只能压榨老百姓了,史书上说,官府"赋敛愈急",而"百姓流殍,无处控诉",不想饿死,那就只能造反。

这次造反的带头大哥,还真不是快要饿死了的农民。先是河南人私盐贩子王仙芝在濮阳揭竿而起,到了第二年,也就是875年,另一名私盐贩子,来自山东菏泽的黄巢也在家乡起兵造反。

什么叫私盐贩子?就是靠贩卖食盐为生的走私分子。从汉朝开始,中国古代政府一般不允许老百姓私下里买卖食盐,食盐每一个人都需要,而且成本低廉,利润实在太大,容易形成垄断。无论是为了税收还是社会稳定,食盐买卖都最好控制在政府手里。但马克思说过,如果一件商品的利润达到300%,那很多人就会不惜冒着上绞刑架的风险去做,事实也是如此,中国古代,私盐贩子简直是一天都没断过。

黄巢的家庭出身就是走私犯,专门做食盐买卖,能在这一行活下来,自然就是富翁。史书上说他父母花钱精心培养他,他从小善于骑射,还能作诗，也就是文武双全的意思，但成年之后，参加了四次科举考试，都名落孙山。最后一次，黄巢只能长叹一声，回去继承父亲的私盐贩子事业，临别长安之际，他还写了一首诗，"待到秋来九月八，我花开后百花杀。冲天香阵透长安，满城尽带黄金甲"。意思很明显，我就是朵菊花，虽然可能开得晚，但一旦开放，绝对会相当地惊人，吓死你们。

关于诗的文学水平，我这里不评论，可是这首诗里面蕴含的霸气和傲气，确实是诗人当中很罕见的，如果说诗以咏志，从这里已经可以看出，黄巢这个人确实是一个枭雄。

事实也确实如此，王仙芝造反之后，黄巢马上就意识到，这也许是自己人生里最后一个机会了。就这样，他成了一名造反派，既不是因为他吃不上饭，也不是要解救老百姓，纯粹就是为了实现自己的个人愿望，或许还有对其他金榜题名之人的嫉妒心理。

878年年初，王仙芝战死，黄巢接管了他的部队，给自己起了一个名字叫"冲天大将军"，这自然是自比为菊花，和他前面写的诗句遥相呼应。然后他率军渡过长江南下，第二年攻下了广州。

广州当时被中原人看作是蛮夷之地，不开化的地方，但真正在那里居住的人就会知道，它的商业已经相当发达。当时有一条所谓的广州通海夷道，指的是从广州开始，经过东南亚、印度洋北部诸国、红海沿岸、东非和北非，一直到波斯湾诸国甚至远到西欧的海上航路，全程1.4万海里，也就是今天所说的海上丝绸之路。在当时，通过这条通道输出的主要是唐朝的丝绸、瓷器、茶叶和铜铁器四大宗商品，输入的主要有香料和花草等一些的奇珍异宝。当然也有很多唐朝人，走了那么远，就不想回来了，从此定居在海外，这样一来，当别人问他，您是哪儿的人啊？他的回答就是两个字：唐人。逐渐地，各地聚集的中国人就有了唐人这个称呼，也就有了今天遍布世界的唐人街。

黄巢打进广州之后，有些人说他杀了12万—20万胡商，也就是外国商人。这事儿不可信,新旧两本《唐书》和《资治通鉴》上都没有任何他在广州进行大屠杀的记录。

那为什么今天有人这么说呢?主要的根据,是一本叫作《中国印度见闻录》的书,这本书的下半卷作者是一个名字超级长的阿拉伯人,但他没到过中国,只是根据水手们告诉他的故事创作出来的,有点像后来的《马可波罗行纪》。这本见闻录提到黄巢在广州杀了20万人的事儿,可惜,他把年份搞错了,所以,我们现在实在搞不清楚他说的是什么,那就只好根据中国的史书来判定,黄巢在广州没杀人,毕竟,无论是欧阳修还是司马光,都不会替黄巢掩饰。

不仅黄巢在广州没杀人,而且他在广州休整两个月之后,以号称百万的兵力,誓师北伐,一路上纪律严明,也没杀人。

那么,传说中黄巢杀人八百万,他到底是什么时候开始杀人的呢?

真正懂得这段历史的学者一般都认为,881年是一个分界点,就在这一年,起兵6年之后,黄巢率百万大军攻进了长安,太监田令孜领着500名神策军护卫着唐僖宗仓皇逃到了四川,和当年唐玄宗出逃的路线一模一样。

当时长安的老百姓对黄巢的军队夹道欢迎,而黄巢的部队纪律严明,史书上说"整众而行,不剽财货",又说士兵们往往把随身的财物分给长安百姓。可惜,所有这些美好的事物,随着黄巢变成了大齐皇帝戛然而止。

881年1月16日,黄巢在长安登基为帝,国号大齐,这个好理解,他是山东人,山东自古以来就是齐鲁之地。难以理解的是,黄巢当上皇帝之后,似乎就不知道该做什么了,整日里躲在后宫,和太监以及女人们厮混,既不和下面的将领见面,也不交代下一步应该如何行动。

这样一来,就麻烦了,长安粮库本身粮食存量不多,再加上士兵们整日无所事事,长官们又不加以约束,很快地,烧杀抢掠开始了。他们把官员和百姓捆绑起来严刑拷打，索要钱财和女人，还起了一个名字叫"淘物"，《新唐书》说"争取人妻女乱之"。几个月下来，长安城已是"杀人满街，巢不能禁"，黄巢根本就制止不了了。

在这样的情况下，老百姓转过头来，又开始怀念政府军了，原来的日子虽然不咋地，但重要的是有秩序。西方一个哲学家说过，对于普罗大众来说，最残酷但是有秩序的压迫，也比无秩序的自由要好得多。

所以，当唐朝的小股部队攻打长安时，长安的老百姓又开始欢迎政府军，为大唐军队做带路党，最后把黄巢赶出了长安。

可惜的是，这些唐朝的小股军队对老百姓也是四个字：烧杀淫掠。结果黄巢反攻的时候，老百姓两边谁也不帮了，躲在一旁瑟瑟发抖，但"人在乱世不如狗"，黄巢军队打跑小股唐军，重新占领了长安之后，一场噩梦开始了。黄巢对长安老百姓背叛自己相当生气，《新唐书》说他"纵兵屠杀，流血成川，谓之洗城"，据说大约有8万人死于这场屠杀。唐末著名诗人韦庄是这场杀戮的亲身经历者，在他写的《秦妇吟》中，有这样的描绘："家家流血如泉沸，处处冤声声动地。"

这也许就是黄巢杀人800万的最初版本。所谓的"满城尽带黄金甲"确实实现了，但是每一具黄金甲上，都沾满了老百姓的斑斑血迹，在这样的情况下，黄巢的部队彻底失去了民心。历朝历代，农民起义军只要失去了民心，那就和一盘散沙没有任何区别。此时，远在四川的唐僖宗及时地请来了沙陀人李克用，再加上黄巢手下的大将朱温叛变，投降了唐朝，两边夹击，883年春，黄巢撤出了长安，被迫实行战略转移。

接下来，两本《唐书》和《资治通鉴》都记载了下面的故事，说黄巢在逃跑的路上，围困陈郡这个地方达百日之久，因为没有粮食，制作了几百个巨大的石碓子，把人扔到里面，什么骨头内脏一起碾碎，用来做军粮，据说每天要弄死几千人，一百天下来，杀死了几十万人，引用《旧唐书》上的原话是，"为巨碓数百，生纳人于臼碎之，合骨而食，其流毒若是"。

　　那么就要再问一句，这么残忍而且恶心的事情，黄巢到底做了没有？实话实说，这事儿真不好说。因为按照逻辑，肯定是假的，第一，这个石碓子捣死人，太麻烦，它就不如一刀杀了，砍下来用盐煮一下省事儿，这是常识。第二，这个处理方式，得到的食品很难下咽，你想想里面都有什么，你还怎么吃？第三，几十万人在陈郡周围应该很难抓到，你一边攻城，一边抓人，抓到之后还如此残酷整死，老百姓不会反抗，还不会跑吗？

　　话虽这么说，权威史书上毕竟白纸黑字地写着，又怎么解释？我是这样认为的，黄巢军队肯定用这种方式处死了一些人，不管是敌人，还是老百姓，而且处置完毕之后，可能还真有一些胆子大的、不怕恶心的、饿坏了的人吃了。流传开来，就形成了这个故事。只是我不认为这是大规模的行为，有可能为了抹黑黄巢，史书把这件事夸大了。

104. 全忠全不忠

当黄巢最后一次被从长安赶出来的时候，心里已经预感到了失败，接下来经过了几次苦战之后，他最后逃到了泰山狼虎谷。听名字就知道，这是野兽的地盘，不是适合人类生存的地方。到了这一步，黄巢彻底地失去斗志，他对自己的外甥说，我的脑袋值钱，别便宜了外人，你砍下来去领赏吧。他外甥不忍心，于是黄巢长叹一声，拔刀自刎，这一天是884年阴历六月十七日。

黄巢的失败在于他占领长安当上皇帝之后的不思进取，当时明明应该是"宜将剩勇追穷寇"，可是他却眼睁睁地看着长安周围的唐军不管，更不去攻打四川，抓住唐僖宗，错失了大好的时机，这完全是一个人的格局问题。

中国有一个怪现象，就是很多读书人领导的起义，都是成功的路走了90%，最后一步就停下了，甚至很快就陷入对老百姓的疯狂掠夺和杀戮之中，黄巢是这样，李自成、洪秀全等人也是这样，反而是有一些纯粹的大老粗，或者说彻底的农民，才有那种将革命进行到底的魄力和眼界，比如说刘邦、朱元璋。

为什么会这样呢？我觉得，一个人的格局有多大，绝对不是读书能决定的事情。

一、朱温和李克用

黄巢虽然失败了，但唐僖宗已经完全失去了对王朝的掌控，这里有一件小事，可以作为佐证。884年，唐僖宗开庆祝大会，欢庆朝廷对黄巢的围剿取得了决定性胜利，下面的人献上了黄巢的脑袋，一起呈上的，还有几十个原来唐朝贵族的女孩子，她们都是黄巢占领长安后搜罗到后宫的姬妾。唐僖宗装模作样地问："汝曹皆勋贵子女，世受国恩，何为从贼？"黄巢让你们当小老婆，你们为什么不反抗，反而顺从了呢？其中一个女子就说，国家那么多军队，都跑到四川去了，陛下您现在责备我们这些弱女子投降，那您手下的那些王侯将相们应该负什么责任呢？"陛下以不能拒贼责一女子，置公卿将帅于何地乎！"一句话问得唐僖宗是哑口无言，最后挥挥手，把这些可怜的女子砍了头。

唐僖宗回答不了这个问题的原因是，不是他不想追责，惩罚那些手下带兵的大臣们，而是他已经做不到。各地节度使纷纷脱离中央，自行割据，彼此打来打去，他除了能在几个弱女子面前抖抖威风，其他的，什么也做不了。

在这些地方势力里，有两个人最终成为了唐朝灭亡的大黑手。

这事儿，要从黄巢死之前的一个月，也就是884年五月十四日这天说起。就在这一天，在当时的汴州，今天的河南开封这地方，一个32岁的壮汉正在宴请一个28岁的青年。虽然壮汉的年纪大，但在言谈之中语气恭敬，小青年却是毫不客气，二十四史之一的《旧五代史》里说这个年轻人"乘醉任气"，喝多了耍酒疯，那自然是不知道什么叫客气了。

当天晚上，在酒席上很憋屈的壮汉派大批人马包围了小青年的住处，然后放火烧房子，可惜，天上突然降下大雨，小青年趁乱逃脱，但他带来的300名亲兵却全都为了保卫他而死在了这场喝酒引起的雨夜杀人事件中。

这名壮汉的本名叫朱温,后来也叫朱全忠、朱晃,那个小青年的名字叫李克用。这两个人既是大唐王朝谢幕的见证人和参与者,又是随后一系列短命王朝的开创者,在中国历史上的地位相当突出。

就在黄巢起兵的第三年,877年,起义军的影响传播到了今天的河南商丘。这地方当时有一个老朱家,男主人是村子里的先生,他和媳妇儿生了三个儿子之后就累得一命呜呼了,这三个儿子里的老大、老二相对还本分,可是老三就比较不安生,整日耍枪弄棒,他就是朱温。

黄巢起义军队伍一来,朱温就撺掇二哥朱存和他一起参军。部队攻打广州时,朱存战死,朱温却因为战功被封为队长,《旧五代史》上记载,"以力战屡捷,得补为队长",这说明朱温是实打实地从死人堆里爬出来的悍将。

前面说过,黄巢打进长安后,就不和手下的人见面了,已经升为大将的朱温因为打了败仗,请求他派兵援助,可是左等右等,连个鬼影子都看不见,原因是黄巢根本就不知道朱温需要援助。《旧五代史》上说,"表章十上,为伪左军使孟楷所蔽,不达",黄巢这时候和后来的袁世凯差不多,报纸都是自己单独一份,不好的消息也看不见。于是,走投无路的朱温最后只好被招安,归顺了唐朝,变成了对抗黄巢的一支很凶猛的力量。

这哥们打仗有一套自己的办法,那就是所谓的"跋队斩",相当地变态。他规定,打仗的时候,如果一线指挥官阵亡了,他部队所属的士卒也要全部斩首。这样一来,就产生了一个怪异的现象,朱温军队冲锋的时候,一线指挥官悍不畏死,反正有士兵们保护,而士兵们为了打完仗之后脑袋还在,就要拼死保护主帅,换句话说,他们一定要冲在主帅的前面和周围,这样战死的话,还可以有点儿军功,总比主帅死了,事后被自己人砍了脑袋要强。

当然,有利就有弊,弊病就是只要主将一死,士兵们就一哄而散,全都逃亡。但朱温也有办法,他命令军士全都在脸上刺字来记录所在的队伍号，这样逃跑的人很难藏匿，大多数最后还是被抓回来砍头。这样一来，士兵们只剩下拼命死战这一条路可走，所以，那时候朱温队伍的战斗力很强。

不过，一山还有一山高，还有人比他更强，这个人就是李克用。

李克用是沙陀人，沙陀是西突厥的一个分支，所以你可以说李克用也是突厥人。巧的是，李克用在家里的排行也是老三，昵称三郎，而且由于他一只眼睛大，一只眼睛小，小的那只眼睛实在是忒小了，以至于很多人以为他一只眼，就又称呼他为独眼龙。所以，朱温可以称为朱老三，而李克用就是独眼三郎。

《旧五代史》上说，李克用"年十三，见双凫翔于空，射之连中，众皆臣伏"，十三岁就有这么出众的射术，虽然射的不是大雕，是两只野鸭子，但也足以说明他剩下的那只眼睛眼神特别好，可谓是神武过人。

李克用和唐朝曾经也互有攻伐，但黄巢起义，让这一对冤家联合在了一起。882年，李克用应唐僖宗的邀请，率军南下攻打黄巢，当时他的军队都是全身黑色盔甲，胯下黑色骏马；除了他自己勇猛过人之外，李克用还有十三个干儿子，号称十三太保，个个能征惯战。就是这支被称为"鸦儿军"的队伍，在漠北追着契丹最凶悍的皮室军一路吊打，而黄巢被赶出长安，最终自杀，鸦儿军立下首屈一指的功劳。

就是在这样的背景之下，朱温在开封请李克用吃饭，你可以说这是两支队伍打败黄巢之后的一次庆功宴，只不过因为李克用的狂妄，差点把自己的小命搭了进去，两人随即翻脸，准备大打出手。

由于这时候黄巢还没死，又因为李克用的鸦儿军连年征战，急需休整，两人最后没有真的打起来。唐僖宗在这里面也起了一点点作用，他为了不让这两支队伍内讧，主动封李克用一个陇西郡王作为补偿。不过从此之后，李克用和朱温算是结下了血海深仇，这一对冤家不仅活着的时候死战不休，死了之后，他们的后代也没消停。

二、唐昭宗的挣扎

888 年，唐僖宗驾崩，即位的是他的弟弟，21 岁的唐昭宗李晔。他之所以能当上皇帝，当然还是因为宦官们的拥护，领头的是大太监杨复恭。

这一次，这个太监有点倒霉，看走眼了，新上位的唐昭宗居然不是软柿子。他采用分化瓦解的办法，逐步剥夺了杨复恭的各种权力，离间了他和他那些节度使干儿子们之间的亲密关系，最后一举成功，把杨复恭干掉了。

没错，唐昭宗李晔在史书上，是一个相当有能力的人，欧阳修在《新唐书》里说，"自古亡国，未必皆愚庸暴虐之君也"，他说的就是唐昭宗。他认为祸乱都是慢慢积攒的，到了一定程度，就算是出现一个智勇双全的人物，也很难改变了，这叫作大势已去。欧阳老爷子不无感慨地说，"可谓真不幸也，昭宗是已"，唐昭宗生错了时辰，没摊上好时候。

那么，历史事实是不是这样子的呢？我部分同意欧阳修的结论，唐昭宗这个人是有些能力，也有志向，不想声色犬马，混吃等死，但他也绝对不是什么特别英明神武之辈，为什么这么说呢？我们往下看。

一举铲除了宦官之后，唐昭宗开始着手对付藩镇。省吃俭用之下，李晔整出了一支十万人的军队，你也许说，这不错了，想当年管仲说过，给我三万人，就可以横行天下。但很可惜的是，唐昭宗手下没有管仲。

新的中央军成立之后，第一仗是征讨四川，结果没什么成绩不说，还让永平节度使王建顺势坐大，独自吞并了西川，也就是今天四川的中西部地区，后来这个王建还建立了五代十国之一的前蜀国。朝廷出兵出钱，最后一分钱好处也没捞到，领兵的中书令韦昭度据说才华横溢，文学水平极高，但也应了那句话，百无一用是书生。好在成绩虽然平平，至少朝廷也没什么损失，王建名义上还是听中央的。

可惜就在这个时候，朱温联合了另外两个节度使上书朝廷，他说李克用这个独眼龙如果不除掉，就是国家的巨大灾难。唐昭宗在绝大多数大臣们都反对的情况下，最后还是决定和朱温联合出兵，讨伐李克用。

原因也很简单，李晔知道李克用对于唐王朝有功劳，但他也知道这人对唐王朝是最大的威胁，想当年他哥哥唐僖宗就曾经被李克用逼出长安；现在既然几个大的节度使都想消灭李克用，那就不妨顺水推舟，说不定就此铲除了一个最大的藩镇，其他藩镇也会老实一些。

唐昭宗的另一个知识分子宰相张浚对形势估计严重错误，他以为自己带着五万军队可以包打天下了。一路率队猛冲，想着建功立业，光宗耀祖。他想不到的是，前面等着他的是李存孝。李存孝是李克用十三个干儿子里面最小的一个，也是其中最勇猛的那个。中国唐朝的传奇小说里有一句话，叫"王不过项，将不过李"，意思是称王这事儿项羽排第一，而"将不过李"说的就是李存孝，他号称是唐末第一猛将。书生宰相张浚遇到了这么一位主儿，那结局是很自然地，就两个字，大败。

朱温和另外两个节度使一看朝廷军队完了，跑得比兔子还快，本来他们就是忽悠唐昭宗和李克用死磕的。最后这次河东战役以李克用全胜告终，唐昭宗为了平息李克用的怒火，只好罢免了朝里原来那些主战的官员，但从此就是威信全失，没人听他的了。

一次讨伐四川，为别人做了嫁衣裳，一次讨伐李克用，完全就是朱温手里的那杆枪，这样的帝王，说他英明神武，他自己敢承认吗？

事情还没完，893年，凤翔、陇右两镇节度使李茂贞拒绝朝廷的调令。他在给唐昭宗写信的时候，以教训儿子的口吻说，"未审乘舆播越，自此何之"，意思就是你这样的败家皇帝，如果将来也像以前的大唐天子那样去逃难，你能去哪里呢？唐昭宗看完信勃然大怒，一拍桌子，不顾宰相杜让能的反对，一定要出兵去打李茂贞，而且还让杜让能带队，当然，他也找不到别人了。结局不出意外，知识分子杜让能惨败而归，已经打到长安脚下的李茂贞狂妄地说，杜让能必须死，我才退兵。唐昭宗没办法，只好找了一个贪污的罪名,把杜让能赐死了事。

这样一个能折腾,能惹事,还不能平事儿的皇帝,除了加速唐朝的灭亡,其实起不到任何力挽狂澜的作用,不过这种不屈不挠的斗争精神,却让李晔在后来的历史学家眼里很是优秀。如果他是一个吃喝玩乐的纨绔子弟,大唐王朝也不会灭亡得更早,但后世对他的评价却可能大不一样。

895年,李茂贞再次攻打长安,唐昭宗被迫跑出了长安,准备去向李克用求救,半路上被李茂贞的盟友韩建抓获,囚禁了将近三年时间。这三年,也是朱温、李克用、李茂贞等人打来打去的三年。等到了900年,刚刚被放回长安的唐昭宗又被宦官们囚禁起来,关在了一个小院子里,每天只从狗洞中给他送饭吃。依照这些宦官的意思,是想让唐昭宗下诏,太子提前即位,可是远在洛阳的朱温觉得能折腾的李晔还有用,就派人联合宫中的其他力量,杀了造反的太监,让唐昭宗重新坐上了皇帝的位置。

不出意外地,可怜兮兮的唐昭宗这时候又被另一批宦官围在了中间,为首的叫作韩全诲,而当时的宰相崔胤特别痛恨宦官。这个崔胤就是前面提到过的,在大太监仇士良面前不肯起草诏书的崔慎由大学士的儿子。也许是一种遗传在基因里的恨,让他决定借助朱温的力量来干掉韩全诲。他秘密联络朱温,让他带兵来长安,他做内应,杀掉掌握神策军的韩全诲。

朱温听到之后兴高采烈,马上从洛阳出发率军直奔长安。已经衰弱不堪的神策军也就是吓唬吓唬崔胤这样的文人,在朱温面前,不值一提。韩全诲也不是傻子,得知这件事之后,第一时间带着唐昭宗跑到了凤翔,也就是李茂贞的地盘。

朱温紧追不舍,将凤翔城包围起来。一直围困了一年多,最后李茂贞守得粮草用尽。唐昭宗自己弄一个小磨,每天还能磨豆麦喝粥,但城里每天饿死和冻死的就有一千人,吃人的现象已经很普遍了。当时是"人肉每斤一百钱,狗肉五百钱",生逢乱世,别说活着的时候不如狗,死了之后也不如,因为狗肉比人肉好吃多了。

到了 903 年正月，李茂贞实在坚持不下去了，便杀了太监韩全海，把他的脑袋和唐昭宗一起交给了城外的朱温。朱温心满意足地带着到手的皇帝撤兵东去。

回到长安之后，朱温把宫里的几百名宦官都集合到一起，然后一声令下，几百颗脑袋只剩下了二三十个，让他们活下来打扫卫生。困扰大唐帝国达一百多年的宦官问题从此不复存在，而朱温只是手一挥这么简单。

同时，唐昭宗下诏，感谢朱温从李茂贞的手里把他救了出来，封朱温为梁王。当然，全天下都清楚，如果李茂贞打败了朱温，这个王爷的帽子就是李茂贞的，理由同样是救驾。

一年之后，904 年正月，朱温挟持唐昭宗迁往东都洛阳，在走之前，朱老三下令拆除了长安的所有宫殿和民房，上百万居民瞬间成为赤贫，而长安这座已经担当了中国两千年首都重任的城市，就此暗淡下去，从此再也没被选为首都。这次迁移，也标志着中国政治和经济中心离开了西部世界，开始向东和向南迁移。

唐昭宗一行人在经过今天陕西渭南这个地方时，群众依照惯例，在路两旁跪倒山呼万岁，唐昭宗这时候哭着说道，"勿呼万岁，朕不复为汝主矣"，他哪里还是什么皇帝啊，他就是一个囚徒。

即便是一个囚徒，朱温也不想让他做下去，因为他的老对手河东李克用和凤翔李茂贞，还有新的军阀四川的王建，已经组成了联军，浩浩荡荡地杀奔洛阳，名义上当然是救驾，兴复唐室。

朱温琢磨了一下，觉得还是杀死唐昭宗，让这个牌位彻底失去作用对他最划算。

那么，为什么他不像曹操那样，挟天子以令诸侯？是不是他不够聪明？

其实，朱温不傻，毛泽东就说过，"朱温处四战之地，与曹操略同，而狡猾过之"，意思是，朱温比曹操还狡猾，所以，朱温决定杀掉唐昭宗应该是有他自己的原因。

我个人觉得，原因有两个：第一，朱温的出身不好，他本来就是造反派，跟着黄巢打家劫舍起家的，比不上曹操一直是以汉室忠臣的形象出现，所以他挟天子令诸侯的难度很大，因为别人根本就不会相信他会忠于唐王朝，所以唐昭宗在他手里能发挥的作用并不大；第二就是朱温当皇帝的决心要比曹操坚决，在这个问题上，曹操一生都在犹豫，而朱温就不会。

904年农历八月十一日，唐昭宗被朱温派人勒死，享年37岁。

三、朱温篡唐

唐昭宗死后，他的儿子李柷被朱温推上了皇帝的位置，史称唐哀帝。第二年，也就是905年，朱温先是杀掉了李柷的所有兄弟姐妹，接着又在白马驿把当时名义上朝廷的所有高官，包括宰相裴枢在内的30多名知识分子全都砍了脑袋。不仅如此，他身边一个叫作李振的谋士说这些人经常自诩为清流，应该把他们的尸体扔进黄河，变成浊流。朱温哈哈大笑，马上照做，史称白马之祸。

作为知识分子的李振，为什么对朝堂上的大臣们如此愤恨，我不知道，但是他参加了很多次科举考试都名落孙山，从心理学上说，对那些金榜题名的人，他应该是怨恨在心。

到此地步，天下人都知道朱温要干什么了。907年四月，他接受了唐哀帝的禅让，登基做了皇帝，国号为梁，史称后梁，他本人也就被称为后梁太祖。新国家的首都是他当时所在的汴州，不过新朝新气象，他把汴州改名为开封府，这就是今天的河南开封。

伟大的唐帝国从618年建国到这一天灭亡，一共存在了289年；至于说唐哀帝李柷，第二年理所当然地被杀掉了，享年16岁。

关于朱温篡唐自立还有两件事情要说一下。第一个就是，让一个皇帝禅位之前，篡位者通常要先接受九锡，当时唐哀帝都给朱温准备好了，说什么时候我让人给您送去。可是朱温说，赶快准备我登基的事儿，别整这些没用的。手下人只好一切程序从简。也就是说，朱温是一个没有接受九锡就篡位的皇帝。

第二件事是在他登基之前，有手下提醒他，您是不是要改个名字？他一听，一拍大腿说你说得太对了，有赏。因为他本名朱温，后来背叛了黄巢，投降了唐朝，唐僖宗赐给他一个名字叫朱全忠，也就是全身心都忠诚；可是现在他干的事，傻子也知道，这就不是忠臣干的事。于是，朱温就又给自己取了一个名字叫作朱晃，就是明晃晃的那个晃，意思是光天化日。